JN414502

第 10 版

법률실무를 위한

가사소송실무

저자 백 성 기
한 병 호
유 태 규

도서출판 중앙법률사무교육원

책을 내면서 (개정 10판)

이 책을 출판한 (주)**중앙법률사무교육원에서는** 중앙법률사무교육학원과 중앙법률원격평생교육원을 설립하여 법률사무직원 양성과 법률사무 재직자 실무연수를 담당하면서

동시에 기업체 법무담당자와 임직원에 대한 **맞춤식 법률교육**, 그리고 법무법인, 합동법률사무소, 변호사사무실 및 법무사 사무실에 취업을 희망하는 분들에 대하여 실무교육과 동시에 무료로 취업을 알선하고 있습니다.

(홈페이지 참조 : http://www.linklaw.co.kr)

교육과정의 경우 주로 변호사사무직원, 법무사사무직원과 기업체 임직원들이 고용노동부에서 수강료를 지원받으면서 학습을 진행하며,

집체교육과 동시에 사정상 집체교육을 수강하지 못하시는 분들을 위한 온라인과정을 국비지원으로 운영 중에 있습니다.

중앙법률사무교육원에서 실시하는 모든 강좌는 법률에 대한 상식이나 지식이 부족하더라도 이해하기 쉽도록 하되 가급적 절차(실무) 중심으로 진행되고 있으며, 그동안 출판한 도서들도 모두 실무위주로 구성하면서 이해하기 쉽도록 제작하였습니다.

또한 법률문제가 발생하였거나 사건발생 이전에 그 대책까지 비교적 상세하게 각 절차와 방법, 비용과 기간, 서류의 작성 등에 대하여 실무에 입각하여 구체적으로 기술되어 있는 만큼 법률사무를 처리하는데 있어서 많은 도움이 되실 것으로 생각됩니다.

저희 교육기관에서 출간한 법률실무 도서는 아래와 같습니다.

① 민사소송실무	② 보전소송 · 공탁실무
③ 강제집행실무	④ 형사소송실무
⑤ 가사소송실무	⑥ 부동산등기신청실무
⑦ 상업등기신청실무	⑧ 소송119
⑨ 가사이혼소송실무	⑩ 민법학 개론
⑪ 세법실무	⑫ 개인회생파산 실무와 사례
⑬ 인사노무 법률실무 등	⑭ 최신생활법률 100선
⑮ 전자소송 · 신청실무 등	

저희 교육기관에서 강의를 진행하시는 교수진들은 대부분 법률실무 재직경력들이 풍부하거나, 변호사 또는 법무사 국가자격을 갖추었거나, 석박사 학위를 가지고 계시면서 대학 또는 대학원 등에서 법률 강의를 진행하시는 분들로 구성되었으며, 풍부한 경험을 토대로 실무 강좌를 진행하고 있습니다.

마지막으로 본 교재가 출판되기까지 도움을 주신 **중앙법률사무교육원 교수님과 임직원 여러분께** 감사의 말씀을 드립니다.

2024년 11월 교육원에서

중앙법률사무교육원장 **한 병 호** 拜上

차 례

제1편 총 론

제2편 각 론

제3편 가사소송

제4편 사례 및 서식

■ 서 식

■ 사 례

■ 부 록

제1편 총 론

제 1 장 가족법 총설

제 1 절 현대사회와 가족

1. 가족과 사회

21세기에 들어선 현재 급격하게 변화하는 지식정보화 시대를 맞이한 오늘날의 사회는 변화의 소용돌이에 휩쓸러 가는듯한 빠른 발선을 거듭하고 있다. 즉 전통적 농경사회였던 우리나라도 1960년대 이후 사회적 · 경제적 · 문화적 기반이 빠른 속도로 산업화, 도시화를 거친 후 이제는 정보통신의 기술 발달로 하나의 지구 문화가 형성되어 새로운 인간성과 가치 실서를 요구하는 시대를 맞게 되었다. 이와 같이 급속하게 변모하는 사회 속에서 우리의 전통적 가족제도에도 많은 변화가 일어났다. 특히 남성 우월적인 가부장적 가족제도가 무너지고 상대적으로 여성의 사회적 진출이 확대되고 나아가 대가족에 기초했던 가족관계도 급속히 핵가족화되면서 가족을 둘러싸고 일어나는 문제가 만만치는 않은 것이 현실이다. 최근 호주제도 및 호적을 폐지하고 또한 친양자제도, 성 · 본 변경제도, 부(父)성 원칙의 수정 등 개인의 존엄성과 양성평등의 헌법 이념을 현실화한 새로운 가족관계등록제도가 시행되고 있다.

2. 가족관계와 가족법

가. 가족의 개념

가족은 결혼과 혈연으로 맺어진 사회의 기본적인 1차 집단이며 거의 모든 인간사회에서 볼 수 있는 가장 보편적인 집단이다. 가족에 대한 정의는 여러 표현이 있는데 대체로 보면 가족은 영속적인 결합에 의한 부부와 거기에서 생긴 자녀로서 이루어진 생활공동체 또는 가계를 공동으로 하는 친족집단이라고 정의한다. 어느 사회에서나 사람은 역할관계로서의 가족적 권리와 의무 속에서 살고 있다. 즉 인류사회에 있어서 인간의 종족보존 본능으로부터 비롯되는 남녀 간의 결합관계와 이에 따른 부모와 자녀 사이의 혈연관계의 형성은 필연적인 것이다. 마찬가지로 이러한 혼인관계와 친자관계의 확산의 결과인 가족관계 내지는 친족관계도 필연적인 관계라 할 수 있다. 그리고 이렇게 형성된 가족적 공동생활 관계의 질서를 유지하기 위해서는 국가적·사회적 차원에서의 각종 통제를 필요로 하게 된다. 즉 어떠한 남녀관계의 결합을 정당한 부부관계로 인정할 것이며, 부모와 자식 간의 관계는 어떻게 규율한 것이며, 사람의 사망시에 그 재산의 귀속관계를 결정하는 상속관계는 어떻게 할 것인가에 관하여 통일적인 규제가 필요한 것이다. 이러한 규제는 사람들의 가족생활의 행위기준일 뿐만 아니라, 가족생활에서 발생하는 각종 분쟁의 해결기준으로서의 역할을 한다. 이것을 규정하고 있는 법규범의 총체를 가족법 또는 신분법이라고 하는 것이다.

따라서 가족법의 규율대상은 혼인관계·친자관계·가족관계·친족관계·상속관계 등의 모든 분야가 된다.

나. 가족법의 의의

가족법은 친족과 상속에 관한 법률이다. 즉 종족의 생산·재생산을 중심으로 하는 가족적·친족적 공동생활 및 이러한 공동생활에 기초한 재산의 승계관계를 규율하는 법으로, 친족상속법이라고도 한다. 즉 친족법이란 친족관계·부부관계·친자관계 등을 포함한 일체의 신분적 공동생활 관계를 규율하는 법을 말하고, 상속법이란 피상속인과 일정한 친족적 신분 관계에 있는 상속인이 피상속인의 사망시에 그 재산을 승계하는 것에 관련된 사항을 규제하는 법을 말한다. 친족상속법은 타산적·합리적 성격을 지닌 재산법과는 달리 보수적·관습법적·비합리적 성격을 지니고 있다. 그리고 재산법, 특히 채권법이 대체로 임의법규인 데 대하여 친족상속법, 특히 친족법은 원칙적으로 강행법규이다.

제 2 절 우리나라의 가족법의 발전

1. 1990. 1. 13. 개정민법 (1991. 1. 1. 시행)

1958년 2월 22일 법률 제471호로서 제정공표 되어 1960년 1월 1일부터 시행된 현행민법은 그동안 여러 차례의 개정이 있었는데, 특히 가족법 분야에서 중요 부분의 변경이 있었다.

1990년도 개정법(1991. 1. 1.부터 시행)은 1989년 12월 19일 국회 본회의에서 의결되어 1990년 1월 13일 법률 제4199호(관보 제11426호)로 공포된 개정법이다. 그 개정내용을 살펴보면 동성동본 불혼제도의 폐지를 제외하고는 민법 제정 당시부터 거론되어 왔던 문제의 항목들이 대폭 개정되었다고 볼 수 있다. 그러한 점에서 1990년 개정은 민법 개정이라기보다는 오히려 민법의 개혁이라는 표현이 타당하다고 생각한다. 즉 ① 친족의 범위의 조정(민법 제777조), ② 계모자관계와 적모서자관계의 폐지(민법 제773조 제774조 폐지), ③ 호주승계제도, ④ 면접교섭권제도(민법 제837조의 2), ⑤ 재산분할청구권제도(민법 제839조의2), ⑥ 상속에 있어서 기여분제도(민법 제837조의2) 및 특별 연고자에 대한 분여제도(민법 제1057조의2) 등 1977년도 개정에서 결실을 보지 못했던 새로운 제도들이 몇 가지 추가되었다. 그리고 가족법의 편별에 있어서도 개정법은 호주상속제도를 호주승계제도로 전환하였기 때문에 상속법 부분은 재산상속만을 의미하게 되었고, 제1장 호주상속은 제8장 호주승계로 하여 친족편에 속하게 되었다. 개정법상의 상속은 재산상속만을 의미하기 때문에 제2장 재산상속이 제5편 제1장 상속으로 되고(민법 제997조 내지 제1057조의2) 그리고 제2장 유언(민법 제1060조, 제1111조) 및 제3장 유류분으로 상속법이 구성되었다. 그리고 상속에 있어서도 '호주상속' 은 '호주승계' 로, 상속순위는 승계순위로, 상속인은 승계인, 피상속인은 피승계인으로, 호주상속회복청구권은 호주승계회복청구권 등으로 바뀌게 되었고 '법원' 이라는 용어는 '가정법원' 으로 바뀌게 되었다.

2. 2005. 3. 31. 개정민법 (2008. 1. 1. 시행)

1990년 개정 이후 급속한 시대의 흐름에 따라 가족법 분야에서도 많은 변화가 생긴 것이다. 즉 일제의 잔재였던 호주제도에 대하여 헌법재판소의 헌법불합치결정이 있었고, 동성동본혼인 금지에 대한 헌법불합치결정, 입양제도에 대한 현실화의 필요성, 자녀의 성에 대한 부(父)성 원칙에 대하여도 자(子)의 복리를 위하여 성을 변경할 수 있는 등 양성평등의 가족제도를 구체화할 필요성이 있었다. 따라서 2005년 3월 2일 가족법 개정안이 국회를 통과하였고, 이에 2008년 1월 1일부터 시행되었다.

가. 개정된 주요내용

(1) 호주제도 및 호적부 폐지 등

호주에 관한 규정과 호주제도를 전제로 한 입적, 복적, 일가창립, 분가 등에 관한 규정을 삭제하는 한편, 호주와 가(家)의 구성원과의 관계로 정의되어 있는 가족에 관한 규정을 새롭게 정하였다. 이에 종전의 '호적법'은 '가족관계의등록등에관한법률'로 변경되었다.

(2) 자녀의 성과 본

자녀의 성과 본은 부(父)의 성과 본을 따르는 것을 원칙으로 하되, 혼인신고시 부모의 협의에 의하여 모의 성과 본도 따를 수 있도록 하였다.

(3) 자녀의 성과 본의 변경

자녀의 복리를 위하여 자녀의 성과 본을 변경할 필요가 있는 때에는 부 또는 모 등의 청구에 의하여 법원의 허가를 받아 이를 변경할 수 있도록 하였다.

(4) 동성동본금혼제도 폐지 등

남녀평등과 혼인의 자유를 침해할 우려가 있는 동성동본금혼제도를 폐지하고 근친혼금지제도로 전환하되, 근친혼 제한의 범위를 합리적으로 조정하였다.

(5) 여성에 대한 재혼금지기간 제도 폐지

부성추정의 충돌을 피할 목적으로 여성에 대하여 6월의 재혼금지기간(대혼기간)을 두고 있는 것은 여성에 대한 차별적인 규정으로 비쳐질 수 있고, 친자관계 감정기법, 즉 유전자 검식의 발달로 이러한 제한규정을 둘 필요성이 없어졌으므로 이를 삭제하였다.

(6) 처의 친생부인의 소 제기 인정

지금까지 친생부인의 소는 부(夫)만이 제기할 수 있고 제소기간도 출생을 안 날로부터 1년 내로 제한하였으나, 이는 혈연진실주의 및 부부평등의 이념에 부합되지 아니하는 측면이 있으므로 앞으로는 부(夫)뿐만 아니라 처도 제소할 수 있도록 하고, 제소기간도 친생부인사유를 안 날로부터 2년 내로 연장하는 등 친생부인제도를 합리적으로 개선하였다.

(7) 친양자 제도 신설

종전 양자제도를 그대로 유지하면서 양자의 복리를 더욱 증진시키기 위하여, 양친과 양자를 친생자관계로 보아 종전의 친족관계를 종료시키고 양친과의 친족관계만을 인정하며 양친의 성과 본을 따르도록 하는 친양자 제도를 신설하였다.

(8) 친권 행사의 기준 신설

부모 등 친권자가 친권을 행사함에 있어서는 자의 복리를 우선적으로 고려하여야 한다는 의무 규정을 신설하기도 하였다.

나. 용어의 정비

미성년자는 "친권에 복종한다" 는 용어를 "친권에 따른다" 라고 용어를 순화하였고(제910조·제921조), 또한 제909조 제4항에서 "친권행사자" 를 "친권자" 로 변경하였다.

다. 2007. 12. 21. 개정 민법 (2008. 6. 22. 시행)

(1) 약혼·혼인의 적령을 남녀 구분 없이 만 18세로 통일하였다.

(2) 협의이혼의 경우 성급하거나 불의의 이혼 방지를 위하여 이혼숙려 기간(1개월 또는 3개월)을 두었다.

3. 2009년 개정 내용 (2009. 5. 8. 개정 민법)

가. 양육비부담조서제도 (2009. 8. 9. 시행)

법원은 당사자가 협의한 양육비 부담에 관한 내용을 확인하는 양육비 부담조서를 작성하여 그 집행력(집행권원)을 갖게 하였다(민법 제836조의 2 제5항).

나. 재산명시와 재산조회 (2009. 11. 9. 시행)

법원은 재산분할 및 양육비 등 청구사건에 대하여 필요하면 직권 또는 신청에 의하여 당사자에게 재산상태를 명시한 재산목록을 제출하도록 하였고(가소법 제48조의2), 아울러 필요하면 재산조회를 할 수 있도록 하였다(가소법 제48조의3).

다. 양육비 직접지급명령 등 (2009. 11. 9. 시행)

가정법원은 양육비를 정기적으로 지급할 의무가 있는 사람이 정당한 사유 없이 2회 이상 양육비를 지급하지 아니한 경우에 정기금 양육비 채권에 관한 집행권원을 가진 채권자의 신청에 따라 양육비채무자에 대하여 정기적 급여채무를 부담하는 소득세원천징수의무자에게 양육비채무자의 급여에서 정기적으로 양육비를 공제하여 양육비채권자에게 직접 지급하도록 명할 수 있도록 하여 가정법원에서 작성된 양육비부담조서는 강제집행의 권원이 된다(가소법 제63조의2). 또 법원은 양육비를 정기금으로 지급하게 하는 경우에 그 이행을 확보하기 위하여 양육비 채무자에게 상당한 담보의 제공을 명할 수 있도록 하였다(가소법 제 63조의3).

라. 과태료 부과의 증액

개정법은 의무불이행에 대한(수검명령, 양육비미지급, 담보제공명령, 이행명령 등의 의무불이행) 제재로서 위반자에게 종전의 100만 원 이하의 과태료 부과를 대폭 상향하여 가정법원·조정위원회 또는 조정 담당 판사는 직권 또는 권리자의 신청에 의하여 결정으로 1천만 원 이하의 과태료에 처할 수 있도록 하였다(가소법 제67조 제1항).

마. 재산조회결과 등의 목적 외 사용죄 신설

재산목록 및 재산조회결과를 심판 외의 목적으로 사용한 사람에게 2년 이하의 징역 또는 500만 원 이하의 벌금에 처하는 형벌규정을 두었다(가소법 제73조).

4. 2011.3.7.개정민법 (2011. 5. 19. 시행) 및 2012. 2. 10. 개정민법 (2013. 7. 1. 시행)

가. 성년후견제도 도입, 친족회제도 폐지 등

(1) 질병, 장애, 노령 등으로 정신적 제약이 있는 사람이 재산 행위뿐만 아니라 치료, 요양 등 복리에 관한 도움을 받을 수 있는 성년후견제도를 도입하여 성년후견 등을 요구하는 노인, 장애인 등에 대한 보호를 강화하였다.

(2) 후견감독인제도의 도입에 따라 종전의 친족회제도가 폐지되었다. 또한 거래의 안전을 보호하기 위하여 성년후견 등에 관하여 등기로 공시하도록 하였다.

3) 성년연령을 낮추는 세계적 추세와 이미 18세 이상에게 선거권을 주는 「공직선거법」 등의 법령과 사회.경제적 현실을 반영하여 성년연령을 종전의 만 20세에서 만 19세로 낮추었다.

나. 생존부모의 친권 자동부활론 폐지

이혼 등으로 단독 친권자로 정해진 부모 중의 어느 한쪽이 사망하거나 친권을 상실하는 등 친권을 행사할 수 없는 경우 종전에는 다른 일방의 부나 모의 친권이 자동 부활하는 것을 폐지하고, 가정법원의 심리를 거쳐 친권자로 지정받거나 후견이 개시되도록 하였다. 입양의 취소나 파양의 경우 또는 양부모가 사망한 경우에도 같은 방법으로 친생(생가)부모 또는 그 일방을 친권자로 지정하거나 후견이 개시되도록 하였는데, 이는 부적격인 부나 모가 당연히 친권자가 되어 미성년자의 복리후생에 나쁜 영향을 미치는 것을 막고자 한 것이다.

다. 미성년자 입양의 허가제

종전의 미성년자의 입양과 파양은 시.읍.면의 장에 대한 신고만으로 가능하기 때문에 아동학대를 하는 사람 등도 손쉽게 입양을 할 수 있고 그 결과 미성년자의 복리에 나쁘게 작용하는 사례가 자주 발생하고 있었다. 따라서 개정법은 이를 방지하기 위하여 미성년자를 입양할 때는 가정법원의 허가를 받도록 하였고, 또한 미성년자에 대한 파양은 재판으로만 할 수 있도록 하였으며, 부모의 소재를 알 수 없는 경우에는 부모의 동의 없이도 입양이 가능하게 하는 등 입양제도를 개선하였다. 그리고 친양자 입양 연령을 종전의 만 15세 미만에서 미성년자로 상향 조정하였다.

5. 2014. 10. 15. 개정민법 (2015. 10. 16. 시행)

가. 친권자의 동의를 갈음하는 재판 (제922조의2)

가정법원은 친권자의 동의가 필요한 행위에 대하여 친권자가 정당한 이유 없이 동의하지 아니함으로써 자녀의 생명, 신체 또는 재산에 중대한 손해가 발생할 위험이 있는 경우에는 자녀, 자녀의 친족, 검사 또는 지방자치단체의 장의 청구에 의하여 친권자의 동의를 갈음하는 재판을 할 수 있다.

나. 친권의 상실 또는 일시 정지의 선고<신 설>제924조

① 가정법원은 부 또는 모가 친권을 남용하여 자녀의 복리를 현저히 해

치거나 해칠 우려가 있는 경우에는 자녀, 자녀의 친족, 검사 또는 지방자치단체의 장의 청구에 의하여 그 친권의 상실 또는 일시 정지를 선고할 수 있다.

② 가정법원은 친권의 일시 정지를 선고할 때에는 자녀의 상태, 양육상황, 그 밖의 사정을 고려하여 그 기간을 정하여야 한다. 이 경우 그 기간은 2년을 넘을 수 없다.

③ 가정법원은 자녀의 복리를 위하여 친권의 일시 정지 기간의 연장이 필요하다고 인정하는 경우에는 자녀, 자녀의 친족, 검사, 지방자치단체의 장, 미성년후견인 또는 미성년후견감독인의 청구에 의하여 2년의 범위에서 그 기간을 한 차례만 연장할 수 있다.

다. 대리권, 재산관리권 상실의 선고 <신 설>제925조

자녀의 친족, 검사 또는 지방자치단체의 장의 청구에 의하여 대리권 및 재산관리권 상실의 선고가 가능하다.

라. 친권 상실 선고 등의 판단 기준 <신 설>제925조의2

① 친권의 일시 정지, 친권의 일부 제한, 대리권·재산관리권의 상실 선고 또는 그 밖의 다른 조치에 의해서는 자녀의 복리를 충분히 보호할 수 없는 경우에만 할 수 있다.

② 친권의 일시 정지, 친권의 일부 제한 또는 대리권·재산관리권의 상실 선고는 동의를 갈음하는 재판 또는 그 밖의 다른 조치에 의해서는 자녀의 복리를 충분히 보호할 수 없는 경우에만 할 수 있다.

마. 미성년자에 대한 후견의 개시 (제928조)

① 미성년자에게 친권자가 없거나 친권자가 법률행위의 대리권과 재산관리권을 행사할 수 없는 경우에는 미성년후견인을 두어야 한다.

② 가정법원은 친권상실의 선고나 대리권 및 재산관리권 상실의 선고에 따라 미성년후견인을 선임할 필요가 있는 경우에는 직권으로 미성년후견인을 선임한다.

6. 가족법의 특징

가. 비타산성

재산법은 합리적·타산적 성질을 가지고 있는데 비하여, 가족법은 비합리적·비타산적인 성질을 가지고 있다. 따라서 재산법상 의사표시에는 행위능력이 필요하나, 가족법상 의사표시에는 원칙적으로 의사능력만으로 충분한 것도 그 이유에서이다.

나. 강행법규성

재산법 특히 채권법은 임의법규인데, 가족법은 대체로 강행법규이다. 재산법에는 계약자유의 원칙이 적용되나, 가족법에는 그 원칙이 배제된다. 그러나 재산적 성질이 짙은 부부재산계약(제829조)이나 상속의 승인·포기(제1019조)에는 사적 자치가 인정된다.[1)]

다. 보 수 성

가족법은 보수성·관습법적 성질이 있다. 재산법은 시장경제 사정의 변화에 따라 편리하게 신속히 발전하고 세계적으로 통일되어 가는 경향이 있음에 비하여, 가족법은 그 나라의 전통·관습에 따라 서서히 변천되어 간다. 따라서 가족법은 보수적이고 관습법적인 성질을 띠고 있다. 따라서 새로운 가족법상의 제도를 도입하더라도 관습의 지지를 받지 못하면 활용되지 못한다.

그러나 가족법의 이러한 차이도 국제교류가 빈번하여지면서 점차 그 범위가 줄어드는 경향이 생기고 있다.

---

1) 박동섭, 친족상속법(박영사, 2009), 4면.

< 재산법과 가족법의 차이 >

구 분	재 산 법	가 족 법
성 질	세계적으로 통일화 경향 합리적·타산적(이해관계에 따름)	각 나라의 전통중시(관습) 비합리적·비타산적(비계산적)
능 력	재산법상의 의사표시에 행위능력이 있어야 함(원칙)	가족법상의 의사표시에 원칙적으로 행위능력불요, 의사능력만 있으면 충분
법 규	임의법규(당사자의 의사·계약중시·계약자유의 원칙 O)	대부분 강행법규 (계약자유의 원칙 X)
권리·의무의 행사	원칙적으로 대리이행·대리행사·양도·처분인정	원칙적으로 대리이행 불가, 양도·처분제한(일신전속성)
요 식 성	불요식 행위 (사실적 계약관계 인정)	요식행위 (혼인·이혼·입양·유언 등)

제 2 장 혼 인

1. 혼인제도의 의미

혼인이란 한 남자와 한 여자가 평생의 동거를 목표로 포괄적이고 원칙적으로 해소할 수 없는 생활공동체를 형성하는 것을 말한다. 혼인이 성립하기 위해서는 실질적인 요소로서 부부관계를 성립시킨다는 당사자 간의 의사의 합치에 의한 생활공동체가 존재하여야 하고 형식적인 요소로서 국가에 의한 법적 승인이 있어야 한다. 성인의 남녀는 이성교제를 통해 서로를 이해하고 서로가 원하는 선택이 이루어지면 결혼에 이르게 되는 것이 오늘날 혼인의 모습이다. 그러나 결혼제도는 시대와 사회문화의 여건에 따라 상당히 다르다. 현재 우리나라의 결혼제도는 인간존엄과 남녀평등의 입장에서 일부일처제를 근본으로 한다. 그러나 과거에는 가부장적 가족제도 속에서 일부다처제인 결혼제도를 유지해 왔다. 그런데 이러한 혼인제도는 근대사상의 도입과 산업화에 따라 점차 변하였다.

칸트는 근대의 혼인관계는 주체적인 인격관계의 계약관계이며 상호간의 자유의지를 매개로 하는 행위로 보았으며, 일부일처제의 관계로서 배타적 성격을 갖고 있다고 했다. 특히 성숙한 남녀가 사회적으로 적법한 혼인의식을 통해 성적으로 결합할 수 있도록 제도화한 것이라고 보았다. 다시 말하면 혼인제도는 성의 조절체이고, 경제제도의 기본이며, 혼인법을 통한 규범을 갖고 있고, 종교적 또는 관습적으로 신념을 내포하고 있으며, 사회적 관계를 발생시킨다는 것이다. 혼인은 '제2의 탄생' 이라고도 한다. 인간은 혼인을 통하여 생활의 안정을 찾게 되고, 그들의 욕망과 목표성취의 동기를 얻음과 동시에, 이것을 사회적 · 문화적으로 인정받기 위해 더욱 노력하게 된다. 따라서 결혼은 가족이 형성되기 시작하는 첫걸음이며, 모든 사회에서

행해지는 가장 일반화된 제도 중의 하나이다.

그리고 혼인의 목적도 과거에는 남계중심혈통의 유지나 제사와 같은 것을 위한 것으로 개인을 무시한 것에 의하였으나 오늘날에는 혼인 당사자를 위한 것으로 변천되었다.

2. 혼인의 성립

혼인은 당사자 간 혼인의사의 합치에 따라 혼인신고절차를 밟으면 성립한다. 즉, 혼인이 일정한 혼인의 무효 내지 취소사유에 해당하지 않는 한 유효하게 성립되는 것이다.

혼인 신고는 본인의 등록기준지 또는 신고인의 주소지에서 할 수 있고, 신고에 의하여 효력이 생기는 창설적 신고이므로 신고 기간이 없으며, 따라서 과태료 제재를 받지 않는다.

3. 혼인 무효사유

이미 성립한 혼인이 무효로 되는 경우는 아래와 같다.

가. 당사자 사이에 혼인의 합의가 없는 때

어떠한 방편을 위해서 하는 것으로 육체적, 정신적 결합을 가질 의사가 전혀 없는 것, 당사자의 일방 또는 쌍방이 혼인신고 전에 혼인의사를 철회하였을 때, 당사자 일방 또는 쌍방이 혼인신고에 기재된 자와 혼인의사가 없고 동거의 사실도 없는 때 등을 말한다.

나. 혼인당사자 사이에 8촌 이내의 혈족사이에는 혼인하지 못한다.

다. 당사자간에 직계인척관계가 있거나 있었던 때

라. 당사자간에 양부모계의 직계혈족관계가 있었던 때

8촌 혈족 혼인무효 : [헌법불합치, 2018헌바115, 2022.10.27, 민법 제

815조 제2호는 헌법에 합치되지 아니한다. 위 법률조항은 2024. 12. 31.을 시한으로 개정될 때까지 계속 적용된다.]

4. 혼인취소사유

이미 성립한 혼인이 일정한 사유로 취소되는 경우이다.

(1) 결혼하는 사람이 18세에 달하지 않은 때

(2) 미성년자, 피성년후견인이 부모 또는 후견인의 동의를 받지 않고 혼인한 경우, 즉 혼인의 동의 없는 경우

(3) 근친혼

① 6촌 이내의 혈족의 배우자, 배우자의 6촌 이내의 혈족, 배우자의 4촌 이내의 혈족의 배우자인 인척이거나 이러한 인척이었던 자 사이.

② 6촌 이내의 양부모계(養父母系)의 혈족이었던 자와 4촌 이내의 양부모계의 인척이었던 자 사이.

(4) 배우자 있는 자가 다시 혼인(중혼)한 경우

(5) 혼인 당시 당사자 일방에 부부생활을 계속할 수 없는 악질 기타 중대사유 있음을 알지 못한 때

(6) 사기 또는 강박으로 인하여 혼인의 의사표시를 한 때

5. 혼인이 성립되면 생기는 권리 · 의무

(1) 혼인이 성립하면, 먼저 서로 배우자의 신분을 가지고 친족이 된다(민법 제777조 제3호).

(2) 동거, 부양, 협조의 의무와(민법 제826조 제1항 본문) 정조를 지킬 의무를 지닌다.

(3) 부부가 혼인함으로써 발생하는 재산 관계는 첫째, 혼인 전부터 각자의 고유의 재산, 혼인 중에 제3자로부터 상속 · 증여받은 것 등은

개인의 특유재산으로 부부의 공유재산이 되지 않고(부부별산제) 둘째, 부부가 쌍방의 협력과 노력으로 생성된 재산으로 부부 공동생활에 필요한 가재도구 등 공유재산, 셋째, 명의는 부부 일방으로 되어 있으나, 실질적으로는 공유에 속하는 재산이다. 여기서 이혼 시 재산분할청구의 대상은 둘째, 셋째가 그 대상이 될 것이다. 물론 일방의 고유재산 내지 특유재산이라고 하더라도 이 재산을 유지, 관리하는데 상대방이 기여하였다면 이것도 일정부분에 대하여 재산분할의 대상이 된다.

6. 부부 사이의 일상가사대리에 따른 대리권 및 일상가사채무에 대한 연대책임

(1) 부부는 그 일방이 공동생활에서 소요되는 일상적인 가사상의 각종 채권 · 채무 등에 대하여도 책임을 져야 한다. 이는 부부의 공동생활에서 비롯되는 일상적인 업무는 상대방에게 위임한 것으로 보는 것이다.

(2) 통상 일상 가사대리라고 보는 것은 통상의 사무, 예를 들면 쌀, 소금 등 식료품의 구매, 가옥의 임차, 집세 방세 등의 지급, 연료 의료비의 구입, 텔레비전 시청료, 전화 · 가스 · 전기 · 수도요금 지급 등으로 이러한 업무로 인하여 발생한 채무에 대하여도 그 상대방이 책임을 지게 되는 것을 말한다. 그러나 **상대방의 직업적 사무, 어음배서행위, 가옥의 임대 등은 일상가사대리에 포함되지 않아** 일방 배우자가 이러한 행위를 하였다고 하더라도 다른 일방이 이로 인한 책임을 지지 않는다는 것이다.

[사례-1] 혼인무효 확인의소

소 장

원 고 김 갑 남
19 년 월 일생(주민등록번호 :)
등록기준지 서울 서초구 00동 00번지
주소 서울 서초구 00동 124 00아파트 00동 00호

피 고 이 을 녀
20 년 월 일생(주민등록번호 :)
주소 서울 00구 00동 123 (우편번호 :)

혼인무효확인 청구의 소

청 구 취 지

1. 원고와 피고 사이에 20○○. 1. 15. 서울○○구 구청장에게 신고하여 한 혼인은 무효임을 확인한다.
2. 소송비용은 피고의 부담으로 한다.

라는 판결을 구합니다.

청 구 원 인

1. 원고와 피고는 전혀 모르는 관계입니다.
2. 원고는 20○○년 0 월 0일 프랑스 이민을 생각하고 이민업무를 주로 하는 00주식회사에 이민에 필요한 서류를 제출한 바 있습니다.
3. 또한 이민을 주관하는 위 회사에서는 결혼을 하지 않았던 원고에게 전혀 일면식도 없는 피고와 허위로 결혼(혼인)을 하고 이를 신고하고 이민을 신

청할 경우 프랑스 이민에 대한 결정이 빠르게 진행된다고 하여 이를 믿고 원고는 혼인에 필요한 서류를 위 이민전문 회사에 제공하였고, 서울 00구 구청에 혼인신고까지 하게 된 것입니다.

4. 그런데 이민을 주관하였던 위 00회사가 갑자기 문을 닫고 폐업신고를 하였고, 원고는 이민도 가지 못하였습니다.

5. 위와 같이 20○○. 1. 15. 서울 00구 구청장에게 신고 된 피고의 혼인신고는 원고의 의사에 의하지 않고 이루어진 것이므로 이를 시정하기 위하여 이 건 소를 제기합니다.

입 증 방 법

갑제 1호증 가족관계증명서

갑제 2호증 혼인관계증명서

갑제 3호증 주민등록등본

첨 부 서 류

1. 위 입증방법	각 1통
1. 소장부본	1통
1. 소송위임장	1통
1. 납부서	1통

20○○. 4. .

원고 소송대리인

변호사 0 0 0 (인)

서울가정법원 귀중

☞ 유 의 사 항

1. 소장에는 수입인지 20,000원을 붙여야 합니다.
2. 송달료는 당사자수 × 우편료[2] × 15회분을 송달료 취급은행에 납부하고 영수증을 첨부하여야 한다.
3. 혼인관계소송의 관할(가사소송법 제22조)
   혼인의 무효나 취소, 이혼의 무효나 취소 및 재판상 이혼의 소는 다음 각 호의 가정법원의 전속관할에 속한다.
   - 부부가 같은 가정법원의 관할구역 내에 보통재판적이 있을 때에는 그 가정법원
   - 부부가 최후의 보통의 주소지를 가졌던 가정법원의 관할구역 내에 부부 중 일방의 보통재판적이 있을 때에는 그 가정법원
   - 위에 해당되지 아니하는 경우로서 부부의 일방이 타방을 상대로 하는 때에는 상대방의 보통재판적소재지, 부부의 쌍방을 상대로 하는 때에는 부부 중 일방의 최후의 주소지의 가정법원
   - 부부 중 일방이 사망한 경우에는 생존한 타방의 보통재판적소재지 가정법원
   - 부부 쌍방이 사망한 경우에는 부부 중 일방의 최후의 주소지의 가정법원
4. 혼인무효 및 이혼무효의 소의 제기권자(가사소송법 제23조)
   당사자, 법정대리인 또는 4촌 이내의 친족은 언제든지 혼인무효나 이혼무효의 소를 제기할 수 있다.

2) 우편료는 송달료를 지칭한다.

[사례-2] 혼인취소의 소

소 장

원 고 이 길 자 (李吉子)
00 년 월 일생(주민등록번호 :)
등록기준지 0시 0구 0동 0번지
주소 0시 0구 0동 0번지
피 고 김 갑 돌 (金甲乭)
00 년 월 일생(주민등록번호 :)
등록기준지 및 주소 원고와 같다.

혼인취소의 소

청 구 취 지

1. 원고와 피고 사이에 20○○년 0월 0일 00시장에게 신고하여 한 혼인을 취소 한다.
2. 소송비용은 피고의 부담으로 한다.

라는 판결을 구합니다.

청 구 원 인

1. 원고와 피고는 소외 김이자(金利子)의 중매로 20○○년 0월 0일 결혼식을 올리고 20○○년 0월 0일 혼인신고도 마친 법률상의 부부입니다.

2. 그런데 피고는 의처증이 심한 정신병자일 뿐만 아니라 알코올 중독자입니다.

신혼 초부터 매일 같이 밤늦게까지 술을 마시고, 만취한 상태에서 밤중에 귀가하면 그날 원고의 주변에 일어난 사소한 일까지 꼬치꼬치 캐어묻고는 다른 남자와 만났는지 여부 또는 만나서 무엇을 했는지 등을 물으면서 원고를 의심하기 시작하더니, 급기야는 원고를 ○○.....

따라서 이는 ○○... 욕설과 폭행을 하게 되었고, 음주량과 횟수도 더욱더 많아져 도저히 정상적인 가정생활을 할 수 없는 상태에 이르렀습니다.

3. 피고는 이러한 알코올 중독증과 의처증이 혼인 전에도 가지고 있었으면서도 이러한 사실을 숨기고 원고와 결혼하였으므로 청구취지와 같은 판결을 구하는 바입니다.

입 증 방 법

갑제 1호증 가족관계증명서
갑제 2호증 혼인관계증명서
갑제 3호증 주민등록등본

첨 부 서 류

1. 위 입증방법 각 1통
1. 소장부본 1통
1. 납부서 1통

20○○. ○○. ○○.

위 원고 0 0 0

○○ 가정법원 귀중

제 3 장 약 혼

1. 약혼의 의의

약혼이란 장차 혼인하려는 당사자 사이의 계약, 합의, 약정을 말한다. 따라서 실질적인 혼인생활을 하면서 다만 혼인신고만을 하지 않고 있는 이른바 사실혼과는 다르다.

2. 약혼의 성립

약혼은 혼인하려는 당사자 사이의 합의로 성립한다. 만 19세 이상의 성인남녀는 자유로이 약혼할 수 있고, 만 18세 이상의 성인은 부모나 미성년후견인의 동의를 얻어 약혼할 수 있다(민법 제801조).

3. 약혼의 이행

약혼은 장래 혼인할 것은 약정한 것(혼인예약)이므로 혼인함으로써 모든 것이 이행되는 것이고 만일 혼인에 이르지 않은 경우에는 이로 인한 책임 있는 상대방에 대하여 손해배상을 청구할 수 있을 뿐 강제이행을 청구할 수 없다(민법 제803조).

4. 약혼해제(파혼)의 사유

민법 제804조의 규정에 따른 약혼해제(파혼)사유는 다음과 같다.

① 약혼 후 자격정지 이상의 형을 선고받은 경우
② 약혼 후 성년후견개시나 한정후견개시의 심판을 받은 경우
③ 성병, 불치의 정신병, 그 밖의 불치의 병질(病疾)이 있는 경우
④ 약혼 후 다른 사람과 약혼이나 혼인을 한 경우
⑤ 약혼 후 다른 사람과 간음(姦淫)한 경우
⑥ 약혼 후 1년 이상 생사(生死)가 불명한 경우
⑦ 정당한 이유 없이 혼인을 거절하거나 그 시기를 늦추는 경우
⑧ 그 밖에 중대한 사유가 있는 경우

위와 같이 파혼되는 사유가 상대방의 귀책사유에 의한 경우에는 그 상대방에 대하여 정신적·경제적 손해에 대한 배상을 청구할 수 있다(민법 제804조).

5. 예물 반환청구의 문제

혼인이 불성립이 확정되었을 때에는 쌍방은 부당이득의 법리에 따라 상대방에게 약혼 시 받은 예물을 반환하여야 할 것이다. 그러나 일방 당사자에게 파혼의 책임이 있는 경우에는 물론 과실 비율에 따라 반환범위가 달라지겠지만, 책임 있는 자는 자신의 예물을 돌려달라고 요구할 수 없고 자기가 받은 예물만 일정 범위에서 돌려주어야 한다.

그리고 혼인이 성립한 이상, 예를 들면 혼인신고가 이루어진 경우는 신고 후 이혼 등이 되었다 하더라도 예물 기타 증여물의 반환문제는 발생하지 않는다.

[사례-3] 약혼해제로 인한 손해배상 청구의 소

소 장

원 고 이 화 자
20○○년 월 일생(주민등록번호 :)
주소 ○○시 0구 0동 0번지

피 고 김 일 곤
20○○년 월 일생(주민등록번호 :)
주소 ○○시 0구 0동 0번지

약혼해제로 인한 손해배상청구의 소

청 구 취 지

1. 피고는 원고에 대하여 금 50,000,000원과 이에 대하여 소장부본 송달일의 익일부터 완제일까지 연5푼의 비율에 의한 금원을 지급하라.
2. 소송비용은 피고의 부담으로 한다.
3. 제1항에 대하여서는 가집행할 수 있다.

라는 판결을 구합니다.

청 구 원 인

1. 혼인의 합의성립

원고와 피고는 양가의 친지 되는 김이순의 소개로 ○○○○년 4월 12일 맞선을 보고 교재를 하던 중 서로가 좋아하게 되었고 같은 해 10월 24일에는 서로 선물을 교환하고 친지들 앞에서 약혼식을 거행하였습니다. 그래서 원고는 피고의 가정에 피고는 원고의 집에 때때로 드나들었고, 장래의 설계를 하면서 결혼일을 같은 해 12월 25일로 결정하고 결혼식장을 원·피고와 같이 예약하고 피고연의 준비, 청첩장 등을 매일 같이 바쁘게 준비하게 되었습니다.

2. 약혼의 해제

그러나 원고와 피고와의 결혼에 대하여 처음부터 별로 적극적이 아니었던 피고의 어머니는 결혼식 날이 다가옴에 따라서 원고의 용모와 옷차림 등에 흉을 보면서 점차 반대의 태도를 나타내게 되었습니다.

홀어머니 밑에 자라난 피고는 어머니의 강력한 태도에 눌려 망설이고 있다가 결국 결혼식 일주일 남짓 앞둔 같은 날 12월 17일 원고에 대하여 약혼의 해제를 제의하여 왔습니다만 원고는 이를 번의(飜意)할 것을 강력히 요구하였습니다.

그러나 피고는 이에 응하지 아니하고 원고 가(家)에서 준 선물을 원고에게 일방적으로 반환하고 약혼을 파기하였습니다.

3. 정신적 손해

원고는 결혼일자를 정하여 친척이나 친구들에게 알리고, 11월 말에는 다니던 회사를 퇴직하고 결혼식 초청장을 발송하고 신혼살림도구 등을 구입하는 등 결혼 준비가 거의 완료된 때에 돌연 피고의 일방적인 약혼의 부당파기에 의하여 원고는 심대한 정신적 피해를 입었습니다.

결혼식직전에 약혼을 파기당한 원고의 정신적 고통은 말로 헤아릴 수 없지만 그것을 금전으로 평가하면 금 50,000,000원으로도 부족할 것입니다.

따라서 원고는 청구취지와 같은 판결을 구하는 바입니다.

첨 부 서 류

1. 약혼사진 1통
2. 결혼초정장 1통
3. 결혼예식장계약서 사본 1통
4. 주민등록표등본(원,피고) 각 1통

20○○. ○○ . ○○ .

위 원고 이 화 자 (인)

○○ 가정법원 귀중

제 4 장 사 실 혼

제 1 절 개념과 성질

1. 사실혼의 의미

사실혼은 사회적으로 부부관계를 설정하고 또 정당하다고 인정되는 부부일지라도 혼인신고를 하지 않았기 때문에 법률상 부부로 인정받지 못하는 남녀관계를 말한다.

즉 법률상 혼인의 성립이 없이 동거하고 있는 남녀관계. 민법이 법률혼주의를 확립함에 따라서 생겨나는 사실상의 부부관계이므로 아무리 진실한 남녀의 결합이라도 혼인신고를 하지 않은 동안은 사실혼이 된다.

2. 성질

(1) 장차 혼인신고를 할 의사가 있거나 없거나 가리지 않는다. 내연관계라고 일컬어지는 사실혼은 법률상 의미의 혼인이 아니기 때문에 원칙적으로 혼인의 효력에 관한 민법규정이 적용되지 않는다.

(2) 판례는 사실혼을 혼인의 예약(약혼)으로 보고 강제이행의 청구는 할 수 없지만(민법 제803조) 이를 파기하였을 때에는 상대방에 대하여 손해배상의무를 져야 한다고 판시한 바 있다. 그러나 사실혼에 대하여 전혀 보호를 하지 않는 것이 실제로 너무 가혹한 바가 있으므로 그 후 판례는 태도를 고쳐서 점차 법률상 혼인에 준하는 효력을 부여

하는데 기울어졌다. 다만 명백한 것은 부부간의 상호부조에 관한 효력만이 인정될 뿐 친족관계의 창설이나 이에 부수하는 효력은 인정될 수 없다는 점에서 앞으로 많은 문제점이 남아 있다.

(3) 민법은 남녀가 혼인할 의사로 혼인신고를 마쳐야 법률상 혼인이 된 것으로 보는 법률혼의 방식을 채택하고 있기 때문에 양 당사자의 의사합치로 결혼식을 올리고 부부생활관계에 들어가 부부공동생활을 영위하더라도 혼인신고를 하지 않았으면 법률상 부부로 인정하지 않고 있다(민법 제812조).

(4) 이와 같이 사실상 부부이면서도 혼인신고를 하지 않았기 때문에 법률상의 부부로서는 인정할 수 없는 상태를 사실혼이라고 한다. 사실혼은 당사자의 합의에 의하여 사실상 부부로서의 공동생활이 존재하게 되면 성립하고 의식 기타의 형식을 필요로 하지 않는다.

(5) 그러나 판례를 보면 "사실혼이란 당사자 사이에 혼인의 의사가 있고, 객관적으로 사회 관념상으로 가족 질서적인 면에서 부부공동생활을 인정할 만한 혼인생활의 실체가 있는 경우이므로 법률혼에 대한 민법의 규정 중 혼인신고를 전제로 하는 규정은 유추적용 할 수 없으나 부부재산의 청산의 의미를 갖는 재산분할에 관한 점은 부부의 생활공동체라는 실질에 비추어 인정되는 것이므로 사실혼관계에도 준용 또는 유추적용할 수 있다." 라고 하였다.[3)]

3) 대법원 1995. 3. 28. 선고 93므1584 판결

제 2 절 사실혼관계의 존부

1. 혼인의 의사 및 손해배상청구권

(1) 사실혼관계도 법률혼과 마찬가지로 혼인의 의사합치가 있어야 하고, 양 당사자 사이에 부부공동생활이라고 인정될 만한 사회적 사실이 있어야 성립하며, 그 사실혼의 효과로서도 법률혼과 마찬가지로 동거, 부양, 협조, 정조의 의무가 있는 것이며 재산분할청구권 등도 인정된다고 할 것이다. 다만, 사실혼은 법률혼과 달리 당사자 일방이 임의로 해소할 수 있으나 정당한 사유가 없는 한 사실혼관계파기에 책임 있는 당사자는 상대방에 대하여 그로 인한 손해배상책임이 있다.

(2) 비록 혼인신고는 하지 않아 법률상의 부부라고는 할 수 없으나 사실상의 부부공동생활을 영위하고 있다면 상대방 주소지 관할 가정법원(서울의 경우는 가정법원, 그 외의 지역은 각 지방법원 또는 지원)에 사실혼 파탄에 대한 책임을 물어 물질적 손해 및 정신적 손해(위자료)배상을 청구할 수 있다.[4] (가사소송법 제13조)

(3) 또한 "외국의 국적을 가진 자와 사실혼 관계에 있다가 그 사실혼이 상대방의 귀책사유로 인하여 파탄에 이르게 되었다 하여 그 부당파기로 말미암아 입게 된 정신적 손해의 배상을 구하는 위자료 청구는 불법행위로 인한 손해의 배상을 구하는 것으로서 현행 국제사법 제32조 규정에 따라 그 불법행위의 발생지인 우리나라의 민법이 적용된다." 라고 하였다.[5]

---

4) 대법원 1989. 2. 14. 선고 88므146 판결
5) 대법원 1994. 11. 4. 선고 94므1133 판결

2. 제소기간

이와 같은 경우 손해배상청구권은 불법행위로 인한 손해배상청구권이므로 민법 제766조 제1항의 손해 및 가해자를 안 날로부터 3년 내에 행사하여야 한다.[6)]

[청구취지 사례] 사실혼 관계 존재확인

1. 원고와 소외 망 000(1965. 0. 0. 생, 2005. 9. 30. 사망, 본적 서울시 서초구 서초동 100번지) 사이에 2000. 2. 20.부터 2004. 8. 30.까지 사실혼 관계가 존재하였음을 확인한다.
2. 소송비용은 국가의 부담으로 한다.

라는 판결을 구합니다.

---

6) 대법원 1998. 7. 24. 선고 97므18 판결, 2002. 6. 28. 선고 2000다22249 판결

[사례-4] 사실상혼인관계존재 확인의 소 (피고의 사망에 의한 경우)

소 장

원 고 홍 00(한문)
○○○○년 월 일생(주민등록번호:)
등록기준지 00시 00구 000동 00번지
주 소 위 같은 곳 00번지
소송대리인 변호사 한 ○ ○
00시 00구 00동 1가 00번지(우편번호 :)
(전화번호 : 팩스 :)

피 고 00지방검찰청 검사

사실상혼인관계존재 확인의 소

청 구 취 지

1. 원고와 소외 망 신00과 사이에는 사실상혼인관계가 존재함을 확인한다.
2. 소송비용은 국가의 부담으로 한다.

라는 판결을 구합니다.

청 구 원 인

1. 원고는 20○○. 5.경 소외 망 신00(사망 전 본적 00시 00구 00동 852)을 만나 교제해 오다가, 혼인신고를 하지 않은 채 20○○년 8. 중순경부터 혼인생활을 시작하여 00시 00구 00동 00번지에서 시댁식구들과 함께 단란한 가정생활을 영위하여 왔습니다.

2. 원고는 위 신00의 생전에 결혼식을 혼인신고를 하고자 하였으나 위 신00의 친정 오빠인 소외 신00의 반대로 결혼식을 올리지 못하게 되자, 위 신

00는 후일에 결혼식을 올리기로 하자면서 뒤로 미루다가 지금까지 결혼식 및 혼인신고를 하지 못하였습니다.

3. 그런데 원고와 위 신00는 20○○. 6. 6. 여름휴가 기간 동안 강원도 삼척을 다녀 오던 중 승용차가 가드레일을 추돌하는 사고가 발생하여 신00는 즉사하게 된 것입니다.

4. 그러므로 원고는 검사를 상대방으로 하여 원고와 위 망 신00 사이에 사실상혼인관계가 있음의 확인을 구하기 위하여 이 사건 소를 제기합니다.

입 증 방 법

1. 갑제 1호증의 1, 2　　　가족관계증명서
1. 갑제 2호증의 1, 2　　　각 기본증명서
1. 갑제 3호증　　　주민등록등본
1. 갑제 4호증　　　확인서(사고 증명원)
1. 그 밖의 입증방법은 변론 시 추후 제출하겠습니다.

첨 부 서 류

1. 위 입증방법　　　각 1통
1. 소장부본　　　1통
1. 소송위임장　　　1통
1. 납부서　　　1통

20○○. 8. .

원고 소송대리인
변호사 한 ○ ○

○○가정법원 귀중

[사례-5] 사실혼 부당파기에 따른 손해배상청구소송

소 장

원 고 김○○ (700000-0000000)
경기도 과천시 ○○로 ○○길 주공아파트 000동 000호
전화.휴대폰번호 : 000-000-0000

피 고 이 ○○ (711111-1111111)
서울 노원구 ○○ 동 ○○아파트 000-0000

손해배상(기) 청구의 소

청 구 취 지

1. 피고는 원고에게 金 50,000,000원 및 이에 대해 20○○. 4. 27.부터 이 건 소장부본 송달일까지는 연5푼의, 그 다음날부터 완제일까지는 연 12%의 각 비율에 의한 금원을 지급하라.
2. 소송비용은 피고의 부담으로 한다.
3. 위 제1항은 가집행할 수 있다.

라는 판결을 구합니다.

청 구 원 인

1. 당사자 관계

원고는 피고의 부당한 사실혼관계 및 혼인예약(약혼) 파기를 당한 피해자이고, 피고는 원고와 혼인을 전제로 1년 이상 동거관계를 유지하며 혼례식 날짜까지 정해진 상황에서 별다른 사유없이 사실혼관계 및 혼인예약을 중

단해 버려 원고에게 심한 정신적, 물적 피해를 준 가해자입니다.

2. 혼인을 전제로한 사실혼관계

가. ○○동 빌라에서 동거를 시작함

(1) 원고는 20○○. 3.경 우연히 친구들과 나이트클럽에 놀러갔다가 거기서 피고를 만나 알게 되었는데, 당시 피고가 원고를 배려하는 태도가 너무 마음에 들어 이후 자주 연락하며 교제하기 시작하였습니다.

(2) 9개월여 교제를 하던 중 피고는 원고에게 결혼하자는 말을 하여 이후 혼인을 전제로 2006. 12.경부터 피고는 원고가 사는 서울 강남구 ○○동 빌라(이하 '○○동 빌라' 라함)에 들어와 서로 동거하기에 이르렀습니다.

원고와 피고의 관계에 대하여는 원고와 피고의 각 직장 동료와 친구들 모두가 자연스레 알게 되었으며 곧 결혼할 관계였다는 것은 주변 사람들에게 주지의 사실이 된 상태였습니다(갑제2호증 증인진술서).

(3) 위 피고와의 동거가 시작되면서 원고는 신혼살림을 위하여 새로이 침대, 쇼파, 컴퓨터, 책상, TV책상, 화장대, 식탁, 식기류일체, 쇼파테이블, 밥솥, 정수기 등 살림살이 약 1,500만원 가량을 원고가 돈을 들여 장만해 놓았습니다.

나. 혼례식 일자를 정함

(1) 원고와 피고는 ○○동 빌라에서 동거하다가 20○○. 11.경 구체적으로 결혼식 올리는 문제를 논의하게 되면서부터, 11.중순경 성북구 ○○에 사시는 피고 부모님을 찾아뵙고 인사를 드리고, 이어 12. 중순경 경북 ○○에 사시는 원고의 부모님과 피고 부모님과의 상견례를 진행토록 하였으며, 이에 따라 원고와 피고의 혼례식 날짜를 20○○. 5. 29.로 정하기에 이른 것입니다.

(2) 이에 따라 원고는 피고와 상의하여 20○○. 1. 9. 여행사에 신혼여행계약을 체결하고, 이어 서초동 ○○ 부페 예식장과 예식장이용계약을 하고, 한복을 맞추고, 모든 결혼을 위한 준비를 했고, 2008. 3. 7. 새

로이 신혼살림을 할 아파트로 서울 중랑구 ○○동 ○○아파트 000동 000호를 전세보증금 1억4,000만원에 임차하는 임대차 계약을 체결하고(계약명의는 원고의 친동생 김0 0 임) 입주하는 등으로 모든 준비를 완벽히 하였습니다(갑제3호증의1,2 국외여행계약서, 갑4호증 예식장사용계약서, 갑제5호증 한복계약서, 갑제6호증 임대차계약서).

(3) 위 ○○동아파트에 20○○. 3. 7. 입주하면서 원고는 자비를 들여 김치냉장고(137만원), 디지털TV(212만원), 장롱(203만원), 세탁기(131만원), 한복(135만원), 도합 818만원 상당도 구입하였습니다(갑제7호증 내지 9호증)

그 때 피고는 이 ○○동아파트에 들어와 원고에게 결혼약정을 일방적으로 파기하고 자신의 짐을 싸서 나가던 20○○. 4. 27.까지 동거하였던 것입니다.

3. 결혼식전 부당한 약혼 파기

가. 피고주장의 혼인예약 파기 사유

(1) 원고와 피고는 1년 이상을 동거해 오면서 급기야 양가 부모님의 승낙하에 20○○. 5. 29.자로 결혼식을 정하고, 이 준비를 위하여 원고는 많은 비용을 감당하며 준비를 한 것이고, 이후 결혼에 대한 부푼 기대를 하여 왔습니다.

그런데 피고는 20○○. 4. 초순경부터 4. 27. 헤어지기까지 거의 매일 새벽 4:00경 술을 먹고 귀가하였는데, 이로 인하여 원고와 약간의 말다툼이 있었습니다.

(2) 20○○. 4. 10. 혼례식을 1달여를 남겨놓은 시기에, 갑자기 피고는 원고에게 향후 결혼이후의 조건이라며 이 조건이 들어지지 않을시 결혼은 무효로 한다고 엄포를 놓으면서 그 조건을 말하였는데,

그 내용은 첫째, 혼인신고는 결혼식 이후 2년 뒤에 한다. 둘째, 아이는 2년 뒤에 갖는다. 셋째, 생활비는 반반 부담하되 자기 돈은 자기가 관리해야 한다는 것이었는데, 이들은 여자입장에서 받아들일 수 없는 조건이기에 받아들이기 힘들다고 했습니다.

(3) 원고는 일정 시간이 지나면 피고의 생각이 달라지리라 기대하면서도 한편 이래서는 안 되겠다 싶어 원고는 다니던 직장도 그만두고 피고와의 관계가 좋아지도록 노력을 하였습니다.
그러나 피고는 4. 27. 원고에게 다시 한번 위 조건들을 제시하며 수락 여부에 대한 확답을 하라고 추궁하여, 원고가 "너무 심한 것이 아니냐" 고하자 당일 묵동아파트에서 자신의 짐을 싸서 나가 버린 것입니다.
이에 원고가 피고를 붙잡고 매달리며 '왜 그러느냐' 며 수차 울며 애원하였지만 붙잡고 매달리는 원고에게 주먹을 휘두르며 "결혼하지 말자" 며 끝내 짐을 싸갖고 나간 것입니다.

나. 피고의 의도된 파기

원고의 계속적인 화해적인 태도에도 불구하고 피고는 위 조건들을 이행하지 않을 것이라면 아예 미리 헤어지는 것이 좋다며, 너무도 쉽게 관계 청산을 선언한 것인데, 위 4. 27. 헤어지기 이전에 이미 피고는 다른 곳(현재의 피고주소지)에 들어갈 집을 마련한 상태였던 것과 다른 여자가 생겼다는 사실을 알게 되었습니다.

4. 손해배상의 범위(위자료)

가. 원고의 상처

(1) 원고는 위 이해할 수 없는 피고의 행동으로 인하여 마음의 상처를 깊이 입고, 아무리 생각해도 피고의 행동에 대하여 이해할 수가 없어 심한 분노를 느끼고 있고, 상상할 수 없는 충격을 받았습니다.
피고는 달랑 자신의 짐만을 가지고 들어와서 떠날 때 달랑 자신의 짐만 가지고 떠났고 원고를 이용만 한 것입니다.

(2) 그러나 ① 원고는 초혼인 점,
② 그간 원고는 피고를 신랑이라며 부모님을 비롯 주위 친구, 직장동료들에게 소개까지 하였는데 결혼식이 예정된 상황에서 일방적으로 결혼파기를 당하여 여자로서 도저히 다른 사람과의 관계형성이 정상화

되기 어렵게 되어 있고,

③ 무엇보다도 결혼을 전제로 하였지만 성관계를 지속적으로 맺으면서 '동거' 를 해온 상황에서 결혼 파기는 여자에게 감당할 수 없는 너무도 큰 수치를 느낄 수밖에 없는 점,

④ 신혼집을 위하여 전세금 1억 4,000만원의 전세아파트를 마련하고 신혼살림 마련하느라 금전적으로 너무도 큰 손실을 봤고, (중간 생략)

⑤ 피고가 내세운 결혼조건이 통상 남녀가 좋아하는 감정과 사랑만으로 결합되는 순수성을 결여한 너무도 비인격적인 조건이라는 점 등을 감안해 볼 때 너무도 감당하기 힘든 큰 고통을 받은 것입니다.

나. 손해배상금액

이와 같이 상호 결혼을 전제로 동거한 경위와 혼례식 날짜가 정하여졌음에도 갑작스럽게 이상한 조건을 내세워 결혼파기요구로 약혼관계가 해지가 되는 상황은 결과적으로 피고가 받는 피해가 거의 없는데 반하여, 원고는 결혼을 꿈꾸며 동거라는 삶속에서 여성이 받는 파혼으로 받는 정신적 충격, 그리고 피고에 비할데없이 많은 금전적 손실을 감안하여 보았을 때 이의 위자금은 최소한 5,000만원 상당이 되어야 할 것입니다.

5. 결 론

그렇다면 피고는 원고에게 위 금 50,000,00원을 이 건 소장 송달 다음날부터 완제일까지 소송촉진등에관한특례법 소정의 연 12%의 각 비율에 의한 지연 손해금을 지급하여야 할 것입니다.

입 증 방 법

1. 갑 제 1 호증　　주민등록초본(피고)
1. 갑 제 2 호증　　증인진술서(박 0 0)
1. 갑 제 3 호증　　증인진술서(장0 0)
1. 갑 제 4 호증의1　　국외여행계약서

2　신혼여행일정표
1. 갑 제 5 호증　예식장 사용계약서
1. 갑 제 6 호증　한복계약서
1. 갑 제 7 호증　부동산임대차계약서
1. 갑 제 8 호증의1　인터넷쇼핑몰 가격표(TV)
2　사진
1. 갑 제 9 호증의1　인터넷쇼핑몰 가격표(김치냉장고)
2　사진
1. 갑 제10 호증의1　인터넷쇼핑몰 가격표(드럼세탁기)
2　사진(세탁기)
3　사진(장농)

첨 부 서 류

1. 송달납부서　1부
1. 소장 부본　1부

20○○. 5.　.

위 원고 김○○ (인)

서울가정법원 귀중

제 5 장 협의이혼

1. 개요

이혼이란 배우자 쌍방이 장래에 향하여 혼인을 해소하는 제도이다. 즉, 부부가 살아있는 동안에 그들의 법률상 부부관계를 해소하여 갈라서는 것을 말하는 것으로 이혼의 방법에는 ①협의이혼과 ②재판상 이혼이 있다.

협의상 이혼이란 말 그대로 부부가 서로 협의하여 헤어지기로 합의하고 등록기준지 또는 주소지를 관할하는 가정법원에 찾아가 판사의 이혼확인을 받은 다음, 등록기준지 또는 주소지 구청·시청·읍면 사무소에 이혼신고서 등을 제출함으로써 부부관계를 해소하는 절차를 말한다.

2. 협의 이혼의 절차

가. 이혼의사의 확인

(1) 협의상 이혼을 하려는 자는 가정법원이 제공하는 이혼에 관한 안내를 받아야 하고, 가정법원은 필요한 경우 당사자에게 상담에 관하여 전문적인 지식과 경험을 갖춘 전문상담인의 상담을 받을 것을 권고할 수 있다.

(2) 가정법원에 이혼의사의 확인을 신청한 당사자는 위 (1)번의 안내를 받은 날부터 다음 각 호의 기간이 지난 후에 이혼의사의 확인을 받을 수 있다.

① 양육하여야 할 자(포태중인 자 포함.)가 있는 경우에는 3개월

② 제1항에 해당하지 아니하는 경우에는 1개월

(3) 가정법원은 폭력으로 인하여 당사자 일방에게 참을 수 없는 고통이 예상되는 등 이혼을 하여야 할 급박한 사정이 있는 경우에는 위 (2)번 제2항의 기간을 단축 또는 면제할 수 있다.

(4) 양육하여야 할 자가 있는 경우 당사자는 제837조에 따른 자(子)의 양육과 제909조 제4항에 따른 자(子)의 친권자결정에 관한 협의서 또는 제837조 및 제909조 제4항에 따른 가정법원의 심판정본을 제출하여야 한다(836조의2).

나. 협의이혼의사 확인의 신청

(1) 신청시 제출하여야 할 서류

㉮ 협의이혼의사확인신청서 1통

☞ 부부가 함께 작성하며, 신청서 양식은 법원의 신청서 접수창구에 있다.

☞ 기일의 고지는 전화 등으로 할 수 있으므로, 신청서에 전화연락처를 정확히 기재하여야 하며, 전화연락처 변경시에는 즉시 법원에 신고하여야 한다.

㉯ 남편의 가족관계증명서와 혼인관계증명서 각 1통
처의 가족관계증명서와 혼인관계증명서 각 1통

☞ 시(구).읍.면.동사무소에서 발급

㉰ 이혼신고서 3통

☞ 신고서양식은 시(구).읍.면사무소 및 법원의 신청서 접수창구에 있다.

☞ 신고서는 그 뒷면에 기재된 작성 방법에 따라 부부가 함께 작성하되, "⑤친권자지정" 란은 이혼의사확인신청 때에는 기재하지 아니하며 법원의 협의이혼의사확인을 받은 후에 미성년인 자녀에 대하여 정하여진 친권자를 기재한다.

㉱ 주민등록등본 1통

☞ 주소지 관할 법원에 이혼의사확인신청을 하는 경우에만 첨부한다.

㉮ 미성년인 자녀(임신 중인 자를 포함하되, 이혼에 관한 안내를 받은 날부터 3개월 또는 법원이 별도로 정한 기간 이내에 성년에 도달하는 자녀는 제외)가 있는 부부는 이혼에 관한 안내를 받은 후 그 자녀의 양육과 친권자결정에 관한 협의서 1통과 사본 2통 또는 가정법원의 심판정본 및 확정증명서 3통을 제출하되, 부부가 함께 출석하여 신청하고 이혼에 관한 안내를 받은 경우에는 협의서는 확인 기일 1개월 전까지 제출할 수 있고 심판정본 및 확정증명서는 확인기일까지 제출할 수 있다. 자녀의 양육과 친권자결정에 관한 협의가 원활하게 이루어지지 않는 경우에는 신속하게 가정법원에 심판을 청구하여 심판정본 및 확정증명서를 제출하여야 하고, 미제출 또는 제출지연시 협의이혼확인이 지연되거나 불 확인될 수 있다.

㉯ 부부 중 일방이 외국에 있거나 교도소(구치소)에 수감중인 경우
재외국민등록부등본 1통(재외공관 및 외교통상부 발급) 또는 수용증명서(교도소 및 구치소 발급) 1통을 첨부한다.

(2) 신청서를 제출할 법원

☞ 이혼당사자의 등록기준지 또는 주소지를 관할하는 법원에 부부가 함께 출석하여 신청서를 제출하여야 한다.

☞ 부부 중 일방이 외국에 있거나 교도소(구치소)에 수감중인 경우에만 다른 일방이 혼자 출석하여 신청서를 제출하고 안내를 받으며, 미성년인 자녀가 있는 경우 그 자녀의 양육과 친권자결정에 관한 협의서 1통과 사본 2통 또는 가정법원의 심판정본 및 확정증명서 3통을 신청서 제출 당시에 첨부하여야 한다.

(3) 이혼에 관한 상담권고

☞ 법원으로부터 이혼에 관하여 상담위원의 상담을 받을 것을 권고 받을 수 있다. 특히 미성년인 자녀의 양육과 친권자결정에 관하여 상담위원

의 상담을 받은 후 협의서를 작성할 것을 권고한다.

(4) 이혼숙려기간의 단축 또는 면제

☞ 안내를 받은 날부터 미성년인 자녀(임신 중인 자를 포함)가 있는 경우에는 3개월, 성년 도달 전 1개월 후 3개월 이내 사이의 미성년인 자녀가 있는 경우에는 성년이 된 날, 성년 도달 전 1개월 이내의 미성년인 자녀가 있는 경우 및 그 밖의 경우에는 1개월이 경과한 후에 이혼의사의 확인을 받을 수 있으나, 가정폭력 등 급박한 사정이 있어 위 기간의 단축 또는 면제가 필요한 사유가 있는 경우 이를 소명하여 사유서를 제출할 수 있다. 이 경우 특히 상담위원의 상담을 통하여 사유서를 제출할 수 있다.

☞ 사유서 제출 후 7일 이내에 확인기일의 재지정 연락이 없으면 최초에 지정한 확인기일이 유지되며, 이에 대하여는 이의를 할 수 없다.

(5) 협의이혼의사의 확인

☞ 반드시 부부가 함께 본인의 신분증(주민등록증, 운전면허증, 공무원증 및 여권 중 하나)과 도장을 가지고 통지받은 확인기일에 법원에 출석하여야 한다.

☞ 첫 번째 확인기일에 불출석하였을 경우에는 두 번째 확인기일에 출석하면 되나, 확인기일을 2회에 걸쳐 불출석한 경우 확인신청을 취하한 것으로 보므로 협의이혼의사확인신청을 다시 하여야 한다.

☞ 부부의 이혼의사와 미성년인 자녀가 있는 경우 그 자녀의 양육과 친권자결정에 관한 협의서 또는 가정법원의 심판정본 및 확정증명서가 확인되면 법원에서 부부에게 확인서등본 1통 및 협의서등본 또는 가정법원의 심판정본 및 확정증명서 1통씩을 교부한다.

☞ 확인기일까지 협의를 할 수 없어 가정법원에 심판을 청구한 경우에는 확인기일에 출석하여 그 사유를 소명한 때 확인기일을 추후 지정받을 수 있고, 가정법원의 심판이 있어 확정되면 심판정본 및 확정증명서를 제출하여야 한다. 심판청구가 각하되거나 취하된 때에는 지정된 확인기일까지 협의서를 제출하지 않으면 불확인 처리된다.

☞ 자녀의 복리를 위해서 법원은 자녀의 양육과 친권자결정에 관한 협의에 대하여 보정을 명할 수 있고, 보정에 불응하면 불확인 처리된다.
☞ 불확인 처리를 받은 경우에는 가정법원에 별도로 재판상 이혼 또는 재판상 친권자지정 등을 청구할 수 있다.

다. 협의이혼의 신고

☞ 이혼의사확인서등본은 교부받은 날부터 3개월이 지나면 그 효력이 상실되므로, 신고의사가 있으면 위 기간 내에 당사자 일방 또는 쌍방이 시(구).읍.면사무소에 확인서등본이 첨부된 이혼신고서를 제출하여야 한다.
☞ 이혼신고가 없으면 이혼된 것이 아니며, 위 기간을 지난 경우에는 다시 법원의 이혼의사확인을 받지 않으면 이혼신고를 할 수 없다.
☞ 미성년인 자녀가 있는 경우 이혼신고 시에 협의서등본 또는 심판정본 및 그 확정증명서를 첨부하여 친권자지정 신고를 하여야 하며, 임신 중인 자녀는 이혼신고 시가 아니라 그 자녀의 출생신고 시에 협의서등본 또는 심판정본 및 그 확정증명서를 첨부하여 친권자지정 신고를 하여야 한다.
☞ 확인서등본을 분실한 경우
다시 법원에 협의이혼의사확인신청을 하거나, 그 등본을 교부받은 날부터 3개월 이내라면 이혼의사확인신청을 한 법원에서 확인서등본을 다시 교부받고 이혼신고서를 다시 작성하여 이혼신고할 수 있고 3개월이 지난 경우에는 다시 협의이혼의사확인신청을 하여야 한다.
☞ 협의서 원본은 법원에서 1년간 보존하므로 이혼의사확인 때 법원으로부터 교부받은 협의서등본은 이혼신고 전에 그 복사본을 별도로 보관하도록 한다.

3. 이혼과 자(子)의 양육책임

(1) 당사자는 그자의 양육에 관한 사항을 협의에 의하여 정한다.

(2) 위 (1)번의 협의는 다음의 사항을 포함하여야 한다.

① 양육자의 결정

② 양육비용의 부담

③ 면접교섭권의 행사 여부 및 그 방법

(3) 위 (1)번에 따른 협의가 자의 복리에 반하는 경우에는 가정법원은 보정을 명하거나 직권으로 그자의 의사·연령과 부모의 재산 상황 그 밖의 사정을 참작하여 양육에 필요한 사항을 정한다.[7)]

(4) 양육에 관한 사항의 협의가 이루어지지 아니하거나 협의할 수 없는 때에는 가정법원은 직권으로 또는 당사자의 청구에 따라 이에 관하여 결정한다. 이 경우 가정법원은 위 (3)번의 사정을 참작하여야 한다.

(5) 가정법원은 자의 복리를 위하여 필요하다고 인정되는 경우에는 부·모·자 및 검사의 청구 또는 직권으로 자의 양육에 관한 사항을 변경하거나 다른 적당한 처분을 할 수 있다.

(6) 위 (3)번부터 (5)번까지의 규정은 양육에 관한 사항 외에는 부모의 권리 의무에 변경을 가져오지 아니한다.

4. 협의이혼의 효과

협의상 이혼이 되기 위해서는 우선 부부 사이의 이혼의사의 합치가 있어야 하며, 이혼의사는 부부로서의 결합을 해소하는 것이기 때문에 이혼신고서를 시·구·읍·면장에게 제출(접수)할 때까지 유효하게 존속하고 있어야만 한다.

이혼의 사유는 성격불일치, 불화, 애정상실, 성적불만, 금전문제, 건강문제 등 어떤 명목이든지 이혼의 합치만 있으면 이혼이 가능하며 그 효과는 아래와 같다.

(1) 가정법원의 이혼의사확인을 받아 신고함으로써 혼인관계는 해소된다.

---

7) 2007. 12. 21. 개정 : 공포 후 6개월이 경과한 날부터 시행

(2) 이혼 후에도 자녀에 대한 부모의 권리와 의무는 협의이혼과 관계없이 그대로 유지되나 미성년인 자녀(임신 중인 자 포함)가 있는 경우에는 그 자녀의 양육과 친권자결정에 관한 협의서 또는 가정법원의 심판에 따른다.

(3) 이혼하는 남편과 다른 등록기준지를 사용하기를 원하는 처는 별도의 등록기준지 변경신고를 함께 하여야 한다.

5. 협의이혼의사의 철회와 방법

이혼의사는 이혼 신고시에도 쌍방에게 존재해야하는 것이므로 법원으로부터 협의이혼의사 확인서등본을 교부받은 후(3월 이내)에도 이혼신고접수 전에 어느 일방이 이혼을 원하지 아니할 경우 이혼의사를 철회할 수 있다. 이혼 의사 철회 표시 후에는 다른 일방의 이혼신고가 수리되지 않는다.

한편 이혼의사 확인을 받았더라도 3개월의 기간이 경과하면 법원의 '확인' 은 효력을 상실하게 되고 이혼의사는 무효가 되므로 이혼의사가 없다면 3개월 내에 이혼신고서를 제출하지 않음으로써 이혼의사를 없었던 것으로 할 수 있다. 그러나 상대방 배우자가 이혼신고를 하는 경우에는 이혼신고가 유효하다.

가족관계법실무는 협의이혼의사 철회 서면은 반드시 등록기준지 시, 구, 읍, 면에 제출토록 하고, 만일 주소지에서 이혼신고서를 수리할 경우에는 등록기준지에 송부하여야 하며 이를 송부받은 등록기준지에서는 등록정리와 동시에 처의 등록기준지에 송부하도록 하고 있는 바, 주소지나 등록기준지에서 이혼신고서나 이혼의사 철회서를 접수할 경우에는 접수연월일 및 접수시간을 분 단위까지 반드시 명기하여 어느 것이 먼저 접수되었는지를 검토하여 수리하고 만일, 당사자 쌍방이 같은 날 같은 시에 동시에 제출하거나 주소지나 등록기준지에서 각 접수한 이혼신고서와 이혼의사 철회서의 각 접수날짜와 시간이 같은 경우에는 이혼신고서를 수리할 것이 아니라 이혼의사 철회의 서면을 수리하도록 하고 있다.

6. 협의이혼의 무효

가. 개요

협의이혼의 무효는 민법 규정에는 없고 다만 가사소송법 제2조 제1항 가류사건 제2호가 이를 규정하고 있는데, 협의이혼의 무효란 이혼신고가 수리되었으나 당사자 사이에 실질적인 이혼합의가 없는 경우를 말한다.

나. 이혼무효의 예

(1) 서로 헤어질 의사 없이 오로지 채권자의 집행을 면하거나 또는 혼인 외의 출생자를 혼인[8]중의 출생자로 하기 위한 수단으로 부부가 가장이혼을 합의하여 신고를 한 경우

(2) 배우자 일방 또는 쌍방이 모르는 사이에 누군가가 이혼신고를 한 경우

(3) 심신상실자가 이혼신고시에 의사능력이 결여되어 있는 경우

(4) 유효하게 이혼신고서를 작성하였지만 이혼신고서 접수 전에 등록부 공무원에게 이혼의사를 철회하였는데 실수로 이혼신고가 이루어진 경우

(5) 이혼의사의 확인을 받은 당사자라 하더라도 상대방이 시, 군, 읍 사무소에 이혼신고서류를 제출하기 전에 이혼의사 철회서에 이혼의사확인서 등본을 첨부하여 제출한 경우

다. 이혼무효를 받는 방법

수리된 이혼을 무효로 하기 위하여서는 가사소송법에 따라 주소지 관할 가정법원에 상대방을 피고로 하여 이혼무효확인소송(가사소송)을 제기하여야 하고, 무효를 확인하는 판결이 확정되면 1개월 이내에 판결의 등본 및 확정증명서를 첨부하여 가족관계등록사무관장자에게 신청한다.

---

8) 판례 1994.2. 8선고 93도2869판결 참조

7. 협의이혼의 취소

가. 개요

혼인의사와 마찬가지로 이혼의사 또한 부부의 자유로운 의사에 기하여야 한다. 따라서 일방이 상대방을, 혹은 제3자의 사기·강박에 의하여 이혼신고를 하였을 경우에는 그 이혼은 취소사유가 된다(민법 제838조).

여기서 '사기·강박에 의한 이혼' 이란 이혼의사를 결정시킬 목적으로, 이혼당사자의 일방 또는 쌍방에게, 사기의 경우는 허위의 사실을 고지(기망수단)하여 착오에 빠트림으로써, 강박의 경우에는 어떤 해악을 고지하여 공포심을 가지게 함으로써 마음에 없는 이혼을 하게 한 경우를 말한다. 여기서 기망자 혹은 공갈자가 반드시 배우자여야 하는 것은 아니며 제3자도 가능하다.

나. 이혼취소의 방법

협의이혼이 기망에 이르게 된 경위 등이 주장·입증되어야 할 뿐만 아니라 강박에 의한 경우라면 강박을 면해서 이혼의사를 철회할 여지가 많다 할 것이므로 이혼신청서 작성시, 이혼의사 확인시, 이혼신고서 제출시 등에 위와 같은 강박이 있었음을 입증하여야 한다.

법원에 이혼취소소송을 제기하여 이혼을 취소하여야 하며, 다만 이혼 취소를 구하는 것은 당사자가 사기를 안 날로부터 3월이 경과하면 소멸한다(민법 제839조. 제823조).

이혼취소 소송 내지 조정을 통하여 이혼취소판결을 받으면 소를 제기한 자가 판결확정일로부터 1개월 이내에 판결의 등본 및 확정증명서, 이혼취소신고서 각 2통을 가족관계등록사무관장자에게 제출하면 이혼이 취소되게 된다.

8. 서울지역의 협의이혼 관할법원

협의이혼의사를 확인할 수 있는 관할법원은 부부 일방의 등록기준지 또는 주소지를 관할하는 가정법원(지원)이다(가족관계의 등록 등에 관한 법률 75조 1항). 그러므로 협의이혼을 하고자 하는 사람은 남편 또는 처의 등록기준지나 주소지를 관할하는 가정법원 중 어느 한 법원을 선택하여 협의이혼의사확인신청을 할 수 있다. 가정법원이 설치되지 않은 지역에서는 해당 지방법원, 지방법원지원이나 시.군법원이 협의이혼의사를 확인하는 관할 법원이 된다.

서울의 경우, 일반 가사사건은 서울지역에 재판적을 둔 모든 사건이 서울가정법원의 관할에 속함에 비하여, 협의이혼의사확인사건은 성질상 가족관계등록비송사건으로서 종로구 · 중구 · 강남구 · 서초구 · 관악구 · 동작구에 등록기준지 또는 주소지를 둔 부부의 사건만 서울가정법원의 관할에 속하고, 그 외의 사건은 각 해당 구역 법원(동부.남부.북부.서부지방법원)의 관할에 속한다.

[청구취지 사례] 이혼 무효확인

1. 원고와 피고의 이혼신고(20oo. 0. 0. 00구청장(면장) 접수)는 무효임을 확인한다.
2. 소송비용은 피고의 부담으로 한다.

라는 판결을 구합니다.

[청구취지 사례] 이혼의 취소

1. 원고와 피고 사이에 20oo. 0. 0. 00구청장에게 신고하여 한 이혼은 이를 취소한다.
2. 소송비용은 피고의 부담으로 한다.

라는 판결을 구합니다.

9. 협의이혼의 쟁점정리

(1) 수감중인 사람과의 협의이혼

수감자로서 협의이혼의사 확인을 받기 위해 법원에 출석하기 어려운 경우에는, 교도소(구치소)의 장에게 협의이혼의사확인을 촉탁하여 그 회보서의 기재로써 수감자의 출석, 진술에 갈음할 수 있다.

(2) 부부 중 한사람이 외국에 있는 경우 협의 이혼

국내에 있는 사람이 협의이혼을 하려는 경우에는 국내에 있는 배우자가 혼자서 법원에 협의이혼의사확인신청을 하면, 법원에서는 외무부를 경유하여 재외국민이 거주하는 지역을 관할하는 재외공관장에게 협의이혼의사확인을 촉탁하고, 재외 공관장이 협의이혼 의사를 확인하여 그 회보의 기재로써 이혼청구한 배우자와의 이혼의사의 확인에 갈음하게 된다.

외국에 있는 사람이 협의이혼을 하려는 경우에는 국내에 거주하는 배우자와 재외국민(재외국민등록법에 의하여 등록된 대한민국 국민에 한함)이 협의이혼을 하고자 할 때에는, 그 거주지역을 관할하는 재외공관의 장(그 지역을 관할하는 재외공관이 없는 때에는 인접지역의 장)에게 협의이혼의사 확인을 신청하면, 재외공관장은 신청서 및 진술서를 국내의 서울가정법원에 보내고, 법원에서는 한국에 거주하는 상대방 배우자를 소환하여 협의이혼의사확인절차를 밟는다. 그리고, 부부중 일방이 이혼신고서 등을 3개월 내에 배우자의 등록기준지 또는 재외공관장에게 제출한다.

(3) 외국에 있는 사람과의 이혼신고를 하는 절차

국내에 있는 배우자가 국내에서 협의이혼신고를 하려면, 법원에 협의이혼의사확인신청 이후 법원에서 소환하는 날 법원이 교부해주는 확인서등본과 이혼신고서 3통 및 배우자의 가족관계등록부 1통, 여자의 가족관계등록부 2통을 가지고 3개월 이내에 배우자의 등록기준지에 이혼신고를 하면 이혼이 성립되고, 일반적인 협의이혼신고절차와 동일하다.

외국에 있는 배우자가 외국에서 협의이혼신고를 하려면, 외국에 있는 대한민국 국민은 그 지역을 관할하는 재외공관의 장에게 협의이혼의사 확인신청을 하면, 재외공관장은 이혼신청서 및 진술서를 국내의 서울가정법원에 보내고, 서울가정법원은 다른 일방의 이혼의사를 확인받아 확인서 등본을 발급한다. 이혼확인서 등본을 교부받은 일방은 받은 날로부터 3개월 이내에 이혼신고를 할 수 있다(가족관계등록법). 외국에 거주하는 배우자일방이 재외공관의 장에게 이혼신고서류를 수리한 때에는, 1월 이내에 외무부장관을 경유하여 이를 본인의 등록기준지의 장에게 발송하게 되며(가족관계등록법), 이로써 가족관계등록부에 이혼이 나타나게 된다.

(4) 해외에 거주중인 두 사람이 해외에서 협의이혼을 하려는 경우

부부 중 일방의 거주지를 관할하는 재외공관의 장(그 지역을 관할하는 재외공관이 없는 때에는 인접하는 지역을 관할하는 재외공관의 장)에게 부부 두 사람이 함께 출석하여 협의이혼의사의 확인을 신청할 수 있다. 공관장은, 부부 두 사람으로부터 이혼의사의 존부 및 미성년자가 있는 경우에 그 자녀에 대한 친권행사자의 지정을 확인한 뒤, 그 요지를 기재한 진술요지서를 작성하여 서명 날인한 후 그 서면을 협의이혼의사확인신청서에 첨부하여 지체 없이 서울가정법원에 송부한다(가족관계등록시행규칙).

서류를 송부 받은 가정법원은 그 서류 만에 의하여 이혼의사의 존부를 확인한 뒤 이혼의사가 확인된 때에는 가정법원은 확인서의 등본을 재외공관의 장에게 송부하게 되며, 그것을 재외공관장이 부부에게 교부한 후 부부 중 한사람이 3개월 이내에 재외공관장에게 이혼신고를 하면 된다. 재외공관의 장이 이혼신고서류를 수리한 때에는, 1월 이내에 외교부장관을 경유하여 이를 본인의 등록기준지로 발송한다.

(5) 협의이혼 신고 절차

협의상 이혼신고를 하는 경우에는 그에 앞서 반드시 등록기준지 또는 주소지를 관할하는 가정법원. 지방법원. 지원. 시군법원의 가족관계부서로부터 이혼의사의 확인을 받아야만 한다. 다만, 국내에 거주하지 아니하는 경우에는 서울가정법원이 관할한다.

가정법원에 이혼의사의 확인을 받은 어느 일방이라도 확인을 받은 날로부터 3개월 이내에 [이혼신고서]와 [확인서등본]을 배우자의 등록기준지 시.구.읍.면 사무소에 신고하여야 하며, 만일 3개월의 기간이 경과하면 법원의 '확인'은 효력을 상실하게 되고 이혼의사는 무효가 된다. 따라서 관할구청에 이혼신고서 등을 접수할 때까지라도 이혼할 의사가 없다면 이혼신고서를 제출하지 아니함으로써 이혼의사를 없었던 것으로 할 수 있다.

(6) 이혼의사 확인신청 관할 법원

배우자의 등록기준지 또는 주소지를 관할하는 가정법원, 지방법원 또는 지원, 시, 군 법원 가족관계부서에 이혼의사확인신청을 하여야 하며, 서울의 경우 관할 법원은 아래와 같다.

① 서울가정법원 : 종로구, 중구, 강남구, 서초구, 관악구, 동작구

② 서울동부지방법원 : 성동구, 광진구, 강동구, 송파구

③ 서울서부지방법원 : 서대문구, 마포구, 은평구, 용산구

④ 서울남부지방법원 : 금천구, 영등포구, 강서구, 양천구, 구로구

⑤ 서울북부지방법원 : 동대문구, 중랑구, 도봉구, 강북구, 노원구, 성북구

(7) 협의이혼의사 확인에 필요한 서류

이혼신고관련서류는 읍,면,시,구청이나 동사무소, 인터넷, 법원에 비치되어 있고, 이혼신고서에는 만 19세가 넘는 증인 2명의 이름, 주민등록번호, 주소를 기재한 다음 서명하고 도장으로 날인하여야 한다.

① 협의이혼의사확인신청서 3통

② 협의이혼(친권자지정)신고서 3통

③ 가족관계등록부 1통(배우자)

④ 주민등록등본 1통(주소지와 등록기준지가 다를 경우)

⑤ 신분증(주민등록증, 운전면허증, 여권 등)

⑥ 도장

(8) 협의이혼의사 확인시 확인 내용

이혼의사확인의 신청이 있는 때에는 가정법원은 당사자 쌍방을 출석시켜 그 진술을 듣고, 이혼의사가 있는지, 부부 사이에 미성년자인 자녀가 있는 경우 자녀들 한사람 한사람에 대한 친권 행사자 및 양육자 지정여부 등

을 확인하게 된다.

따라서, 판사의 확인은 단순한 형식적 절차에 불과하지만 부부 중 한 사람에게 이혼할 의사가 없다거나, 아직 자녀문제가 해결되지 않은 경우에는 이혼이 허가되지 않는다.

(9) 협의이혼의사 확인 절차

각 등록기준지 또는 주소지 법원의 업무량에 따라서 다소 다르지만 서울가정법원의 경우는 1일 2회 확인하고 있다.

당사자가 서울가정법원 협의 이혼실에 당일 오전 10시까지 접수를 완료한 경우에는 당일 오전 11시부터 협의 이혼실에서 비공개로 판사의 확인을 받을 수 있고, 오전 10시 이후부터 오후 2시까지 사이에 접수시킨 경우에는 당일 오후 3시부터 확인을 받을 수 있고, 오후 2시 이후에 접수시킨 경우에는 다음날 오전 11시에 확인을 받게 된다. 확인 자체에 소요되는 시간은 건당 약 5분 이하이다.

서울가정법원의 관할이 아닌 경우는 각 지방법원에서 1일 1회 확인을 하고 있다.

(10) 협의이혼시 부부 출석 여부

협의이혼의사의 확인을 하기 위하여 가정법원은 당사자 쌍방을 출석시켜 주민등록증에 의하여 본인 여부를 대조한 후 그 진술을 듣고 이혼의사 여부를 확인한다. 따라서, 반드시 당사자 본인의 이혼의사를 확인하도록 되어 있으므로 본인이 출석하여야 하고, 당사자의 일방이 재외국민이나 수감자로서 출석하기 어려운 경우에는 관할 재외공관이나 교도소 또는 구치소의 장에게 확인을 촉탁하여 그 회보서의 기재로써 그 당사자의 출석.진술에 갈음할 수 있다. 그러나 당사자 쌍방 또는 일방이 정당한 사유 없이 2회에 걸쳐 출석하지 아니하였을 때는 확인 신청을 취하한 것으로 본다.

(11) 이혼의사확인 후에도 이혼철회가 가능한지

협의상 이혼을 하기 위하여 법원에 이혼의사확인신청을 하게 되면, 법원은 이혼의사 확인서를 작성하고 즉시 이혼신고서에 확인서등본을 첨부하여 당사자에게 교부한다. 협의상 이혼을 하려는 어느 당사자라도 법원의 확인을 받은 날로부터 3개월 이내에 등록기준지 시,군,구청에 이혼신청서 등을 제출하여 이혼의 효력이 생기게 할 수 있으며, 이혼신고를 하지 않은 채 3개월이 경과한 때에는 법원의 확인은 효력을 상실하게 된다. 따라서, 이때 이혼신고를 하려면 처음부터 다시 법원에 신청하여 확인의 절차를 반복하여야 하는 것이다.

이혼의사의 확인을 받은 당사자가 이혼의사를 철회하고자 하는 경우에는 이혼신고가 접수되기 전에 등록기준지의 시,군,구청의 장에게 이혼의사확인서 등본을 첨부한 이혼의사 철회서를 제출한다.

이때 상대방의 이혼신고가 먼저 접수된 경우에는 나머지 사람이 이혼의사의 철회는 받아들여지지 않으므로 주의해야 한다.

(12) 이혼을 하는 경우 자녀의 문제

협의상 이혼은 법원의 확인을 받아 법이 정한 바에 의하여 신고함으로써 그 효력이 생기는 바(민법 제836조 제1항), 법원은 이혼의사확인을 받는 과정에서 진정한 이혼의사가 있는지와 미성년인 자녀가 있는 경우 친권행사자가 있는지를 확인하게 된다. 만일 부모의 협의로 친권 및 양육권자가 결정되지 않거나 결정할 수 없는 경우에는 당사자의 청구에 의하여 법원이 정하도록 하고 있다(민법 제909조 제4항, 837조 제1항. 제2항 참조). 따라서 이혼에는 원칙적으로 합의했지만 친권행사자 및 양육자, 양육비에 관하여 협의되지 않는 경우에는 법원에 친권 및 양육자 지정에 관한 조정을 신청하여 조정위원들의 조정을 받아 그 결정에 따르고, 만일 조정에 실패하는 경우에는 이혼소송을 제기하여 그 심판에 따라 친권행사자 및 양육자를 정한 후 법원의 협의이혼 확인을 받게 된다.

(13) 이혼시의 재산분할과 소멸시효

협의상 이혼을 하는 경우도 부부 중 일방은 다른 일방에 대하여 재산을 나누어 달라고 분할을 청구할 수 있는데, 재산분할에 관하여 협의가 되지 아니하거나 협의할 수 없는 때에는 가정법원에 재산분할에 관한 조정신청이 가능하고, 만일 조정이 성립되지 아니하면 심판에의 이행청구를 하여 가정법원의 심판에 따라 재산을 분할하도록 한다.

이 재산분할청구권은 반드시 이혼과 동시에 행사하여야 하는 것은 아니고, **이혼한 날부터 2년 이내**에만 행사가 가능하며, 상대방이 현재 가지고 있는 재산을 그사이에 처분하여 버리거나 은닉.도피시킬 우려가 있을 경우에는 가압류.가처분이 가능하다.

(14) 재산분할 및 위자료의 명목으로 부동산이 이전된 경우 증여세가 부과되는지

협의이혼 시 부부 사이에 재산분할 및 위자료의 명목으로 이전된 부동산에 대한 증여세부과처분의 취소가 문제된 사안과 관련하여 이혼한 자의 일방이 다른 일방으로부터 재산분할을 청구하여 재산을 취득한 경우에 재산분할 및 위자료 명목의 부동산 이전에 대하여 증여세가 부과되지 않는다.[9)]

(15) 일시적으로 법률상의 부부관계를 해제할 의사로써 한 이혼신고의 효력

배우자와 일시적으로 이혼을 하고 몇 년 후에 다시 혼인신고를 하기로 약정한 이후 이를 지키지 아니하였다고 하더라도 이 이혼 신고는 유효하다. 판례는 청구인은 피청구인이 외국이민을 떠났다가 3년 후에 다시 귀국하여 혼인신고를 하여 주겠다고 하여 이를 믿고 이혼신고를 하였다면 별다른 사정이 없는 한 당사자 간에 일시적이나마 법률상의 부부관계를 해소할 의사가 있었다고 할 것이니 **그 이혼신고는 유효하다**고 본다.[10)]

---

9) 대법원 1997. 11.28. 선고, 96누4725 판결
10) 대법원 1981.7.28. 선고, 80므77 판결. 1993.6.11. 선고, 93므171 판결

(16) 협의이혼 약정시 위자료로 약정한 금원을 지급받은 경우 위자료청구권이 소멸하는지

협의이혼 약정 시에 청구인이 피청구인에게 이혼 위자료조로 소정의 금원을 지급할 것을 약정한 후에 피청구인이 위 금원 등을 지급 받은 경우라면, 위 금원 등 수수에 관한 당사자 쌍방의 의사는 어디까지나 협의의 이혼이건 재판상 이혼이건 간에 그 부부관계를 완전히 청산하는 것을 전제로 그 위자료조로 지급한 취지라고 볼 것이므로 피청구인의 위자료 청구권은 소멸하였다고 본다.[11)]

(17) 사기 또는 강박으로 인해서 혼인하게 된 자가 협의이혼을 한 경우에 손해배상청구를 할 수 있는지

혼인의사 결정에 당사자의 일방 또는 제3자의 사기나 강박 등의 위법행위가 개입되어 그로 인해서 혼인을 하게 된 경우에 있어서는 상대방은 그것을 이유로 하고 혼인의 취소를 구한다던가 또는 사기 강박 등 위법행위에 관한 사항이 이혼사유에 해당되면 그 사유를 내세워 재판에 의한 이혼을 구할 수 있고,

혼인해소가 사기 또는 강박 등의 위법행위에 연유한 이상 사기 또는 강박으로 인해서 혼인을 하게 된 자가 그로 인해서 받은 재산상 또는 정신상의 손해배상청구를 하는데 있어서 반드시 어떠한 혼인해소방식에 구애되어 혼인취소 또는 이혼판결이 있어야만 된다고 하여야 할 이유는 없다할 것이므로 협의이혼을 한 경우에도 손해배상청구가 가능하다.[12)]

(18) 강박에 의하여 이루어진 협의이혼의 취소가 가능한지

협의이혼 의사 확인절차는 확인당시에 당사자들이 이혼을 할 의사를 가지고 있는가를 밝히는데 그치는 것이고 그들이 의사결정의 정확한 능력을 가졌는지 또는 어떠한 과정을 거쳐 협의이혼 의사를 결정하였는지 하는 점에 관하여서는 심리하지 않는바, 협의이혼 의사의 확인은 어디까지나

11) 대법원 1983.9.27. 선고, 83다20, 21 판결
12) 대법원 1987.1.20. 선고, 86므8619 판결

당사자들의 합의를 근간으로 하는 것이고 법원의 역할은 그들의 의사를 확인하여 증명하여 주는데 그치는 것이며 법원의 확인에 대하여 소송법상의 특별한 효력이 주어지는 것도 아니므로 이혼협의의 효력은 민법상의 원칙에 의하여 결정되어야 할 것이고 이혼의사 표시가 사기, 강박에 의하여 이루어졌다면 민법 제838조에 의하여 취소할 수 있다.[13]

(19) 이혼 무효사유

이혼을 무효로 하기 위하여서는 가사소송법에 따라 주소지 관할 가정법원에 상대방을 피고로 하여 이혼무효확인소송(가사소송)을 제기하여야 하고, 무효를 확인하는 판결이 확정되면 1개월 이내에 판결의 등본 및 확정증명서를 첨부하여 가족관계담당계에 정정 신청을 하여야 한다.

이혼의 무효사유는 다음과 같다.

① 서로 헤어질 의사 없이 오로지 채권자의 집행을 면하거나 또는 혼인외의 출생자를 혼인중의 출생자로 하기 위한 수단으로 부부가 가장이혼을 합의하여 신고를 한 경우,
② 배우자 일방 또는 쌍방이 모르는 사이에 누군가가 이혼신고를 한 경우,
③ 심신상실자가 이혼신고 시에 의사능력이 결여되어 있는 경우,
④ 유효하게 이혼신고서를 작성하였지만 이혼신고서 접수 전에 담당공무원에게 이혼의사를 철회하였는데 실수로 이혼신고가 이루어진 경우[14]
⑤ 이혼의사의 확인을 받은 당사자라 하더라도 상대방이 시.군.읍 사무소에 이혼신고서류를 제출하기 전에 이혼의사 철회서에 이혼의사확인서 등본을 첨부하여 제출한 경우

(20) 양육비 불지급시

협의이혼 의사확인기일에 교부받은 양육비부담조서 정본에 따른 민사

13) 대법원 1987.1.20. 선고, 86므8619 판결
14) 판례 1994.2.8선고 93도2869판결

집행법상의 강제집행이나 가사소송법상의 직접지급명령제도, 이행명령제도를 이용할 수 있다.

또한 가정법원은 양육비채무자가 정당한 이유 없이 2회 이상 양육비를 지급하지 아니한 경우에는 양육비채권자의 신청에 따라 아직 이행일시가 도래하지 않은 양육비채권을 집행권원으로 하여 양육비채무자의 소득세원천징수의무자에 대한 **정기적 급여채권에 관하여 양육비 직접지급명령을 할 수 있고**(가사소송법 제63조의2), 가정법원은 양육비지급의무자가 정당한 이유 없이 그 의무이행을 이행하지 않을 때에는 당사자의 신청에 의하여 일정한 기간 내에 그 의무를 이행할 것을 명할 수 있다(가사소송법 제64조). 위 이행 명령에 따른 의무 불이행시의 제재로 과태료부과, 감치처분을 할 수 있다.

	시행일자	관할법원
민법 제836조의 2 제5항 (양육비 부담조서의 집행력)	2009. 08. 09.	민사집행법의 관련규정에 따름.
가사소송법 제63조의 2 (양육비 직접지급명령)	2009. 11. 09.	가정법원 전속관할
가사소송법 제64조 (양육비부담조서에의한 이행명령)	2009. 11. 09.	가정법원 전속관할

[사례-6-1] 협의이혼에 관한 합의서

협의이혼에 관한 합의서

협의이혼 당사자
갑 홍길동
을 성춘향

갑을은 자유의사에 기하여 협의이혼에 합의하면서 다음과 같은 사항을 성실하게 이행할 것을 다짐한다.

다 음

1. 갑과 을은 이혼한다. 갑을은 20○○. . . 오전 및 오후에 협의이혼 신고 및 확인절차를 이행하기로 한다.
2. 갑은 을에게 그동안 남편으로서, 아버지로서의 역할과 책임을 소홀히 한 점에 대하여 깊이 반성하면서 이를 사죄하는 의미에서 아래 사항을 성실히 이행할 것을 다짐한다.
3. 갑은 을에게 과거 및 장래 부양료, 양육비, 위자료 명목으로 금 원을___은행 에 입금하되(또는 매월 금 원씩), 위 금원이 접수된 후에 이혼절차를 밟기로 한다.
4. 갑을의 자녀인 이○○은 앞으로도 어머니인 을이 양육하도록 한다.
5. 본 합의의 이행을 입증하기 위하여, 본 합의서를 인증서로 공증하여 상호 1부씩 보관한다.

20○○. 8. .

갑 (인)
을 (인)

귀하

[사례-6-2] 협의이혼에 관한 합의서 (2)

협의이혼에 관한 합의서(2)

아　　내　　0 0 0 (　　　－　　　)
남　　편　　0 0 0 (　　　－　　　)
사건본인　　1. 0 0 0 (　　　－　　　)
　　　　　　2. 0 0 0 (　　　－　　　)
　　　　　　이들의 등록기준지 :
　　　　　　이들의 주소 :

남편 000과 아내 000은 다음과 같이 자유의사로 협의이혼하기로 합의한다.

다　　음

1. 남편 000과 아내 000은 협의이혼을 통하여 혼인을 해소하기로 합의한다.
2. 양당사자는 협의이혼의사확인을 위하여 오는 2010. . . : 서울동부지방법원에 출석하여 협의이혼 절차를 밟기로 한다.
3. 당사자는 상호간 혼인관계에서 발생한 위자료 청구를 포기한다.
4. 딩사자는 새산분할과 관련하여, 현재 자기 명의로 된 부동산, 동산, 주식 등에 대하여는 각자의 소유로 하고, 나머지는 포기한다.
5. 사건본인인 00. 00에 대한 친권 및 양육권은 아내 000이 행사한다. 남편 000의 양육비 지급의무를 면제하는 대신, 남편 000의 사건본인들에 대한 면접교섭권은 포기한다.
6. 아내 000은 협의이혼 의사확인절차가 완료되는 즉시 이혼소송을 취하한다.
7. 당사자는 자유의사에 기하여 위와 같이 원만히 합의하고, 나머지 당사자간의 권리. 의무 일체에 관하여 포기. 면제함과 아울러 본 합의사항을 성실히 이행할 것을 각서 한다.

20○○. . .

남　편 0 0 0　(인)
아　내 0 0 0　(인)
입회인　　　　(인)

[사례-7-1] 협의이혼의사확인신청서

협의이혼의사확인신청서

당사자 남편 성명 : 홍 ○○ (洪 ○○)

주민등록번호 : 000000-0000000

등록기준지 : 00도 00시 00동 000번지

주소 : 서울 00구 00동 00번지

전화번호(핸드폰/집전화) : 010-0000-0000, 02-0000-0000

처 성명 : 신 ○○ (申 ○○)

주민등록번호 : 000000-0000000

등록기준지 : 00도 00시 00동 000번지

주소 : 서울 00구 00동 00번지

전화번호(핸드폰/집전화) : 010-0000-0000, 02-0000-0000

신청의 취지

1. 위 당사자 사이에는 진의에 따라 서로 이혼하기로 협의하였다.
2. 위와 같이 이혼의사가 확인되었다

라는 확인을 구함

첨부서류

1. 남편의 혼인관계증명서와 가족관계증명서 각각 1통
2. 아내의 혼인관계증명서와 가족관계증명서 각각 1통
3. 미성년자가 있는 경우 양육 및 친권자결정에 관한 협의서 1통과 사본 2통 또는 가정법원의 심판정본 및 확정증명서 3통 (제출 , 미제출)

4. 주민등록등본(주소지 관할법원에 신청하는 경우) 1통

5. 진술요지서(재외공관에 접수한 경우) 1통

20○○년 7월 일

확인기일		담당자
1회	년 월 일 시	법원주사(보)
2회	년 월 일 시	(인)

당사자는 협의인혼 전 가사상담위원과의 상담을 원하시나요?

□ 예 □ 아니요

확인서등본 및 양육비 부담조서정본 교부	교부일
남편 (인) 아내 (인)	

신청인 남편 ○○ 서명

아내 ○○ 서명

서울가정법원 귀중

주)1. 협의이혼을 하고자 하는 자는 등록기준지 또는 주소지를 관할하는 가정법원(서울의 경우 각 지방법원에도 신청가능)에 신청하면 된다. 신청서에 인지는 첩부하지 아니한다.

2. 해당하는 란에 0 표기할 것. 협의하는 부부 양쪽이 이혼에 관한 안내를 받은 후에 협의서는 확인기일 1개월 전까지, 심판정본 및 확정증명서는 확인기일까지 제출할 수 있다.

3. 이혼에 관한 안내를 받지 아니한 경우에는 접수한 날부터 3개월이 경과하면 취하한 것으로 본다.

[사례-7-2] 협의이혼의사 확인서

○○지방법원

확 인 서

사 건 20○○호 800 협의이혼의사확인신청

당 사 자 부 홍 ○○ (721204-1234567)
등록기준지 : 서울 서초구 00동 123
주 소 : 수원시 00구 00동 00번지 수원아파트 109동 101호

당 사 자 모 김 ○○ (751204-1234567)
등록기준지 : 서울 서초구 00동 123
주 소 : 용인시 00구 00동 00번지 용인아파트 103동 105호

위 당사자 사이에는 진의에 따라 서로 이혼하기로 합의되었음이 틀림없음을 확인합니다.

확인일시 20○○. 5. 12.
이 확인서 등본은 교부 또는 송달받은 날부터 3개월이 지나면 효력이 상실되니, 신고의사가 있으면 쌍방이 서명 또는 날인하여 작성한 이혼신고서에 첨부하여 위 기간 내에 시.구.읍.면사무소 또는 재외공관에 신고하여야 합니다.

등본입니다.
20○○. 5. 12.
00지방법원
법원주사 강 ○○

미성년자녀의 성명 : 홍○○

20○○. 5. 16.
판 사 정 ○○

[사례-7-3] 양육비 부담조서

○○지방법원

양육비부담조서

사　　건　20○○호 800　협의이혼의사확인신청

부　홍 ○○　(721204-1234567)
경기도 수원시 00구 00동 00번지 수원아파트 109동 101호
모　김 ○○　(751204-1234567)
경기도 용인시 00구 00동 00번시 용인아파트 103동 105호
미성년자녀　홍 ○○ (061204-1234567

일　　시 : 20○○. 5. 12. 14:00　　　장　　소 : 법정2층 제1호

-다음과 같이 양육비 부담에 관하여 협의가 되었음을 확인

부 홍길동은 모 김○○에게, 이 사건에 따른 이혼신고가 되면, 미성년 자녀들에 대한 양육비로 이혼신고 다음날부터 자녀들이 각 성년에 이르기 전날까지 1인당 700,000원을 매월 15일에 지급한다.

정본입니다.
20○○. 5. 12.
00지방법원
법원주사 강 ○○

법원주사　강 ○○
판　　사　정 ○○

[사례-8] 이혼무효확인

이 혼 무 효 확 인

원 고 홍 길 동 (전화)
19 ○○년 ○월 ○일생
등록기준지
주소
(우편번호)

피 고 김 갑 순
19 ○○년 ○월 ○일생
등록기준지
주소
(우편번호)

청 구 취 지

1. 원고와 피고의 이혼신고(20 ○○년 ○월 ○일 ○○시 ○○구청장 접수)는 무효임을 확인한다.

라는 판결을 구합니다.

청 구 원 인

1. 원고와 피고는 20 ○○년 ○월 ○일 혼인하여 그후 계속하여 오늘에 이르기까지 동거하고 있습니다.

2. 원고는 피고와 협의이혼에 관한 협의를 한 바 없고, 협의이혼을 위하여 법원에 다녀온 적도 없습니다.

3. 그런데 원고도 모르는 사이에 피고는 20 ○○년 ○월 ○일 ○○시에 ○○ 구청장에게 원고와 피고의 협의이혼신고를 하였습니다.

4. 원고와 피고의 협의이혼은 원고가 전혀 모르는 사실이고 또한 원고는 이혼할 의사가 없기 때문에 위 협의이혼은 무효이므로 이건 청구에 이른 것입니다.

첨 부 서 류

1. 가족관계증명서(부의 것, 처의 것) 각 1통
2. 주민등록등본(부의 것, 처의 것) 각 1통

20○○ . ○. ○.

위 원고 홍 길 동 (인)

서울가정법원 귀중 [○○지방법원(지원) 귀중]

☞ **유의사항**

1. 소장에는 수입인지 20,000원을 붙여야 한다.
2. 송달료는 당사자수 × 우편료 × 15회분을 송달료취급은행에 납부하고 첨부하여야 한다.

제 6 장 재판상 이혼소송 절차

제 1 절 이혼소송의 쟁점

1. 개념과 성질

가. 개 념

이혼은 배우자 쌍방이 장래에 향하여 혼인을 해소하는 제도다. 우리나라 현행법이 인정하는 이혼의 형태는 협의상 이혼, 조정이혼, 재판상 이혼의 3가지다. 이 중 협의상 이혼과 재판상 이혼은 민법상의 제도이고, 조정이혼은 가사소송법상의 제도이다.

(1) 협의상 이혼

협의상 이혼은 당사자들이 이혼하기로 합의하여 가정법원판사의 확인을 받아 가족관계법에서 정한 바에 따라 신고함으로써 성립된다. 협의이혼확인이 있었다는 것만으로는 이혼의 효력이 생길 수 없다. 그러므로 신고를 하기 전에는 부부의 일방이 언제든지 이혼의사를 철회할 수 있다. 이혼신고서가 수리되기 전에 철회신고서가 제출되면 협의이혼신고서는 수리할 수 없다. 그러므로 관계 공무원이 착오로 철회신고서가 제출된 사실을 간과한 나머지 그 후에 제출된 이혼신고서를 수리하였다고 하더라도 협의상 이혼의 효력이 생길 수 없다. 이혼사건의 대부분은 이러한 협의이혼이 차지하고 있다. 협의이혼은 요컨대 당사자들이 자율적으로 이혼하는 제도다. 단순히 협의이혼확인이 있었다는 사실만으로는 재판상 이혼사유가 될 수는 없다(실제로 법에 무지한 사람들은 판사 앞에서 협의이혼 의사 확인만으로 이혼이 된 줄 알고 각각 별거하여 다른 사람과 사실혼상태에 빠지는 일도 더러 있다).

원 · 피고가 해외이주를 목적으로 협의이혼하기로 하였다 하더라도 일시적이나마 법률상 부부관계를 해소하고자 하는 의사의 합치가 있었다 할 것이므로, 이러한 이혼신고는 유효하다.

(2) 조정이혼

조정이혼은 협의이혼을 할 수 없는 경우, 조정전치주의에 따라 가정법원의 가사조정절차에서 성립되는 이혼이다. 조정이 성립되면 당사자는 그 조정조서로써 이혼신고를 할 수 있다.

(3) 재판상 이혼

재판상 이혼은 이혼사유가 있는데도 당사자 간에 이혼의 합의가 이루어지지 아니하여 배우자의 한쪽이 제기한 이혼소송에 따라 법원에서 판결로 이혼을 선언하는 것이다. 재판상 이혼은 어떠한 경우에 하는 것인가?

당사자 간에 이혼에 관한 협의가 성립되지 않고 가정법원의 조정에서도 합의나 조정이 되지 않고 부부의 일방이 심신상실의 상태에 있다든지, 부부의 일방이 행방불명인 경우 등으로 조정에 회부하기가 사실상 불가능한 사건, 준거법상 반드시 판결 등 재판의 형식에 따른 이혼이 필요한 섭외이혼사건에 한정된다. 이러한 재판상 이혼이 단계에서 비로소 이혼원인의 유무가 문제로서 등장하게 된다.

나. 성 질

이혼의 소는 이처럼 법률에 정하여져 있는 이혼사유(이혼원인)가 있는 경우에 원고의 주장대로 이혼원인사실을 인정하여 판결로 그 혼인을 장래에 향하여 소멸시키는 것이므로, 그 소의 성질은 형성의 소다. 그러므로 이혼을 명하는 판결이 확정되면 그로써 혼인관계는 해소되고, 그 판결에 따른 이혼신고는 이른바 단순한 보고적 신고에 불과하다. 따라서 그 이혼신고의 여부에 따라 이혼의 효력이 생기거나 효력이 좌우되는 것은 아니다. 이 점은 협의이혼의 경우와 다른 점이다.

2. 당사자와 제소기간 및 조정전치 등 심리절차

(1) 이혼청구의 소송은 남편과 아내가 서로를 상대로 청구하는 것이므로 제3자가 개입할 여지는 없다. 당사자 중 어느 한쪽이 사망하면 혼인은 당연히 해소되므로 소의 이익이 없어져서 검사를 상대로 이혼청구를 하는 경우는 없다. 배우자의 일방이 금치산자인 경우는 다른 배우자가 후견인(법정대리인)이 되므로 이혼청구가 사실상 곤란한 사태가 생길 수 있다. 그래서 이 경우는 민법 제933조에 정한 순위에 따라 직계혈족, 3촌 이내의 방계혈족 등 다른 사람이 후견인이 되어 이혼청구소송을 할 수 있다고 해석한다. 재심을 청구하는 경우 이미 확정판결을 받은 당사자 일방이 사망한 때는 검사를 피고로 삼을 수 있다. 이처럼 극히 예외적으로 검사에게 피고적격이 인정되고 있다.

(2) 이혼청구에 기간이 정하여져 있는 것은 부정행위를 이유로 하는 것(안 날로부터 6개월, 그 사유가 있은 날로부터 2년 : 민법 841조)과 "기타 혼인을 계속할 수 없는 중대한 사유가 있을 때" (안 날로부터 6개월, 그 사유가 있은 날로부터 2년 : 민법 842조)이고, 이 경우의 기간은 제척기간이라고 해석되므로 이 기간을 경과하면 이혼을 청구하지 못한다. 축첩행위는 그 행위가 종료한 때로부터 이혼청구기간이 기산된다. 한편 혼인을 계속할 수 없는 중대한 사유의 경우는 이혼청구 당시까지 그러한 혼인 파탄상태가 계속되고 있는 경우가 많고, 그러한 사유의 최초발생시가 언제였는가는 묻지 않기 때문에 위 6개월 또는 2년이라는 제척기간에 관한 민법 제842조는 적용될 여지가 없다. 그러므로 당사자는 그러한 사유가 계속되는 동안은 언제나 기간의 제한을 받지 않고 이혼의 소를 제기할

수 있다. 그리고 재산분할청구는 이혼한 날로부터 2년 안에 청구하여야 한다. 이혼한 날이란 협의이혼의 경우는 이혼신고를 한 날, 재판상 이혼의 경우는 이혼 판결이 확정된 날이다.

(3) 이혼청구의소는 가정법원 단독판사의 사물관할에 속한다.

(4) 재판상 이혼사건은 조정전치주의의 적용을 받는다. 조정전치주의는 제소시는 물론이고, 제소 후라도 법원이 직권으로 조정에 회부할 수 있고 당사자도 조정회부를 신청할 수 있다. 이혼도 조정이혼으로 처리할 수 있다.

(5) 송달에 관한 문제

이혼사건이 재판에서는 피고의 주소가 불명이거나 이사 등으로 송달이 안 되어 변론기일이 공전되는 경우가 많다. 피고의 주소는 제소시 전속관할을 정하는 표준이 되고, 소송 진행절차와 관련하여 매우 중요한 의미를 가지고 있다. 가정법원에서는 주소보정을 아래와 같은 형식으로 명령하고 있다.

[사례-9] 보정명령

○○법원
보 정 명 령

사 건 20 드 200
원 고 ○ ○ ○
피 고 ○ ○ ○

원고는 이 명령이 송달된 날로부터 7일 안에 피고에 대한 송달이 가능한 주소를 보정하시기 바랍니다. 피고가 지금 구속되어 있는 경우에는 그 장소와 수감번호를 법원에 신고하십시오. 구속 장소가 변경되는 경우에도 즉시 신고하십시오.

피고에 대한 송달가능한 주소를 알 수 없을 때는 위 기일 안에 다음의 서류를 갖추어 공시송달을 신청하시기 바랍니다.

1. 공시송달신청서
2. 피고의 최후주소지 통장·반장이 작성한 피고에 대한 불거주 확인서 및 그 친족의 가족관계증명서, 주민등록표등본
3. 피고의 친족(부모 또는 형제자매)이 작성한 피고에 대한 소재불명확인서 및 그 친족의 가족관계증명서, 주민등록표등본
4. 위 친족의 소재불명확인서를 받을 수 없을 때는 그 사유서(그 사유서에는 친족의 주소를 기재할 것)

20○○. . .

판 사 ○ ○ ○

주 의: 이 명령에 응하지 아니할 때는 소장이 각하됩니다.

* 법원에서는 피고의 주소와 거주 여부를 확인하기 위하여 주소지관할경찰서 등 공무소에 사실조사를 촉탁하기도 하고, 피고의 친족에게 사실조사와 그 회보를 촉탁하기도 한다. 「피고의 소재를 알고 있는 경우에는 그 주소를 당원에 신고하여 주시고, 피고에게 연락하여 피고가 소송에 응하도록 하여 주시기 바랍니다. 참고로 위 사건의 다음 변론기일이 20○○. 8. 6. 10 : 00로 지정되었음을 아울러 알려드립니다」고 기재하여 촉탁하고 있다.

3. 청구원인

가. 재판상의 이혼원인

배우자에 부정한 행위가 있었을 때, 배우자가 악의로 다른 일방을 유기한 때, 배우자 또는 그 직계존속으로부터 심히 부당한 대우를 받았을 때, 자기의 직계존속이 배우자로부터 심히 부당한 대우를 받았을 때, 배우자의 생사가 3년 이상 분명하지 아니한 때, 기타 혼인을 계속하기 어려운 중대한 사유가 있을 때 부부의 일방은 가정법원에 이혼을 청구할 수 있다.

나. 이혼소송의 청구원인은 항상 재판상 이혼의 청구원인이라고 말할 수 있다.

왜냐하면 협의상 이혼의 경우는 혼인생활에 특별히 불만스러운 이혼원인이 없더라도 당사자끼리 '이혼하기로 합의' 만 하면 이혼은 가능하기 때문이다.

재판상 이혼은 이혼을 하겠노라고 주장하는 이유가 법에 정한 이혼사유에 해당한다고 판단되는 경우에 인정된다. 이혼사유를 정하는 방법에는 절대주의적 열거 방법과 상대주의적 예시 방법이 있다. 민법은 뒤의 것을 채택하고 있다.

또 이혼사유를 지배하는 원리에도 이른바 파탄주의와 유책주의가 있다. 재판상 이혼사유에 관하여 당사자의 책임소재를 묻지 아니하고 혼인생활이 파탄에 빠진 경우에는 이혼사유로 하는 것이 파탄주의이고, 일방 당사자에게 그 파탄의 책임이 있을 때에 그 당사자에게는 이혼청구권을 인정하지 아니하는 제도가 유책주의다. 민법은 규정의 문언만으로는 어느 쪽인지 분명하다고 할 수는 없고 학설도 구구하다. 판례는 오래전부터 현행법이 유책주의를 채택하고 있다고 판결하여 오고 있다.

즉 「재판상 이혼에 관하여 유책주의를 채택하고 있는 우리 법제에서는 민법의 이혼사유가 있는 경우라도 위 각호의 이혼사유를 일으킨 배우자보다 상대방 배우자에게 혼인파탄의 주된 책임이 있는 경우에는 상대방 배우자는 위 이혼사유를 들어 이혼청구를 할 수 없다.」고 한다. 이혼원인에 관한 민법 제840조는 구체적 이혼원인과 추상적 이혼원인의 2가지 종류를 열거하고 있다.

4. 이혼소송의 소송물

이혼의 소의 청구는 '민법에 정하여진 이혼원인에 해당하는 사실이 있으니 판결로써 이혼을 명하여 달라' 고 주장하는 것이다. 따라서 이 소의 소송물은 이혼청구권이다.

5. 유책배우자의 이혼청구

혼인관계가 파탄되어 회복될 가망이 없고 민법 제840조 6호의 혼인을 계속하기 어려운 중대한 사유가 있을 때, 그 원인이 오로지(또는 주로) 원고에게 있을 때 그 이혼청구가 인정될 수 있는가? 이것이 이른바 유책배우자의 이혼청구의 문제다. 이 점에 관하여 민법 제840조에는 규정이 없고 오로지 해석에 맡겨져 있다.

학설은 이를 인정하는 설(결국 이혼청구를 인용하는 학설)이 점점 유력하여지고 있으나, 아직 다수설은 소극설을 취하고 있다고 할 수 있다. 소극설이 내세우는 논거는 혼인 · 이혼의 도덕성, 윤리성 혹은 일반조항인 신의(信義) · 성실(誠實)의 원칙, 권리남용금지 · 크린핸드(Clean Hand)의 원칙, 이혼에 따른 무책배우자의 보호 등에 근거를 찾고 있다. 이에 대하여 적극설은 파탄된 혼인관계를 계속하게 하는 것은 도리어 반도덕적이라고 하면서 이혼법은 소극적 파탄주의에서 적극적 파탄주의로 진화하여 온 것이다. 따라서 해석으로 이를 역행시키는 것은 부당하고 불가능하다. 형해화(形骸化)한 껍질만 남은 혼인을 유지하게 하는 것은 사회적으로도 마이너스다. 파탄사실에 권리평가를 인정하고, 사실을 권리에까지 끌어올릴 수 있다는 등의 설명을 하고 있다.

6. 판례 검토

가. 유책배우자의 이혼청구라고 이를 배척한 사례

재판상 이혼에 관하여 유책주의를 채택하고 있는 우리 법제에서는 유책배우자의 이혼청구를 배척하는 것은 확립된 판례다.15) 가정생활의 실체가 소멸되어 버린 상태에서 남편의 이혼청구를 받아들이지 아니한 이래 줄곧 같은 견해를 취하여 왔으며 최근에도 확인되고 있다.

요컨대 혼인생활이 파탄에 이르렀더라도 파탄에 이르게 된 책임이 오로지 또는 주(主)로 원고(청구인)에게 있는 경우에는 그러한 원고의 이혼청구는 소위 '유책배우자의 이혼청구' 라서 허용될 수 없다. 다시 말하면 혼인생활의 파탄에 주된 책임이 있는 배우자는 그 파탄을 사유로 하여 이혼을 청구할 수 없는 것이 원칙이다. 예를 들면 간통죄의 고소를 제1심판결 선고 전에 아내가 취소하면 좋았을 텐데(공소기각으로 석방될 수 있음), 고소를 취소하지 않아서 결국 유죄판결을 받게 된 남편이 아내를 상대로 이혼청구를 하더라도 이는 유책배우자의 이혼청구이므로 인용될 수 없다. 왜냐하면 아내의 의사와 관계없이 간통하여 혼인생활을 파탄에 빠지게 한 것은 남편이기 때문이다.

이러한 유책배우자가 상대방의 사는 곳을 알아내어 아무런 대책 없이 '집으로 돌아올 것을' 권유하여도 상대방이 응하지 않았다고 한들 유책배우자의 이혼청구가 받아들여질 수 없다.

유책배우자의 이혼청구가 배척된 사례를 일일이 열거하기는 어렵고, 이를 몇 가지 유형으로 나누어 보면 아래와 같다. 혼인이 파탄에 빠진 것이 일방의 책임 있는 사유에 기한 경우에는 설사 그 후 상대방에게 이혼사유가 될 만한 잘못이 있어도 그것이 청구인의 귀책사유에서 비롯된 것이라면 이혼청구권이 없다는 판례도 있다.

(1) 아직 혼인이 파탄상태에 빠지지 않았다고 본 예

① 부부간의 불화는 이미 아내가 남편의 해명을 받아들여 해소되었고,

15) 대법원 1965. 9. 21. 65므37

아내가 이제라도 이성을 찾아 가정에 복귀한다면 다시 원만한 가정생활이 회복될 수 있다(원고청구기각)[16].

② 부인이 남편을 버리고 8년간 자식들의 집으로 전전하였다. 하더라도 남편을 악의로 유기하였거나... 혼인이 파탄에 이르렀다고 볼 수 없다(원고청구기각)[17].

(2) 축첩 등을 한 남편의 이혼청구

① '아내의 임신 불능이 남편의 축첩의 정당한 이유가 되지 못한다.' 고 하며 남편을 꾸짖고 있다.[18]

② 남편이 이웃에 살고 있던 과부와 불의의 관계를 맺고 아내를 버리고 서울로 도피하여 별거[19]

③ 다른 여자와 사는 남편이 처를 학대하여 축출된 처가 일시 다른 남자와 간통하거나 재혼한 경우[20]

④ 협의이혼의사확인을 받은 후 원고가 스스로 가출, 다른 여자와 동거[21]

⑤ 간통이 본의 아닌 실수에 의한 것이라 하더라도 그는 유책배우자가 된다.[22]

⑥ 20여년에 걸친 별거로 파탄되었지만 그 원인이 축첩이나 아내의 유기 기타 위선적 행동에서 비롯된 경우. 아내에게 혼인계속의 의사가 있다.[23]

⑦ 아내가 일시적으로 다른 남자와 동거하면서 자식을 출산한 것이 파탄원인으로 경합되어 있어도 그 책임이 남편이 전부터 장기간 다른 여자와 동거하고, 아내를 내버려 둔 것에 있다.[24]

---

16) 대법원 1986. 5. 27. 86므38
17) 대법원 1986.8.19. 86므75
18) 대법원 1965.9.21. 65므 37
19) 1966.6.28. 대법원 66므 9
20) 1967.6.27. 67므 12 : 1971.3.23. 70므41 : 1974.6.11. 73므29 : 1987.9.29. 87므 22
21) 1983.7.12. 83므 11
22) 1984.7.10. 84므 7
23) 1989.10.24. 89므426
24) 1987.9.29. 87므22 : 1990.3.27. 89므235

⑧ 결혼 후에도 남편이 다른 여자들과 지나치게 교제를 계속하여 불화, 냉각기를 갖자고 하며 별거하게 하고, 살던 집을 팔고 다른 곳으로 거처를 옮겨버리고 아내가 같이 살자고 하여도 불응[25)]

(3) 파탄책임이 쌍방에 있는 경우

부인의 부정행위에 대하여 남편도 책임이 있다고 하면서 남편의 청구를 배척[26)]

(4) 파탄책임이 오로지 또는 주로 청구인(원고)에게 있는 경우

① 신앙생활과 가정생활 중 하나를 택하라고 강요하여 혼인관계가 파탄된 경우. 강요한 배우자는 이혼청구 할 수 없다(대판 1990.8.10. 90므408 : 신앙 포기를 요구하며 폭행).[27)]
② 책임 있는 배우자는 상대방에게 이혼하기로 합의하고 위자료를 지급하였다고 하여도[28)]...
③ 유책자는 소위 6호 사유, 즉 혼인을 계속하기 어려운 중대한 사유를 내세우며 이혼청구 할 수 없다.[29)]
④ 상대방의 가출이 부당한 대우로 말미암아 이루어진 경우[30)]
⑤ 혼인이 극한적인 파탄상태에 이르렀고, 법이 형식적인 부부관계를 묶어두는 것에 지나지 않는 면이 있다 하더라도 상대방이 부부라는 신분 관계의 지속을 원하는 이상 유책자의 이혼청구는 받아들일 수 없다.[31)]
⑥ 아내가 남편에게 여러 차례 욕을 하고, 직장으로 찾아가 행패를 부리고 전화를 걸어 비방하여도 그 원인이 남편의 행동(이혼청구 하여 기각된 후에도 다른 여자와 가까이 지내는 등)에 있었다면, 남편의

---

25) 1990.4.24. 89므1214
26) 대판 1971.8.31. 71므20 : 1987.9.29. 87므22
27) 대판 1981.7.14. 81므26
28) 1982.5.11. 80므60 : 1982.12.28. 82므54
29) 1983.3.22. 82므57
30) 1983.6.28. 82므55
31) 1984.12.11. 84므90

이혼청구는 이유 없다.[32)]

⑦ 부부 쌍방이 부정행위를 하였더라도 남편에게 책임이 더 큰 경우[33)]

⑧ 성격상의 차이에서 오는 부부간의 충돌을 수습하지 못하고 상대방의 잘못만으로 만 생각하고 상대방에게 불만을 품고 이혼과 별거를 강요한 경우, 그 주된 책임이 원고에게 있다.[34)]

⑨ 피고가 혼인 전에 다른 여자와 동거하며 자식을 낳았고, 원고와 결혼 후에는 술을 자주 마시며 원고에게 폭언·폭행을 가하였고, 원고는 무당 일을 하면서 가출하여 다른 남자와 동거하고 있는 경우 무당의 이혼청구를 기각[35)]

⑩ 기타 원고의 이혼청구 기각 판례.[36)]

32) 1985.7.23. 85므20 : 1986.2.25. 85므79 : 1986.3.25. 85므98 : 1989.6.27. 88므740 : 1989.10.13. 89므785

33) 1990.3.27. 89므235

34) 1990.4.27. 90므95

35) 1990.9.25. 89므112 : 1991.7.9. 90므1067 : 1991.12.24. 91므528 : 1993.3.9. 92므990

36) 1993.4.23. 92므1078 : 1993.11.26. 91므177, 184

[사례-10] 판결/유책배우자의 이혼청구 기각

서 울 가 정 법 원
제 3 부

판 결

사건 20○○드74430 이혼 및 재산분할 등

원고 김 ○ ○ (金 ○ ○)
등록기준지 경남 ○○ 군 ○○ 면 ○○ 리 623
주 소 서울 ○○ 구 ○○ 동 46의 8
소송대리인 서울종합법무법인 담당변호사 ○ ○ ○
피고 이 ○ ○ (李 ○ ○) (1982 . . 생)
등록기준지 및 주소 원고와 같다.
소송대리인 변호사 ○ ○ ○

사건 본인 표시 생략
변론종결 20○○. 5. 19

주 문
1. 원고의 청구를 모두 기각한다.
2. 소송비용은 원고의 부담으로 한다.

청 구 취 지
1. 원고와 피고는 이혼한다.
2. 피고는 원고에게 위자료로 금 50,000,000원, 재산분할로 금2,000,000,000원을 각 지급하라. 사건 본인들의 양육자로 원고를 지정한다.
라는 판결

이 유

1. 기초사실

갑 제1호증의 1의 기재에 의하면 원고와 피고는 1976.10.15. 혼인신고를 마치고 그들 사이에 두 아들인 사건 본인들을 둔 법률상 부부인 사실을 인정할 수 있다.

2. 원고의 주장

원고가 이 사건 청구원인사실로서 주장하는 바는 다음과 같다. 피고는 혼인 후 울산시에서 거주하면서 원고의 헌신적 노력으로 많은 재산을 모으게 되자 20○○년경부터 캬바레를 출입하며 춤을 배우기 시작하고 술집 종업원과 사귀면서 부정한 관계를 맺어 20○○.10.경 서울로 이사를 하게 되었는데, 그 이후에도 피고의 부정행위가 계속되어 원고는 20.○○3.경 자살을 기도한 적도 있었다. 또한 피고는 의처증이 심하여 원고를 미행하거나 전화를 도청하여 왔고, 미신을 믿으면서 굿이나 푸닥거리를 할 뿐만 아니라, 성격이 포악하여 자주 원고를 구타하여 상처를 입게 하였으며, 20○○.7. 경에는 원고를 폭행한 후 집을 나가 가정을 돌보지 않고 있다. 원고는 이와 같은 사정으로 인하여 피고와의 혼인생활을 계속할 수 없으므로 이혼을 구하고, 그에 따른 위자료와 재산분할 및 미성년자인 아들들에 대한 양육자지정을 청구한다는 것이다.

3. 이혼청구에 관한 판단

그러므로 먼저 이혼청구 부분에 관하여 살피건대, 갑 제 2 . 5호증...(중략)... 및 당원 조사관 ○○○ 작성의 조사보고서내용에 변론의 전취지를 종합하면, 원고와 피고는 혼인 후 피고의 고향인 ○○시내에서 금은방운영 · 부동산투자 등으로 상당한 수입을 모으면서 20○○년까지는 커다란 불화 없이 혼인생활을 계속하였던 사실, 그런데 20○○년 경 원고의 남자관계가 복잡하다는 소문을 피고가 알게 되면서부터 두 사람 사이에 불화가 생겼고, 원고와 피고는 20○○.10.경 울산시를 떠나 서울로 이사하게 되었으나, 그 이후에도 성명불상의 남자로부터 원고를 찾는 전화가 자주 걸려 오고 원고가 며칠씩 집에 들어오지 않는 경우도 있어 이를 수상히 여긴 피고가 알아본 결과 원고가 소외 방○○이라는 남자와 수년 전부터 계속 사귀어 오면서 깊은 관계를 맺어오고 있었던 것을 알게 되었고, 피고가 위 일로 원고를 추궁하며 원고를 감시하자 원고는 이러한 피고의 태도에 많은 불만을 나타내며 20○○.3.경 자살을 기도한 적도 있었던 사실, 피고는 20○○.3.경과 같은 해 6.경두 차례 원고 친정 가족들의 권유에 따라 원고가 마음을 잡고 성실한 가정생활을 할 수 있도록 굿을 해보기도 하였으나 그 후에도 원고와 위 방○○과의 관계가 계속되다 20○○.7.경 원고와 위 방○○을 간통죄로 고소하려 한 적도 있었고 피고는 같은 해 8.경 원고와 화해하려는 의도로 "원고를 의심하지 않고 점장이에게 묻지도 않을 것을 맹세한다." 는 취지의 각서를 작성한 적도 있었던 사실, 그러나 그 이후에도 원고와 피고 사이의 불화는 끊이지 않아 서로 자주 다투었으며, 20○○.7.26.에는 말다툼 끝에 몸싸움까지 벌어져 서로 상처를 입게 되었던 사실을 인정할 수 있고, 위 인정에 반하는 증인 김○○ .김○○의 각 일부 증언은 믿지 아니하며 달리 반증이 없다(피고가 20○○년 경부터 캬바레에 출입하며 춤을 배우기 시작하였고, 술집종업원과 부정행위를 하였으며 원고를 자주 구타하였다는 원고의 주장사실에 부합하는 증인 김○○. 김○○의 각 일부 증언은 믿지 아니하고, 갑 제 3호증의2의 기재만으로는 이를 인정하기에 부족하며 달리 이를 인정할 증거가 없다).

위 인정사실에 의하면 원고와 피고 사이의 혼인관계는 더 이상 계속하기 어려울 정도로 이미 파탄되었다고 보인다. 그러나 그 혼인관계가 피고의 잘못으로 인하여 파탄되었다고 보기는 어렵고, 오히려 원고가 앞서 본 바와 같이 가정주부로서의 올바른 품행을 보이지 아니하고 다른 남자를 사귀며 부정한 행위를 한 잘못이 위 혼인파탄의 결정적 원인이 되었다고 할 것이므로 이른바 유책배우자인 원고의 이혼청구를 받아들일 만한 특별한 사정이 없는 이 사건에 있어서 원고의 이혼청구는 이유 없다.

4. 결 론

따라서 원고의 이혼청구와 이혼을 전제로 한 위자료, 재산분할 및 양육자지정청구는 모두 이유 없어 이를 기각하기로 하여 주문과 같이 판결한다.

20○○. 0. 0.

재판장 판사 ○○○

판사 ○○○

판사 ○○○

나. 유책배우자의 이혼청구를 인용한 예

그러나 위와 같은 판례이론의 경직성을 완화하는 경향도 나타나 유책배우자의 이혼청구가 인용되는 사례도 많이 등장하기에 이르렀다.

(1) 당사자의 어느 쪽에 더 책임이 있는지를 심리하라고 한 예

청구인의 책임이 상대방의 책임보다 더 무겁다고 인정되지 아니하는 한 청구인이 이혼청구는 인용되어야 하고, 법원은 그 책임의 경중을 가려보아야 한다.37)

(2) 주된 책임이 있는 배우자의 이혼청구를 받아들인 예

유책자의 이혼청구에 대하여 상대방 배우자도 이혼의 반소를 제기하거나 오기나 보복적 감정에서 표면적으로는 이혼에 불응하고 있기는 하나 실제에 있어서는 혼인을 계속할 뜻이 없어서 혼인의 계속과는 도저히 양립할 수 없는 행위를 하는 등 이혼의 의사가 객관적으로 명백한 경우에는 전적인 책임이 있는 배우자의 이혼청구라 할지라도 이를 인용함이 상당하다.38)

(3) 부부 중 어느 한쪽의 귀책사유로 인한 파탄이라고 보기 어려운 경우

① 부부 모두에게 책임 있는 파탄의 경우39)

② 남편과 시부모의 냉대. 생활비지급을 아니함. 구타–아내의 가출 남편의 직장에 찾아가 소란피움 등으로 파탄 : 아내의 반소를 인용하여 결국 이혼40)

③ 이혼합의를 한 후에 남편이 다른 여자와 동거한 경우 : 주된 책임이 남편에게 있다고 할 수 없다.41)

---

37) 대판 1990.3.27. 88므375

38) 대판 1987.4.14. 86므28

39) 대판 1970.2.24. 69므13 : 1986.3.25. 85므85

40) 대판 1987.12.8. 87므44, 45

41) 대판 1987.12.22. 86므90

④ 아내의 간통고소로 남편이 실형을 살았고, 위자료와 양육비를 지급하고 이혼하기로 합의한 후 남편은 다른 여자와 동거하여 자녀를 출산 -10여년간 소식 없이 남남처럼 지내온 경우, 파탄책임을 남편에게만 지울 수 없다.[42)]

⑤ 파탄에 전적으로 또는 주된 책임을 청구인에게 물어야 할 경우가 아닌 이상 이혼청구는 인용되어야 한다.[43)]

⑥ 아내가 신앙생활에 전념한 경우 혼인파탄의 책임이 처에게도 있다.[44)]

⑦ 원고의 책임이 피고의 책임보다 더 무겁다고 인정되지 아니하는 한 원고(유책배우자)의 청구는 인용되어야 한다[45)]

남편이 생계를 돌보지 아니하고 처를 자주 구타하여 혼인이 파탄된 사태에서 처의 간통사건이 발생한 경우, 간통한 처의 이혼청구를 인용한 예도 있다.

(4) 상대방의 반소를 인용한 예

부정행위를 한 남편이 처의 간통고소에 따라 간통죄의 유죄판결을 선고받아 확정된 경우, 그 남편의 반소청구에 따라 이혼을 인용한 예 등이 있다.[46)]

남편(피청구인)이 다른 여자와 살림을 차리고 그 사이에서 딸을 출산하는 등 이중생활을 하는 동안 아내(청구인)는 남편과 형식적인 부부관계만 유지하여 오다가 이혼 및 위자료심판청구를 제기하고, 이어 남편 등을 간통죄로 고소하여 남편이 구속되어 제1심에서 징역 6월의 실형을 선고받고 항소하여 항소심에서 징역 6월에 1년간 집행유예의 판결을 선고받아 확정되었다.[47)] 이 경우 아내와 남편

---

42) 대판 1988.2.9. 87므60
43) 대판 1988.4.25. 87므9
44) 대판 1989.9.12. 89므51
45) 대판 1990.3.27. 88므375
46) 대판 1987.12.8. 87므44, 45 : 1990.7.10. 89므631, 648
47) 대구고등법원 90르 720, 737 판결

사이의 혼인관계는 남편의 부정행위와 그에 대한 아내의 이혼심판청구 및 간통고소의 제기에 따라 남편이 간통죄로 형사처벌을 받기에 이름으로써 결정적으로 파탄되었다 할 것이라서 그 파탄의 책임은 남편의 부정행위에 있음은 명백하다. 그러나 혼인관계의 청산을 간통죄에 대한 고소제기 내지 소추의 요건으로 하고 있는 제도의 취지에 비추어 아내의 고소에 따라 남편에 대하여 간통죄의 유죄판결이 선고·확정된 이상, 그 사이에 아내가 태도를 바꾸어 남편과의 혼인관계를 유지할 의도로 이혼심판을 취하하였다고 하더라도 남편이 이에 동의하지 아니하고 나아가 반심판으로 이혼청구를 제기하였다면, 남편이 새로이 종전의 혼인관계를 계속할 의사를 가지는경우에는 별론으로 하고 그에게 이미 파탄된 종전 혼인관계의 계속을 강제할 수는 없다고 할 것이므로, 이러한 경우에는 민법 제840조 소정의 재판상 이혼사유인 "기타혼인을 계속하기 어려운 중대한 사유가 있을 때"에 해당한다고 보아 비록 혼인관계파탄에 관하여 책임이 있는 배우자(남편)의 이혼청구라 할지라도 이를 허용하여야 한다. 고 판시하고 있다.

7. 재판상 이혼원인

가. 민법 제840조

부부의 일방은 다음 각 호의 사유가 있는 경우에는 가정법원에 이혼을 청구할 수 있다.

① 배우자에 부정한 행위가 있었을 때
② 배우자가 악의로 다른 일방을 유기(遺棄)한 때
③ 배우자 또는 그 직계존속으로부터 심히 부당한 대우를 받았을 때
④ 자기의 직계존속이 배우자로부터 심히 부당한 대우를 받았을 때
⑤ 배우자의 생사가 3년 이상 분명하지 아니한 때
⑥ 기타 혼인을 계속하기 어려운 중대한 사유가 있을 때

나. 판례

(1) 부정행위

1) 이혼 원인인 부정행위의 뜻에 관하여 견해가 나누어져 있다.

① 부정행위란 배우자로서의 정조의무를 위반하였다고 의심할 만한 일체의 부정행위를 포함하고, 이른바 간통(성교관계)보다는 넓은 개념이라고 하는 학설,

② 배우자 아닌 사람과 성적 관계를 맺는 것이라는 학설이 있다. 학설은 ① 설을 채택하는 것이 많은 듯하다. 일본의 판례는 배우자 있는 사람이 배우자 이외의 사람과 성적 관계를 맺는 것을 말한다고 하여 ②설을 따르고 있고, 성적 관계를 맺지는 않지만, 정조의무에 충실치 못한 성적 부정행위는 6호의 이혼원인이 된다고 한다.

우리나라의 판례는 오히려 ①설을 채택하여 부정한 행위는 배우자로서 정조의무에 충실치 못한 일체의 부정한 행위를 포함하며, 이른바 간통보다는 넓은 개념으로서 부정한 행위인지 여부는 구체적 사안에 따라 그 정도와 상황을 참작하여 이를 평가하여야 한다고 한다.

2) 부정행위의 성립요건

이혼사유로서 부정행위가 성립되려면 외형적으로는 혼인의 순결성을 더럽히는 행위가 있어야 하고, 또 그것이 내심적으로는 자유로운 의사에 따라 행하여 졌다는 2가지의 요소가 필요하다. 그러므로 자유의사에 따른 이상 부녀자를 강제로 간음하고 성적 관계를 맺은 경우도 부정행위에 해당하나, 처가 강간을 당하거나 강박이나 심신상실 상태 하에서 성적 관계를 당한 경우는 객관적 · 외형적 요소만 있으므로 이혼사유가 될 수 없다. 그러므로 생계 수단이 없다는 이유로 매춘행위를 계속한 경우도 부정행위가 된다.

3) 구체적으로 부정행위를 일일이 열거할 수는 없으나 대개 간통을 추인할

만한 사유, 즉

① 다방을 경영하는 아내가 남편의 부재중에 심야에 자기의 거실에 이불을 깔고 누운 채 다른 남자를 불러들여 자금대여를 부탁하면서 속삭이는 행위
② 남편이 7년 동안 다른 여인과 동거생활을 하여오고 있으며 그들 사이에 1남 2녀의 소생이 있는 경우
③ 축첩행위
④ 이성과 같은 방에서 하루를 지낸 경우
⑤ 처가 아이를 출산하였는데 남편이 그 아이의 아버지가 될 수 없음이 증명된 경우
⑥ 처가 남편 아닌 사람에게서 성병을 감염당한 경우
⑦ 매춘부의 집을 방문한 경우
⑧ 남편이 한 집에서 첩과 같이 10년간 동거하거나
⑨ 아내가 집을 나가서 불량한 남자와 교제하고 유흥에 빠진 경우
⑩ 아내가 남편의 허락 없이 외박하고 다른 남자와 유람한 경우
⑪ 고령(68세)이고 중풍으로 좌측 팔다리가 마비되어 정교 능력이 없는 여자와 동거하면서 실제로 정교를 갖지는 못하였다 하더라도 육체관계없는 동거행위도 부정행위이다.

4) 부정행위에 해당하지 아니한다고 한 예

① 약혼 후 혼인신고 전(약혼단계)에 다른 남자와 정교 관계를 가진 것은 여기의 부정행위에 해당하지 아니한다. 왜냐하면 혼인한 부부 사이의 일방이 부정한 행위를 한 때를 이혼사유로 정하고 있기 때문이다. 라고 한 예도 있다.
② 「…남편의 본가와는 한 가족같이 친하게 지내는 갑을 아내가 남편이 없는 사이에 하룻밤 재워 주었고, 비에 젖은 갑의 옷을 다려 주었고, 옷을 다리는 사이에 갑은 내의와 잠옷 파자마만 입고 방에 앉아 있었다.」는 사실만으로 부정행위가 있었다고 할 수 없다.
③ 또 「처가 캬바레에 춤을 추러 갔다가 그곳에서 다른 남자를 만나 알게 되어 친하게 되고, 그 남자와 기차를 타고 대천에서 서울에 있는

처의 집까지 동행한 사실만으로는 처가 민법 제840조 1호 소정의 부정한 행위를 한 것으로 단정할 수 없다.」

④ 아내가 부정행위를 한 데 대하여 남편의 책임이 있다고 하여 남편(유책배우자)의 이혼청구를 배척한 예도 있다. 부정행위를 주장하여 이혼을 청구하는 경우 한 가지 문제는 입증이 어렵다는 점이다. 실제의 소송에서는 혼인이 이미 파탄되어 있는 경우가 거의 대부분이라서 그러한 경우 6호나 기타의 사유도 함께 주장·입증함으로써 이혼청구의 목적을 달성하고 있는 것이 현실이다.

(2) 악의의 유기

악의의 유기는 배우자가 정당한 이유 없이 서로 동거, 부양, 협조하여야 할 부부로서의 의무를 포기하고 상대방 배우자를 버리고 부부동거생활을 할 의사를 폐지하는 경우를 말한다. '악의'는 적극적으로 그 결과를 의욕 하거나 인용하고 있어서 사회적·윤리적으로 비난받을 심리상태를 말한다. 상대방을 집에 남겨 둔 채 출가하여 소식을 끊어버린 경우, 상대방을 축출한다든지, 별거하지 않을 수 없도록 만든다든지 하는 경우도 이에 해당하고, 생활비를 지급하여 경제적으로는 곤궁하지 않게 하더라도 동거에 응하지 않는 경우도 포함된다. 반대로 '합의에 따른 별거'나 '유책배우자에 대한 동거나 협조의무의 이행을 거절하는 것'은 여기에 해당하지 않는다. 우리나라의 경우 조선호적령시행 전이라 할지라도 별거만으로 이혼의 효력을 인정하는 관습은 없었다.

1) 유기에 해당한다고 한 사례

주로 가출이 유기에 해당한다. 가출도 천태만상이라서 일일이 열거할 수 없으나 경우에 따라서는 유기가 된다.

① 생활이 어려워지고 숙직 때문에 남편이 가끔 집에 들어오지 못하게 되자 아내가 남편의 동료 직원과 학부형들에게 남편이 축첩하였다고 비방, 심지어 근무처인 학교 교장을 찾아가 남편이 축첩하였다고 항의하는 한편, 일간지에 보도하겠다고 위협하여 오다가 마침내 1년 5

개월밖에 안 된 자식을 포함한 전 가족을 내버려 둔 채 집을 나간 경우

② 아내가 장남(정신박약자)의 감호와 교육을 소홀히 하고 춤바람이 나서 각지로 돌아다니면서 1980. 8. 경까지 3차례에 걸쳐 10일~1개월간 가출하였다. 남편이 용서하여 주었는데 1982. 2. 5. 경 또다시 가재도구 일체를 챙겨가지고 무단가출하여 행방을 감추었다가 그 해 5. 13 남편을 상대로 이혼을 청구한 경우(이 사건에서는 그것이 혼인을 계속하기 어려운 중대한 사유에도 해당한다고 함)

③ 혼인신고를 한 후 약 20일간 동거하다가 농사일이 힘들고 남편의 건강이 나쁘다는 이유로 집을 나가서 돌아오지 아니하는 아내의 경우

④ 배우자가 무단가출하거나 남편이 아내(정신이상 증세가 있는 사람)를 두고 가출하여 비구승이 된 경우 등은 모두 유기에 해당한다고 한다.

2) 악의의 유기에 해당하지 아니한다고 한 사례

① 아내가 친정에 자주 가고 갈 때마다 소지품을 가지고 간 것만으로 악의의 유기라고 인정할 수 없다.

② 아내가 친정에 돌아간 사정에 대한 심리를 더 하라고 하면서 원심(악의의 유기를 인정함)을 파기한 예가 있다. 처가 남편과 동거중 아들을 출산하였는데 1개월 만에 시집에서 쫓겨나서 정신이상 질환이 생겼고, 그 후에도 5~6회 시집에 들어간 일이 있었으며, 또 위 질환으로 친정에서 치료받고 휴양 중인 경우, 원심으로서는 마땅히 처가 시집에서 나오게 된 경위와 연유 및 현재의 정신질환의 정도, 그리고 시집에 들어가지 않은 원인이 따로 있는가 여부에 대하여 좀 더 심리 판단하였어야 한다. 그런 심리를 하지 않고 남편의 주장만을 받아들여 처가 남편을 악의로 유기하였다고 인정한 것은 위법이다.

③ 별거에 당사자 쌍방 모두에게 책임이 있는 경우

④ 가정 사정이나 직장 때문에 일시 별거한 경우는 물론 처가 남편의 폭행 등을 견디지 못하고 가출한 경우, 남편의 폭행과 폭언 때문에 처가 가출하여 자식들의 집을 전전한 경우

⑤ 가정불화가 심화되어 아내와 자녀들의 냉대가 극심하여지자 남편이 가장으로서 이를 피하여 자제케 하고, 그 뜻을 꺾기 위하여 일시 집을 나와 별거한 경우(가정불화가 심히 악화된 기간 이래 생활비를 지급하지 아니함)
⑥ 부인이 남편의 사업 실패로 인한 가정불화로 집을 나가 8년간 자식들의 집을 전전하며 귀가하지 않았는데도 남편도 이를 찾지 아니하고 자식들에게조차 연락하지 아니한 경우
⑦ 별거라도 남편의 폭행과 일본 오사카 가정법원의 조언 및 상대방의 동의에 따른 별거인 경우
⑧ 남편이 식당경영을 하면서 모든 문제를 형수와 의논하고 형수와 외출, 여관 출입을 하는 등 때문에 처가 가출한 경우
⑨ 남편의 무관심과 행패, 전처소생 딸을 양육하는 과정에서의 질책, 폭언 등을 견디지 못하고 아내가 친정으로 돌아간 경우 등은 모두 유기에 해당하지 아니한다.

(3) 심히 부당한 대우

"심히 부당한 대우" 의 뜻은 무엇인가? 주로 폭행이 문제 되나 모든 폭행이 이에 해당하는 것은 아니다. "심히 부당한 대우를 받았을 때" 라 함은 배우자로부터 동거 상 참을 수 없는 정도의 대우를 받았을 때라는 뜻이다. 결국 배우자로부터 '혼인생활(혼인관계)의 지속을 강요하는 것이 참으로 가혹하다' 라고 여겨질 정도의 폭행 · 학대 · 모욕 등을 받았을 경우를 가리키는 것이다.

일련의 행위가 모두 합하여 "부당한 대우" 를 구성하는 경우에 그 개개의 사실은 간접사실이다. 그러므로 청구인이 일일이 꼬집어 주장하지 아니하였다 하더라도 법원은 이를 인정할 수 있다.

1) 부당한 대우에 해당하지 아니하는 경우

① 가정불화로 부부간에 다투던 중 그 일방이 일시적 감정의 격화로 상대방에게 가벼운 폭행을 하였다거나 그 재산을 점거 또는 처분하였

다 하여도 그것이 혼인관계의 지속과는 아무런 관계가 없는 한, 이러한 범위의 행위는 "배우자로부터 심히 부당한 대우"를 받은 경우에 해당하지 않는다.

② 남편이 아내를 때려서 '1주일간의 치료를 받아야 할 정도'의 상처를 입혔다고 하더라도 그것이 아내의 분별없는 행동을 제지하기 위한 것이라면 이혼사유에 해당되지 않는다. 아내가 타인과 간통을 하여 구속된 뒤 남편이 자식들의 장래를 위하여 고소를 취하하여 풀려났으면서도 집안일을 돌보지 않고 자주 가출하는 등 하여 남편이 아내를 때리고 자식들 앞에서 모욕적인 말을 한 경우였다.

③ 고소를 한 것만으로는 존속에 대한 중대한 모욕 또는 학대라고 할 수 없다. 존속친으로부터 참을 수 없는 학대를 당하여 구조를 관청에 요청하는 의미에서 고소한 것이기 때문이다. 다만, 남편이 아파서 누워 있는데 부인이 간호하지 아니하고 아무 말 없이 외출하고 외박하는 일, 남편에게 정신적 고통을 주는 욕설을 하는 것 등은 모욕과 학대에 해당한다.

④ 시어머니에 대한 돌발적인 상해(다소 불손한 행위)는 부당한 대우에 해당하지 않는다. 「오랫동안 어디에 가 있는지 모르는 남편의 행방을 알려고 시어머니 집에 간 며느리에게 시어머니가 욕설을 하며 머리채를 끌어당기자 며느리가 돌발적으로 그 시어머니의 손등을 물고 가슴을 밀어 상처를 입힌 경우다.」

⑤ 배우자의 존속친의 가혹한 학대 또는 불법한 모욕에 대한 분격으로 인하여 다소 실경(失敬)의 행위가 있었다 할지라도 그것이 사회 관념상 도저히 용납할 수 없는 정도의 것이 아닌 경우

⑥ 가정불화의 와중에서 서로 격한 감정으로 경미한 폭행과 모욕적인 언사가 오고 간 것

⑦ 처가 남편에게 여러 차례 욕을 하고, 직장으로 찾아가 행패를 부리거나 전화를 하여 비방하는 행위라도 그 원인이 남편에게 있을 때 등은 모두 '부당한 대우'에 해당하지 아니한다.

2) 부당한 대우에 해당하는 경우

① 남편이 사소한 언쟁 끝에 처의 목을 밟고 구타하여 처가 가출 후 산에서 밤을 새우고 그 다음날 처를 업고 귀가한 행위, 폭행사실이 전혀 없는데도 허위로 장모를 처벌하여 달라고 폭행죄로 경찰서에 고소장을 제출하는 행위, 남편이 장모의 뺨을 때리고 장모를 발로 찬 경우 등은 "심히 부당한 대우"에 해당한다.

② 반드시 물리력의 행사에만 국한된 것도 아니고, 허위의 간통죄 고소나 이혼청구, 아무런 잘못이 없는 배우자를 간통죄로 고소하고 이혼을 청구한 경우는 부당한 대우에 해당한다.

③ 시아버지와 남편에게서 평소 폭언, 폭행 등을 당하여 아내가 자살을 기도한 일이 있으며 강제적으로 친정으로 축출당한 경우, 남편의 구타행위, 폭행치상

④ 남편을 정신병자로 몰아 정신병원 등에 강제로 보내기 위하여 납치를 기도하고 수업 중인 학생들 앞에서 수갑을 채우는 행위

⑤ 처가 아이를 낳을 수 없다는 트집을 잡아 학대를 하고 이혼하자고 요구하고, 이에 응하지 아니하면 자살하겠다고 하면서 실제로 2차례에 걸쳐 자살한다고 농약을 마시는 소동을 벌이는 행위 등은 모두 심히 부당한 대우에 해당한다.

[사례-11] 판결/가출과 부당한 대우를 이유로 한 이혼

서 울 가 정 법 원

판 결

사 건 20○○ 드 35501 이혼
원 고 최 ○ 호
피 고 박 ○ 자
사건 본인 최 ○ 형 외 1

주 문

1. 원고와 피고는 이혼한다.
2. 사건 본인들의 친권행사자 및 양육자를 원고로 지정한다.
3. 소송비용은 피고의 부담으로 한다.

청 구 취 지

주문과 같다.

이 유

갑제1호증 ...(중략)...를 종합하면 원고와 피고는 1995. 12. 21. 혼인신고를 마친 부부로서 그들 사이에 사건 본인들을 두고 있는 사실, 그런데 피고는 2008. 3. 19. 무단가출하였다가 같은 해 5. 3. 일시 귀가하여 원고의 어머니를 폭행하여 전치 3주의 상해를 입혀 구속되었으며, 석방된 후 가정생활을 하다가 2009. 5. 15. 원고를 폭행하여 전치 4주의 상해를 입히고 다시 무단가출하여 원고와 가정을 돌보지 아니하고 있는 사실, 원고가 사건 본인들을 양육하고 있는 사실을 인정할 수 있다.

그렇다면 이는 민법 제840조 제2.3.4호에 정하여진 재판상 이혼사유에 해당하므로 이를 이유로 한 원고의 이사건 이혼청구는 이유 있고, 나아가 이사건 변론과정에 나타난 원.피고의 혼인생활과 파탄경위, 사건 본인들의 연령 및 원고가 사건 본인들을 양육하고 있는 점 등 사정을 참작하면, 원고로 하여금 계속하여 사건 본인들을 양육케 하고 그들에 대한 친권을 행사하게 하는 것이 그들의 원만한 성장과 복지를 위하여 타당하다고 할 것이다.

그렇다면 원고의 이 사건 청구는 모두 이유 있어 주문과 같이 판결한다.

20○○. 8. 21.

판 사 ○○○

(4) 3년 이상 생사불명

3년 이상 생사불명일 것을 필요로 한다. 생사불명이란 생존도 사망도 증명할 수 없는 상태가 현재까지 계속되는 경우다. 생사불명의 원인이나 과실의 유무는 문제 되지 않는다. 다시 말하면 생사가 불명하게 된 사유가 누구의 책임에 따른 것인지는 묻지 아니한다. 생사불명 3년간의 기산점은 최후의 소식이 있었던 때부터이고, 가출하여 3년 이상 생사불명의 상태가 계속되고 있으면 된다.

가정법원의 이혼청구사건을 보면, 대개 가출한 이후 행방불명이라고 주장하면서 악의의 유기에 해당한다고 하는 예가 많다. 3년 이상 생사불명을 이혼이유로 주장하는 예는 드물다. "6개월간만 별거하면 자동 이혼 된다" 는 말이 왜 세상에 나돌고 있는지 그 이유를 알 수 없다. 이혼소송 중에 배우자의 일방이 사망하면 사망과 동시에 소송은 종료된다.

(5) 혼인을 계속하기 어려운 중대한 사유

이것이 이른바 상대적 이혼원인이다. 그 뜻은 「부부간의 애정과 신뢰가 바탕이 되어야 할 혼인의 본질에 상응하는 부부 공동생활 관계가 회복될 수 없을 정도로 파탄되고, 그 혼인생활의 계속을 강제하는 것이 일방 배우자에게 참을 수 없는 고통이 되는 경우」를 말한다. 또는 「누구에게도 참을 수 없다고 인정될 정도로 혼인관계가 파탄된 경우」라고 표현한다. 이를 판단할 때는 개별적인 사안에 따라 법원의 건전한 판단에 맡기는 수밖에 없다. 혼인파탄의 정도, 혼인중의 당사자들의 행위, 태도, 혼인생활을 계속할 의사의 유무, 파탄의 원인에 관한 당사자의 책임유무, 혼인생활의 기간, 자녀의 유무, 당사자의 연령, 건강, 성격, 자산수입, 소송에 이르기까지의 경위, 이혼 후의 생활보장 기타 혼인관계의 제반 사정을 두루 고려하여야 한다. 혼인파탄의 여부는 가능한 한 객관적으로 판단하여야 하고, 그 판단 기준으로 문제 되는 점은 아래와 같다.

1) 당사자의 이혼의사

우리나라에서는 협의이혼제도가 인정되고 있다. 이와 관련하여 피고에게 이혼의사가 있는 경우에 그 사실만으로 이혼을 인정할 수 있을까? 피고의 이혼의사의 유무는 피고 자신이 이혼의 반소를 제기하고 있는 경우는 가장 명백하다. 그렇지 않은 경우도 이혼의사를 추인할 수 있는 때도 있다. 예컨대 별거 후 쌍방 모두 동거 노력을 하지 않고 혼인계속을 단념하여 서로 다른 사람과 동거하고 있는 경우라든지, 피고가 오랜 세월 혼인회복의 노력을 하지 않고 방치하여 수수방관하고 있는 경우에는 이혼의사를 추정하여도 좋을 것이다. 또 단지 악의나 반감, 보복적 감정에 따라 응소하고 있을 뿐이고, 진실로 혼인계속을 희망하는 태도가 보이지 않는 경우도 마찬가지다. 소송의 실제에서도 쌍방 배우자가 혼인계속의 의사를 전혀 상실하였음에도 불구하고, 대의명분이나 체면, 이혼에 따르는 재산상의 급여 등을 생각하여 상대방의 이혼청구를 쓸데없이 거부하고 있는 경우가 많다. 이처럼 쌍방 모두 혼인을 계속할 의사가 전혀 없는 경우 혹은 이에 준하는 경우는 혼인은 회복될 수 없을 정도의 파탄에 이르렀다고 볼 수 있으므로, 이 경우 피고의 이혼의사의 존재 그 자체는 "혼인을 계속하기 어려운 중대한 사유" 에 해당한다고 할 것이다.

쌍방에 이혼의사가 있다고 인정될 경우, 그 이상 이혼원인을 자세히 조사하거나 유책성을 규명하는 것은 이혼분쟁을 공연히 심각하게 만들고 오히려 분규를 조장하는 결과를 초래할지도 모른다. 그러므로 법원은 피고의 이혼의사가 명백하게 된 단계에서는 그 이상의 심리와 판단을 삼가는 것이 바람직하다고 생각된다. 그리고 적어도 이혼 그 자체로 민법 제840조 6호에 해당한다고 생각함이 어떨까? 본소·반소의 쌍방이나 어느 한쪽의 이유가 민법 제840조 6호 이외의 사유를 내세우는 경우는 소송물과의 관계에서 바로 민법 제840조 6호에 터 잡아 쌍방의 청구를 인용할 수 있는가 없는가 하는 문제가 있다. 이 경우도 법원의 적정한 석명권의 행사로 이혼을 허용하더라고 실제로는 그리 큰 불합리는 생기지 않을 것이다.

그러나 좀 오래된 판례 중에는 「부부가 이혼하기로 협의하고, 남편이 아내에게 위자료로 돈 100만 원을 준 사실」만으로는 법정이혼 사유가 되지 못한다고 한 예도 있다. 또 협의이혼 의사 확인 절차를 밟았다는 사실만으로는 「혼인을 계속할 수 없는 중대한 사유」가 있었다고 추정할 수 없다.

2) 당사자의 유책성

민법 第840조 6호의 사유에 따른 이혼은 피고에게 책임이 없는 경우라도 인정될 수 있다. 그러나 피고가 유책일 때는 「혼인을 계속하기 어려운 중대한 사유」의 존재를 인정하기 쉬울 것이다. 원고가 유책일 경우에 관하여는 이미 설명한 바 있다.

3) 객관적 사정

혼인파탄을 인정하려면 위에서 설명한 주관적 사정 외에 객관적 사정도 아울러 고려하게 된다. 객관적으로 인정하기 쉬운 사실이나 객관적으로 알기 어려운 사실 등 극히 다양한 것이 포함된다.

4) 혼인파탄 이외의 사정

이혼으로 각 당사자에게 생길 사정, 그들 부부 사이에서 태어난 미성년자녀의 이익 등이 부모의 혼인파탄으로 어떤 영향을 받게 될 것인가는 하나의 문제이다.

다. 중대한 이혼사유

(1) 중대한 이혼사유가 된다고 한 예

① 당사자 간의 애정 상실로 부부관계의 실체가 없어진 경우, 부부가 별거하면서 각기 다른 사람과 내연관계를 맺고 자녀까지 출산한 경우, 성격의 불일치

② 상대방에 대한 중대한 모욕과 폭행 · 학대
③ 동거 · 부양 · 협조의무 위반(상습가출), 근로의욕의 상실과 낭비
④ 남편의 가출 행방불명과 남아 있는 아내의 간통
⑤ 범죄행위 · 형사처벌 : 남편이 유부녀강간 등 파렴치범죄로 징역 4년형을 선고받아 복역 중인 경우 등
⑥ 허위의 간통고소와 제3자에게 허위진술부탁
⑦ 성(sex)문제 : 성교불능, 성생활의 부조화, 성적 이상, 성기능 장애로 장기간 전혀 성생활을 하지 못하는데 치료도 게을리 하는 경우
⑧ 가정경제위협 : 아내가 가정주부로서 가사를 등한시 하고 계(契)에 관계하여 가정경제에 위협을 주고 가정의 평화를 깨뜨린 것, 또는 남편의 도장을 도용하여 손해를 입히고 남편으로부터 협의이혼요구를 받자 그렇게 할 것처럼 속이고 남편 몰래 아이들을 데리고 미국으로 가서 정착한 경우
⑨ 종교 활동, 지나친 신앙생활로 인하여 가정 및 혼인생활을 소홀히 한 경우 : 신앙의 자유는 부부라고 하더라도 이를 침해할 수 없는 것이지만, 부부 사이에는 서로 협력하여 원만한 부부생활을 유지하여야 할 의무가 있으므로 그 신앙의 자유에는 일정한 한계가 있다 할 것인바, 처가 신앙생활에만 전념하면서 가사와 육아를 소홀히 한 탓에 혼인이 파탄에 이르게 되었다면 그 파탄의 주된 책임은 처에게 있다. 그러한 경우는 남편이 이를 이유로 이혼청구를 할 수 있다.
⑩ 친족과 불화, 도박
아내가 자주 외박을 하며 도박을 하다가 남편에게 2회에 걸쳐 "도박을 하지 않겠다."는 각서를 쓰고도 계속 도박을 한 경우
⑪ 불치의 정신병
㉮ 고치기 어려운 정신병으로 인한 치료비의 과다지출, 별거 등으로 '가정을 유지해야' 함이 타방 당사자에게 심히 가혹한 경우
㉯ 혼인 중에 발생한 조울증이 장기간 지속되어 회복이 거의 불가능한 정신질환으로 이환되어 그 증상이 가벼운 정도에 그치는 경우가 아니고, 그 질환이 단순히 애정과 정성으로 간호되거나 예후가 예측될 수 있는 것이 아닌 경우, 남편에게 계속하여 배우

자로서의 의무에 따라 한정 없는 정신적·경제적 희생을 감내한 채 처와의 혼인관계를 지속하고 살아가라고 하기에는 지나치게 가혹하다고 보일 경우는 민법 840조 6호 소정의 재판상 이혼사유에 해당한다.

㉰ 참고로 일본 민법은 회복 불능의 강도의 정신병을 이혼원인의 하나로 정하고 있다. 전문의사의 감정에 터 잡아 그 과학적 판단을 소재로 하여 법률적 판단을 하여 그 요건이 판정된다. 강도의 정신병인지 여부의 판단기준은 혼인의 본질이라고 할 민법상 부부의 협력의무를 충분히 이행할 수 없을 정도의 정신 장해에 이르렀는가 여부에 따른다.

㉱ 정신병을 이유로 한 이혼소송의 피고에 관한 참고판례
심실상실의 상태에 있는 배우자에 대하여 이혼청구를 하는 경우, 종래에는 민사소송법을 유추 적용하여 특별대리인을 선임하고, 이를 피고로 삼아 소송을 진행하였다. 그러나 일본판례에 따르면 이혼소송은 원래 대리에 친하지 아니한 소송이고, 이러한 소송에는 민사소송법은 적용될 수 없으므로 심실 상실의 상태에 있는 배우자에 대하여는 우선 금치산 선고를 받아 후견인선임결정을 얻은 다음 민사소송법 제4조에 따라 그 후견인을 피고로 삼아 소송을 하여야 한다고 판시하였다. 따라서 정신병을 이유로 이혼소송을 제기하려고 하면 제소에 앞서 금치산선고 신청을 하여 후견인을 선임하여 두어야 한다.

⑫ 실종선고를 청구한 경우
생존하는 배우자를 실종자라고 하여 실종선고청구를 한 경우는 중대한 사유가 된다.

(2) 중대한 사유가 되지 않는다고 한 예

부부는 서로 애정을 가지고 신뢰하며 혼인생활의 유지를 위하여 최선을 다하여야 하는 것이므로, 설사 가정생활이 일시적인 곤경에 처하였더라도 부부의 공동 노력이 있으면 회복될 수 있는 경우에는 아직 혼인을 계속하기 어려운 중대한 사유가 있다고 하기 어렵다.

① 육체적 원인 : 임신 불능, 별거 합의, 투서 등 폐결핵, 생식불능이고 성적 기능이 다소 부족, 증상이 가볍거나 치료가 가능한 정신병, 혼인 전의 임신
② 정신적 · 윤리적 원인 : 협의이혼약정과 위자료 지급, 별거, 이혼약정과 위자료 지급 외에 나아가 남편 소유부동산에 처분금지가처분을 하고, 부인이 집을 나가 1년 6월이나 별거한 경우나 학업을 위한 장기간의 합의 별거로 인한 애정 상실, 심한 감정대립
③ 시어머니에 대한 폭행이라도 그것이 대항하다가 돌발적으로 이루어진 경우
④ 경제적 원인 : 금전 차용, 해외취업자인 남편에게 부쳐온 돈을 사채로 빌려주고 친정 가족의 생계를 위하여 소비, 부부 공동의 채무를 개인 채무라고 떠넘기자 격분, 실망하여 2회에 걸쳐 자살을 기도한 탓으로 병원에 입원, 남편의 인장을 도용하여 남편과 합의한 양품점 경영자금을 차용하고 가옥에 담보가등기를 한 경우
⑤ 회복 가능하다고 본 예 : 대가족 생활로 인한 시부모 등과의 불화가 문제지만, 회복 가망이 있다고 본 예 등
⑥ 협의이혼 약정을 하고 또는 협의 이혼의사확인을 받았고 재산분배나 위자료 지급을 하였으나 이혼신고를 하지 아니한 경우는 이혼사유가 안된다.
⑦ 소송제기 : 별거, 이혼조정신청과 화해신청취하, 상대방 명의의 부동산에 관하여 신탁계약 해제로 인한 소유권이전청구소송을 제기한 것, 또는 간통한 남편과 폭행한 시아버지를 고소하였다가 이혼조건으로 고소를 취하하고 이혼 합의에 따라 위자료를 수령한 경우
⑧ 다년간의 별거 원인이 남편이 첩을 맞이하여 동거하는 한편, 다른 곳에 집을 사주어 아내를 아이들과 살게 하였기 때문이고 아내는 은인 하면서 오로지 자녀의 양육에 전심하여 살아온 때문인 경우
⑨ 유기된 처의 재혼과 처의 흡연
⑩ 처벌받은 사실 : 1950. 6. 25. 한국전쟁 당시 부역하여 처벌받은 사실, 단순한 신앙의 차이 등은 어느 것이나 '혼인을 계속할 수 없

는 중대한 사유' 에 해당하지 아니한다.

8. 소의 이익

가. 혼인신고가 안 된 경우

아직 혼인신고가 되어 있지 않고 사실상 혼인관계에 있을 뿐인 경우, 그 혼인은 불성립이고, 따라서 이혼의 소를 제기할 이익이 없음은 당연하다.

나. 이혼신고가 되어 있는 경우

이혼소송 계속 중에 당사자의 협의 기타 사유로 이혼이 되면 소의 이익은 없어진다. 이 경우 이혼이 당사자의 의사에 터 잡은 경우는 문제가 없다. 그러나 상대방이 기명날인을 위조하여 이혼신고를 하고 호적(현재 가족관계등록부)상 협의이혼이 된 것처럼 기재되어 있는 경우, 이혼을 청구할 이익이 있는가? 견해가 나누어져 있으나 이혼무효의 소와 이혼의 소를 병합 청구하고 하나의 판결로 재판하여야 할 것이다(일본판례). 우리 민법은 협의이혼의사확인제도를 도입하였으므로 협의이혼절차에서 한쪽 당사자가 서류를 위조할 가능성은 아주 희박하다.

제 2 절 이혼소송 절차

1. 조정과 소송

조정이혼사건에 관하여 조정을 하지 아니하는 결정(불조정)이 있거나, 강제조정 없이 조정이 성립되지 않거나(조정불성립), 강제조정에 대하여 당사자가 이의신청한 경우 등에는 이혼조정 신청인은 송달 및 통지를 받은 날로부터 2주일 이내에 또는 그 송달 및 통지를 받기 전에도 제소신청을 할 수 있다(민사조정법 제36조). 그렇게 되면 이제까지의 조정이혼단계에서 이혼소송 단계로 절차가 옮겨 가게 된다.

한편, 제소신청은 조정기일에 구술로도 할 수 있고(민사조정 및 가사조정에 관한 사무처리요령 제9조 제1항), 특히 조정담당판사 또는 조정장은 '조정을 하지 아니하는 결정'(불조정)을 내리거나 '조정불성립'으로 조정사건을 종결시킬 경우에는 당해기일에 출석한 신청인에 대하여 제소의사의 유무를 물어 그 의사 있음이 확인되면 이를 조서에 기재하게 하여야 하므로(동 사무처리요령 제9조 제2항) 신청인이 제소를 위한 별도의 서면 제출을 하지 않아도 자동적으로 가사소송으로 이행된다.

그리고 신청인이 애초에 조정을 신청하지 않은 채 소의 제기를 하였기 때문에 직권으로 조정에 회부되었던 사건은 조정이 불성립되면 가정법원에 재회부되어 소송절차가 속행되므로 별도의 소송 이행 절차를 밟을 필요는 없다.

2. 재판기일의 실시

이혼소송의 절차는 민사소송의 절차와 동일하게 진행되기 때문에(가사소송법 제12조), 통상적으로 제1회 변론기일에는 재판장이 출석한 사람이 원고·피고 본인인가 여부를 확인(인정신문)한 다음, 원고가 소장 진술로 본안에 관하여 신청(단, 준비절차를 거친 경우에는 준비절차의 결과를 진술)하고, 피고가 소각하 또는 청구기각의 답변 등 반대신청을 하거나 반소장을 진술하면 이어서 쌍방이 각각 서증의 제출과 그에 관한 인부, 증인 신청 내지 검증·감정신청 등 공격·방어방법을 제출하는 식으로 진행된다.

단 법원이 재판상 이혼 등 가사소송사건을 심리함에 있어서는 직권으로 사실조차 및 필요한 증거조사를 하여야 하며 언제든지 당사자 또는 법정대리인을 신문할 수 있다(가사소송법 제17조).

가사소송에서는 피고가 답변서를 제출하지 않은 채 재판기일에 출석하지 않더라도 상대방의 주장을 모두 인정하는 것(의제자백)으로 되지는 않는다. 그러나 소송당사자가 쌍방이 통상 2회 불출석하였는데 그 후 1개월이 지나도록 기일지정신청을 않거나 또는 통상 3회 불출석하는 경우에는 소를 취하한 것으로 보아(민사소송법 제241조) 소송이 종결되므로 조심하여야 한다.

한편 이혼소송의 경우에도 재판공개의 원칙이 적용되기 때문에 일반인의 방청이 가능하다(헌법 제109조, 법원조직법 제57조).

3. 재판의 종료와 상소

이혼소송의 판결은 선고로 그 효력이 생긴다(가사소송법 제12조, 민사소송법 제190조). 그러나 그 판결에 대하여 불복이 있으면 판결정본이 송달된 날로부터 2주일 이내이나 판결정본의 송달 전에 항소법원에 항소할 수 있다(가사소송법 제19조 제1항). 항소법원에서도 가정법원의 소송절차에 따라서 재판하지만(가사소송법 제19조 제3항), 항소법원은 항소가 이유 있는 경우라도 제1심판결을 취소하거나 변경하는 것이 현저히 사회정의와 형평의 이념에 배치되거나 가정평화와 미풍양속의 유지에 적합하지 않다고 인정할 때에는 항소를 기각할 수 있다(가사소송법 제19조 제2항). 항소법원의 판결에 대하여 불복이 있으면 판결정본이 송달된 날로부터 2주일 이내이나 판결정본의 송달 전에 대법원에 상고할 수 있다(가사소송법 제20조).

4. 판결확정시의 이혼신고

재판상 이혼은 그 판결이 확정됨으로써 즉시 이혼이라는 법률 효과가 형성되는 「형성의 소」이다. 따라서 가정법원은 재판상 이혼 사건의 청구를 인용한 판결이 확정된 때에는 지체 없이 당사자의 등록기준지의 가족관계등록사무를 관장하는 자에게 그 뜻을 통지하여 가족관계등록부의 기재를 촉탁하여야 한다(가사소송법 제9조, 동규칙 제7조).

그와는 별도로 재판상 이혼의 소를 제기한 자는 재판의 확정일로부터 1개월 이내에 재판의 등본 및 확정증명서를 첨부하여 등록기준지 또는 주소지의 구청 · 시청 · 읍사무소 · 면사무소의 호적(현재 가족관계등록부)계에 이혼신고를 하여야 한다(가족관계법 제81조, 제63조). 1개월이 지나도록 이혼신고를 하지 않으면 5만 원 이하의 과태료에 처하고(동법 제130조) 신고의 최고를 받았음에도 여전히 최고기간 내에 이혼신고를 하지 않으면 10만 원 이하의 과태료에 처하여진다(동법 제131조). 물론 상대방도 독자적인 이혼신고가 가능하다(동법 제63조 제3항).

5. 소의 제기 및 사물관할

소의 제기는 소장(訴狀)을 법원에 제출함으로써 하는데(가사소송법 제12조, 민사소송법 제226조), 소장에는 당사자, 법정대리인, 청구취지, 청구원인을 반드시 기재하여야 한다(민사소송법 제227조 제1항). 이때 재판상 이혼의 소와 청구원인이 동일한 사실관계에 기초하는 위자료청구, 재산분할청구, 자녀양육에 관한 처분청구, 친권행사자지정청구 등의 사건은 이를 1개의 소로 병합하여 제기할 수 있다(가사소송법 제14조 제1항).

그리고 민사 및 가사소송의사물관할에관한규칙 제2조 제2항에 의하여 소송물의 가액(위자료 액 등)이 1억원을 초과하는 사건과 모든 재산분할사건은 판사 3명으로 구성되는 합의부에 의하여 재판을 받고, 이혼과 함께 청구하는 위자료의 청구액이 1억원 미만이거나 순수히 이혼만을 청구하는 사건이면 단독판사에 의하여 재판을 받게 된다. 다만 소가 1억원을 초과하는 사건이라도 합의부에서 단독판사가 심판하도록 결정한 것은 단독판사에 의하여 재판을 받게 된다.

6. 소의 제척기간

재판상 이혼을 청구할 수 있는 6가지 사유 중 민법 제840조 제1호의사유(배우자의 부정을 원인으로 이혼소송을 청구하는 때)는 다른 일방의 사전 동의나 사후용서를 한 때에는 이혼청구권이 없으며 그 사유를 안 때로부터 6월, 그 사유가 있은 날로부터 2년을 경과하면 재판상 이혼을 청구할 수 없게 된다(민법 제841조). 또 민법 제840조 제6호의 사유(기타 혼인을 계속하기 어려운 중대한 사유)를 원인으로 하는 재판상 이혼의 청구도 다른 일방이 그 사유를 안 날로부터 6월, 그 사유가 있는 날로부터 2년이 경과하면 역시 이혼을 청구할 수 없게 된다(민법 제842조).

7. 관할법원

(1) 부부가 같은 가정법원의 관할구역 내에 보통재판적(주소)이 있을 때는 그 가정법원

(2) 부부가 최후의 공통의 주소지를 가졌던 가정법원의 관할구역 내에 부부 중 일방이 보통재판적(주소)이 있을 때에는 그 가정법원

(3) 제1호 및 제2호에 해당되지 아니하는 경우에는 상대방의 보통재판적(주소) 소재지

8. 조정전치주의

재판상이혼은 원칙적으로 소송 전에 학식과 덕망을 갖춘 조정위원들의 가사조정절차를 반드시 거치도록 되어있는데(조정전치주의, 가사소송법 제50조 제1항), 이는 학식과 덕망 있는 사회 인사들의 조언을 통하여 일시적인 격정에 휘말려 경솔하게 이혼하는 것을 막고 이혼을 신중하게 결정하도록 하기 위한 것이다.

그러나 설령 당사자가 조정을 신청하지 아니하고 곧바로 소의 제기를 하더라도 법원이 스스로 판단하여 당해 이혼 사건이 조정에 의하여 해결될

가능성이 높으면 법원의 직권으로 조정에 회부하고, 그 사건이 조정에 회부되더라도 조정이 성립될 가능성이 없다고 인정할 때에는 조정에 회부하지 않고 바로 소송절차를 개시하기 때문에(가사소송법 제50조 제2항) 당사자 입장에서는 법원에 곧바로 재판상 이혼의 소를 제기하는 것이 실무적으로 더욱 편리하다.

9. 조정이혼과 소송이혼

재판상 이혼은 분쟁이 매듭지어지는 절차에 따라 조정이혼과 소송이혼으로 나눌 수 있다.

조정이혼이란 ①이혼청구인이 가정법원에 이혼조정신청을 한 경우와 ②이혼청구인이 조정신청을 하지 않고 곧바로 법원에 이혼소송을 제기하였으나 법원이 직권으로 조정에 회부한 경우(가사소송법 제50조 제1항, 제2항)로서, 조정에 의하여 그 이혼 여부를 결정하는 절차를 말한다.

소송이혼이란 ①조정신청을 하였으나 조정이 성립되지 않아 조정신청인이 이의신청을 하는 경우, ②직권조정회부결정을 하였으나 조정이 성립되지 않아 직권으로 가사소송에 재회부하는 경우(동법 61조 전단), ③공시송달에 의한 경우로서 바로 가사소송에 회부되는 경우, ④조정에 회부하더라도 조정이 성립될 수 없다고 인정하여 조정을 거치지 않고 바로 가사소송에 회부하는 경우(동법 제50조 단서) 등으로, 가사소송절차를 통하여 이혼 여부를 결정하는 절차가 있다.

[서식-1]

이혼(친권자 지정)신고서

(년 월 일)

※ 뒷면의 작성방법을 읽고 기재하시되, 선택항목은 해당번호에 "○"으로 표시하여 주시기 바랍니다.

구분			남 편(부)				아 내(처)			
①이혼당사자	성명	한글				㊞ 또는 서명				㊞ 또는 서명
		한자								
	본(한자)			전화			본(한자)		전화	
	주민등록번호		–				–			
	출생연월일									
	등록기준지									
	주 소									
②부모(양부모)	부(양부)성명									
	주민등록번호									
	모(양모)성명									
	주민등록번호									
③기 타 사 항										
④재판확정일자 ( )			년 월 일	법원명			법원			

아래 친권자란(굵은 선)은 협의이혼 시에는 법원의 협의이혼의사확인 후에 기재합니다.

⑤친권자 지정	미성년인 자의 성명						
	주민등록번호	–			–		
	친권자	□부 □모	지정효력 발생일	년 월 일	□부 □모	지정효력 발생일	년 월 일
			원인	□협의 □재판	□부 □모	원인	□협의 □재판

⑥신고인	성 명		자 격	□남편(夫) □아내(婦)
⑦제출인	성 명		주민등록번호	–

<table>
<tr><td colspan="2">⑧실제결혼(동거)
생활 시작일</td><td colspan="2">년 월 일부터</td><td colspan="2">⑨실제이혼연월일</td><td>년 월 일부터</td></tr>
<tr><td colspan="2">⑩20세 미만
자녀 수</td><td colspan="2">명</td><td colspan="2">⑪이혼의 종류</td><td>□협의이혼
□재판에 의한 이혼</td></tr>
<tr><td colspan="2">⑫이 혼
사 유(택일)</td><td colspan="5">□배우자 부정 □정신적.육체적 학대 □가족간 불화
□경제문제 □성격차이 □건강문제 □기타</td></tr>
<tr><td>⑬국 적</td><td>남편</td><td colspan="2">□ 한국인
□ 귀화한 한국인(이전국적:)
□ 외국인(국적:)</td><td>처</td><td colspan="2">□ 한국인
□ 귀화한 한국인(이전국적:)
□ 외국인(국적:)</td></tr>
<tr><td>⑭최 종
졸업학교</td><td>남편</td><td colspan="2">□무학 □초등학교 □중학교
□고등학교□대학 □대학원 이상</td><td>처</td><td colspan="2">□무학 □초등학교 □중학교
□고등학교 □대학(교) □대학원 이상</td></tr>
<tr><td>⑮직 업</td><td>남편</td><td colspan="2">*주된 일의 종류와 내용을 기입합니다</td><td>처</td><td colspan="2">*주된 일의 종류와 내용을 기입합니다</td></tr>
</table>

첨 부 서 류

1. 협의이혼 : 협의이혼의사확인서 등본 1부.
2. 재판이혼 : 판결등본 및 확정증명서 각 1부(조정.화해 성립의 경우는 조서등본 및 송달증명서).
3. 외국법원의 이혼판결에 의한 재판상 이혼
   - 이혼판결의 정본 또는 등본과 판결확정증명서 각 1부.
   - 패소한 피고가 우리나라 국민인 경우에 그 피고가 공시송달에 의하지 아니하고 소송의 개시에 필요한 소환 또는 명령의 송달을 받았거나 또는 이를 받지 아니하고도 응소한 사실을 증명하는 서면 1부(판결에 의하여 이점이 명백하지 아니한 경우에 한한다). - 위 각 서류의 번역문 1부.

※ 아래 4항은 가족관계등록관서에서 전산으로 그 내용을 확인할 수 있는 경우 첨부를 생략합니다.

4. 이혼 당사자 각각의 가족관계등록부의 가족관계증명서, 혼인관계증명서 각 1통.
5. 친권자지정과 관련한 소명자료
   - 협의에 의한 경우 친권자지정 협의서등본 1부.
   - 법원이 결정한 경우 심판서 정본 및 확정 증명서 1부.
6. 신분확인[가족관계등록예규 제23호에 의함]
   ① 재판상 이혼신고
   - 신고인이 출석한 경우 : 신분증명서
   - 제출인이 출석한 경우 : 제출인의 신분증명서
   - 우편제출의 경우 : 신고인의 신분증명서 사본
   ② 협의이혼신고
   - 신고인이 출석한 경우 : 신고인 일방의 신분증명서
   - 신고인 불출석, 제출인 출석의 경우 : 제출인의 신분증명서 및 신고인 일방의 신분증명서 또는 서명공증 또는 인감증명서(신고인의 신분증명서 없이 신고서에 신고인이 서명한 경우 서명공증, 신고서에 인감 날인한 경우 인감증명)
   - 우편제출의 경우 : 신고인 일방의 서명공증 또는 인감증명서(신고서에 서명한 경우 서명공증, 인감을 날인한 경우는 인감증명서).

작 성 방 법

①란 : 협의이혼신고의 경우 반드시 당사자 쌍방이 서명(또는 기명날인) 하여야 하나, 재판상 이혼신고의 경우에는 일방이 서명(또는 기명날인)하여 신고할 수 있습니다.

: 이혼당사자가 외국인인 경우에는 등록기준지란에 국적을 기재합니다.

②란 : 이혼당사자의 부모가 주민등록번호가 없는 경우에는 등록기준지(본적)를 기재합니다. 이혼당사자가 양자인 경우 양부모의 인적사항을 기재하며, 이혼당사자의 부모가 외국인인 경우에는 주민등록번호란에 출생년월일 및 국적을 기재합니다.

③란 : 아래의 사항 및 가족관계등록부에 기록을 분명하게 하는 데 특히 필요한 사항을 기재합니다.

- 신고사건으로 인하여 신분의 변경이 있게 되는 사람이 있을 경우에 그 사람의 성명, 생년월일, 등록기준지 및 신분변경의 사유
- 금치산자가 협의상 이혼을 하는 경우에는 동의자의 성명, 서명(또는 날인) 및 생년월일

④란 : 이혼판결(화해, 조정)의 경우에만 기재하고, 협의이혼의 경우에는 기재하지 않습니다.

: 조정성립, 조정에 갈음하는 결정, 화해성립이나 화해권고결정에 따른 이혼신고의 경우에는 "재판확정일자" 아래의 ( )안에 "조정성립", "조정에 갈음하는 결정 확정" 또는 "화해성립", "화해권고결정"이라고 기재하고, "연월일"란에 그 성립(확정)일을 기재합니다.

⑤란 : 협의이혼확인 신청시에는 기재하지 아니하며, 법원의 이혼의사확인 후에 정하여진 친권자를 기재합니다. 지정효력발생일은 협의이혼의 경우 이혼신고일, 재판상이혼의 경우 재판 확정일을 기재합니다. 원인은 당사자의 협의에 의해 지정한 때에는 "1협의"에, 직권 또는 신청에 의해 법원이 결정한 때에는 "2재판"에 "○"으로 표시하고, 그 내용을 증명하는 서면을 첨부하여야 합니다. 자녀가 3명 이상인 경우 별지 기재 후 간인하여 첨부합니다. 임신 중인 자의 경우에는 출생신고시 친권자 지정 신고를 합니다.

⑥란 : 법원의 협의이혼의사 확인 후 가족관계등록관서에 이혼 신고서를 제출하는 당사자(남편 또는 아내)의 인적사항을 기재합니다.

⑦란 : 제출자(신고인 여부 불문)의 성명 및 주민등록번호 기재[접수담당공무원은 신분증과 대조]

⑧란, ⑨란 : 가족관계등록부상 신고일이나 재판확정일과는 관계없이 실제로 결혼(동거)생활을 시작한 날과 사실상 이혼(별거)생활을 시작한 날을 기재합니다.

⑭란 : 교육과학기술부장관이 인정하는 모든 정규교육기관을 기준으로 기재하되 각급 학교의 재학 또는 중퇴자는 졸업한 최종 학교의 해당번호에 ○표시를 합니다.

<예시> 대학교 3학년 중퇴 → 고등학교에 ○표시

⑮란 : 결혼할 당시의 직업에 대한 일의종류와 내용을 사업체이름과 함께 구체적으로 기재합니다.

<잘못된 예시> 회사원, 공무원, 사업, 운수업

<올바른 예시> ○○회사 영업부 판촉사원, 건축목공, ○○구청 건축허가 업무담당 ○○상가에서 의류판매, 우리 논에서 논농사

제 7 장 이혼과 조정전치주의

1. 개요

가사소송법은 재판이혼에 조정전치주의 채용하고 있으므로, 이혼을 하려고 하는 자는 우선 가정법원에 조정을 신청하여야 한다(가사소송법 제2조 제1항 나류사건 제3호, 제50조). 따라서 당사자가 이혼소송을 제기하였다고 하더라도 조정이 성립되지 않을 경우나 쌍방 또는 일방을 소환할 수 없는 경우 등을 제외하고 법원이 직권으로 조정에 회부하여야 한다(가사소송법 제50조 제2항).

2. 관련사건(재산분할, 위자료, 양육자 및 친권자 지정청구)의 병합

조정의 목적인 이혼청구와 동일한 사실관계에 기초하거나 그 당부의 전제가 되는 손해배상청구(재산상 손해, 위자료 등), 재산분할 청구, 친권자 및 양육자 지정 청구를 병합하여 조정 신청할 수 있다. 또한, 당사자 간 분쟁해결을 위하여 필요한 때에는 당사자의 청구로 조정위원회 또는 조정담당판사의 허가를 얻어 조정의 목적인 청구와 관련 있는 민사사건의 청구를 병합하여 조정 신청할 수 있다(가사소송법 제57조, 제14조).

3. 가사조사관의 사전조사

조정장 또는 조정담당판사는 특별한 사정이 없는 한 조정을 행하기 전에 기한을 정하여 가사조사관으로 하여금 사건에 관한 사실의 조사를 하게 하여야 한다(가사소송법 제56조). 그리고 조정장 또는 조정담당판사 및 가사조사관은 사실의 조사를 위하여 필요한 때에는 경찰 기타 관공서, 은행, 학교 기타 상당하다고 인정되는 단체 또는 개인에게 사실의 조사를 촉탁하고 필요한 사항의 보고를 요구할 수 있다(가사소송법 제8조).

4. 조정기일 및 조정장소

조정장 또는 조정담당판사는 조정기일을 정한 다음 당사자와 이해관계인에게 「조정기일 소환장」을 송달함으로써 통지하되, 소환받고도 정당한 이유 없이 불출석하면 결정으로 50만원 이하의 과태료에 처할 수 있고 구인할 수 있다(동법 제66조).

조정은 가정법원 내 조정실에서 비공개로 행하되(민사조정법 제20조), 사건의 실정에 따라 법원 외의 적당한 장소에서 현지 조정 할 수도 있다(가사소송규칙 제118조, 민사조정법 제19조). 즉 조정은 조정실, 심문실, 판사실 또는 분쟁에 관련된 현장 기타 적당한 장소이면 어디서든 할 수 있다(민사조정및가사조정에관한사무처리요령 제18조).

5. 조정기일의 세부절차

가사조정사건은 조정위원회가 처리하는 것이 원칙이지만, 조정담당판사는 상당한 이유가 있을 때에는 당사자가 반대의 의사를 명백하게 표시하지 않는 한 단독으로 조정할 수 있다(가사소송법 제52조 제2항).

조정은 본인 또는 법정대리인이 출석하는 것을 원칙으로 하지만, 특별한 사정이 있을 때에는 조정장 또는 조정담당판사의 허가를 얻어 대리인을 출석하게 하거나 보조인을 동반할 수 있다. 이때 변호사 아닌 자가 대리인 또는 보조인이 되기 위해서는 조정장 또는 조정담당판사의 허가를 얻어야 한다(가사소송법 제7조). 그리고 조정절차는 공개하지 않는 것을 원칙으로 하며(가사소송법 제49조, 민사조정법 제20조), 조정의 성립은 양당사자(신청인과 피신청인)의 합의를 기초로 한다.

조정위원회가 조정을 함에 있어서는 당사자의 이익 외에 조정으로 인하여 영향을 받게 되는 모든 이해관계인의 이익을 고려하고, 분쟁의 평화적·종국적 해결을 이룩할 수 있는 방안을 마련하여 당사자를 설득하여야 한다(가사소송법 제58조 제1항). 특히 자(子)의 친권을 행사할 자의 지정과 변경, 양육 방법의 결정 등 미성년자인 자(子)의 이해와 직접 관련되는 사항을 조정함에 있어서는 미성년자인 자(子)의 복지가 우선적으로 고려되어야 한다(가사소송법 제58조 제2항).

조정위원회의 의결은 과반수의 의견에 의하되, 가부동수인 경우에는 조정장의 결정에 따른다(민사조정규칙 제14조). 조정위원회의 합의는 공개하지 아니한다(동규칙 제15조). 실무상 조정은 일반적으로 1회의 기일만을 열어 조정이 성립되지 않으면 조정불성립으로 처리하여 절차를 종료시키는 것이 관례이지만, 때로는 계속적인 조정 시도를 위하여 기일을 속행하는 수도 있다.

6. 조정의 종료(조정결정의 유형)

가. 취하

조정신청의 취하 또는 소 취하를 하면 조정절차는 종료한다. 또한 조정신청인이 조정기일에 통산 2회 불출석하는 경우에도 조정신청이 취하된 것으로 간주되어 조정절차는 종료한다(민사조정법 제31조).

나. 각하

당사자에 대하여 기일을 통지할 수 없는 때에는 결국 당사자의 소환이 불능하여 조정도 진행할 수 없으므로 조정담당판사는 결정으로 조정신청을 각하할 수 있다(동법 제25조 제1항).

다. 부조정(조정을 하지 아니하는 결정)

조정담당판사는 사건이 성질상 조정을 함에 적당하지 아니하다고 인정하거나, 당사자가 부당한 목적으로 조정의 신청을 한 것임을 인정하는 때에는 조정을 하지 아니하는 결정으로 사건을 종결시킬 수 있다(동법 제26조

제1항).

라. 강제조정(조정에 갈음하는 결정)

당사자 간에 조정이 성립되지 않더라도, 조정담당판사가 상당하다고 인정하는 때 및 조정장이 조정위원회의 의견을 들은 후 직권으로 당사자의 이익 기타 모든 사정을 참작하여 신청인의 신청 취지에 반하지 아니하는 한도 내에서 사건의 공평한 해결을 위한 결정을 할 수 있다(동법 제30조).

조정의 피신청인이 조정기일에 연속 2회 불출석하는 경우에도 조정담당판사 및 조정장은 직권으로써 위와 같은 결정을 할 수 있다(동법 제32조).

당사자가 2주일 이내에 이의신청을 하면 위 결정은 효력을 상실하지만, 이의신청을 하지 않으면 위 결정은 확정되어 재판상 화해와 동일한 효력을 가진다(동법 제34조, 가사소송법 제59조 제2항).

마. 조정불성립(조정에 갈음하는 결정을 하지 않은 때)

조정담당판사는 당사자 사이에 합의가 성립될 가능성이 없거나, 성립된 합의의 내용이 상당하지 아니하다고 인정하는 경우에, 직권으로 조정에 갈음하는 결정(강제조정)을 하지 아니할 때에는 조정이 성립되지 아니한 것으로 사건을 종결시킬 수 있다(동법 제27조).

바. 조정성립

조정은 당사자 사이에 합의된 사항을 조서에 기재함으로써 성립한다(동법 제28조, 가사소송법 제59조 제1항). 조정은 재판상 화해와 동일한 효력이 있다(동법 제29조, 가사소송법 제59조 제2항).

당사자 간에 이혼하기로 조정이 성립되면, 법원은 지체 없이 당사자 또는 사건본인의 가족관계등록사무관장자에게 그 뜻을 통지하여야 하고(가사소송법 제9조, 동규칙 제7조), 조정신청인은 조정조서 성립일로부터 1개월 이내에 조정조서등본과 송달증명을 첨부하여 가족관계등록사무관장자에게 이혼신고를 하여야 한다(가족관계등록법 제81조, 제63조). 물론 상대방도 독자적으로 이혼신고를 할 수 있다(가족관계등록법 제63조 제3항). 이 신고는 보고적 신고로써 1월 이후에 관할관청에 이혼 신청하더라도 과태료가 나올지언정 이혼이 무효로 되지는 않는다.

[사례-12-1] 이혼 등 청구의 소(이혼, 친권행사자 · 양육자지정, 위자료)

소 장

원고 홍 길 동(洪 ○○)
19 년 월 일생(주민등록번호 :)
등록기준지 00시 0구 00동 00번지
주 소 00시 0구 00동 00번지
소송대리인 변호사 한 ○○
00시 0구 00동 00번지(우편번호 :)
(전화번호 : 02-525-1007 팩스 : 02-525-2433)

피고 신 0 0(申 ○○)
19 년 월 일생(주민등록번호 :)
등록기준지 및 주소 : 원고와 같은 곳

사건본인 홍 마 리(洪 ○○)
20 년 월 일생(주민등록번호 :)
등록기준지 및 주소 : 원고와 같은 곳

이혼 및 위자료 등 청구의 소

청 구 취 지

1. 원고와 피고는 이혼한다.
2. 사건본인의 친권행사자 및 양육자로 원고를 지정한다.
3. 피고는 원고에게 위자료로 금 40,000,000원을 지급하라.
4. 피고는 원고에게 위 사건본인에 대한 장래의 양육비로 20○○. 0. 0.부터 20○○. 0.0.까지(성년이 될 때까지 등) 매월 금500,000원씩을 매월 말일

에 지급하라.
5. 위 제 3항은 가집행할 수 있다.
라는 판결을 구합니다.

청 구 원 인

1. 혼인생활 경위 및 혼인파탄 경위

가. 원고는 20○○년 0월 경 00시 0구 00동 소재 '00호텔에서 피고와 맞선을 보고 교제 끝에 20○○년 0월 0일 서울 서초구에 소재한 00웨딩홀에서 결혼식을 올리고 20○○. 6. 6. 혼인신고를 마친 법률상 부부이며, 슬하에 딸 '홍마리' 를 두고 있습니다.

나. 원고와 피고가 교재를 할 당시 원고는 ○○주식회사에 과장으로 재직하면서 성실하게 직장 생활을 하게 되었고, 6년간의 수고로움으로 인하여 작지만 현재 거주하는 주택도 마련하게 되었습니다.

다. 피고는 원고와 결혼한 후 집에서 쉬고 있는 것이 미안하다고 하면서 미용실을 운영하고 싶다고 주장하였고, 원고가 거주하는 위 주택을 마련하는데 그동안 저축하였던 금원을 모두 투자하였고, 이도 부족하여 은행에서 부동산 담보대출을 받는 과정에서 현재경제적인 여력이 없기에 미용실을 하고 싶다면 우선 몇 년간 미용기술을 익히면서 배우고 그 이후에 다시 미용실 운영은 원고와 상의를 하기로 하고 미용기술을 익히기로 한 것입니다.

라. 피고가 미용기술을 익히기 시작하면서 가끔 집에 오지 못하는 일이 발생하게 되었고, 월 2회 내지 4회 미용실에서 숙식을 해결한다고 하면서 외박하는 날이 늘어 갔습니다.

마. 또한 미용실을 시작하고 약1년이 지난 시점에서 은행에서 독촉장이 왔는데 원고에게 금 5천만원, 피고에게 금 8천만원이 연체되었으므로 원금과 그 이자를 변제하라는 것입니다. 피고는 원고의 인감도장을 가지고 있는 점을 계기로 인감증명서를 발급받고 ○○은행 00지점에서 채무자를 원고로 하여 금 5천만원을 차용하였고, 피고를 채무자로 하여 금 8천만원을

대출받으면서 원고를 보증인으로 기재 한 이후 도합 1억3천만원 대출을 받아서 미용실을 시작하였던 것입니다.

바. 후일에 알게 되었지만 피고는 원고 모르게 아무런 미용 기술도 없으면서 미용실을 개업하고도 마치 직장생활을 하는 것처럼 원고를 속이고, 이도 부족하여 미용기술이 부족하므로 직원을 채용하여 미용실 운영을 맡겨 놓고 미용실을 운영하면서 알게 된 남성과 가까이 지내면서 피고가 외박하는 날은 다른 남자의집에서 외박을 하고 집에 오지 않았던 것입니다.
피고의 친구들에게 피고가 결혼 전에 생활이 어떠했는지 궁금하여 질문을 하였더니 원고와 만나기 전에 수많은 남성들과 교제를 하였으며, 결혼 이후에도 혼인 전에 사귀었던 남자와 계속 만남을 유지하면서 대출받은 돈과 원고의 급여를 가지고 유흥비로 탕진하였던 것입니다.

2. 친권사 및 양육자 지성 및 양육비

원고와 피고 간에 출생한 딸 '홍○○' 는 이제 3살이 되었고, 피고가 위와 같은 방탕생활과 외도 등을 계속하고 있는 이상 유책배우자인 피고로서는 딸의 보호, 양육을 잘할 수 없다 할 것이 분명하고, 그리고 '자녀의 복리' 원칙에서 살펴보더라도 피고는 현재 또는 장래에 딸의 정서나 심리에 나쁜 영향을 미치게 할 것이 예상되므로 딸의 원만한 성장과 복지를 보장할 수 없다고 할 것이고, 딸의 직접적 보호, 양육을 위하여 어떤 면에서는 피고가 여성이므로 적당하다는 사회적인 시각이 존재하나 원고는 보모를 구하여 돌보면서 원고의 주택 근처에 원고의 친부모님이 기거하고 있는 관계로 딸의 정서나 심리에도 안정을 줄 수 있다 하겠습니다. 피고의 혼인생활 경위 등을 볼 때 피고는 미용실을 운영한다고 딸의 양육도 신경 쓰지 못하였기에 그동안 원고의 친부모님께서 돌봐주고 있었기에 아이의 양육은 피고보다 원고가 적합하다 할 것입니다.
또한 사건본인의 양육비로서 장래 발생할 비용에 대하여 공동 부담을 하여야 하므로 현재부터 사건본인이 성년이 될 때까지 매월 금 500,000원을 지급하여야 할 것입니다.

3. 위자료의 산정

피고의 부정한 행위와 혼인의 파탄 책임이 민법 제840조 제1, 3호 소정의 재판상 이혼 사유에 해당된다고 할 것이므로, 원고는 피고에게 마땅히 이혼을 청구할 수 있다 할 것이며, 원, 피고 사이의 혼인이 위와 같이 파탄됨으로써 원고가 상당한 정신적 고통을 받게 되었음은 경험칙상 인정할 수 있다 할 것이므로 피고는 금전으로서 이를 위자할 책임이 있다 할 것인바, 그 액수는 원, 피고의 나이, 혼인기간, 생활정도와 혼인파탄 경위 등 제반사정을 참작하여 금 4,000,000원으로 정함이 상당하다 할 것입니다.

4. 결 론

그렇다면 원고와 피고는 이혼하고, 피고는 원고에게 위자료로 금 4,000,000원을 지급하고, 위 사건본인에 대한 장래의 양육비로 20○○. 0. 0.부터 20○○. 0.0.까지(성년이 될 때까지 등) 매월 금500,000원씩을 지급하여야 할 것입니다.

입 증 방 법

1. 갑제 1호증　　가족관계증명서
1. 갑제 2호증　　주민등록등본
1. 갑제 3호증　　임대차계약서 사본(미용실)
1. 갑제 4호증　　은행 연체통보서 사본
1. 기타 변론 시 자료를 제출하겠습니다.

첨 부 서 류

1. 위 입증서류　　각 1통
1. 소장부본　　1통
1. 소송 위임장　　1통

20○○. 11. .

원고 소송대리인

변호사 한 ○ ○ (인)

○○가정법원 귀중

[서식-2] 조정에 갈음하는 결정 조서 양식

0 0 법 원

조정에 갈음하는 결정조서

사 건: 20○○ 드단(또는)너 00호
원 고: (신청인): 홍00 (주민등록번호)
(주소)
피 고: (피신청인): 신(주민등록번호)
(주소)

판 사: 기 일: 20○○ . . .
장 소: 공개여부: 공개
원고(신청인) 출석 피고(피신청인) 출석

(재판장)판사
다음과 같이 조정에 갈음하는 결정을 하고 이를 고지

청구의 표시(신청인의 표시)

청구취지(신청취지):
청구원인(신청원인):

결 정 사 항

1. 피고는 원고에게 금 000원을 20○○ . . .까지 지급한다.
2. 원고는 나머지 청구를 포기한다.
3. 소송비용 및 조정비용은 각자의 부담으로 한다.

법원사무관 (인)
재판장판사 (인)

---

* 참조: ( ) 는 신청에 의할 경우의 예시임

[참조] 조정결정에 대한 이의신청

조정에 갈음하는 결정에 대하여는 당사자가 조서 정본을 송달받은 날부터 2주일 이내 이의를 신청할 수 있고, 적법한 이의신청이 있으면 그 결정은 효력을 상실한다.

이의신청은 당사자 또는 조정절차에 참가한 이해관계인, 조정에 갈음하는 결정이 확정되는 경우에 그 효력을 받게 되는 수계인이나 승계인도 이의신청을 할 수 있다. 또한 이의신청인은 당해 심급의 판결선고 시까지 상대방의 동의를 얻어 이의신청을 취하할 수 있다.

조정에 갈음하는 결정은 이의신청의 취하 이의신청기간의 경과, 이의신청의 각하결정의 확정에 의하여 확정되며, 확정된 조정에 갈음하는 결정은 재판상 화해와 동일한 효력이 있다.

조정회부된 사건에 있어서 그 전제가 되는 소 또는 심판청구가 취하되면 가사조정절차 역시 종료되고, 당사자 또는 사건본인의 사망으로 소송 또는 심판 절차가 종료되는 경우에 조정절차 역시 당연히 종료된다. 이때 사망사실을 간과한 채 대리인 등에 의하여 조정이 성립되더라도 그 조정은 무효이다.

[사례-12-2] 이혼 등 청구의 소(이혼, 양육자지정)

소 장

원 고 홍 0 0(洪 ○ ○)
19 년 0월 0일생(000000-0000000)
등록기준지 000도 00군 00읍 00리 00번지
주 소 서울 00구 00동 00번지
송 달 장 소 00도 00시 00동 00번지
연 락 처 02-525-1007

피 고 한 0 0(韓 ○ ○)
19 년 0월 0일생(000000-0000000)
등록기준지 위와 같음
주 소 위와 같음

사건본인(미성년자) 1. 한 0 일(韓 ○ ○)
0000년 0월 0일생(000000-0000000)
2. 한 0 이(韓 ○ ○)
0000년 0월 0일생(000000-0000000)

사건본인 1,2의 등록기준지 및 주소 위 원고와 같은 곳

이혼 및 양육자지정 청구의 소

청 구 취 지

1. 원고와 피고는 이혼한다.
2. 사건본인(미성년자)들의 친권행사자 및 양육자로 원고를 지정한다.

3. 소송비용은 피고의 부담으로 한다.
라는 판결을 구합니다.

청 구 원 인

1. 원고와 피고는 0000년 0월 0일 혼인신고를 한 법률상 부부이고 슬하에 사건본인(미성년인자)들을 출생한 부모인 바, 원고와 피고는 초등학교 동창으로서 시골 같은 동네에서 함께 성장하였으며, 만 20세 이후 서로에게 신뢰가 쌓이게 되자 0000년 0월 0일 00시 00동 소재 00웨딩홀에서 혼인을 한 이후 피고는 무역업(오파상)을 하고 원고는 가정주부로서 사건본인들을 양육하던 중 피고가 사업에 실패하자 부채가 쌓이고 경제적으로 파탄에 이르게 되었습니다.

2. 이에 경제적인 어려움을 극복하기 위하여 원고의 명의로 은행에서 금 6천만 원의 대출을 받고 원고의 부(피고의 장인)에게 금 4천만 원의 금전을 차용하여 원고가 식당을 운영하기에 이르렀습니다. 그런데 피고가 사업을 하던 중 사업의 실패로 인하여 발생한 채무에 대하여 채권자들이 식당을 방문하면서 채무를 변제하라고 피고에게 강요하자 피고는 날마다 술을 마시면서 식당 운영에는 관여하지 않고, 또한 하루 매출이 발생하여 원고가 금전을 가지고 있으면 야간에 식당에 방문하여 하루 매출액 전액을 갈취하기를 수 차례 반복하고 있습니다.

3. 피고는 사업을 실패한 이후 0000년 0월 경 원고를 폭행을 시작으로 '세상을 살기 싫다.' 는 등 말을 자주하고, 때와 장소를 가리지 아니하고 수 차례 원고를 폭행하다가 최근에 와서 위 사건본인을 폭행하기도 하였습니다.

4. 0000년 0월 경 원고는 피고와 도저히 혼인 생활을 유지하기 어려워서 상호 시간을 가지고 혼인관계를 청산할 것인지 아니면 서로 노력하여 다시 새로운 삶을 살아갈 것인지 결정하기로 하고, 원고가 사건본인들과 함께 서울 외곽에 위한 보증금 300만 원에 월세 15만 원의 단칸방을 구하여 이사를 하게

되었고, 최근에 와서 전세 3000만 원의 보증금을 지급하고 서울시 00동 소재 단독주택으로 이사하게 되었습니다.

5. 원고는 원고가 운영하는 식당이 일정 정도 매출이 발생하여 유치원에 다니는 아이들(사건본인)을 양육하는 데 어려움이 없고, 생활비를 부담할 수 있는 정도에 이르렀으나 최근에 피고의 생활상을 파악한 결과 아직도 술로 시간을 보내고 피고가 거주하던 주택의 전세금마저 모두 날리고 거리를 방황하고 있는 것으로 파악되고 있습니다.

6. 따라서 현재 피고는 자녀들의 양육을 하기 힘들고 혼인관계를 유지하겠다는 의지도 없고 혼인생활을 파탄으로 이끌었으며, 이혼을 하겠다는 말을 자주 하고 있으므로 청구취지와 같이 청구를 하오니 원고가 새로운 삶을 살아갈 수 있도록 판결을 하여 주시기 바랍니다.

첨 부 서 류

1. 갑제1호증　가족관계증명서　1통
2. 갑제2호증　주민등록등본　1통
3. 갑제3호증　사업자등록증 사본　1통
4. 갑제4호증　원고 납세증명서　1통

20○○. 4. .

원고 홍 0 0 (인)

서울가정법원 귀중

[참고자료] 친권을 행사할 자의 지정과 자의 양육에 관한사항

자의 양육에 관한 처분과 변경, 면접교섭권의 제한과 배제 및 친권을 행사할 자의 지정과 변경에 관한 심판은 부모 중 일방이 다른 일방을 상대방으로 하여 청구를 하여야 한다(규칙 제99조 제1항).

자의 양육에 관한 처분과 변경 또는 친권을 행사할 자의 지정과 변경의 심판을 청구함에 있어, 부모 아닌 자가 자를 양육하고 있을 때에는 그자를 공동상대방으로 하여 자의 인도를 청구할 수 있다(규칙 제99조 제2항).

규칙 제99조 제1항에 규정한 청구가 있는 경우에 자가 **13세 이상**인 때에는 가정법원은 심판에 앞서 그자의 의견을 들어야 한다(규칙 100조). 다만 자의 의견을 들을 수 없거나 의견을 듣는 것이 오히려 자의 복지를 해할 만한 특별한 사정이 인정되는 때에는 그러하지 아니한다(규칙100조 단서).

[사례-13] 답변서(이혼 등 사건)

답 변 서

사 건　　20○○드 1234 이혼 등
원 고　　홍 길 동
피 고　　너 가 해

위 사건에 관하여 피고 소송대리인은 다음과 같이 답변합니다.

청구취지에 대한 답변

1. 원고의 청구를 기각한다.
2. 소송비용은 원고의 부담으로 한다.

라는 판결을 구합니다.

청구원인에 대한 답변

1. 본안 전 항변

원고는 피고가 주기적으로 폭력을 행사하면서 내연의 관계를 가지고 가정을 돌보지 아니한 것으로 표현하고 있습니다. 그러나 사실관계는 아래와 같은 사유로 인하여 사실과 전혀 다릅니다.

\- 중략-

2. 원고의 유책사유

가. 원고의 유책사유 기재- 사례를 중심으로
나. 그렇다면 이는 피고가 오히려 민법 제840조 1. 2, 3, 6호의 재판상 이혼 사유를 들어 원고를 상대로 이혼을 청구하는 것은 부당하며, 피고는 이를 받아들일 수 없다 할 것입니다.

3. 결 론

그러므로 원고의 이 사건 청구를 기각하여 주시기 바랍니다.

첨 부 서 류

20○○.　9.　.

피고 소송대리인
변호사 한 ○ ○ (인)

OO가정법원 귀중

[사례-14] 반소에 대한 답변서

답 변 서

사 건
반소원고(피고) 0 0 0
반소피고(원고) 0 0 0

위 사건에 관하여 반소피고(원고)의 소송대리인은 다음과 같이 반소에 대한 답변서를 제출합니다.

반소 청구취지에 대한 답변

1. 반소원고(피고)의 반소피고(원고)에 대한 위자료 청구는 기각한다.
2. 소송비용은 반소원고(피고)의 부담으로 한다.

라는 재판을 구합니다.

반소 청구원인에 대한 답변

1. 반소피고(원고, 이하 원고라 함)는 반소원고(피고, 이하 피고라 함)와 ○○○○. 0. 0. 혼인 신고한 법률상 부부로서 슬하에 000, 000의 형제를 두고 있으며, 원고는 피고의 상습도박 및 간통행위 등의 원인으로 20○○. 5.13. 귀원에 피고를 상대로 하여 이혼 청구의 소(20○○드단○○)를 제기한 사실 및 20○○. 7. 7.경 일응 술이 취하여 불상의 남자와 모 여관에 투숙한 사실은 인정하나, 피고의 나머지 반소청구는 전부 불복합니다.

2. 피고의 혼인파탄 경위 등에 대한 허위 주장

가. 피고는 원고가 불상의 남자와 지속적인 부정한 관계를 맺고 있는 것이 확인되었고, 좀 더 객관적인 진실을 파악하고자 원고의 행적을 추적하다가 20○○. 7. 7.경 원고가 불상의 남자와 함께 서울 송파구 ○○동

소재 한 여관에 들어가는 것을 확인하고 송파경찰서 소속 경찰관과 동행하여 다음날 새벽 05:30경 불륜장면을 촬영하고 간통현장을 목격하게된 것이라 주장하고 있습니다.

나. 그러나, 당시 원고는 일응 술이 취하여 불상의 남자와 위 여관에 투숙한 사실은 있으나, **간통한 사실은 전혀 없으며** 이에 대하여는 송파경찰서의 조사에서도 무혐의 처리되었습니다.

다. 그런데, 피고가 원고를 미행하면서 사진촬영을 위하여 카메라를 준비하고 다닌 것은 피고가 서울중앙지방검찰청 20○○형제○○호 사건으로 인하여 서울구치소에서 약 21일가량 수감생활을 하고 석방된 이후로도 전혀 뉘위침도 없이 계속하여 원고에게 돈을 요구하였으나, 원고가 이에 전혀 응하지 않고 피고를 상대로 서울가정법원에 20○○드단○○ 이혼 청구의 소를 제기하자 피고는 단지 이에 앙심을 품은 나머지 자신의 상습도박 및 간통행위 등을 무마시키려는 의도에서 비롯된 것에 불과한 것입니다.

라. 또한, 피고는 위 서울중앙지방검찰청 20○○형제○○ 사건에 의하여 서울중앙지방법원 20○○고약○○ 폭력행위등처벌에관한법률위반(야간, 공동상해) 등의 죄명으로 벌금 5,000,000원의 약식명령을 부과 받았는바(갑 제6호증 사건검색출력물), 이에 대하여는 귀원에 별도로 문서송부촉탁신청을 하여 이에 대한 회신이 오면 추후 사실관계를 보다 적극적으로 다투고자 합니다.

3. 피고의 상습적인 폭행에 대하여

한편, 피고는 원고가 귀원에 이혼 소송을 제기한 이후에도 수시로 원고를 폭행하였고, 심지어 피고는 20○○. 7. 27. 오전경 별다른 이유도 없이 원고를 주먹과 발로 가격하는 등 원고에게 "경추염좌 및 뇌진탕"의 병명으로 전치 3주에 상당하는 상해를 가하기도 하였습니다(갑 제7호증 상해진단서).

4. 결어

따라서, 피고가 원고를 상대로 귀원에 제기한 반소청구는 그 청구이유가 불분명한 것이며, 이는 단지 자신의 상습도박 및 폭행, 간통행위 등의 귀책사유로 인한 이혼사유를 원고에게 전가시키기 위한 고의로서 제기한 반소청구에 불과하므로 이는 마땅히 기각되어야 할 것입니다.

입 증 자 료

1. 갑 제6호증 사건검색출력물(서울중앙지방법원 20○○고약)
1. 갑 제7호증 상해진단서 사본

20○○. 7. .

원고(반소피고)의 소송대리인 000 (인)

서울가정법원 귀중

[사례-15] 문서송부촉탁신청서

문서송부촉탁신청

사　　　건　2000 드합 1234 이혼 등
2000 드합 3423 (반소)

원 고(반소피고)　한 사 업
피 고(반소원고)　나 진 심

위 사건에 관하여 피고의 소송대리인은 주장 사실을 입증하기 위하여 아래와 같이 문서송부촉탁을 하여 주실 것을 신청합니다.

아　　래

1. **송부촉탁할 기관**
   서울중앙지방검찰청
   서울 서초구 반포대로 158 (서초동)　(우: 137-741)
2. **문서의 표시**
   피고(나진심)이 원고(한사업)을 폭행 및 간통 등의 혐의로 고소한 사건
   (20○○형제 12345) 기록 일체.

3. **입증취지**
   원고가 혼인기간 중 피고 및 피고의 가족들을 폭행한 사실 및 혼인기간 중 부정행위(내연녀가 있었다는)를 하였다는 사실을 입증하기 위함

20○○. 5. .
피고의 소송대리인 법무법인 ○○

담당변호사 한 ○○ (인)

서울가정법원 제1가사부　귀중

[사례 16-1] 사실조회 신청서

사실조회신청

사 건 20○○ 드합 1234 이혼 등
20○○ 드합 3423 (반소)

원 고(반소피고) 한 사 업
피 고(반소원고) 나 진 심

위 사건에 관하여 피고의 소송대리인은 주장 사실을 입증하기 위하여 아래와 같이 사실조회를 하여 주실 것을 신청합니다.

아 래

1. 사실조회할 곳

에스케이텔레콤 주식회사
서울 중구 을지로2가 11 에스케이티타워 (우: 123-456)

2. 사실조회 사항

가. 핸드폰 번호(010-1234-2454, 010-2245-6875) 명의자의 인적사항 및 통화내역 (조회기간 : 20○○. 1. 1. ~ 20○○. 12. 31.)

나. 핸드폰 번호(010-3878-8796)의 통화 내역
(조회기간 : 20○○. 1. 1. ~ 20○○. 12. 31.)

3. 입증취지

원고는 010-1234-2454, 010-2245-6875의 실제 소유자인 이O주가 거래처 사람이라고 하고 있는 바, 위 핸드폰의 명의자와 통화내역 및 원고의 핸드폰 통화내역을 조회하여 거래처 관계가 아닌 내연관계에 있었음을 입증하기 위함

20○○. 6. .
피고의 소송대리인 법무법인○○
담당변호사 한 ○○(인)

서울가정법원 제1가사부 귀중

[사례 16-2] 사실조회 신청서

사실조회신청

사　　　　건　　20○○ 드합 1234 이혼 등
　　　　　　　　20○○ 드합 3423 (반소)
원 고(반소피고)　　한 사 업
피 고(반소원고)　　나 진 심

위 사건에 관하여 피고의 소송대리인은 주장 사실을 입증하기 위하여 아래와 같이 사실조회를 하여 주실 것을 신청합니다.

아　　래

1. 사실조회할 곳
주식회사 대한생명
대표이사 신 ○○
서울 영등포구 여의도동 60　(우: 123-456)

2. 사실조회 사항 : 보험가입사 한사업(761233-1234567)에 관하여,
① 현재까지의 보험가입내역 : 보험의 종류, 계약일자, 총납입보험료 등이 표시되어 있는 보험료 납입증명서(또는 계약내용확인서)
② 보험해약내역 : 보험의 종류, 계약일자, 해약일자, 총납입보험료, 해약환급금 등이 표시되어 있는 보험 해약증명서(또는 계약해약확인서). 끝.

3. 입증취지
원고는 보험료 내역에 대하여 일부 자료를 제출하였으나, 피고가 알리고 원고는 약 1억원이상의 보험금 납입내역이 있고, 원고는 혼인기간 중 수시로 보험금만 받아도 먹고살 수 있다고 말한 것에 비추어, 이는 일부 자료에 불과하고 원고는 보험금 해약 내역은 제출하지 않고 있는바, 위 사실조회를 통하여 원고의 적극재산 내역을 입증하기 위함

20○○. 6.　.

피고의 소송대리인 법무법인 00
담당변호사 한○○ (인)

서울가정법원　제1가사부　귀중

[사례 16-3] 제출명령

서 울 가 정 법 원

제 출 명 령

삼성카드 주식회사 귀하

사 건 **2019드단1234** 이혼 및 양육자 지정
원 고 **황아내**
피 고 **홍남편**

아래와 같이 금융거래정보의 제출을 요구합니다.

이 래

	명의인의 인적사항	성 명	**홍남편**
		주민등록번호	**730101-1234567**
	요구대상 거래기간	2007. 3. 1.부터 2019. 1. 11.까지	
	요구의 법적 근거	금융실명거래및비밀보장에관한법률 제4조 제1항, 민사소송법 제294조, 가사소송법 제8조	
	사용목적	위 사건의 심리를 위하여	
	요구하는 거래정보 등의 내용	별지 기재와 같음	
통보유예	유예기간		
	유예사유		
특이사항			

2019. 1. 17.

판사 **문 판 사**

제 8 장 친권 및 양육권

1. 친 권

부부가 협의이혼을 통하여 부부 중 일방 혹은 공동행사를 합의할 수 있고, 물론 양육자와 친권자를 달리 결정할 수도 있다.

재판상 이혼의 경우에는 가정법원이 친권을 행사할 자에 관하여 부모에게 미리 협의하도록 권고하여야 하고(가사소송법 제25조), 협의할 수 없을 경우에는 가정법원이 이를 정하게 된다.

친권을 행사한다는 것은 크게 자녀의 신분관계에 관한 것과 재산관계에 관한 것을 말한다. 즉 자녀의 신분관계에 관한 것은, 자녀의 보호 교양할 권리 · 의무(민법 제913조), 자녀를 보호 · 교양하기 위하여 장소를 지정할 수 있는 거소지정권(914), 자녀에게 특별한 영업을 할 수 있도록 하는 영업허락권 등이고, 자녀의 재산관계에 관한 것으로는 자녀가 취득한 자녀명의 특유재산에 관한 관리권(민법 제916조), 자녀의 재산에 관한 법률행위에 대한 대리권(민법 제920조), 자녀가 스스로 하는 재산행위에 관한 동의권(민법 제5조 내지 8조) 등을 말한다.

2. 양육권

이혼할 때 부모는 장차 자녀를 누가 맡아 양육할 것인지와 양육하지 않는 상대방은 양육비로서 얼마를 양육자에게 지급해야 하는지를 결정하게 된다(민법 제837조 제1항). 법원은 자녀 양육에 관하여 부부간에 협의를 성립하지 않거나 할 수 없는 때에는 가정법원이 이를 결정하게 되며, 반드시 이혼할 때 정해야 하는 것은 아니고 이혼 전후를 불문한다.

양육자를 결정함에 있어서는 우선적으로 '자녀 자신의 이익'을 기준으로 하는바, 이러한 관점에서 자녀의 연령, 성별, 부모의 재산 상황, 직업, 양육자 자신의 희망 내용, 다른 가족과의 관계, 가정, 학교, 사회 등에의 자녀의 적응 능력, 부모의 양육희망 등을 고려하여 결정하게 된다.

양육자는 반드시 부모 중 일방만이 아니라 시부모, 친정 부모, 일정 기관 등 제3자를 양육자로 선정할 수도 있다.

양육은 친권의 일부이고 친권에 복종하는 것은 미성년자인 자녀이므로, 양육자만을 지정하고 그 양육 기간에 관하여 특별히 정하지 않을 경우에는 양육 기간은 자녀가 성년에 달할 때까지이다. 그러나 가정법원은 필요한 경우 자녀가 성년에 달하기까지의 기간 중 적당한 기간을 정하여 양육자를 변경하는 처분을 할 수도 있다.

3. 이혼시 자녀의 양육권자 및 친권자의 지정방법

자녀의 양육을 포함한 친권은 부모의 권리이자 의무로서 미성년인 자의 복지에 직접적인 영향을 미치므로 **부모가 이혼하는 경우**에 부모 중 누구를 미성년인 자의 친권을 행사할 자 및 양육자로 지정할 것인가를 정함에 있어서는 아래와 같은 기준으로 판단한다.

① 미성년인 자녀의 성별과 연령
② 부모의 애정과 양육 의사의 유무
③ 양육에 필요한 부 또는 모의 경제적 능력의 유무
④ 부 또는 모와 미성년인 자 사이의 친밀도
⑤ 미성년인 자녀의 의사 등의 모든 요소를 종합적으로 고려하여
⑥ 미성년인 자의 성장과 복지에 가장 도움이 되고 적합한 방향으로 판단한다.[48)]

친권자는 자녀의 재산관리권, 법률행위대리권 등이 있고, **양육자**는 자녀

48) 대법원 판결: 2009므1458, 1465(반소)

와 공동생활을 하며 각종의 위험으로부터 자녀를 보호하는 역할을 한다. 협의이혼시 친권자 및 양육자는 자의 복리를 우선적으로 고려하여 부 또는 모 일방, 부모 공동으로 지정할 수도 있으며, 친권자와 양육자를 분리하여 지정할 수도 있다(**공동친권, 공동양육의 경우는 이혼 후에도 부모 사이에 원만한 협의가 가능한 경우**에만 바람직하며, 각자의 권리 · 의무, 역할, 동거기간 등을 별도로 명확히 정해 두는 것이 장래의 분쟁을 예방할 수 있다).

임신 중인 자의 특정은 자녀 이름란에 '모가 임신 중인 자' 로 기재하고 생년월일란에 '임신 ○개월' 로 기재함으로 하고, 성별란은 기재할 필요가 없다.

(1) 면접교섭권의 행사 여부 및 그 방법

「민법」 제837조의2 규정에 따라 이혼 후 자녀를 직접 양육하지 않는 부모(비양육친)의 일방과 자녀는 서로를 만날 **권리**가 있고, 면접교섭은 자녀가 양쪽 부모의 사랑을 받고 올바르게 자랄 수 있기 위해 꼭 필요하다.

면접교섭 일시는 자녀의 일정을 고려하여 **정기적 · 규칙적**으로 정하는 것이 자녀의 안정적인 생활에 도움이 되고, 자녀의 인도장소 및 시간, 면접교섭 장소, 면접교섭시 주의사항(기타란에 기재) 등을 자세하게 정해야 장래의 분쟁을 방지할 수 있다.

(2) 첨부서류

아래 친권자지정에 대한 협의서가 자녀의 복리에 부합하는지 여부를 판단하기 위해 부, 모의 월 소득액과 재산에 관한 자료 등이 필요하므로 증빙서류를 제출한다.

4. 양육비 지급 의무 및 양육비 직접지급명령 제도

가. 양육비 지급의무

양육하지 않은 일방, 또는 제3자가 양육하는 경우에는 그 부모는 다른 일방 내지 제3자에게 양육비를 지급하여야 한다.

특히, 자녀는 부양의무자인 양육자가 부양하지 않는 경우 자기가 직접 또는 자기의 법정대리인을 통하여 장래 자기가 성년에 이르기까지의 부양료(양육비)를 청구할 수 있고,[49] 양육한 일방이 상대방에게 기왕에 지출한 양육비의 상환을 청구할 수 있고,[50] 장래 소요될 양육비도 청구할 수 있다.[51]

자녀에 대한 양육 의무는 친권자나 양육자가 아니어도 부모로서 부담하여야 할 법률상 의무이다. 양육비는 자녀의 연령, 자녀의 수, 부모의 재산상황 등을 고려하여 적정한 금액을 협의하여야 한다. 경제적 능력이 전혀 없는 경우에는 협의에 의해 양육비를 부담하지 않을 수 있다.

이혼신고 전 양육비 또는 성년 이후의 교육비 등은 부모가 협의하여 "기타" 란에 기재할 수 있으나, 양육비부담조서에 기재되지 않으므로, 강제집행을 위하여는 별도의 재판절차가 필요하다.

[청구취지 사례] 양육비

1. 상대방은 청구인에게 사건본인들에 대한 과거의 양육비로 금 25,000,000원 및 이에 대하여 20○○. 0. 0.부터 완제일까지 연 15%의 비율에 의한 돈을 지급하라.
2. 상대방은 청구인에게 사건본인들에 대한 장래의 양육비로 20○○. 0. 0.부터 20○○. 0. 0. 까지는 매월 금 500,000원씩, 20○○. 0. 0. 부터 20○○. 0. 0. 까지는 매월 금 700,000원씩을 매월 말일에 지급하라.
3. 심판비용은 상대방의 부담으로 한다.
4. 위 제1항은 가집행할 수 있다.

라는 심판을 구합니다.

---
49) 대법원 1972.7.11선고 72므5 판결
50) 대법원 1994.5.13선고 92스31 결정
51) 대법원 1967.2.21선고 65므5 판결, 1967.1.31선고 66므40 판결

[서식-3] 자의 양육과 친권자결정에 관한 협의서

자의 양육과 친권자결정에 관한 협의서

사　건　　　　호　　　　　　협의이혼의사확인신청

당사자　　부　성　　　　명
　　　　　　　주민등록번호　　　-

　　　　　모　성　　　　명
　　　　　　　주민등록번호　　　-

협 의 내 용

1. 친권자 및 양육자의 결정 (□에 ✓표시를 하거나 해당 사항을 기재)

자녀 이름	성별	생년월일(주민등록번호)	친권자	양육자
	□ 남 □ 여	년　월　일 (　　　–　　　)	□ 부　□ 모 □ 부모공동	□ 부　□ 모 □ 부모공동
	□ 남 □ 여	년　월　일 (　　　–　　　)	□ 부　□ 모 □ 부모공동	□ 부　□ 모 □ 부모공동
	□ 남 □ 여	년　월　일 (　　　–　　　)	□ 부　□ 모 □ 부모공동	□ 부　□ 모 □ 부모공동
	□ 남 □ 여	년　월　일 (　　　–　　　)	□ 부　□ 모 □ 부모공동	□ 부　□ 모 □ 부모공동

2. 양육비용의 부담 (□에 ✓표시를 하거나 해당 사항을 기재)

지급인	□ 부　□ 모	지급받는 사람	□ 부　□ 모
지급방식	□ 정기금	□ 일시금	
지급액	이혼신고 다음날부터 자녀들이 각 성년에 이르기 전날까지 미성년자 1인당 매월 금　　　　원 (한글병기:　　　　원)	이혼신고 다음날부터 자녀들이 각 성년에 이르기 전날까지의 양육비에 관하여 금　　　　원 (한글병기:　　　　원)	
지급일	매월　일	년　월　일	
기타			
지급받는 계좌	(　　　) 은행　예금주 :　　　계좌번호 :		

3. 면접교섭권의 행사 여부 및 그 방법

일 자	시 간	인도장소	면접장소	기타(면접교섭시주의사항)
☐ 매월 _____째 주 _____요일	시 분부터 시 분까지			
☐ 매주 _____요일	시 분부터 시 분까지			
☐ 기타				

첨 부 서 류

1. 근로소득세 원천징수영수증, 사업자등록증 및 사업자소득금액 증명원 등 소득금액을 증명하기 위한 자료 - 부, 모별로 각 1통
2. 위 1항의 소명자료를 첨부할 수 없는 경우에는 부·모 소유 부동산등기부등본 또는 부·모 명의의 임대차계약서, 재산세 납세영수증(증명)
3. 위자료나 재산분할에 관한 합의서가 있는 경우 그 합의서 사본 1통
4. 자의 양육과 친권자결정에 관한 협의서 사본 2통

협의일자 : 년 월 일

부 : (인/서명) **모** : (인/서명)

○ ○ 가정(지방)법원		판사 확인인
확인일자	. . .	

자의 양육과 친권자결정에 관한 협의서 작성요령

※ 미성년인 자녀(임신 중인 자를 포함하되, 이혼에 관한 안내를 받은 날부터 3개월 또는 법원이 별도로 정한 기간 내에 성년이 되는 자는 제외)가 있는 부부가 협의이혼을 할 때는 자녀의 **양육과 친권자결정**에 관한 협의서를 확인기일 1개월 전까지 제출하여야 한다.

※ 이혼의사확인신청후 양육과 친권자결정에 관한 협의가 원활하게 이루어 지지 않는 경우에는 신속하게 가정법원에 그 심판을 청구하여야 한다.

※ 확인기일까지 협의서를 제출하지 아니한 경우 이혼의사확인이 지연되거나 불확인 처리될 수 있고, 협의한 내용이 **자녀의 복리**에 반하는 경우 가정법원은 보정을 명할 수 있으며 보정에 응하지 않는 경우 불확인 처리된다.

※ 이혼신고일 다음날부터 미성년인 자녀들이 각 성년에 이르기 전날까지의 기간에 해당하는 양육비에 관하여는 양육비부담조서가 작성되며, 이혼 후 양육비부담조서에 따른 양육비를 지급하지 않으면 **양육비부담조서**에 의하여 강제집행할 수 있다. 그 외 협의사항은 **'별도의 재판절차'**를 통하여 과태료, 감치 등의 제재를 받을 수 있고, 강제집행을 할 수 있다.

※ 협의서 작성 전에 가정법원의 상담위원의 상담을 먼저 받아 볼것을 권고한다.

[사례-17] 친권행사 및 양육자변경 청구의 심판

친권행사 및 양육자변경 청구

청구인 홍 ○○ (19 . . . 생)
등록기준지 00도 00군 00읍 00리 00번지
주 소 서울 00시 00동 00번지 (우편번호 :)
전화(휴대폰)번호 (02)525 - 1007, (010) -
팩스번호 (02) 525 - 2433, 이메일 주소 :

상대방 신 ○○ (19 . . . 생)
등록기준지 0000도 00군 00읍 00리 00번지
주 소 서울시 00구 00동 00번지

사건본인 1. 홍 0 일 (19 . . . 생)
2. 홍 0 이 (19 . . . 생)
사건본인들의 등록기준지 및 주소 : 상대방과 같음.

청 구 취 지

1. 청구인과 상대방 사이에서 출생한 사건본인 홍0일, 동 홍0이의 친권을 행사할 자 및 양육자를 상대방으로부터 청구인으로 변경한다.
2. 재판비용은 상대방의 부담으로 한다.

라는 심판을 구합니다.

청 구 이 유

1. 청구인과 상대방은 0000년 0월 0일 혼인신고를 마치고 법률상의 부부로서 그사이에 자인 사건본인 홍0일, 홍0이를 두었습니다.

2. 상대방은 혼인생활 중에 청구인이 사업에 실패하여 수입이 없다고 구박을 하면서도 청구인 몰래 다른 남자를 만나면서 사실상의 혼인생활을 유지하였습니다. 그러나 청구인은 가장으로서 가장의 역할을 다하지 못하게 되자 이에 상대방은 청구인에게 협의이혼을 요구하였고, 상대방의 뜻에 따라서 협의이혼과 위 사건본인들의 친권과 양육권을 모두 피청구인으로 합의하였습니다.

3. 위 사건본인들의 친권행사자 및 양육권자를 상대방을 지정하기로 협의하면서 청구인은 위 사건본인들과 정기적인 만남을 가지게 하겠다고 상대방이 약속하였으나 이 약속은 상대방의 방해로 현재 지켜지지 않고 있으며, 상대방은 청구인과 협의이혼을 한 이후 바로 다른 남자와 동거를 시작하였고, 동거 6개월이 지난 시점에서는 재혼을 하고 위 사건본인들에게는 아빠라고 호칭하도록 하였습니다.

4. 문제는 상대방이 재혼을 하면서 남자(소외 김개동)측에서 아이들이 있었는데 이 아이들과 위 사건본인들은 나이가 서로 비슷하여 매일 다투게 되었고, 아이들이 다투게 되면 위 소외 김개동은 위 사건본인들에게 회초리로 매를 때리고 '밥 먹는 것이 아깝다' 또는 '차라리 집을 나가라' 라는 등의 폭언을 서슴지 아니하고 있으나 상대방은 아무런 대응을 하지 못하고 있습니다.

5. 0000년 0월 어느날 위 사건본인 홍0일이 청구인을 찾아와서 청구인과 함께 살고 싶다는 말을 남기고 돌아가면서 사건본인의 엉덩이를 보았는데 아직도 선명하게 시퍼런 멍 자국이 남아있어서 그 이유를 물어보니 소외 김개동이 위 사건본인 홍0일에게 회초리로 이유 없이 구타하였다는 것입니다.

6. 청구인은 상대방과 이혼 이후 약 2년 동안 열심히 직장 생활을 하여 현재 월 200만 원의 수입이 있고, 작지만 주택을 마련하였기에 위 사건본인들과 함께 생활하는 데에는 어려움이 없으며 이들을 양육하는 데 사용되는 비용도 무리가 없는 상태입니다.

7. 결론적으로 상대방은 위 사건본인들의 친생모이지만 사건본인들 이외에 두

명의 아이들이 있고, 상대방이 사건본인들에 대한 소외 김개동의 폭력에 대응하지 못하고 있으며, 무엇보다도 사건본인들이 청구인과 함께 생활을 희망하고 있으며, 청구인은 사건본인의 양육을 하는 데에는 경제적인 어려움이 없다 할 것입니다.

따라서 청구인은 청구취지와 같은 심판을 구하기 위하여 이 청구를 합니다.

첨 부 서 류

1. 가족관계증명서 2통
1. 주민등록등본 2통
1. 진단서사본 1통
1. 납부서 1통
1. 위임장 1통

20○○. 1. .

청구인 홍 ○○(인)

○○ 가정법원 귀중

주) 청구서에는 수입인지를 각 사건마다 10,000원을 첨부한다.
송달료는 당사자수 × 우편료 × 12회분을 송달료취급은행에 납부하고 영수증을 첨부한다. 관할법원은 상대방의 주소지 가정법원이다.

나. 양육비 직접지급명령 제도

(1) 의 의

개정 가사소송법(2009. 11. 9. 시행)에 도입된 제도로서, 장래의 양육비 채권을 집행채권으로 하여 장래의 급여채권에 대하여 압류명령 및 전부명령을 동시에 명한 것과 같은 효력을 인정하는 특수한 제도이다(가사소송법 제63조의 2).

그 주요내용은, 양육비채무자가 '정당한 사유 없이 2회 이상 양육비를 지급하지 아니한 경우'에는 아직 이행일시가 도래하지 않은 양육비채권을 집행채권으로 하여 양육비채무자의 고용자(소득세원천징수의무자)로 하여금 양육비채권자에게 직접 양육비를 지급하도록 명령하는 제도로서, 양육자로 하여금 보다 간편하게 양육비를 확보할 수 있도록 하기 위한 것입니다.

(2) 신청 방법

1) 신청인

정기금 양육비 채권자가 신청할 수 있다.

2) 관할법원

양육비채무자의 보통재판적이 있는 곳의 가정법원, 양육비채무자가 국내에 주소나 거소 등이 없고, 마지막 주소도 판명되지 않을 때와 같이 보통재판적이 없을 경우에는 소득세원천징수의무자의 보통재판적이 있는 곳의 가정법원이다.

3) 비 용

○ 인지 : 2,000원

○ 송달료 : 당사자수 × 우편료 × 2회분(송달료취급은행에 납부하고 영수증을 첨부하여야 한다.)

(3) 신청의 요건

양육비 직접지급명령을 신청하기 위해서는 강제집행의 요건과 강제집행 개시의 요건을 갖추어야 하는바, 양육비 채권 중 아직 기한이 도래하지 않은 것으로 집행채권으로 하여 발령한다는 점에서 압류명령 및 전부명령의 특수한 제도이다.

신청서에는 신청서 외에 집행력 있는 정본, 소득세원천징수의무자가 법인인 때에는 그 자격증명, 대리인에 의한 신청일 때에는 위임장, 그 밖에 강제집행개시의 요건을 증명하는 서면을 붙여야 한다.

(4) 신청서 작성 방법

1) 아래 신청서 양식에 맞춰 기재한다.

○ 신청취지 중 '소득세원천징수의무자가 양육비 상당액을 직접 지급하여야 할 일자' 는 양육비채무자의 급여일로 기재하는 것이 바람직하다. 다만, 양육비채무자의 급여일을 알 수 없는 경우에는 집행권원에 양육비

○ 신청이유에는 2회 이상 양육비가 지급되지 않은 구체적인 내역과 직접지급을 구하고 있는 기한이 도래하지 않은 정기금 양육비 채권의 구체적인 내용을 기재하여야 한다.

2) 양식 기재방법은 다음과 같다.

○ 청구채권목록에는

① 집행권원에서 지급을 명하고 있는 정기금 양육비채권 중 양육비 직접지급명령으로 지급받고자 하는 장래의 양육비채권의 내역과

② 양육비 직접지급명령을 신청하면서 소요된 집행비용의 내역을 기재한다.

※ 양육비 직접지급명령에 의하여 지급받을 수 있는 양육비는 양육비직접지급 명령송달 다음날 이후 지급기가 도래하는 양육비채권이다.

○ 압류채권목록은 양육비채무자가 소득세원천징수의무자에 대하여

가지고 있는 정기적 급여채권의 내역을 기재하여야 하는바, 특별한 사정이 없으면 신청서 양식에 있는 전형적인 문구를 그대로 사용하면 된다. 양육비채무자의 소속부서를 상세히 알고 있는 경우에는 양육비채무자의 소속부서를 기재한다.

(5) 양육비 직접지급명령의 효과

양육비 직접지급명령이 확정되면 양육비 직접지급명령이 소득세원천징수의무자에게 송달된 때로 소급하여 양육비 채무자의 정기적 급여채권이 양육비 채무자에게 이전되며, 양육비 채무자는 양육비 채무를 변제한 것으로 보게 된다.

소득세원천징수의무자는 피전부채권인 정기적 급여채권이 존재하는 한 종전의 채권자인 양육비 채무자에 부담하는 채무를 양육비 채권자에 대하여 부담하게 되며, 양육비 채권자에게 직접 이행하여야 한다.

소득세원천징수의무자는 양육비 채권자의 직장변경 등 주된 소득원의 변경 사유가 발생한 경우에 그 사유가 발생한 날로부터 1주 이내에 가정법원에 변경 사실을 통지할 의무가 있다(가사소송법 제63조의2 6항).

(6) 소득세원천징수의무자의 진술

양육비채권자는 소득세원천징수의무자로 하여금 양육비 직접지급명령의 송달을 받은 날로부터 1주일 이내에 서면으로 민사집행법 237조 1항에 정해진 사항을 진술하게 하도록 가정법원에 신청할 수 있다.

이는 양육비채권자로 하여금 당해 양육비 직접지급명령의 집행으로 양육비채권의 만족이라는 목적을 달성할 수 있을 것인지 여부에 관한 판단자료를 소득세원천징수의무자로부터 얻도록 하기 위한 제도이다.

신청은 서면으로 하여야 하고, 500원의 인지를 붙이는 외에 최고서의 송달료 및 소득세원천징수의무자의 진술서 제출용 우편료를 예납하여야 한다. 진술최고를 신청하는 시기는 양육비 직접지급명령의 신청과 함께 하거나 적어도 양육비 직접지급명령을 발송하기 전이라야 한다. 소득세원천징수의무자가 고의 또는 과실로 허위의 진술을 함으로 말미암아 양육비채권자에게 손해가 발생한 때에는 그 손해를 배상할 의무가 있다.

(7) 양육비 직접지급명령 취소신청

양육비 직접지급명령은 심판양육자로 하여금 보다 간편하게 양육비를 확보할 수 있도록 하기 위하여 신설된 특수한 제도이므로, 소득세원천징수의무자의 자력이 나빠져서 양육비를 변제받지 못할 경우, 양육비 직접지급명령의 토대가 된 집행권원이 실효된 경우, 양육대상인 미성년인 자가 사망한 경우 등 양육비 직접지급명령의 목적을 달성하지 못할 우려가 있다고 인정할 만한 사정이 있는 때에는 양육비채권자의 신청에 따라 양육비 직접지급명령 취소할 수 있다. 양육비 직접지급명령 취소는 양육비 직접지급명령을 발령한 가정법원의 전속관할이고, 양육비 직접지급명령 취소신청서에는 2,000원의 인지를 붙여야 한다.

(8) 소득세원천징수의무자의 유의사항

양육비 직접지급명령이 확정되면 양육비 직접지급명령을 송달받은 때로 소급하여 양육비채무자의 소득세원천징수의무자에 대한 정기적 급여채권이 이전된다.

이 경우 소득세원천징수의무자는 양육비채무자에게 부담하는 정기적 급여채권이 존재하는 한 집행권원상의 양육비채권 상당액을 직접 양육비채권자에게 지급하여야 한다.

다만, 양육비 직접지급명령의 집행채권은 아직 지급기가 도래하지 않은 양육비 채권이므로, 그 지급기가 도래한 후에 지급기(급여지급일)가 도래하는 급여채권에서 양육비 상당액을 지급하여야 한다.

[예 시]

양육비채권자가 20○○. 12. 1. 양육비 직접지급명령을 신청하여, 같은 달 10. 소득세원천징수의무자에게 송달되었는데, 양육비직접지급명령에서 소득세원천징수의무자에게 양육비채무자의 급여일인 매월 20일에 양육비상당액을 지급할 것을 명하고, 양육비 직접지급명령을 신청한 집행권원상에는 채무자에게 매월 말일에 양육비를 지급하도록 되어 있는 경우

→ 소득세원천징수의무자는 양육비 직접지급명령이 송달된 후 도래하는 첫 번째 급여지급일인 20○○. 12. 20.에는 양육비 직접지급명령이 송달 다음날(20○○. 12. 11.) 이후 지급기가 도래한 양육비채권이 없어 소득세원천징수의무자는 양육비채권자에게 양육비 상당액을 직접 지급할 필요가 없고, 그다음 급여지급일인 20○○. 1. 20.에 양육비 직접지급명령 송달 다음 날 이후 지급기가 도래한 양육비채권(20○○. 12. 31.에 지급하여야 할 양육비)이 있으므로 이를 지급하여야 한다.

→ 집행권원이 미성년자가 성년에 달하는 날의 전날까지의 양육비를 지급하도록 하고 있다면, 집행권원상의 마지막 달의 양육비는 일할 계산하여 지급하면 된다.

소득세원천징수의무자는 양육비채무자의 직장변경 등 주된 소득원의 변경 사유가 발생한 경우에는 그 사유가 발생한 날로부터 1주 이내에 가정법원에 변경 사실을 통지하여야 한다(가사소송법 63조의2 6항).

(9) 양육비 기준표

이혼소송이 진행 중이거나 협의 이혼을 진행할 경우 미성년 자녀에 대한 양육비를 결정할 때 서울가정법원이 공표한 기준으로 양육비를 사전할 수 있다. 당연하게 상호 간 조정이 가능하지만 아래의 기

준표를 기준으로 산정이 가능하다.[52]

양육비산정기준표

부부합산 소득 / 자녀나이	0~199만원	200만원~299만원	300만원~399만원	400만원~499만원	500만원~599만원	600만원~699만원	700만원 이상
	평균양육비(원) 양육비 구간	평균양육비(원) 양육비 구간	평균양육비(원) 양육비 구간	평균양육비(원) 양육비 구간	평균양육비(원) 양육비 구간	평균양육비(원) 양육비 구간	평균양육비(원) 양육비 구간
0세 이상 3세 미만	526,000	653,000	761,000	906,000	1,012,000	1,106,000	1,526,000
	20만원~58만9천원	59만원~70만7천원	70만8천원~83만3천원	83만4천원~95만8천원	95만9천원~105만9천원	106만원~131만5천원	131만6천원 이상
3세 이상 6세 미만	490,000	705,000	878,000	1,008,000	1,238,000	1,334,000	1,759,000
	23만9천원~59만7천원	59만8천원~79만1천원	79만2천원~94만2천원	94만3천원~112만3천원	112만4천원~128만5천원	128만6천원~154만6천원	154만7천원 이상
6세 이상 12세 미만	533,000	708,000	902,000	1,059,000	1,202,000	1,371,000	1,906,000
	18만5천원~62만원	62만1천원~80만4천원	80만5천원~98만원	98만1천원~113만원	113만1천원~128만6천원	128만7천원~163만8천원	163만9천원 이상
12세 이상 15세 미만	604,000	755,000	947,000	1,095,000	1,305,000	1,520,000	2,046,000
	31만3천원~67만9천원	68만원~85만1천원	85만2천원~102만1천원	102만2천원~120만원	120만1천원~141만2천원	141만3천원~178만2천원	178만3천원 이상
15세 이상 18세 미만	608,000	844,000	1,115,000	1,204,000	1,424,000	1,668,000	2,270,000
	34만3천원~72만5천원	72만6천원~97만9천원	98만원~115만9천원	116만원~131만4천원	131만5천원~154만6천원	154만7천원~196만8천원	196만9천원 이상
18세 이상 21세 미만	959,000	1,185,000	1,303,000	1,361,000	1,728,000	1,974,000	2,221,000
	31만4천원~107만2천원	107만3천원~124만4천원	124만5천원~133만1천원	133만2천원~154만4천원	154만5천원~185만1천원	185만2천원~209만7천원	209만8천원 이상

*** 양육비 산정 기준표 보는 방법**

1) 양육 자녀 2명을 기준으로 자녀 1인당 평균 양육비를 기준으로 하였으며, 자녀가 1명인 경우에는 가산, 자녀 3명 이상인 경우 감산된다.
2) 양육비 산정 기준표의 가로축은 부와 모의 소득을 모두 합한 금액으

52) 서울가정법원 2014. 5. 30.자 개정 공표된 양육비 산정기준표

로서, 여기서 소득이란 근로소득뿐만 아니라 영업소득, 부동산임대수입, 이사수입 등을 모두 합한 순수입 총액이다. 연금이나 정부보조금 등을 수령하는 경우에는 그 금액도 포함하며, 세전 소득을 적용한다.

3) 산정 기준표의 세로축은 자녀의 나이(만 나이) 구간을 나타낸다.

4) 자녀 수 외에 표준양육비를 가산, 감산할 만한 사정이 있는 경우 재판부의 심리를 거쳐 구체적인 양육비를 결정하는데, 거주지역 (도시는 가산, 농어촌은 감산), 고액의 치료비 (중증질환, 장애, 특이체질 등으로 인한 치료비 등), 부모가 합의한 고액의 교육비 (유학비, 예체능 등 특기 교습비), 부모의 재산 상황 등에 따라 최종 결정된다.

5) 최저양육비(부모합산 소득 0~199만원의 양육비 구간에서 최하한으로 표시된 금액(는 소득과 재산이 없는 무자력자인 경우에도 부모로서 부담하여야 하는 최소한의 양육비이다.

6) 양육비 계산 사례

① 이혼 당사자들은 만 11세 딸과 만 7세 아들 1명이 있고, 부모의 수입합계가 금 400만원이라고 가정할 경우 양육비산정기준표에서 부모 소득과 자녀 나이 교차 구간을 확인해 보면 1,059,000원이다. 이에 각 부보가 부담해야 할 양육비는 1,059,000원이다.

② 부모의 수입합계금이 금 500만원이고, 만 12세와 만 8세 아이가 있을 경우에는 12세 아이의 양육비는 금1,305,000원이고, 8세는 금1,202,000원이므로 총양육비는 합계인 금2,507,000원이고, 평균 양육비는 1,253,500원이 된다.

[서식-4] 소득세원천징수의무자에 대한 진술최고신청서

소득세원천징수의무자에 대한 진술최고신청서

신청인(채권자) (이 름) (주민등록번호 -)
(주 소)
(연락처)
피신청인(채무자) (이 름) (주민등록번호 -)
(주 소)
소득세원천징수의무자 (이 름) (주민등록번호)
(주 소)

위 당사자간 ○○법원 즈 기 호 신청사건에 관하여 소득세원천징수의무자에게 가사소송법 제63조의2 제2항, 민사집행법 237조에 따라 다음 사항을 진술하도록 명하여 주시기 바랍니다.

다 음

1. 채권을 인정하는지 여부 및 인정한다면 그 한도
2. 채권에 대하여 지급할 의사가 있는지 여부 및 의사가 있다면 그 한도
3. 채권에 대하여 다른 사람으로부터 청구가 있는지의 여부 및 청구가 있다면
   그 종류
4. 다른 채권자에게 채권을 압류당한 사실이 있는지 여부 및 그 사실이 있다면
   그 청구의 종류

20 . . .

위 신청인 (날인 또는 서명)

○○법원 귀중

[서식-5] 양육비 직접지급명령 신청서

양육비 직접지급명령 신청서

수입인지
2,000원

채 권 자 (이름) (주민등록번호 -)
(주소)
채 무 자 (이름) (주민등록번호 -)
(주소)
소득세원천징수의무자 (이름) (주민등록번호 -)
(주소)

신 청 취 지

채무자의 소득세원천징수의무자에 대한 별지 압류채권목록 기재의 채권을 압류한다.

소득세원천징수의무자는 채무자에게 위 채권에 관한 지급을 하여서는 아니 된다.

채무자는 위 채권의 처분과 영수를 하여서는 아니 된다.

소득세원천징수의무자는 매월 일에 위 채권에서 별지 청구채권목록 기재의 양육비 상당액을 채권자에게 지급하라.

라는 결정을 구함

청구채권 및 그 금액 : 별지 청구채권목록 기재와 같음

신 청 이 유

-별도 기재-

첨 부 서 류

1. 집행력 있는 정본 1통
2. 송달증명서 1통

20 . . .

채권자 ㉞ (서명)

(연락처 :)

○○법원 귀중

◇ 유 의 사 항 ◇

1. 채권자는 연락처란에 언제든지 연락 가능한 전화번호나 휴대전화번호(팩스번호, 이메일 주소 등도 포함)를 기재하기 바랍니다.
2. 채권자는 2회 이상 양육비가 지급되지 않은 구체적인 내역과 직접지급을 구하고 있는 기한이 도래하지 아니한 정기금 양육비 채권의 구체적인 내용을 기재하여야 합니다.
3. 집행력 있는 집행권원은 "확정된 종국판결(심판), 가집행선고 있는 종국판결(심판), 조정조서, 양육비부담조서" 등이 있습니다.
4. 채무자의 이름과 주소 외에도 소속부서, 직위, 주민등록번호, 군번/순번(군인/군무원의 경우) 등 채무자를 특정할 수 있는 사항을 기재하시기 바랍니다.
5. 이 신청서를 접수할 때에는 당사자 1인당 2회분의 송달료를 송달료수납은행에 예납하여야 합니다.

<별지>

청구채권목록

(집행권원 : ○○법원 호 사건의 조정조서정본)에 표시된 정기금 양육비채권 중 아래 금원 및 집행비용

1. 정기금 양육비채권

(1) 미성년자 (. . .생)에 대한 양육비 : 20 . . .부터 20 . . .까지

월 원씩 매월 일에 지급하여야 할 양육비 중 이 사건 양육비 직접지급명령 송달 다음날 이후 지급기가 도래하는 양육비

(2) 미성년자 (. . .생)에 대한 양육비 : 20 . . .부터 20 . . .까지

월 원씩 매월 일에 지급하여야 할 양육비 중 이 사건 양육비 직접지급명령 송달 다음날 이후 지급기가 도래하는 양육비

2. **집행비용** : 금 원

신청수수료 2,000원

신청서 작성 및 제출비용 원

송달비용 원

자격증명서교부수수료 원

송달증명서신청수수료 원

-끝-

<별지>

압류채권목록

양육비채무자(◇◇지점 근무)가 소득세원천징수의무자로부터 지급받는 다음의 채권으로서 별지 청구채권목록 기재 금액에 이르기까지의 금액. 다만, 별지 청구채권목록 기재 1의 (1) 및 (2)의 금액에 대하여는 그 정기금 양육비의 지급기가 도래한 후에 지급기(급여지급일)가 도래하는 다음의 채권에 한함.

다 음

채무자(주민등록번호)가 **소득세원천징수의무자로부터** 매월 수령하는 급료(본봉 및 제 수당) 및 기말수당(상여금)중 제세공과금을 뺀 잔액의 1/2씩 위 청구금액에 이를 때 까지의 금원. (다만, 국민기초생활보장법에 의한 최저생계비를 감안하여 민사집행법 시행령이 정한 금액에 해당하는 경우에는 이를 제외한 나머지 금액, 표준적인 가구의 생계비를 감안하여 민사집행법 시행령이 정한 금액에 해당하는 경우에는 이를 제외한 나머지 금액 및 위 청구금액에 달하지 아니한 사이에 퇴직 또는 퇴직금 중간정산 시에는 퇴직금 또는 중간 정산금 중에서 제세공과금을 뺀 잔액의 2분지 1씩 위 청구금액에 이를 때까지의 돈.

[서식-6] 양육비 직접지급명령 취소신청서

양육비 직접지급명령 취소신청서

수입인지 2,000원

신청인(채권자) (이 름) (주민등록번호 -)
(주 소)
(연락처)
피신청인(채무자) (이 름) (주민등록번호 -)
(주 소)
소득세원천징수의무자 (이 름) (주민등록번호 -)
(주 소)

신 청 취 지

위 당사자간 ○○법원 즈기 호 신청사건에 관하여 20 . . . 귀원에서 한 양육비 직접지급명령을 취소한다.
라는 결정을 구함

신 청 이 유

별지와 같음

소 명 방 법

1.
2.

20 . . .
위 신청인 (날인 또는 서명)

○○법원 귀중

◇ 유의사항 ◇

1. 신청인은 연락처란에 언제든지 연락 가능한 전화번호나 휴대전화번호(팩스번호, 이메일 주소 등도 포함)를 기재하기 바랍니다.

2. 이 신청서를 접수할 때에는 당사자 1인당 3회분의 송달료를 송달료수납은행에 납부하여야 합니다.

양육비채무자 소득원 변경사유 통지

사　　건　　20○○즈기○○○ 양육비 직접지급
채 권 자
채 무 자
소득세원천징수의무자

위 사건의 채무자의 주된 소득원에 아래와 같이 변경사유가 있어 이를 알려드립니다.

변 경 사 유

※ 해당란에 √ 표시
□ 20 . . . 위 사건의 채무자의 이직
□ 기타(　　　　　　　　　　　　　　　　　　　　)

20○○. ○○. ○○.

소득세원천징수의무자 ○○○＿＿＿＿＿＿＿＿(날인 또는 서명)

5. 양육비 이행 전담기구 “양육비 이행관리원”

양육비를 받지 못한 미혼모 또는 이혼한 부모 가정을 대신해 양육비를 받아주는 양육비이행관리원이 설립되어 운영중이며, 양육비이행관리원은 ‘양육비 이행확보 지원에 관한 법률’ 에 따라 이혼했거나 결혼하지 않은 한부모 가족이 양육을 하지 않는 상대 배우자에게로부터 양육비를 받을 수 있도록 도와주는 기관이다. 비양육 부모가 자녀 양육비를 주지 않으면 자녀가 성인이 될 때까지 상담부터 합의, 소송, 채권추심, 사후 이행모니터링까지 종합 서비스를 제공한다.

19세 미만 자녀를 양육하는 한부모 가족부터 친(외)할아버지 · 할머니가 양육하는 조손 가족까지 모두 이용 가능하나 신청자 중 저소득 가구를 우선 지원한다.

가. 양육비 이행확보 및 지원에 관한 법률(약칭: 양육비이행법)

시행 2015.3.25.] [법률 제12532호, 2014.3.24., 제정]

(1) 한시적 양육비 긴급지원(법 제 14조)

1) 제11조에 따른 양육비 청구 및 이행확보를 위한 법률지원 등을 신청한 양육비 채권자는 양육비 채무자가 양육비 채무를 이행하지 아니하여 자녀의 복리가 위태롭게 되었거나 위태롭게 될 우려가 있는 경우에는 이행관리원의 장에게 **한시적 양육비 긴급지원(이하 "긴급지원"이라 한다)을 신청할 수 있다.**

2) 제1항에 따라 긴급지원 신청을 받은 이행관리원의 장은 대통령령으로 정하는 긴급지원 기준에 해당하는 경우 긴급지원을 결정할 수 있다. 다만, 이 법에 따른 지원대상자가 「국민기초생활 보장법」 및 「긴급복지지원법」에 따라 동일한 내용의 보호를 받고 있는 경우에는 그 범위에서 이 법에 따른 긴급지원을 하지 아니한다.

3) 제2항에 따라 결정된 긴급지원의 지급기간은 6개월을 넘지 아니하여야 하고, 자녀의 복리를 위하여 추가 지원이 필요한 경우에는 3개월의 범위에서 이를 연장할 수 있다. 다만, 양육비 채무자가 양육비를 지급하면 그 즉시 긴급지원을 종료한다.
4) 긴급지원의 대상, 금액, 지급시기 등 지원기준은 대통령령으로 정한다.

(2) 양육비 이행 청구 및 조사(법 제15조)

1) 이행관리원의 장은 제11조 제2항에 따른 양육비 채권추심 지원에 관한 신청이 있을 경우에는 양육비 채권자로부터 위임받은 사실 및 이행 최고(催告) 등 여성가족부령으로 정하는 사항을 서면으로 기재한 **양육비 이행 청구서를 양육비 채무자에게 송달하여야 한다.**
2) 이행관리원의 장은 제1항의 양육비 이행 청구서 **송달 후 1개월 이내에 양육비가 지급되지 아니한 경우**에는 양육비 채무자의 소득, 재산 등 양육비 지급능력을 확인하기 위한 조사를 진행하여야 하며, 이를 위하여 필요한 경우 「가사소송법」에 따라 이해관계를 소명하여 재판장의 허가를 받아 관련 사건기록의 열람 등을 신청할 수 있다.
3) 이행관리원의 장은 양육비 채무자가 양육비 채무를 이행하는 경우에는 제2항에 따른 조사를 즉시 중지하여야 한다.
4) 제1항의 송달에 관하여는 **「민사소송법」의 송달에 관한 규정을 준용**한다.

(3) 양육비 채무자의 재산 등에 관한 조사(법 제16조)

1) 여성가족부 장관은 양육비 지급능력을 확인·조사하기 위하여 양육비 채무자에게 필요한 서류나 소득·재산 등에 관한 자료의 제출을

요구할 수 있고, 소속 직원으로 하여금 양육비 채무자의 소득 · 재산 등에 관한 자료를 조사하게 하거나 관계인에게 필요한 질문을 하게 할 수 있다.

2) 여성가족부 장관은 제1항에 따른 조사를 위하여 필요한 국세 · 지방세, 토지 · 건물, 건강보험 · 국민연금, 출입국 등에 관한 자료의 제공을 본인의 동의를 받아 관계 기관의 장에게 요청할 수 있다. 이 경우 요청을 받은 관계 기관의 장은 정당한 사유가 없으면 이에 따라야 한다.

나. 양육비 이행확보 및 지원에 관한 법률 시행령[53]

(1) 조사 · 질문의 범위 등(시행령 제10조)

1) 여성가족부 장관은 법 제16조 제1항에 따라 다음 각호의 범위에서 조사 · 질문을 할 수 있다.

① 양육비 채무자의 소득과 재산

② 양육비 채무자의 직업

③ 양육비 채무의 이행의사

④ 그 밖에 제1호부터 제3호까지의 규정에 준하는 사항으로서 여성가족부 장관이 양육비 채무자의 양육비 지급 능력을 확인하기 위하여 필요하다고 인정하는 사항

2) 제1항에 따른 조사 · 질문은 법 제15조 제2항에 따른 양육비 이행청구서 송달 후 1개월이 경과하는 날부터 진행할 수 있다.

3) 제1항 및 제2항에 따라 양육비 채무자에 대한 조사 또는 관계인에 대한 질문을 하는 경우에는 그 7일 전까지 조사 · 질문 일시, 조사 ·

53) [시행 2015.3.25.] [대통령령 제26161호, 2015.3.24., 제정]

질문 이유 및 조사·질문 내용 등에 관한 조사·질문계획을 해당 양육비 채무자 또는 관계인에게 통지하여야 한다. 다만, 긴급하거나 미리 통지하면 증거인멸 등으로 조사·질문의 목적을 달성할 수 없다고 인정하는 경우에는 조사·질문계획을 미리 통지하지 아니하고, 조사·질문의 시작과 동시에 조사·질문의 목적 등을 말로 통지할 수 있다.

4) 여성가족부 장관은 관계 기관의 장에게 법 제16조 제2항에 따른 국세·지방세, 토지·건물, 건강보험·국민연금, 출입국 등에 관한 자료를 서면으로 또는 정보통신망을 통하여 제공하여 주도록 요청할 수 있다.

(2) 금융정보등의 범위(시행령 제11조) 범위는 다음 각호와 같다.

1) **금융정보**

① 보통예금, 저축예금, 자유저축예금, 외화예금 등 요구불예금: 최근 3개월 이내의 평균 잔액

② 정기예금, 정기적금, 정기저축 등 저축성예금: 예금의 잔액 또는 총납입액

③ 주식, 수익증권, 출자금, 출자지분, 부동산(연금)신탁: 최종 시세가액. 이 경우 비상장주식의 가액 평가에 관하여는 「상속세 및 증여세법 시행령」 제54조를 준용한다.

④ 채권, 어음, 수표, 채무증서, 신주인수권증서, 양도성예금증서: 액면가액

⑤ 연금저축: 정기적으로 지급된 금액 또는 최종 잔액

⑥ 가목부터 마목까지의 규정에 해당하는 금융재산에서 발생하는 이자와 배당 또는 할인액

2) 신용정보

① 대출 현황 및 연체 내용

② 신용카드 미결제금액

3) 보험정보

① 보험증권 : 해약하는 경우 지급받게 될 환급금 또는 최근 1년 이내에 지급된 보험금

② 연금보험 : 해약하는 경우 지급받게 될 환급금 또는 정기적으로 지급되는 금액

6. 담보제공명령 제도

가. 의 의

정기금 양육비채권은 장래에 이행기가 도래하는 채권이기 때문에, 양육비채무자가 양육비를 지급하지 않거나 양육비채무자의 자력이 변동되는 상황에 대비하기 위하여 개정 가사소송법(2009. 11. 9. 시행)에 도입된 제도이다.

그 주요 내용은, 양육비채무자가 정당한 사유 없이 양육비채무를 이행하지 아니하는 경우 양육비채권자의 신청에 의하여 가정법원이 양육비채무의 이행을 확보하기 위한 상당한 담보의 제공을 명하는 것이다(가사소송법 63조의3 2항).

나. 신청 방법

(1) 신청인

정기금 양육비 채권에 관한 집행권원을 가진 양육비채권자가 신청할 수 있다.

(2) 관할법원

양육비채무자의 보통재판적이 있는 곳의 가정법원, 양육비채무자가 국내에 주소나 거소 등이 없고, 마지막 주소도 판명되지 않을 때와 같이 보통재판적이 없을 경우에는, 대법원 소재지의 가정법원에 청구하면 된다.

(3) 비용

① 인지 : 1,000원

② 송달료 : 당사자수 × 우편료 × 3회분(송달료취급은행에 납부하고 영수증을 첨부하여야 한다.)

다. 담보제공의 방법

담보의 제공은 금전 또는 법원이 인정하는 유가증권을 공탁하거나, 대법원규칙에 정하는 바에 따라 지급을 보증하겠다는 위탁계약을 맺은 문서를 제출하는 방법으로 하되, 당사자들 사이의 특별한 약정이 있으면 그 약정에 따라 부동산에 관한 근저당권의 설정, 질권 설정, 보증인으로 하여금 보증케 하는 방법 등도 가능하다.

라. 담보의 취소와 담보물 변경

담보제공자는 담보의 사유가 소멸된 것을 증명한 때 또는 담보권리자의 동의가 있음을 증명한 때, 권리행사 최고기간이 만료되어 담보권리자의 동의가 있는 것으로 간주된 때 담보취소의 신청을 할 수 있다(가사소송법 63조의3 6항, 민사소송법 125조).

또는 담보제공자는 공탁한 담보물을 바꾸어 줄 것을 신청할 수 있다(가사소송법 63조의3 6항, 민사소송법 126조).

담보취소와 담보물변경 신청사건은 담보제공명령을 한 법원 또는 그 기록을 보관하고 있는 법원이 관할하며, 1,000원의 인지를 붙여야 한다.

[서식-7] 담보제공명령 신청서

담보제공명령 신청서

수입인지 1,000원

신 청 인 (이름) (주민등록번호 -)
(주소)
피신청인 (이름) (주민등록번호 -)
(주소)

신 청 취 지

피신청인에 대하여 ○○법원 20 . . . 선고 사건의 확정판결(심판, 조정조서)에 기한 정기금 양육비채무 중 이 사건 결정일 다음날 이후 지급기가 도래하는 정기금 양육비채무를 담보하기 위하여 상당한 담보를 제공할 것을 명한다.
라는 결정을 구함

신 청 이 유

-별지-

첨 부 서 류

1. 집행력 있는 집행권원 등본 또는 사본 1통
2. 혼인관계증명서(집행권원이 양육비부담조서인 경우) 1통
3. 확정증명서(집행권원이 판결 또는 심판인 경우) 1통

20 . . .

신청인 ㉔ (서명)

(연락처 :)

법원 귀중

◇ 유 의 사 항 ◇

1. 신청인은 연락처란에 언제든지 연락 가능한 전화번호나 휴대전화번호(팩스번호, 이메일 주소 등도 포함)를 기재하기 바랍니다.
2. 집행력 있는 집행권원은 "확정된 종국판결(심판), 가집행선고 있는 종국판결(심판), 조정조서, 양육비부담조서" 등이 있습니다.
3. 신청인은 피신청인이 이행하지 아니하는 금전채무액 및 그 기간을 기재하여야 합니다.
4. 이 신청서를 접수할 때에는 당사자 1인당 3회분의 송달료를 송달료수납은행에 예납하여야 합니다.

[서식-8] 담보취소(담보물변경) 신청서

담보취소(담보물변경) 신청서

수입인지 1,000원

신 청 인 (이름) (주민등록번호 -)
(주소)
피신청인 (이름) (주민등록번호 -)
(주소)

신 청 취 지

(담보취소의 경우)
이 법원 20 즈기○○○ 담보제공명령신청사건에 관하여 신청인이 20 . . . ○○법원 공탁관에게 20 년금제○○○호로 공탁한 금 원의 담보를 취소한다.
라는 결정을 구함.

(담보물변경의 경우)
이 법원 20 . . .자 20 즈기○○○ 결정 중 담보물 "별지 제1목록 기재 유가증권"을 "별지 제2목록 기재 유가증권"으로 변경할 것을 명한다.
라는 결정을 구함.

신 청 이 유
- 별지 -

첨 부 서 류
1. 공탁서 사본 1통
2.

20 . . .

신청인 ㉐ (서명)
(연락처 :)

법원 귀중

◇ **유 의 사 항** : 이 신청서를 접수할 때에는 당사자 1인당 3회분의 송달료를 송달료수납은행에 예납하여야 한다.

7. 일시금 지급명령 제도

가. 의 의

담보제공명령 불이행시의 제재 중 하나로서, 담보제공명령에 응하지 아니할 경우, 가정법원은 양육비채권자의 신청에 따라 양육비의 전부 또는 일부를 일시금으로 지급하도록 명할 수 있다(가사소송법 63조의3 3항).

나. 신청 방법

(1) 신청인

정기금 양육비채권에 대한 집행권원을 가진 채권자(다만, 양육비채무자가 담보제공명령에 응하지 않을 경우에 한함)가 신청할 수 있다.

(2) 관할법원

양육비채무자의 보통재판적이 있는 곳의 가정법원, 양육비채무자가 국내에 주소나 거소 등이 없고, 마지막 주소도 판명되지 않을 때와 같이 보통재판적이 없을 경우에는, 대법원 소재지의 가정법원이다.

(3) 비용

○ 인지 : 1,000원

○ 송달료 : 당사자수 × 우편료 × 3회분(송달료취급은행에 납부하고 영수증을 첨부하여야 한다.)

다. 일시금 지급명령의 효과

일시금지급명령을 받은 사람이 30일 이내에 정당한 사유 없이 그 의무를 이행하지 아니한 때에는 가정법원은 권리자의 신청에 따라 30일의 범위 내에서 감치에 처할 수 있다(가사소송법 68조 1항).

[서식-9] 일시금지급명령 신청서

일시금지급명령 신청서

수입인지 1,000원

신 청 인 (이름) (주민등록번호 -)
(주소)
피신청인 (이름) (주민등록번호 -)
(주소)

신 청 취 지

피신청인은 신청인에게 ○○법원 20 . . . 선고 사건의 확정판결에 기한 정기금 양육비채무 중 이 사건 결정일 다음날 이후부터 20 . . .까지 사이에 지급기가 도래하는 정기금 양육비채무의 지급을 위하여 일시금으로 금 원을 지급하라.
라는 결정을 구함.

신 청 이 유
- 별 지 -

첨 부 서 류

1. 집행력 있는 집행권원 등본 또는 사본 1통
2. 혼인관계증명서(집행권원이 양육비부담조서인 경우) 1통
3. 확정증명서(집행권원이 판결 또는 심판인 경우) 1통
4. 담보제공명령 등본 또는 사본 1통

20 . . .

신청인 ㊞ (서명)

(연락처 :)

법원 귀중

8. 재산명시 . 재산조회

가. 재산명시제도

이혼에 따른 재산분할 청구사건이나 부양료 및 양육비 청구사건에서는 당사자의 재산을 파악하는 것이 심리의 가장 중요한 요소임에도 불구하고 종전에는 당사자의 자발적인 협조 없이는 그 재산을 파악하는 것이 어려웠고, 그로 인하여 재판이 불필요하게 지연되는 사례가 적지 않았다. 이러한 문제를 해결하기 위하여 개정 가사소송법(2009. 11. 9. 시행)은 재산명시제도를 도입하였다(가사소송법 48조의2).

그 주요 내용은, 가정법원이 직권 또는 당사자의 신청에 의하여 당사자에게 재산목록의 제출을 명하고, 재산명시명령을 받은 당사자가 정당한 사유 없이 재산목록의 제출을 거부하거나 거짓의 재산목록을 제출한 경우 과태료를 부과함으로써 성실한 재산목록의 제출을 유도하는 것이다.

나. 신청 방법

(1) 신청인

재산분할, 부양료, 미성년 자녀의 양육비 청구사건의 당사자가 신청할 수 있다.

(2) 관할 법원

재산분할, 부양료, 미성년 자녀의 양육비 청구사건이 계속중인 가정법원(사건이 항소심에 계속중인 경우에는 항소심 법원)에 청구하면 된다.

다. 재산명시명령의 효력

(1) 재산목록의 제출의무

재산명시명령을 받은 당사자는 가정법원이 정한 기간 이내에 자신이 보유하고 있는 재산과 과거 일정한 기간 동안 처분한 재산의 내역을 명시한 재산목록을 제출하여야 한다(가사소송규칙 95조의4 1항 본문). 재산목록 양식과 그 작성요령은 재산명시명령과 함께 당사자에게 송달되므로 자세한 재산목록의 작성방법은 위 작성요령을 참조하면 된다.

(2) 불이행시 제재

재산 명시 대상 당사자가 정당한 사유 없이 재산목록의 제출을 거부하거나 거짓의 재산목록을 제출한 때에는 1천만 원 이하의 과태료에 처하게 된다(가사소송법 67조의2).

라. 재산조회제도

재산명시절차를 거쳤음에도 불구하고 당사자가 재산목록의 제출을 거부하거나 제출된 재산목록만으로는 사건의 해결이 곤란한 경우와 재산명시절차에서 상대방이 재산명시명령의 송달을 위한 주소보정명령을 받고도 공시송달요건에 해당되는 사유로 인하여 이를 이행할 수 없었던 경우에, 가정법원이 개인의 재산과 신용정보에 관한 전산망을 관리하는 공공기관, 금융기관, 단체 등에 대한 당사자 명의의 재산의 조회를 통하여 당사자의 자발적 협조 없이도 당사자의 재산내역을 발견하고 확인하는 것이다(가사소송법 48조의3).

마. 재산조회 신청방법

(1) 신청인

재산명시절차를 거친 재산분할, 부양료, 미성년 자녀의 양육비 청구 사건의 당사자가 신청할 수 있다.

(2) 관할법원

재산분할 . 부양료 . 미성년 자녀의 양육비 청구사건이 계속중인 가정법원이다.

(3) 비용

재산조회신청인은 재산조회 필요한 비용으로서 가정법원이 정하는 금액을 미리 내야 한다(가사소송규칙 95조의7 1항).

신청인이 재산조사비용을 미리 내지 아니한 때에는 가정법원은 결정으로 신청을 각하하거나 재산조회결정을 취소할 수 있다(가사소송규칙 95조의7 3항).

바. 재산조회결과의 관리

누구든지 재산조회의 결과를 심판 외의 목적으로 사용하여서는 아니 되며(가사소송법 48조의3 4항), 재산조회결과를 심판 외의 목적으로 사용한 사람은 2년 이하의 징역 또는 500만 원 이하의 벌금에 처하게 된다(가사소송법 73조).

[서식-10] 재산명시신청서

재 산 명 시 신 청

사건번호　　20　느(드)　　　　　[담당재판부 : 제　가사(단독)부]

청구인(원고)
상대방(피고)

신 청 취 지

상대방(피고)은 재산상태를 명시한 재산목록을 제출하라.
라는 결정을 구합니다.

신 청 사 유

1. 상대방(피고)의 재산을 파악하기가 쉽지 않아 이 사건의 해결을 위하여 상대방(피고)의 재산목록 제출이 특히 필요합니다.
2. 따라서 가사소송법 제48조의2 제1항에 따라 상대방(피고)에 대한 재산명시명령을 신청합니다.

20　.　.　.

위 청구인(원고)　　　　(날인 또는 서명)
(연락처)

○○법원　귀중

제 9 장 위 자 료

1. 개 요

위자료란 이혼을 할 경우에 혼인관계를 파탄상태에 이르게 한 유책배우자로 인하여 입게 된 정신적 고통을 위로하기 위한 것으로, 말하자면 이혼으로 인하여 심리적으로 받게 된 충격, 번민, 슬픔, 불명예 등 '이혼 그 자체로 인한 고통' 과 부정행위, 부당대우 등 '이혼원인인 개별적 유책행위로 인한 고통' 을 위로하려는 것이다.

우리 민법은 이혼의 경우 당사자의 일방은 과실이 있는 상대방에 대하여 재산상의 손해 외에 정신상의 고통에 대하여도 손해배상을 청구할 수 있다고 규정하고 있다(민법 제843조, 제806조).

2. 위자료의 산정기준

대법원 판례에 따르면 "이혼 등의 불법행위로 인하여 상대방에게 입힌 정신적인 고통을 위자하기 위한 금액의 산정은 재산상의 손해와 달라서 반드시 이를 증거에 의하여 입증할 수 있는 성질의 것이 아니므로, 법원은 여러 가지 사정을 참작하여 직권에 의하여 그 액수를 결정할 수 있는 것인즉 책임 있는 배우자(유책배우자)에 대한 위자료 액수를 산정함에 있어서도 유책행위에 이르게 된 경위와 정도, 혼인관계 파탄의 원인과 책임, 배우자의 연령과 재산 상태 등 변론에 나타나는 모든 사정을 참작하여 법원이 직권으로 결정할 수밖에 없다" 라고 밝히고 있는바, 이를 구체적으로 살펴보면 다음과 같다.

① 혼인 파탄의 원인(이혼 사유)
② 유책정도(잘못을 저지른 배우자로부터 받은 정신적 고통의 정도)
③ 혼인 기간 및 혼인 생활의 실정
④ 당사자의 학력, 경력, 연령, 직업 등 사회적 신분 사항
⑤ 재산상태 및 생활정도
⑥ 자녀 및 부양 관계
⑦ 이혼의 가능성

결국 위자료의 산정은 법원이 직권으로 결정할 사항이지만, 실무상으로는 이혼사유, 유책정도, 재산상태 및 생활정도, 동거 기간 등이 위자료 산정에 있어서 가장 중요한 요소로 작용하고 있다고 할 수 있다.

3. 위자료 청구절차

협의상 이혼, 재판상이혼, 혼인취소에 있어서 그 유책한 행위를 한 배우자를 상대로 이혼청구, 재산분할 등과 함께 병합하여 위자료 청구를 할 수 있다. 되도록 병합하여 청구하는 것이 하나의 소송절차에서 일거에 해결할 수 있어 소송 경제상 유리하다.

이혼에 따른 위자료의 소멸시효는 이혼한 날부터 3년이며, 재산분할청구권의 제척기간은 2년이다.

[사례-18] 반소장(이혼 및 위자료청구의 소에 대한)

반 소 장

반소원고(본소피고) 홍 0 0(洪 0 0)
19 년 월 일생(주민등록번호 :)
등록기준지 00광역시 00구 00동 00번지
주 소 서울시 00구 00동 00번지 000아파트 000동 00호
소송대리인 변호사 한 ○○
서울시 00구 00동 00번지(우편번호 :)
(전화번호 : 팩스 :)

반소피고(본소원고) 신 0 수(申 ○○)
19 년 월 일생(주민등록번호 :)
등록기준지 00시 00구 00동 00번지
주 소 서울시 00구 00동 00번지 00아파트 000동 000호
송달장소 서울시 00구 00동 00번지(우편번호 :)

이혼 및 재산분할 청구의 반소

위 당사자간 귀원 20○○드단1234호 이혼청구사건에 관하여 피고(반소원고)는 아래와 같이 반소를 제기합니다.

청 구 취 지

1. 반소원고와 반소피고는 이혼한다.
2. 반소피고는 반소원고에게 재산분할로서 금 53,000,000원, 위자료로서 금40,000,000원 및 이에 대한 소장부본 송달일 다음날부터 다 갚는 날까지 연 15%의 비율에 의한 금원을 지급하라.
3. 소송비용은 반소피고의 부담으로 한다.

4. 제2항은 가집행 할 수 있다.
라는 판결을 구합니다.

청 구 원 인

1. 반소원고와 반소피고간의 혼인

00도 00군 00읍 외딴섬이 고향인 반소원고와 반소피고는 0000년 11월 중매로 혼인하여 슬하에 자녀 2인을 두었으나 큰아이가 병으로 사망하여 둘째인 아들만 양육하고 있는 법률상의 부부입니다.

2. 반소원고와 반소피고간의 혼인생활의 파탄경위

가. 신혼 초 상황

1) 섬마을 같은 마을에서 중매로 혼인을 한 반소원고는 결혼 초 반소피고의 숙부가 반소원고의 주택과 인접한 곳에 000를 운영하고 있는 관계로 결혼 초기부터 시숙부와 직원 및 반소피고의 식사를 매일 제공하면서 문제가 시작되었습니다.

2) 반소피고의 급여는 월000만원 정도인데 신혼초부터 반소원고에게 반소피고의 가족과 그 직원 식사 준비까지 하게 하면서 한달 부식비를 1인 부식비용에 해당하는 10만원을 주면서 생활비 및 식사준비를 하라고 하였습니다. 아무리 0000년대 초라고 해도 이것은 상식 밖의 일이었으며, 처음에는 반소피고가 반소원고가 얼마나 알뜰한지를 시험하려고 그러는구나 생각하고 열심히 노력하였으나 계속되는 월 10만원의 부식비용은 이제 갓 시집온 새댁에게 시숙부와 그 직원의 식사를 준비하게 하면서, 성인 4인가족 부식비가 최소한 월 30만원 매지 월60여만원은 소요 될 것임에도, 부식비가 부족하여 생활비를 더 지급하여 달라고 하면 "10만원에 맞추어 식사를 준비하면 되지 부식비를 초과하는 것은 반소원고가 가계 운영을 잘못하기 때문이다" 라고 구박하였습니다.

3) 이제 갓 시집온 새댁이 시숙부와 남편의 밥상을 소홀히 할 수 없고 중매로 시작한 결혼인지라 반소피고와 깊이 있는 말도 서로 하지 못하고 지내던 중에 신혼 초부터 무능하다는 말을 듣기 싫어서 반소원고 개인적으로 친척이나 형제들에게 돈을 빌리기도 하고, 주위 분들에게 돈을 조금씩 꾸어서 생활하다 보니 그 돈은 계속 늘어만 가게 되었습니다.

나. 반소피고의 성격

1) 반소피고의 성격은 보수적이면서도 차갑고, 냉정하며, 폭력적인 성격의 소유자입니다. 반소피고가 퇴근하여 집에 오면 집 안이 정리정돈 되지 않았다고 폭력을 행사하기도 하고, 심지어 반소피고는 반소원고가 큰아이를 임신하고 있을 때 반소원고가 저녁 식사를 준비하고 기다리고 있던 중, 반소피고는 반소피고의 친구와 함께 밤12시가 넘어서 집에 들어와서 반소원고가 너무 늦게 다니지 말고 일찍 왔으면 좋겠다고 말하였더니 하늘 같은 반소피고에게 감히 명령한다고 임신 8개월의 반소원고의 머리채를 잡고 벽에다 내려쳐서 피가 터지고 구역질을 하면서 사람이 이렇게 해서 죽는구나 하는 생각을 하게 만들었고 그때부터 반소원고는 태아와 반소원고의 생명의 위협을 느끼기 시작하였습니다. 그 이후로도 크고 작은 폭력은 계속적으로 이루어졌을 뿐만 아니라 심지어 어느 날은 **밥상에 반찬이 없다고 반소원고의 얼굴을 쓰레기통으로 때려서 무려 20바늘이나 꿰매는 수술을 받은 적도 있습니다.** 생활비는 쥐꼬리만큼 주고 반찬이 없다고 폭력을 행사하는 반소피고의 폭행을 묵과하고 참을 수 있었던 것은 어떻게 해서든 일부종사하여 이혼하지 않겠다는 반소원고의 생각과 아이의 장래에 아버지 없는 자식으로 만들지 않게 하기위하여 필사적으로 참았습니다. 지금도 그때의 상처가 얼굴에 남아 있어서 그 상처를 감추느라 화장을 진하게 하는 버릇이 생기고 손으로 얼굴을 가리는 버릇이 있습니다.

2) 또한 기네스북에 오를 일이고, 세상 사람이 아무도 믿지 않겠지만 **반소피고는 반소원고와 결혼 10년이 되었지만 결혼한 이후 단 한차례도 반소원고의 옷을 사주지 않았으며, 심지어 양말 한 켤레도 사주지 않은 사람입니다.** 언젠가 옷을 사달라고 말했다가 옷을 벗고 다니라고 말하는 반소피고를 보고 그 이후 더 이상 옷을 사달라는 말도 하지 못했습니다. 세상 어느 부부가 10년 동안 옷 한벌 사주지 않겠습니까? 친정집에 다녀온다고 하면 반소원고에게 차비 이외에는 전혀 비용을 주지 않아서 친정집 방문이 꺼려지고, 생활비가 없어서 주위 사람을 만나는 것조차 두렵게 되었습니다. 반소피고는 오로지 돈밖에 몰랐으며, 결혼 10년 동안 반소피고는 직장생활을 하면서 받은 급여를 모두 반소피고가 관리하고 반소원고에게는 반소피고의 급여를 한 번도 주지 않았습니다.

다. 반소원고의 직장생활

1) 결혼 초 월10만원의 생활비가 항상 모자라서 주위로부터 돈을 차용하여 사용하다가 그 원금과 이자가 차츰 쌓여 가자 반소원고는 걱정이 되기 시작하였습니다. 가족들은 아이들을 포함하여 4명인데 생활비는 턱없이 모자라서 할 수 없이 시숙부 댁에서 하루 일당 2만 원을 받고서 가정부를 하면서 부업을 시작하기에 이르렀으며, 이때부터 반소원고의 피나는 부업과 생활비 마련에 대한 전쟁이 시작되었습니다.
2) 반소원고는 0000년 시숙부 댁에서 파출부로 일하고 월50만원을 받아서 생활비에 사용하였으며, 0000년부터 0000년 1월까지 시숙부 가게에서 월급여 000만원을 수령하여 돈을 좋아하는 반소피고에게 모두 전달하였습니다. ..중략.. 그렇게 하지 못한 점이 얼마나 후회스러웠는지 모릅니다.
3) 0000년 4월경 반소원고는 딸 사망의 충격을 뒤로하고 다시 부족한 생활비용을 충당하고자 다시 중계동 농수산물시장에 출근하여 식상생활을 시작하였으며, 이때부터는 급여도 월70여만원이 되었으며, 0000년 창동물류센타에 근무하면서부터는 월급여가 130여만원에 이르러 아이에 대한 양육과 가족의 부식비, 그리고 생활비가 걱정이 없게 될 쯤 예기치 않게 **<u>반소피고는 0000년 춤바람이 나서 밤12시가 넘어서 집에 들어오기 시작하면서 싸우는 회수가 많아지게 되었으며, 거짓말은 기본이고 속옷에 혈흔을 묻혀오기도 하고 다른 여자와 가깝게 지내는 흔적들이 계속 발견되었습니다.</u>**
4) 0000년부터 현재에 이르기까지 반소피고는 일요일이면 집에 있는 날이 거의 전무하며, 어디를 간다는 말도 하지 않고 반소피고 단독으로 행동하였으며, 원고는 아이를 생각해서라도 어떻게 해서든지 피고와 이혼은 안된다는 사고방식을 가지고 있는 터라, 수차례 반소피고를 나무라고 하면 반소피고는 말하기를 **"지금부터 반소피고의 남아있는 인생을 즐기면서 살아가려고 하니 제발 반소피고에게 아무 신경쓰지 말고 상관도 하지 말아라"** 고 말을 하였습니다. 이때부터 반소피고는 여자와 춤에 빠져 지내게 된 것입니다.
5) 반소피고는 반소원고에게 폭력은 기본이고, 춤과 여자에 빠져서 지내면서도 반소원고에게는 양말 한 켤레 사주지 않는 사람이 가계 생활비

로 인하여 빚을 지면 그것은 모두 반소원고가 잘못한 것이므로 반소원고가 직장 생활하여 받은 급여로 반소피고에게 변제하여야 한다고 생각하는 사람이었으며, 반소원고는 이런 사람과 10년이란 세월을 인내하며 살아왔습니다. 집에 있는 가구나 가전 도구들도 대부분 반소원고가 직장 생활하여 마련한 것들입니다. 도대체 반소피고의 급여는 일부를 제외하고는 대부분 어디에 사용하였는지 그 사용처가 묘연하기만 합니다.

6) 그럼에도 불구하고 반소피고는 이를 뉘우치기는커녕 반소원고에게 이혼을 청구하면서 경제적으로 어렵게 하여 아예 반소원고를 밖으로 내몰고 그동안 만나왔던 여자를 집으로 끌어들이려는 반소피고를 생각하면 소름이 끼칩니다. 부인도 아이도 생각지 않고 오로지 돈과 폭력과 여자만 밝히는 사람이 반소원고의 남편이라고 생각하니 더 이상 결혼생활을 유지한다는 것은 현실적으로 어렵다고 생각되어 이혼을 청구하는 것입니다.

라. 분식점을 경영하게 된 계기

1) 0000. 3월 경 반소원고는 지인의 소개로 옷 가게에서 직장생활을 하고있던 중 반소피고는 반소원고에게 다짜고짜 분식집이 하나 있는데 잘나가던 직장을 그만두고 분식점을 운영하라고 말하였습니다. 반소원고는 분식점에 대한 경험도 없고 사업에 대한 경험도 없으며, 음식이라고는 집에서 밥과 반찬 만드는 게 전부인데 어떻게 분식점을 운영할 수 있겠느냐며 극구 사양했지만 반소피고의 막무가내로 다니던 직장을 그만두고 분식점을 하라는 강압에 못 이겨 말을 듣지 않으면 또 폭력을 쓸까 두려워서 일단은 직장을 그만두고 경험도 없는 분식점을 하게 되었습니다.

2) 반소원고가 경험이 없는 관계로 반소원고의 여동생이 주방장을 맡고 주방보조 1명의 직원과 반소원고가 배달과 홀을 맡아서 운영하게 되었는데 처음 2개월 매출은 분식점 바로 옆에 위치한 학원의 학원생들이 많이 이용하여 점심 식사와 저녁 식사로 매일 20만원 내지 30만원 정도 매출이 발생되어 그럭저럭 적자는 면하는 동안 반소피고는 반소원고에게 장사를 시키고서는 3개월 동안 밤이 되면 매출액을 수금하여 가더니 3개월이 지난 시점에서 수지타산이 맞지 않는다는 것을 알게 되면서

부터 반소원고의 동생에게 분식점을 직접 운영해 보라고 하면서 떠넘기기 시작하였습니다. 그러나 이미 주방에서 분식점의 운영상태를 너무나 잘 알고 있는 반소원고의 동생은 반소피고의 권유를 받아들이지 않았습니다. 분식점을 시작한 지 약 4개월이 조금 못 되어 반소피고는 더 이상 분식점에 나오지 않았습니다. 아마도 매출이 없는 가게를 반소원고에게 강제로 운영하게 하여서 이를 지켜보기 힘들었을 것이며, 뿐만아니라 이를 기회로 반소원고에게 이혼을 제기하려는 속셈이 있었던 것입니다.

3) 분식점을 시작한 지 5개월이 되는 .. 중략.., 언제 가게가 다른 이에게 양도될지 알 수 없는 상황이어서 가게를 포기하면 권리금을 한 푼도 받지 못하기 때문에 가게를 계속 유지하였던 것입니다.

4) 대부분의 적자는 고정비로서 가게세 월 70만원, 주방장 급여 월 150만원, 주방보조 월 급여 85만원, 기타 전기 및 가스요금 난방비 등 100여만원, 반소원고 생명보험 보험료 월 60만원, 반소원고 생활비 월 90만원 등 월 합계 금 600여만 원의 적자가 계속 발생하여 0000년 8월 이후 0000. 9.월 말 분식점 매매 시점까지 운영적자는 결국 4,000여만 원에 이르게 되었습니다.

우여곡절 끝에 분식점을 4천5백만 원에 양도하고 남아 있는 부채를 정리하고 보니 반소원고의 손에 남아 있는 대금은 그야말로 생활비만 남게 된 것입니다.

마. 이혼사유

위에서 본 바와 같이 반소원고와 반소피고와의 혼인생활은 반소피고가 일방적으로 가정을 돌보지 않고, 반소원고의 인격을 모독하고, 악의의 유기 및 폭행 등으로 인하여 파탄에 이르게 된 것이므로 제840조 제2호 소정의 배우자가 악의로 다른 일방을 유기한 때, 같은 조 제3호 소정의 배우자로부터 심히 부당한 대우를 받았을 때, 같은 조 제6호 소정의 혼인을 계속하기 어려운 중대한 사유가 있는 때에 해당한다 할 것입니다.

3. 아파트를 취득하게 된 계기

0000년 당시 집을 마련하기 위하여 정부에서는 가족계획을 하면 아파트 당첨순위 중 우선순위를 준다고 하여 반소원고는 복강경 수술을 받고 가족계획

자로 등록되어 우선순위로서 아파트에 당첨되어 현재 거주하고 있는 아파트에 입주하게 된 것입니다.

시기적으로 결혼 후 0년이 지날 때 쯤 0000년부터 반소원고와 반소피고는 현재 기거하고 있는 21평형 아파트를 금0000만원에 매입하여 입주하고 현재까지 거주하고 있습니다.

4. 위자료 청구

반소원고는 반소피고의 위와 같은 폭행 등 가혹행위와 부정행위로 말미암아 혼인생활이 파탄에 이르게 됨으로써 심한 정신적 고통을 받았을 것임은 경험칙상 명백하므로, 반소피고는 금전으로써 이를 위자할 의무가 있다 할 것인데, 반소원고, 반소피고의 나이, 직업, 재산정도, 신분관계, 시중물가, 혼인생활의 과정과 그 파탄경위 등을 참작하면, 반소피고가 반소원고에게 지급해야 할 위자료 액수는 최소한 금 40,000,000원으로 정함이 상당할 것입니다.

5. 재산분할

반소원고와 반소피고는 혼인 당시 아무런 재산이 없이 결혼생활을 시작하여 결혼 초기부터 직장 생활을 시작하여 함께 직장생활을 하면서 그 수익금으로 생계를 유지하고 재산을 형성하여 왔으며, 현재 거주하고 있는 아파트 이외에도 반소피고는 반소원고에게 급여를 단 1회도 주지 않고 혼자 보관하고 있는 상황이며, 피고가 술을 마시고 폭행을 일삼고, 부정행위를 하면서 가정생활에 소홀히 한 것과는 달리 결혼 초기부터 직장생활 등을 통하여 재산형성에 크나큰 기여를 하였습니다.

위와 같이 반소원고와 반소피고가 협력하여 형성한 재산으로는 원고가 현재 거주하고 있는 서울시 00구 00동 00번지 00아파트 00동00호 시가 1억 2천만원 상당과 00은행에 피고의 예금 등이 있습니다.

결국 위 각 부동산 및 예치금은 그 소유명의에 관계없이 모두 당사자들이 결혼한 후 쌍방의 노력과 수입을 바탕으로 형성한 공동재산이라 할 것이어서, 당사자가 이혼하는 지금에 와서는 쌍방의 기여도에 따라 공평하게 분할하여야 할 재산이고, 위와 같은 당사자의 혼인 계속기간, 이혼에 이르게 된 경위, 연령, 재산상태 등을 고려할 때 반소원고의 재산형성 기여도는 적어도 위 재산가치의 2분의 1 이상이라 봄이 상당하므로 반소피고는 반소원고에게 우선 금

53,000,000원을 지급하는 방법으로 재산을 분할함이 상당할 것이며, 추후 반소피고의 예금액을 확인하여 청구취지를 정정하도록 하겠습니다.

6. 결 론

이와 같이 반소원고는 반소피고로부터 결혼생활 10년동안 인간적인 대우를 받아보지 못했으며, 반소피고가 일방적으로 가정을 돌보지 않은 채 돈과 여자에 급급하여 반소원고에게 부당한 대우를 하고, 악의의 유기 및 폭행 등으로 가정파탄에 이르게 된 것이므로 청구취지와 같은 판결을 구하고자 반소제기에 이르렀습니다.

입 증 방 법

1. 을제 1호증	가족관계등록부
1. 을제 2호증	주민등록등본
1. 을제 3호증	부동산 등기부등본

그 밖의 입증방법은 소송 진행에 따라 수시로 제출하겠습니다.

첨 부 서 류

1. 위 입증방법	각 1통
1. 반소장부본	1통
1. 납부서	1통

20○○. 1. .

위 반소원고(피고) 홍 0 0

대리인 변호사 한 0 0 (인)

서울 가정법원 귀중

제10장 면접교섭권

이혼 후 자녀를 직접 양육하지 않는 부모 중 일방은 자녀와의 면접교섭권이 인정되는데, 이는 친권자가 양육자가 아니기 때문에 현실적으로 자녀를 보호, 교양하지 않는 어버이라 할지라도 그 자녀와 만나거나 서신교환, 선물 교환, 전화 통화 등을 통하여 접촉할 수 있는 권리를 말한다. 면접교섭권은 일차적으로 자녀의 관점에서 시기 · 방법이 결정되어진다. 따라서 자녀의 양육이나 생활에 방해가 되는 면접교섭권이나 비양육 부모가 정신질환 내지 알코올중독, 난잡한 생활 등 오히려 자녀에게 해로운 경우에는 인정되지 않거나 제한될 수 있다. 주로 함께 살고 있지 않은 부모와 자식 간의 면접교섭권의 내용은 구체적 사정에 따라 자녀와 부모 간의 대화, 서신교환, 전화, 사진이나 선물의 교환, 동반여행, 여행관람, 쇼핑 등을 할 수 있을 것이며 때에 따라서 예를 들면 겨울 · 여름방학, 주말을 이용한 일정한 기간 동안의 동거 등을 상정해볼 수 있을 것이다.

[청구취지 사례] 면접 교섭권

1. 청구인은 사건본인이 방학 기간 중인 매년 8. 4.부터 8. 10.까지 및 1월 5일부터 1월 11일까지 각 7일간 사건본인들과 청구인의 주소지 또는 청구인이 지정하는 장소에서 동거할 수 있다.
2. 청구인은 매주 토요일 임의의 시간에 상대방의 주소지 전화번호로 전화하여 청구인이 지정하는 시간 동안 사건본인들과 통화 할 수 있다.
3. 청구인은 사건본인들과 월 2회 범위내에서 편지 및 선물을 교환할 수 있다.
4. 상대방은 위 제1항 내지 3항에서 인정된 청구인의 권리행사를 방해하여서는 아니 된다.
5. 심판비용은 상대방의 부담으로 한다.

라는 심판을 구합니다.

[서식-11] 면접교섭허가 심판청구서

면접교섭허가 심판청구서

청구인 성　　　명 :　　　　　　(전화　　·　　)
　　　주민등록번호 :
　　　등록 기준지 :
　　　주　　　소 :

상대방 성　　　명 :　　　　　　(전화　　　　)
　　　등록 기준지 :
　　　주　　　소 :

사건본인 성　　　명 :　　　　　　(전화　　　　)
　　　등록 기준지 ·
　　　주　　　소 :

청 구 취 지

1. 청구인은 매월　　째주　　요일　　:00부터 그 다음날　　:00 까지 청구인이 원하는 장소에서 사건본인들을 만나 함께 지낼 수 있다.
2. 상대방은 청구인과 사건본인들의 면접이 원만히 이루어지도록 협조하여야 하고 이를 방해해서는 아니 된다.
3. 심판비용은 상대방의 부담으로 한다. 라는 심판을 구합니다.

청 구 원 인

아이의 복리를 위하여 면접교섭이 허가되어야 하는 사유를 자세히 기재하십시오.

첨 부 서 류

1. 가족관계증명서(청구인) 1통
1. 주민등록등본(청구인) 1통

20○○ . ○. ○.

청구인 (인)

○○가정법원(○○ 지방법원) 귀중

☞ 유의사항

청구서에는 사건본인 1명당 수입인지 10,000원을 붙여야 합니다.
송달료는 당사자수 × 우편료 × 12회분을 송달료취급은행에 납부하고 영수증을 첨부하여야 합니다.
관할법원은 상대방의 보통재판적소재지(주소지)의 가정법원입니다.

제11장 재산분할

1. 개 요

재산분할청구권이란 이혼한 부부의 일방이 혼인 중 부부가 협력하여 이루어놓은 재산(공유재산)을 나누어 갖자고 법원에 청구하는 것(민법 제839조의 2)을 말한다.

이러한 재산분할 청구권(이혼한 날부터 2년이 경과하면 소멸)은 협의상 및 재판상 이혼시(843조), 혼인취소시(가사소송법 제2조 제1항 나(2)4호)에 인정되고 있다.

2. 재산분할의 취지

재산분할 청구권은 부부가 이혼하여 생활공동체를 해산하고 재산 관계를 청산하는 경우, 이때 혼인 중에 취득한 재산이 일방의 명의로 되어 있는 경우 혼인생활에 협력하여 온 타방의 기여도(예를 들면, 처의 가사노동)를 반영하여 공유재산을 실질적으로 청산하려는 것이다.

또한, 이혼 후에 생활능력 있는 쪽이 없는 쪽을 부양하도록 하는 것이 공평할 뿐만 아니라 다른 한편, 경제적 약자인 일방이 이혼후의 경제생활의 어려움으로 인하여 강자인 상대방의 학대 등 부당한 대우를 받도록 용인하는 것은 혼인생활의 실질에 반하므로, 이혼시 부부가 협력하여 이루어놓은 재산을 분할함으로써 양성의 평등을 기하고자 하는 제도이다.

3. 재산분할과 위자료의 상관성

위자료 액수는 위와 같은 여러 가지 사정을 참작하여 법관이 재량으로 결정하나, 1991.1.1 재산분할청구권이 도입된 이래 종래의 재산분할 적 요소를 배제하고 순수하게 정신적 고통에 대한 배상적 요소만 고려되고 있는 실정이다.

4. 부부 공동재산

재산분할의 대상이 되는 것은 '혼인 중 부부가 협력하여 이루어놓은 공유재산' 을 말한다. 따라서 혼인 전부터 부부 중 일방이 가지고 있던 재산, 혼인 중에 일방이 상속·증여 등에 의하여 취득한 재산, 그리고 일방이 전유물이라고 할 수 있는 장신구·의류 등(특유재산)은 원칙적으로 분할의 대상이 되지 않는다.

부부가 합의하여 공유로 한 재산, 부부 공동명의로 취득한 재산, 혼인 중에 공동생활을 위하여 취득한 가재도구 내지 재산은 분할의 대상이 되며, 또한 소유 명의는 일방에게 있지만 실질적으로 혼인 중에 부부가 협력하여 취득한 재산, 예금, 주식, 부동산 등은 재산분할의 대상이 된다. 다만, 부부 일방의 명의로 된 재산은 명의자의 특유재산으로 추정되므로 분할을 청구하는 사람이 실질적으로 부부의 공유재산임을 주장하고 입증하여야 한다.

또한 부부의 일방의 특유재산은 원칙적으로 분할의 대상이 되지 않으나, 공유재산은 없고 오로지 이러한 특유재산만 있는 경우, 그 타방이 위 특유재산을 유지·증가 등에 일정한 기여를 하였다고 보는 경우에는 공평의 관점에서 재산분할의 대상이 된다. 물론 위와 같은 기여도를 얼마로 평가하느냐는 법원이 여러 가지 사정을 참작하여 재량적으로 판단한다.

- **참조** 1) 퇴직금은 일방이 이미 받았거나 가까운 장래에 받을 수 있는 경우에는 부부의 협력에 의한 재산으로 보아 청산의 대상이 된다.

- **참조** 2) 공동재산은 없으나 상대방이 혼인 중에 장래의 고액의 수입을 얻을 수 있는 의사, 변호사 등의 자격을 취득한 경우에는 장래의 재산취득예상액도 청산의 대상이 된다.
- **참조** 3) 당사자 일방이 제3자에게 부담한 채무는 그것이 일상가사대리의 범위에 포함되지 않는 한 채무를 분할하지는 않으나, 주택융자금이나 혼인생활비 등과 같이 부부생활에 소요된 비용은 개인채무라도 분할의 대상이 된다.

5. 재산분할의 내용

이혼과 함께 재산분할을 청구하는 당사자들의 대부분은 이혼보다 얼마 정도의 재산분할을 받을 수 있을까 하는 문제를 가장 궁금하게 생각하는 바, 일반적으로 재산분할의 비율은 결혼생활 동안 재산형성에 있어서 부부의 기여도를 기준으로 하게 되는데, 이러한 기여도도 수량화한다는 것이 어려우나, 실무상으로는 혼인기간, 혼인 중 생활정도, 유책성, 현재의 재산정도(자신, 수입, 직업), 장래 전망(연령, 취업가능성, 건강상태, 재혼가능성, 자활능력 등), 부양자 유무 등을 고려하게 된다.

재산분할은 재판상이혼이 되는 경우에 주로 문제 되는데, 부부관계가 파탄에 이르고 난 후 현실적으로 재산분할이 되기까지는 상당한 기간이 소요되는바, 재산증감, 물가변동 등으로 언제의 재산을 기준으로 분할할 것인가에 대하여, 대법원은 재판상 이혼을 전제로 한 재산분할에 있어 분할의 대상이 되는 재산과 그 액수는 이혼소송의 사실심 변론종결일을 기준으로 하여 정하여야 한다고 판시하고 있다.

[사례-19] 이혼 등 청구의 소(이혼, 위자료, 재산분할, 양육자지정, 양육비)

소 장

원 고 홍 0 0
생년월일 19 년 월 일생(000000-0000000)
등록기준지 전북 00군 00읍 00리 00번지
주 소 서울시 00구 00동 00번지
소송대리인 변호사 한 ○ ○
서울 서초구 서초동 1551-9 영토빌딩 4층 (우편번호 :)
(전화 : 02-525-1007 팩스 : 02-525-2433)

피 고 신 0 0
생년월일 19 년 월 일생(000000-0000000)
등록기준지 전남 00군 00읍 00리 00번지
주 소 서울시 00구 00동 00번지 (우편번호 :)

이혼 등 청구의 소

청 구 취 지

1. 원고와 피고는 이혼한다.
2. 피고는 원고에게 금 80,000,000원 및 이에 대하여 판결선고일부터 완제일까지 연 15%의 비율에 의한 금원을 지급하라.
3. 원고와 피고 사이에 출생한 자 소외 신0순과 신0미는 원고가 양육한다.
4. 피고는 원고에게 소장부본 송달일부터 2012. 10. 10.까지는 매월 금 800,000원, 그 다음날부터 2014. 10. 10.까지는 매월 금 400,000원을 지급하라.
5. 피고는 원고에게 별지목록 기재 부동산에 대한 1/2지분에 관하여 이 사건 판결확정일자 재산분할을 원인으로 한 소유권이전등기절차를 이행하라.
6. 소송비용은 피고의 부담으로 한다.
7. 제2항은 가집행할 수 있다.

라는 판결을 구함.

청 구 원 인

1. 원고와 피고의 결혼 및 가정생활

가. 원고와 피고는 0000년 0월 0일 결혼식을 올리고 사실상 혼인생활을 하여 오던 중, 원고가 신0순을 수태하여 0000년 0월 0일 서울 소재 00병원에서 출산하였고, 0000년 0월 0일 신0미를 출산하여 슬하에 두 자녀를 두었습니다.

나. 그런데 피고는, 원고가 신0순을 출산한 이후 피고의 귀책사항 기재

----- 중략-----

다. 그러므로 원고는 피고와 더 이상 혼인생활을 계속할 수 없는 처지에 놓였는바, 피고의 위와 같은 행위는 민법 제840조 제1호, 제2호, 제3호, 제6호의 재판상 이혼사유에 해당하므로, 원고는 위와 같은 사유로 피고와의 이혼을 구하고자 합니다.

2. 위 자 료

위에서 본 바와 같이 피고가 가정을 돌보지 않은 것은 말할 것도 없고 피고의 책임 있는 사유로 원고와 피고가 이혼하게 되었으므로 원고가 정신적으로 심한 고통을 받았을 것임은 경험칙상 명백하다 할 것이므로, 이에 대하여 피고는 원고에게 금전지급으로나마 위자할 의무가 있다 할 것인데, 원고와 피고가 결혼하게 된 경위, 결혼생활의 내용, 재산정도 등 제반사정을 고려해볼 때, 피고는 원고에게 위자료로 금80,000,000원을 지급함이 상당하다 할 것입니다.

3. 양육자지정 및 양육비

가. 원고와 피고 사이에 태어난 신0순과 신0미는 현재 중학교 및 초등학교에 재학중인바 위 자들은 어머니인 원고와 살기를 원하고 있습니다. 그렇다면 자식들의 교양과 양육에 관심이 없는 피고보다는 원고를 신0순과 신0미의 양육자로 지정하

는 것이 그들의 교육이나 환경을 위하여 유익하다 할 것입니다.

나. 또한 신0순과 신0미는 현재 초등학교와 중학교에 각 재학 중인 바, 그들의 교육비 및 제반 양육비로 최소한 매월 각 금000원 이상이 소요된다 할 것이므로 피고는 원고에게 소장송달일부터 신0순이 성년에 달하는 2012. 10. 10.까지는 매월 금 800,000원, 그 다음날부터 신0미가 성년에 달하는 2014. 10. 10.까지는 매월 금 400,000원을 각 지급함이 상당하다 할 것입니다.

4. 재산분할

입 증 방 법

1. 갑 제1호증 가족관계증명서
2. 갑 제2호증 주민등록등본
3. 갑 제3호증 부동산 등기부등본

첨 부 서 류

1. 입증방법 각 1통
1. 토지대장 2통
1. 소장부본 1통
1. 위임장 1통
1. 납부서 1통

20○○. 5. .

원고 소송대리인
변호사 한 ○ ○

○○ 가정법원 귀중

[사례-20] 청구이의의 소(재산분할 청구 사건)

소　　장

원 고　홍 0 0(주민등록번호 :　　　　)
　　　서울 00구 00동 00번지 00아파트 0동 0호　(우편번호 :　　　　)
　　　전화번호 (02) 525 -1007　,　(010)　-
　　　팩스번호 (02)　-　　, 이메일 주소 :

피 고　신 집 행(주민등록번호 :　　　　)
　　　서울 00구 00동 00번지　(우편번호 :　　　　)

청구이의의 소

청 구 취 지

1. 피고는 원고에 대한 서울 가정법원 20○○느1234 재산분할 청구사건의 집행력 있는 가집행선고부 판결정본에 기한 강제집행은 이를 불허한다.
2. 소송비용은 피고의 부담으로 한다.
3. 위 제1항은 가집행할 수 있다.

라는 판결을 구합니다.

청 구 원 인

1. 원고와 피고는 20○○년 0월 0일 혼인신고를 한 법률상 부부였으며 1남 1녀를 두었으나 부부상호간 성격차이로 인하여 20○○년 2월 2일 서울중앙지방법원 20○○느1234호(이혼 및 재산분할) 판결이 확정되어 같은 해 2월 20일 이혼신고를 하였습니다.

2. 위 판결에서는 원고와 피고는 이혼하고 동시에 20○○년 5월 5일까지 원고는 피고에게 재산분할로서 금 80,000,000원을 지급하라는 판결에 의하여 원

고는 피고에게 서울중앙지방법원 공탁공무원에게 20○○년 5월 1일 2010금0000호 채무(재산분할금)금 80,000,000원을 변제공탁하였습니다.

3. 이렇듯 피고에 대한 원고의 채무는 변제공탁을 통하여 전부 소멸되었음에도 불구하고 피고는 위 판결문(집행권원)을 소지한 것을 기화로 원고에게 강제집행을 하고 있으므로 이 건 청구를 하오니 청구취지와 같은 판결을 하여 주시기 바랍니다.

첨 부 서 류

1. 판결문 1통
1. 공탁서 1통
1. 등기부등본 1통

20○○. 12.

원 고 홍 ○○ (인)

○○ 가정법원 귀하

제12장 사전처분 및 가사사건의 이행확보

가사사건의 소 제기, 심판청구, 조정의 신청 등이 있는 경우에 법원은 사건의 해결을 위하여 특히 필요하다고 인정한 때에는 직권 또는 당사자의 신청에 의하여 상대방 기타 관계인에 대하여 현상을 변경하거나 물건을 처분하는 행위의 금지를 명할 수 있고, 사건에 관련된 재산의 보존을 위한 처분, 관계인의 감호와 양육을 위한 처분 등 적당하다고 인정되는 처분을 할 수 있다(가사소송법 제62조 제1항).

예컨대 이혼소송이 진행되고 있는 도중에 자녀에 대한 상대방의 친권행사를 정지시키고자 한다거나, 재산분할을 대비하여 상대방 명의의 재산을 처분할 수 없도록 하거나, 양육비 청구를 위하여 재산의 보전이 필요한 경우 등에는 당사자는 법원에 선고 전 처분신청서를 제출할 수 있는 것이다.

한편, 당사자 또는 관계인이 정당한 이유 없이 위 사전처분을 위반한 때에는 가정법원은 직권 또는 권리자의 신청에 의한 결정으로 100만원 이하의 과태료를 처할 수 있다(가사소송법 제67조 제1항). 따라서 당사자 일방은 법원에 이혼소송을 제기하면서 상대방이 재산을 은닉·처분 등을 하는 것을 금해달라고 청구함으로써 상대방의 재산 도피를 막을 수 있다.

제 1 절 이행확보 제도의 필요성 및 분류

1. 이행확보제도의 필요성

가사사건은 당사자 기타 관계인의 이해와 감정이 복잡하게 얽혀 재판의 확정 . 조정 등의 성립 시까지 장기간이 소요되는 경우가 많은 데 비하여 즉시 현실적인 조치를 취하여 두지 않으면 실질적인 분쟁 해결을 기대할 수 없는 경우가 적지 않다.

또 강제집행을 할 수 있는 경우에도 윤리적, 감정적인 이유로 현실적으로 강제집행을 하기에 적당하지 않거나 강제집행으로 인하여 오히려 상호간 불화의 골을 깊게 할 우려도 있으므로 가정법원이 후견적 입장에서 그 집행에 관여할 필요가 생기는 것이다.

2. 이행확보제도의 분류

가사사건에 관하여 재판이 확정되거나 조정 등이 성립되기 전에 그 재판 또는 조정에 의하여 신분법상의 일정한 의무 내지 지위가 형성될 것을 전제로 하여 미리 보전적 조치를 취하여 두는 것이 사전적 이행확보제도이고, 재판이 확정되거나 조정 등이 성립된 후에 그에 의하여 형성된 의무 내지 지위의 실현을 목적으로 하는 것이 사후적 이행확보제도다.

사전처분과 가압류 . 가처분이 사전적 이행확보제도에 속하고, 이행명령과 금전의 임치는 사후적 이행확보제도에 속한다.

제 2 절 사전처분

1. 의 의

가사사건의 소의 제기, 심판청구 또는 조정의 신청이 있는 경우에 가정법원 · 조정위원회 또는 조정담당판사는 사건의 해결을 위하여 특히 필요하다고 인정한 때에는 직권 또는 당사자의 신청에 의하여 상대방 기타 관계인에게 현상을 변경하거나 물건을 처분하는 행위의 금지를 명할 수 있고, 사건에 관련된 재산의 보존을 위한 처분, 관계인의 감호와 양육을 위한 처분 등 적당하다고 인정되는 처분을 할 수 있다(법 제62조 제1항). 이를 사전처분이라고 하며, 이에 위반한 때에는 과태료에 처할 수 있다(법 제67조 제1항).

이 사전처분은 민사조정절차에서의 사전처분(민조 제21조)과 그 취지를 같이 하는 것이나, 가사조정절차에는 민사조정법의 규정에 앞서 가사소송법 제62조의 규정이 적용된다.

2. 보전처분과의 구별

① 사전처분은 가정법원이 후견적 입장에서 적극적 처분을 그 본질로 하는 것으로 직권으로도 할 수 있으나, 보전처분은 현상유지적인 소극적 처분을 본질로 하는 것으로 신청에 의하여서만 할 수 있다.

② 사전처분은 가사소송사건이나 가사비송사건 및 조정신청사항 등 모든 가사사건을 본안으로 할 수 있으나, 보전처분은 가사소송사건이나 마류 가사비송사건을 본안으로 하는 경우에 한하여 허용되고 라류 가사비송사건을 본안으로 하여서는 이를 할 수 없다.

③ 사전처분은 본안을 제기한 후에만 할 수 있으나, 보전처분은 판결 또는 심판이 확정되기 전인 한 그 시기에 제한이 없다.

④ 사전처분은 집행력이 인정되지 아니하고 위반행위에 대하여 과태료에 의한 간접강제의 수단이 마련되어 있음에 비하여, 보전처분은 그 결정에 집행력이 있다.
⑤ 사전처분은 본안사건의 상대방뿐만 아니라 기타 관계인에 대하여도 할 수 있으나, 보전처분은 본안사건의 상대방에 대하여 함이 원칙이다.
⑥ 사전처분에는 담보의 제공이 요건이 아니나, 보전처분을 함에는 상대방의 손해에 대하여 담보를 제공하게 하는 것이 원칙이다.
⑦ 사전처분은 즉시항고에 의하여만 불복할 수 있으나, 보전처분은 상대방이 이의신청 기타 일정한 절차에 따라 불복할 수 있다.

3. 사전처분의 내용

가. 현상의 변경, 처분행위의 금지

현상의 변경은 당사자 기타 관계인의 재산뿐만 아니라 현재의 생활 내지 상태를 바꾸는 것을 말하고, 물건의 처분행위는 적극적으로 물건의 점유권 내지 소유권에 변경을 초래하는 것을 말한다.

나. 재산의 보존을 위한 처분

부부재산의 분할(마류 4호의 사건), 상속재산의 분할(마류 10호의 사건)등의 사건에서 그 분할 대상인 재산의 보존을 위하여 재산관리인을 선임하고 관계인에게 그 재산의 처분을 금지하는 것, 기여분의 결정(마류 9호의 사건)사건에서 공동상속인에게 각자의 재산처분을 금지하는 것 등이 이에 해당한다.

다. 기타 적당하다고 인정되는 처분

금치산 . 한정치산선고사건(라류 1호의 사건)에서 재산관리인을 선임하여 사건본인의 재산상의 행위에 그 재산관리인의 후견 내지 보조를 받도록 하는 것 등을 예로 들 수 있다.

4. 사전처분의 심리절차

가. 관 할

사전처분은 가사사건이 계속되어 있는 가정법원, 조정위원회, 조정담당판사의 관할에 속한다(법 제62조 제1항). 본안사건이 항소 . 즉시항고에 의하여 항소심 . 항고심에 계속되어 있는 때에는 그 항소심 . 상고심법원, 항고심 . 재항고심법원에서도 이를 할 수 있다고 할 것이다.

나. 심 리

① 관할.요건의 존부에 관하여 심리하여야 하고, 임의적 변론에 의하여 심리하며, 변론하지 아니하는 경우에도 당사자, 이해관계인 기타 참고인을 심문할 수 있는데(민소 제134조 제2항), 그 신문에는 직권주의가 적용된다.

② 사전처분의 필요성에 관하여는 성질상 증명을 요하는 것은 아니고 소명으로 족하다고 할 것이다. 진술서와 같은 서면 외에, 신문의 결과, 가사조사관의 조사보고서, 조정절차에서 수집된 자료 등도 소명의 자료가 된다.

③ 사전처분에는 담보의 제공이 요건은 아니므로 담보의 제공을 명함이 없이 하는 것이 원칙이다. 직권으로 사전처분을 명하는 경우에는 성질상 담보의 제공을 명하는 것이 적절하지 않다고 할 수 있다.

다. 재 판

재판은 결정의 형식으로 하며, 그 결정에 대하여는 고지받은 날로부터 1주일 이내에 즉시항고를 할 수 있다(법 제62조 제4항). 조정위원회나 조정담당판사가 사전처분을 하는 경우에도 같아서 가정법원 . 조정위원회 또는 조정담당판사의 명의로 하여야 한다. 조정위원회에서는 합의를 거쳐 조정장 명의로 결정서를 작성한다(규칙 제120조). 다만, 가정법원과 조정위원회가 재판을 하는 경우에 급박한 때에는 재판장 또는 조정장이 단독으로 사전처분을 명할 수 있다(법 제62조 제2항).

5. 사전처분의 효력

가. 효력의 발생시기 및 종기

① 위반행위에 대하여는 제재가 부과되는 점에 비추어 사전처분은 확정되어야 효력을 발생한다.

② 사전처분의 결정 자체에서 효력의 종기를 명시하고 있는 경우에는 그 기한이 도래함으로써 사전처분의 효력이 소멸하지만, 종기를 명시하고 있지 않은 경우에는 사전처분의 효력의 종기를 본안사건의 확정시까지로 보아 본안사건의 청구를 인용할 때에는 별도의 조치를 취할 필요가 없고, 본안의 청구를 기각할 때에는 사전처분의 효력을 소멸시키기 위하여 이를 취소하여야 한다고 한다.

나. 효력의 내용

(1) 형성력

사전처분에 형성력이 있다는 데에는 별다른 이론이 없다. 예컨대, 후견인의 직무집행을 정지하고 대행자를 선임하는 사전처분이 있으면 그 처분에는 대세적 효력이 있어 후견인의 권한행사가 정지되고 그 처분에 반하여 후견인이 한 법률행위는 무권대리행위로 된다. 현상의 변경이나 물건의 처분행위를 금지하는 사전처분이 있으면 그 대상자가 그 처분에서 금지한 행위를 하지 않아야 할 의무가 생기고, 양육을 위한 처분으로서 금전의 지급 등의 적극적인 의무의 이행을 명하는 사전처분이 있으면 대상자가 그 금전지급 등을 행할 의무가 생긴다.

(2) 집행력

사전처분에는 집행력이 없다(법 제62조 제5항). 따라서 보전처분과 유사한 내용의 사전처분, 예컨대 재산의 처분을 금지하는 처분을 명하더라도 이를 등기 . 등록할 수는 없다.

다. 실효성의 확보

당사자 또는 관계인이 정당한 이유없이 사전처분에 위반한 때에는 가정법원, 조정위원회 또는 조정담당판사는 직권 또는 권리자의 신청에 의하여 결정으로 1천만 원 이하의 과태료에 처할 수 있도록 규정하고 있다(법 제67조 제1항).

[사례-21] 친권행사정지 사전처분신청서

친권행사정지 사전처분신청

신 청 인　김 갑 돌 (주민등록번호 :　　　　　)
등록기준지　00시 0구 0동 0번지
주 소　00시 0구 0동 0번지

피신청인　이 순 자 (주민등록번호 :　　　　　)
등록기준지　00시 0구 0동 0번지
주 소　00시 0구 0동 0번지

사건본인　김 동 길 (주민등록번호 :　　　　　)
등록기준지　00시 0구 0동 0번지
주 소　00시 0구 0동 0번지

신 청 취 지

귀원 20○○너20 친권상실조정신청사건이 종결될 때까지 피신청인의 사건본인에 대한 친권자로서의 직무집행을 정지하고 다음의 사람을 그 대행자로 선임한다.
라는 결정을 구합니다.

신 청 원 인

1. 신청인은 사건본인 김동길의 백부로서 사건본인을 양육하고 있습니다.

2. 피신청인은 사건본인의 부가 사망후 재혼한 모로서 사건본인의 친권자이나 재혼한 후부(後夫) 사이에 자가 출생한 후부터는 사건본인의 양육비 지급을 소홀히 할 뿐 아니라 사건본인과의 공동상속재산인 별지 목록기재의 부동산을 처분하여 후부(後夫)의 사업자금으로 사용하려고 인근 부동산중개소에 내놓고 있습니다.

3. 그러므로 사건본인을 위하여 신청인은 피신청인을 상대로 귀원에 20○○너 20 친권상실조정신청을 한 바 있으나, 위 조정사건이 종결될 때까지 기다려서는 사

건본인에게 회복할 수 없는 손해를 줄 급박한 사정이 있으므로 동 조정사건이 종결될 때까지 피신청인의 사건본인에 대한 친권자로서의 직무집행을 정지하고, 사건본인의 망부와 생전에 친밀한 관계가 있었든 다음의 사람을 그 대행자로 선임하고자 본 신청에 이르게 되었습니다.

다 음

성 명 김 ○○
주 소 00시 0구 0동 0번지
직 업 변 호 사

첨 부 서 류

1. 가족관계증명서 1통
1. 등기부등본 1통
1. 주민등록표등본 2통
1. 소명서류 1통
1. 친권상실조정사건의 접수증명원 1통

20○○. ○○. ○○.

위 신청인 김 갑 돌 (인)

○○가정법원 귀중

☞ 유의사항

신청인은 당사자이다.
사전처분은 담보제공 없이 함이 원칙이다.
비용은 인지대 1,000원과 우편료 × 5회분의 송달료를 취급은행에 납부하고 영수증을 첨부하여야 합니다.
관할법원은 본안을 담당하고 있는 가정법원, 조정위원회 또는 조정담당판사의 관할이다.

[사례-22] 유아인도 사전처분신청서

유아인도 사전처분신청

청 구 인 김 갑 돌 (생년월일)
등록기준지 00시 0구 0동 0번지
주 소 00시 0구 0동 0번지

피청구인 이 순 이 (생년월일)
등록기준지 00시 0구 0동 0번지
주 소 00시 0구 0동 0번지

사건본인 김 일 동 (생년월일)
등록기준지 00시 0구 0동 0번지
주 소 00시 0구 0동 0번지

신 청 취 지

귀원 20○○느15 양육자변경심판청구사건의 심판확정시까지 피청구인은 청구인에게 사건본인을 인도하라.

라는 결정을 구합니다.

신 청 원 인

1. 사건본인은 청구인과 피청구인사이에 혼인중 출생자입니다.
2. 청구인과 피청구인은 20○○년 1월 4일 협의이혼하고 사건본인의 친권자는 청구인으로, 양육자는 피청구인을 정하고 청구인은 피청구인에게 양육비로 매월 200,000원을 지급하였습니다.
3. 그런데 피청구인은 얼마전부터 술집 종업원으로 근무하게 되면서 밤늦게 귀가함은 물론이고 외박하는 날이 잦아 사건본인의 정상적인 양육이 불가능한

상태입니다.

4. 따라서 사건본인의 양육자를 변경하여 신청인이 양육하고자 귀원 20○○느 15호 양육자변경신청을 하였으나 그 심판 확정시까지 사건본인의 보호와 양육이 시급하고 이를 위하여서는 사건본인을 청구인에게 임시로 인도함이 필요하므로 본 신청에 이른 것입니다.

첨 부 서 류

1. 가족관계증명서 1통
1. 주민등록표등본 1통
1. 진술서 1통
1. 진술인의 주민등록표등본 1통

20○○. 8. 00.

위 신청인 김 갑 돌 (인)

0 0 가정법원 귀중

☞ 유의사항

신청인은 심판사건의 당사자이다.
사전처분은 담보제공 없이 함이 원칙이다.
비용은 인지대 1,000원과 우편송달료 × 5회분의 송달료를 취급은행에 납부하고 영수증을 첨부하여야 합니다.
관할법원은 심판사건 계속중인 가정법원이다.

[사례-23] 사전처분 결정

00지방법원

결 정

사 건 20◯◯ 즈기 1234 사전처분

신 청 인 김 갑 순 (751204-2234551)
경기도 용인시 00구 00동 123 용인빌라 201호
피신청인 홍 길 동 (741204-1234234)
경기도 용인시 00구 00동 131 용인아파트 101동 102호
사건본인 홍 ◯◯ (021216-2231451)
경기도 용인시 00구 00동 123 용인빌라 201호

주 문

1. 피신청인은 이 법원 20◯◯드합 1243 이혼 등 사건의 소송절차 종료 시까지 신청인의 의사에 반하여, 신청인의 주거지 및 사건본인이 다니는 학교로부터 각 100m 이내로 접근하여서는 아니된다(다만, 이 법원 20◯◯드합 1243 이혼 등 사건의 변론기일에서 정한, 피신청인이 매월 첫째 주, 셋째 주 토요일 12:00부터 그 다음날 18:00까지 사건본인을 면접교섭하는 경우는 제외함).
2. 피신청인이 위 명령을 위반할 경우에 위반행위 1회당 1,000,000원씩을 신청인에게 지급하라.
3. 피신청인은 이 법원 20◯◯드합 1243 이혼 등 사건의 소송절차 종료 시까지 신청인에게 사건본인의 양육비로 1,000,000원씩을 매월 말일에 지급하라
4. 신청비용은 각자 부담한다.

이 유

이 사건의 해결을 위하여 특히 필요하다고 인정되므로 가사소송법 제62조 제1항에 따라 주문과 같이 결정한다.

20◯◯. 6. 26.
판 사 김 가 정

제 3 절 가압류, 가처분

1. 의 의

가정법원은 가사소송사건 또는 마류 가사비송사건을 본안사건으로 하여 가압류 또는 가처분을 할 수 있고, 이 경우에는 민사집행법상의 가압류 . 가처분에 관한 규정이 준용된다(법 제63조 제1항, 민집 제276조 내지 제312조의 규정 준용). 이를 사전처분과 구별하여 가사소송법상의 가압류 . 가처분 또는 보전처분이라고 한다.

2. 성 질

민사집행법상의 가압류 . 가처분은 비송에 속하는 사항을 피보전권리로 하여서는 이를 할 수 없다는 것이 통설인데, 가사소송법상의 가압류 . 가처분은 마류 가사비송사건을 본안으로 하는 가압류 . 가처분을 명시적으로 허용하고 있고 또 담보제공도 필수적인 것이 아니라는 점(법 제63조 제2항)에 비추어 민사집행법상의 가압류 . 가처분과는 다른 특수한 가압류 . 가처분의 일종이라고 할 것이다.

3. 가압류, 가처분을 할 수 있는 가사사건의 범위

가압류 . 가처분은 가사소송사건 또는 마류 가사비송사건에서 인정되고, 라류 가사비송사건에는 인정되지 아니한다. 나류 및 다류 가사소송사건과 마류 가사비송사건은 조정의 대상이 되므로 가사조정사건을 본안사건으로 하여서도 가압류 . 가처분을 할 수 있는데, 이 경우에 가사조정의 신청은 본안의 제소로 본다(법 제63조 제3항). 따라서 채무자의 신청에 따라 제소명령이 있는 경우에 채권자가 가사조정의 신청을 하면 제소기간 도과를 이유로 가압류 . 가처분을 취소할 수는 없다.

4. 효 력

가사소송법상의 가압류 . 가처분의 효력 역시 민사집행법상의 그것과 동일하다. 따라서 형성력뿐만 아니라 집행력도 있다.

[사례-24] 접근금지가처분신청서

접근금지가처분신청서

신 청 인　　홍 길 동 (000000-0000000)
　　　　　　서울 00구 00동 00번지
　　　　　　송달장소 서울 00구 00동 00번지 00아파트 0동 0호
피신청인　　성 춘 향 (000000-0000000)
　　　　　　서울 00구 00동 00번지

피보전권리　　접근금지이행청구

신 청 취 지

1. 피신청인은 신청인의 의사에 반하여 신청인에게 접근하여서는 아니 된다.
2. 피신청인은 신청인에 대하여 면접 교섭을 강요하거나 폭언 또는 폭력을 행사하는 등의 방법 및 불안을 느끼게 하는 전화 등으로 신청인의 평온한 생활 및 업무를 방해하여서는 아니 된다.
3. 위 명령을 위반한 피신청인은 위반행위 1회당 금 200만원씩을 신청인에게 지급한다.

라는 재판을 구합니다.

신 청 이 유

1. 신청인과 피신청인의 관계

신청인과 피신청인은 혼인신고를 마친 법률상 부부로 슬하에 000(1999년 9월 9일생)과 000(2001년 2월 1일생)을 출생한 부모인바, 상호 뜻이 맞지 아니하여 0000년 0월 0일 서울남부지방법원에서 협의이혼 의사확인을 받아 동년 5. 2. 관할구청에 이혼신고를 하여 수리된 바 있고, 양인은 이미 0000년 0월 0일부터 별거 생활을 하고 있습니다.

2. 이건 신청에 이른 경위

가. 피신청인은 협의이혼을 한 다음날 신청인을 찾아와서 서류상엔 도장을 찍었지만 사실은 이혼한 게 아니라고 엉뚱한 소리를 일삼고 수시로 신청인이 경영하는 서울 00구 00동 000 소재 00회사에 찾아와서 "얘기 좀 하자, 술 마시자" 라는 등 접근을 하고 인근에 사람이 없는 틈을 노려 몸을 끌어안고 키스를 요구하는 등 신청인은 전신에 소름이 끼치고 창피한 생

각이 들어 그때마다 완강히 반항을 하고 있습니다.

나. 신청인이 화가나 있지만 욕설과 폭언을 일삼고 입에 담을 수 없는 험담을 하기도 합니다.

다. 신청인은 피신청인의 모습이 한없이 저주스러워 피하게 되면, 신청인의 가족에게 전화를 하여 심한 욕설과 협박을 하여 신청인은 물론 신청인의 가족들도 더 이상 참을 수 없을 정도로 괴로움을 당하고 있습니다.

라. 아울러 피신청인은 신청인이 만나주지 않는다고 신청인이 재직하는 회사로 방문하여 난동을 부리므로 말미암아 신청인은 할 수 없이 피신청인의 손에 이끌리어 나갔는데, 피신청인은 신청인을 끌고 가 폭력을 행사하고 호텔로 끌고 가려고 수작을 부렸으나 신청인의 강력한 반항으로 뜻을 이루지 못하였습니다.

마. 최근 피신청인은 신청인의 거주지를 밤 12시가 지난 시간에 술을 잔득 마시고 방문하여 소란을 피우고 문을 열지 아니하면 문을 부셔 버리겠다고 고함을 하기도 하였으나 경찰에 신고하기까지 하였습니다.

3. 결 어

가. 현재 피신청인은 일반인들이 생각할 수 없는 차원을 넘어서 언제 어떠한 불미스러운 행동을 저지를지 모르고 기습적으로 신청인을 찾아와 위와 같은 방법으로 괴롭힐 것이 분명함으로 신청인은 하루하루 불안한 가운데 공포와 두려움에 떨고 있습니다. 그러므로 신청인은 피신청인에 대하여 신청취지 기재와 같은 재판을 받음으로써 직장생활은 물론 마음 놓고 평온한 사생활을 누리면서 살아갈 수 있을 것임으로 이건 신청을 합니다.

나. 본 가처분에 대한 손해담보조로 제공할 공탁금은 지급보증위탁계약을 체결한 문서를 제출하는 방법에 의하여 담보를 제공할 것을 허가하여 주시기 바랍니다.

첨 부 서 류

1. 소갑제1호증 가족관계증명서 1통
2. 소갑제2호증 주민등록등본 1통

20○○. 5. .

신청인 0 0 0

서울가정법원 귀중

제 4 절 이행명령

1. 의 의

가사사건에 관한 판결 . 심판 . 조정조서 . 조정에 갈음하는 결정 또는 양육비 부담 조서에 의하여 금전의 지급 등 재산상의 의무, 유아의 인도 의무, 또는 자(子)와의 면접교섭허용의무를 이행하여야 할 자가 정당한 이유 없이 그 의무를 이행하지 아니할 때에는 당사자의 신청에 의하여 일정한 기간 내에 그 의무를 이행할 것을 명할 수 있는데(법 제64조 제1항), 이를 이행 명령이라고 한다.

이 명령에 위반한 때에는 과태료에 처할 수 있고(법 제67조 제1항), 금전의 지급 등 재산상의 의무 또는 유아의 인도 의무 위반에 대하여는 일정한 경우 감치에 처할 수 있도록 하여(법 제66조), 재산상의 의무 등 일정한 가사채무를 과태료 . 감치 등의 간접 강제 수단을 통하여 실현함을 목적으로 한다.

2. 이행명령의 요건

가. 이행명령을 할 수 있는 의무

이행명령을 할 수 있는 가사채무는 금전의 지급 등 재산상의 의무, 유아의 인도의무, 또는 자(子)와의 면접교섭허용의무에 한한다. 따라서 부부의 동거를 명하는 것과 같은 순수한 신분상의 의무에 대하여는 이행명령을 할 수 없다. 신분상의 의무는 강제이행에 부적당하고 간접강제도 허용되지 않기 때문이다. 다만, 유아의 인도의무는 그 유아가 의사능력이 없거나 인도집행에 반대하지 않는 것을 전제로 직접강제가 허용되고, 면접교섭 허용의무 위반에 대하여는 과태료부과 등 간접강제의 대상으로 하고 있다.

나. 당사자

(1) 이행명령 신청권자

판결 . 심판 . 조정 . 조정에 갈음하는 결정에서 정하여진 권리주체 및 그 승계인이다. 원고 . 피고, 청구인 . 상대방, 신청인 . 피신청인과 같은 절차상의 구체적인 지위는 문제되지 않으며, 각종 절차에서 당사자적 지위를 가지는 참가인도 권리자로 될 수 있다. 유언집행자도 그 권한 범위 내에서는 이행명령을 신청할 수 있는 권리자에 해당할 수 있다. 단순한 이해관계인은 당사자로 될 수 없다. 다만 면접교섭허용의무위반에 대한 이행명령은 그 권리주체인 부(父) 또는 모(母)만이 청구권자 또는 상대방이 될 수 있다고 볼 것이다.

(2) 이행명령의 상대방

판결 . 심판 . 조정 . 조정에 갈음하는 결정에서 재산의 지급의무, 유아의 인도의무, 또는 자(子)와의 면접교섭허용의무를 명령받은 자와 그 승계인이다.

다. 정당한 이유 없이 의무를 이행하지 아니할 것

이행명령의 대상인 의무가 주로 재산상의 의무이므로 정당한 이유로서는 일반적으로 의무자의 경제적 궁핍이나 곤궁을 예상할 수 있으나, 의무자가 의무의 이행을 위하여 얼마나 성실히 노력한 정도 및 권리자의 경제적 궁핍 정도를 아울러 고려하여야 한다.

3. 이행명령의 심리절차

가. 관 할

이행명령은 그 대상인 가사채무의 이행을 명한 판결 . 심판 . 조정 등을 한 가정법원의 전속관할에 속한다(규칙 제121조). 고등법원의 판결 . 결정에 의하여 가사채무가 성립된 경우에도 제1심 가정법원이 관할한다. 조정이나 조정에 갈음하는 결정에 있어서는 그 조정위원회 또는 조정담당판사가 속한 가정법원이다.

나. 당사자의 신청

이행명령은 당사자의 신청에 의하여 한다. 신청은 서면 또는 구술로 할 수 있고, 소정의 수수료를 납부하여야 하며, 가사신청사건으로 입력한다.

다. 심 리

(1) 당사자의 필요적 심문

이행명령을 함에 있어서는 특별한 사정이 없는 한 당사자를 심문하고 그 의무이행을 권고하여야 하며, 불이행에 대한 과태료 · 감치의 제재를 고지하여야 한다(법 제64조 제2항). 당사자의 심문은 의무불이행에 정당한 이유가 있는지의 여부를 가리고 자발적인 의무이행을 권고하고 이행명령이 발령된 후의 불이행에 따른 제재를 고지하기 위한 것이다.

(2) 가사조사관에 의한 조사 · 권고

① 권리자의 신청이 있는 때에는 가정법원은 이행명령 전후에 가사조사관으로 하여금 의무자의 재산상황과 의무이행의 실태에 관하여 조사하고 의무이행을 권고할 수 있다(규칙 제122조). 이 조사와 권고는 강제력이 있는 것이 아니고 가정법원이 후견적 입장에서 조정하는 것이라고 할 수 있다.

② 가사조사관에 의한 조사는 가정법원이 행하는 직권에 의한 사실조사의 일환으로, 권고는 가사조사관이 행하는 조정조치의 일환으로 볼 수 있으므로 권리자의 신청이 없더라도 가정법원이 직권으로 조사와 권고를 명할 수도 있다고 할 것이다.

③ 가사조사관의 조사와 권고는 언제나 가정법원의 명령에 의하여야 하고 가사조사관 스스로 할 수는 없다.

④ 가사조사관의 조사와 권고의 방식에는 정함이 없다. 의무자를 소환하여 면접 조사하는 것이 일반적일 것이나 필요한 경우에는 출장조사를 할 수도 있다. 권고 역시 구두로 설득, 권고하는 외에 권고서를 교부하거나 송달하는 방법에 의할 수도 있다. 가사조사관은 조사와 권고의 결과를 서면으로 보고하여야 한다.

라. 재 판

① 심리의 결과 신청이 이유 없을 때에는 신청을 기각하고 이유 있을 때에는 이행명령을 발한다. 이 명령의 성질은 결정이다. 이행명령은 그 발령 당시에 남아 있는 잔존의무의 범위 내에서 하여야 하나, 반드시 그 의무 전부에 대하여 발령하여야만 하는 것은 아니고 의무의 일부에 대하여서만 이행명령을 발할 수도 있다(규칙 제123조). 이행명령에는 의무이행의 기간을 정하여야 한다.

② 이행명령은 결정이므로 적당한 방법으로 의무자에게 고지함으로써 효력이 발생한다. 일반적으로는 결정정본의 송달에 의할 것이다.

4. 이행명령위반에 대한 제재

이행명령을 받고도 정당한 이유 없이 그 명령에 위반한 자에 대하여는 가정법원은 직권 또는 권리자의 신청으로 1천만 원 이하의 과태료에 처할 수 있다(법 제67조 제1항). 또 이행명령의 내용이 금전의 정기적인 지급의무의 이행을 명하는 것인 경우에 의무자가 정당한 이유 없이 그 의무를 3기 이상 이행하지 아니하거나, 이행명령의 내용이 유아의 인도의무의 이행을 명하는 것인 경우에 의무자가 이행명령위반으로 과태료의 제재를 받고도 30일 이내에 그 의무를 이행하지 않는 때에는 가정법원은 권리자의 신청에 의하여 의무자를 30일의 범위 내에서 감치에 처할 수 있다(법 제68조 제1항).

제 5 절 감 치(監 置)

1. 감치재판의 대상

혈액형 등의 수검명령을 받은 자가 결정으로 1천만 원 이하의 과태료에 처하는 제재를 받고도 정당한 이유없이 다시 수검명령을 위반한 때에는 가정법원은 결정으로 30일의 범위 내에서 그 의무이행이 있을 때까지 위반자를 감치에 처할 수 있고(법 제67조 제2항), 금전의 정기적 지급을 명령받은 자가 정당한 이유없이 3기 이상 그 의무를 이행하지 아니하거나, 유아의 인도를 명령받은 자가 과태료의 제재를 받고도 30일 이내에 정당한 이유없이 그 의무를 이행하지 아니한 때에는 가정법원은 권리자의 신청에 의하여 30일의 범위내에서 그 의무이행이 있을 때까지 의무자를 감치에 처할 수 있다(법 제68조 제1항).

감치재판사건의 사건명은 가사소송법 제67조 제2항의 경우에는 "수검명령위반" 으로, 동법 제68조 제1항의 경우에는 "이행의무위반" 으로 한다(가사소송규칙 제138조의 규정에 의한 감치재판에 관한 예규(제특 91-3) 제2조). 감치결정에 대하여는 즉시항고를 할 수 있다(법 제67조 제3항, 제68조 2항).

2. 감치에 처하는 재판절차

감치에 처하는 재판절차 기타 사항에 관하여는 가사소송법 및 동 규칙에 특별한 규정이 있는 경우를 제외하고는 성질에 반하지 아니하는 한 법정 등의 질서유지를 위한 재판에 관한 규칙의 규정을 준용한다(규칙 제130조).

가. 관 할

감치에 속하는 재판은 수검명령 또는 이행명령을 한 가정법원의 전속관할로 한다(규칙 제131조).

나. 감치재판의 신청

권리자는 다음 사항을 기재하고 기명날인 또는 서명한 서면에 의하여 감치재판을 신청하여야 한다(규칙 제132조).

① 의무자의 성명과 주소
② 채무명의의 표시
③ 법 제64조의 이행명령이 의무자에게 고지된 일자
④ 의무자가 이행하지 아니한 의무의 내용
⑤ 감치의 재판을 구하는 뜻

다. 신청각하의 재판

가정법원은 방식위배, 인지불첩부, 요건불해당 등으로 권리자의 감치재판신청이 부적법하다고 인정한 때에는 그 신청을 각하하는 결정을 하여야 한다. 이 결정에 대하여는 불복하지 못한다(규칙 제133조).

라. 재판기일의 지정

가정법원이 직권으로 위반자 또는 의무자를 감치에 처하고자 할 때 또는 권리자의 감치재판 신청이 이유 있다고 인정한 때에는 재판장은 재판기일을 정하여 위반자 또는 의무자를 소환하여야 한다(규칙 제134조 제1항). 소환을 받은 위반자 또는 의무자가 정당한 사유 없이 재판기일에 출석하지 아니한 때에는 재판은 위반자 또는 의무자를 구인할 수 있다(규칙 제134조 제2항).

마. 감치의 재판

감치에 처하는 재판에는 위반자가 위반한 수검명령의 내용 또는 의무자가 이행하지 아니한 의무의 내용, 감치의 기간, 감치할 장소 및 감치 기간이 만료되기 이전이라도 수검명령에 응하거나 의무를 이행한 때에는 감치의 집행이 종료된다는 뜻을 명확히 하여야 한다(규칙 제135조 제1항).

가정법원은 위반자 또는 의무자를 감치에 처함이 상당하지 아니하다고 인정하거나 위반자 또는 의무자가 재판기일까지 그 의무이행사실을 증명한 때에는 불처벌의 결정을 하여야 한다(동조 제2항).

바. 즉시항고

즉시항고는 위반자 또는 의무자가 재판의 고지를 받은 날로부터 3일 이내에 하여야 하고(규칙 제136조 제1항), 이유를 기재한 항고장을 재판 법원에 제출함으로써 한다(동조 제2항). 즉시항고는 집행정지의 효력이 없다(동조 제3항).

3. 의무이행에 의한 감치집행의 종료

가. 수검명령 위반사건

감치의 재판을 받은 자가 그 감치의 집행중 수검명령에 응할 뜻을 표시한 때에는 재판장은 지체없이 그 위반자에 대하여 혈액채취 기타 검사에 필요한 조치를 취한 후 위반자가 유치되어 있는 감치시설의 장에게 위반자의 석방을 명하여야 한다(규칙 제137조 제1항).

나. 이행의무 위반사건

의무를 이행하고 이를 증명하는 서면을 제출한 때에는 감치의 집행은 당연히 종료된다. 따라서 가정법원은 지체없이 감치시설의 장에게 의무자의 석방을 명하여야 한다(규칙 제137조 2항). 의무이행사실의 증명은 서면으로 하여야 하므로 단순히 의무자의 주장과 진술만으로는 부족하다. 권리자의 영수서 또는 확인서 등이 그러한 서면에 해당하고, 가정법원은 필요한 경우 사실을 조사할 수도 있다고 할 것이다.

제 6 절 금전의 임치

1. 의 의

가사사건의 판결 . 심판 . 조정 . 조정에 갈음하는 결정에 의하여 금전지급의무가 성립된 경우에 그 의무자는 가정법원의 허가를 받아 가정법원에 금전을 임치함으로써 의무를 면할 수 있는데(법 제65조), 이를 금전의 임치라고 한다.

가사사건에서는 당사자 간의 감정적 갈등으로 인하여 금전지급의무를 지고 있는 경우에도 상대방을 직접 대면하기를 꺼리는 경우가 많은 점을 고려하여 가정법원이 후견적 입장에서 중재 역할을 함으로써 의무자의 임의이행을 손쉽게 하고 권리자의 만족에 도움을 주고자 함이다.

2. 금전임치의 대상

가정법원의 판결 . 심판 . 조정 . 조정에 갈음하는 결정에 의하여 지급의무가 성립된 금전이다(법 제65조 제1항). 금전지급의무는 가사사건에 관한 것임을 원칙으로 하고 민사사건의 청구에 관한 것은 포함되지 아니하나, 조정이나 조정에 갈음하는 결정에 있어서는 민사사건의 청구가 포함될 수 있으므로 그와 같은 민사사건에 관한 금전지급의무에 대하여는 예외적으로 금전의 임치를 할 수 있다.

또 금전지급의무는 재판이나 조정 등에 의하여 성립된 것이어야 하므로 그에 이르기 전단계에서의 당사자 사이의 단순한 합의나 계약에 기한 의무 또는 사전처분이나 가처분에 의한 의무에 대하여는 금전임치를 할 수 없다. 재판 . 조정 등에 의하여 성립된 의무인 이상 이행명령(법 제64조)을 받은 경우에도 금전의 임치를 할 수 있다. 임치할 수 있는 것은 금전에 한하므로 유가증권 등의 유체물은 임치의 대상이 될 수 없다.

3. 금전임치의 절차

가. 관 할

금전지급의무의 근거가 되는 판결 . 심판 . 조정 . 조정에 갈음하는 결정을 한 가정법원(고등법원이 판결 . 결정을 한 경우에는 제1심 가정법원)의 전속관할에 속한다(규칙 제124조 제1항).

나. 금전임치의 신청

① 의무자와 권리자 및 대리인의 표시 ② 집행권원의 표시 및 내용 ③ 의무자가 이행하여야 할 금전채무액 및 임치할 금액 ④ 임치사유 ⑤ 반대의무 또는 조건이 있을 때에는 그 내용을 기재하고, 신청인 또는 대리인이 기명날인 또는 서명한 서면으로 하여야 한다(규칙 제125조 제1항).

다. 허부의 재판

① 가정법원은 신청내용이 의무의 이행에 적합한 것인지의 여부를 심사하여 허부의 재판을 한다(법 제65조 제2항 선문). 허부의 판단은 가정법원의 재량에 맡겨져 있다.

② 재판의 형식은 결정이며, 이 재판은 별도의 결정서에 의함이 원칙이나, 신청서의 여백에 재판의 취지와 일자를 기재하고 판사가 기명날인하는 간이한 방식으로 할 수도 있다(금전의 임치에 관한 예규(재특 91-1) 제3조).

③ 금전임치신청을 허가함에 있어서는 임치할 가정법원을 별도로 지정할 수도 있다(규칙 제124조 제2항). 이 경우에는 의무자가 허가의 재판서를 지정된 가정법원에 제출하여 그 가정법원의 납부지시에 따라 금전을 임치하여야 할 것이다. 그러나 허가법원과 임치법원이 분리되어서는 업무에 혼란을 초래할 우려가 있으므로 다른 가정법원을 임치할 가정법원으로 지정하는 것은 바람직하지 않다.

라. 금전의 납부 . 임치

금전임치의 신청을 허가한 재판이 있으면 가정법원의 법원사무관 등은 지체없이 의무자에게 납부지시서를 발부하고(규칙 제125조 제2항), 의무자는 그 납부지시서에 의하여 임치할 금전을 가정법원의 세입세출외현금출납공무원에게 납부한다(동조 제3항).

마. 금전납부 후의 사무

① 의무자로부터 금전을 납부받은 가정법원의 세입세출외현금 출납공무원은 의무자에게 영수증을 교부하고, 그 수납에 관한 사항을 기재한 보관표를 작성하여 가정법원의 법원사무관 등에게 송부하여야 한다(규칙 제126조).

② 보관표를 송부받은 가정법원의 법원사무관등은 지체없이 그 사실을 가사신청 사건부에 비고란에 "20 . . .임치" 라고 기재하고(금전의 임치에 관한 예규(재특91-1) 제8조), 권리자에게 통지하여야 한다(규칙 제127조).

바. 권리자의 임치금 지급

① 임치금의 지급 절차는 법원보간금취급 규칙의 규정을 준용한다(규칙 제128조 제1항). 권리자는 임치금지급청구서를 제출하여야 하며, 계좌입금을 신청할 수도 있다(규칙 제128조 제1항, 법원보관금취급규칙 제13조).

임치금의 수령에 조건이 붙거나 반대의무의 이행이 있어야 할 경우에는 그 조건의 성취 또는 반대의무의 이행을 증명하는 서면을 지급청구서에 첨부하여야 한다(규칙 제128조 제2항).

임치금을 수령할 권리자는 승계인을 포함하는 것이고, 금전의 임치는 강제집행과는 성질이 다르므로 임치금의 수령에 집행문을 부여받아야 하는 것은 아니다.

② 임치금의 지급은 보관표에 의한 담임법관의 지시에 따라 세입세출외현금 출납공무원이 하고, 가정법원의 법원사무관등은 보관표를 회부받은 후 가사신청사건부의 비고란에 "20 . . .지급" 이라고 기

재하여야 한다(금전의 임치에 관한 예규(재특91-1) 제8조).

4. 금전임치의 효과

가. 금전지급의무의 소멸

가정법원의 허가에 따라 금전을 임치하면 그 임치한 때에 임치된 금액의 범위 내에서 금전지급의무가 이행된 것으로 본다(법 제65조 제3항). 따라서 금전임치의 효과 발생에 권리자의 수익의 의사표시가 필요한 것은 아니다. 이 점에서는 공탁과 차이가 없다. “임치된 금액의 범위안에서” 라는 것은 금전지급의무의 일부에 관하여 임치의 허가를 받아 임치한 경우를 가리킨다.

나. 임치금의 회수

금전임치의 효과는 권리자의 지급청구와는 관계없이 임치한 때에 발생하는 것으로 규정되어 있는 이상 의무자가 임치금의 회수를 청구할 수는 없다고 봄이 타당하다. 다만, 권리자의 소재불명 등으로 그에게 금전임치사실을 통지할 수 없는 경우, 권리자가 임치금의 수령을 거절하는 경우, 권리자가 의무자의 임치금회수에 동의한 경우 등의 예외적인 사유가 있는 때에는 의무자가 그 사실을 증명하여 임치금의 회수를 청구할 수 있고, 가정법원이 상당하다고 인정하는 때에는 이를 허가할 수 있다고 할 것이다. 이 경우 금전임치에 의한 의무이행의 효과는 소급하여 소멸한다.

[서식-12] 금전 임치 신청서

<table>
<tr><td colspan="3">금전임치신청서</td></tr>
<tr><td>신 청 인 의
주 소 . 성 명</td><td colspan="2"></td></tr>
<tr><td>상 대 방 의
주 소 . 성 명</td><td colspan="2"></td></tr>
<tr><td rowspan="2">집 행 권 원</td><td>표 시</td><td>(예시) ○○법원 20 ○○. 12. 10.자
20 ○○너 101 조정조서</td></tr>
<tr><td>내 용</td><td>금 원의 지급</td></tr>
<tr><td>신청인이 이행하
여야 할 채무액</td><td colspan="2"></td></tr>
<tr><td>임 치 할 금 액</td><td colspan="2"></td></tr>
<tr><td>임 치 사 유</td><td colspan="2"></td></tr>
<tr><td>반 대 의 무 .
조건 의 내 용</td><td colspan="2"></td></tr>
<tr><td colspan="3">위와 같이 금전의 임치를 신청합니다.

200 . . .
신 청 인 (인)
○ ○ 법 원 귀중</td></tr>
</table>

위 신청을 허가함.

200 . . .

재 판 장 판 사 (인)

판 사 (인)

판 사 (인)

○ ○ 법원

[서식-13] 금전임치결정

결 정

사 건 20 즈단 금전임치

신 청 인 홍 0 0

상 대 방 성 0 0

집행권원:

임치할 금액

주 문 신청인의 금전임치를 허가한다.

이 유 신청인의 금전임치는 그 의무의 이행에 적합하다고 인정되므로 주문과 같이 결정한다.

20 . . .

판사 (인)

[서식-14] 임치금 수령통지서, 지급청구서

<table>
<tr><th colspan="2">임치금 수령통지서</th></tr>
<tr><td colspan="2">권 리 자 귀 하</td></tr>
<tr><td>사 건</td><td>200 즈단 금전임치</td></tr>
<tr><td>집 행 권 원</td><td>(예시) ○ ○ 법 원
20 ○○너 101 조정조서</td></tr>
<tr><td>임치인의 주소 . 성명</td><td></td></tr>
<tr><td>임 치 금 액</td><td></td></tr>
<tr><td>임 치 년 월 일</td><td></td></tr>
<tr><td>임 치 사 유</td><td></td></tr>
<tr><td>반대의무 . 조건의 내용</td><td></td></tr>
<tr><td colspan="2">위와 같이 금전을 임치 받았음을 통지하니 찾아가시기 바랍니다.
20○○ . . .
○ ○ 법 원
법원사무관 (인)</td></tr>
</table>

<table>
<tr><th colspan="2">임치금 지급청구서</th></tr>
<tr><td>사 건</td><td>20○○즈단 금전임치</td></tr>
<tr><td>집 행 권 원</td><td>(예시) ○ ○ 법 원
20○○너 101 조정조서</td></tr>
<tr><td>청 구 금 액</td><td></td></tr>
<tr><td>청 구 사 유</td><td></td></tr>
<tr><td>첨 부 서 류
(*해당사항에○표 할것)</td><td>1. 임치금수령통지서
2. 인감증명서
3. 조건의 성취 또는 반대의무의 이행사실증명서
4. 예금계좌입금신청서</td></tr>
<tr><td colspan="2">위와 같이 청구합니다.
20○○ . . .
주 소
청 구 인(권리자) (인)
○ ○ 법 원 귀중</td></tr>
</table>

第13장 상 속

1. 상속의 개시

상속은 피상속인의 사망으로써 개시된다(민법 제997조). 이러한 사망에는 통상적인 사망의 경우 뿐만 아니라 인정사망, 실종선고에 의한 경우 등이 포함된다.

상속할 사람의 선후의 차례를 상속순위라고 한다. 이러한 상속 순위는 상속인의 자격을 가진 사람이 한 사람밖에 없을 때에는 문제되지 않지만 상속 자격을 가진 사람이 수인의 경우에는 상속순위의 문제가 발생되므로 이를 미리 정하여 두는 것이다. 상속에는 상속인, 상속순위, 상속분 등 모두를 법률에 의하여 정하는 법정상속과, 유언에 의하여 상속재산의 자유로운 처분을 인정하는 유언상속이 있다. 우리 민법(상속법)은 피상속인의 유언에 의하여 상속재산의 귀속을 인정하는 유언상속을 인정하고 있으며, 유언이 없는 경우 비로소 법정상속이 개시되는 것이다.

피상속인의 유언에 의한 처분의 자유를 존중하면서도 일정의 상속인의 보호를 도모하기 위하여 유류분제도가 존재하며, 유류분 제도는 피상속인의 자유 재산처분권을 부분적으로 제한하여 피상속인의 의사에 반하더라도 일정 범위의 법정상속인에 대해서는 최저한도의 생활을 보장해주기 위한 것이다.

2. 상속의 순위

피상속인의 사망으로 상속인들은 별도의 절차 없이 자동적으로 피상속인의 재산에 대한 권리·의무를 포괄적으로 승계하게 된다. 상속인이 수인인 경우 상속인들이 상속되는 순위는 민법에서 상속순위를 다음과 같이 규정하고 있다(제1003조).

- 제1순위 : 피상속인의 직계비속과 배우자
- 제2순위 : 피상속인의 직계존속과 배우자

※배우자 : 단독상속(피상속인의 직계비속. 직계존속이 없을 경우)

- 제3순위 : 피상속인의 형제자매
- 제4순위 : 피상속인의 4촌이내의 방계혈족

(1) 제1순위 : 직계비속과 배우자(공동상속)

① 제1순위의 상속인은 피상속인의 직계비속과 피상속인의 배우자이다(제1000조 제1항 제1호. 제1003조 제1항).

② 직계비속은 촌수에 차이가 있는 직계비속이 여러명 있는 경우에는 최근친자가 선순위의 상속인이 되고(제1000조 제2항 전문), 같은 촌수의 상속인이 여러명 있는 경우에는 공동상속인이 된다. (제1000조 제2항). 따라서 아들딸은 손자녀에 우선하여 상속인이 되고, 직계비속은 혼인중의 출생자이든 혼인외의 출생자이든, 기혼이든 미혼이든 혼인, 분가, 입양 등에 의하여 다른 가족관계등록부에 있든, 성별에 무관하게 상속순위에는 아무런 차별이 없다.

③ 법정혈족 중 양자는 상속순위에 관하여 자연혈족과 아무런 차별 없으나 양자는 양부모와 생부모에 대하여 각각 양면으로 제1순위의 상속인이 된다.

④ 촌수가 다른 직계비속이 수인이 있는 경우 예컨대, 자녀와 손자녀가

있는데 아들과 딸이 전부 상속개시 전에 상속권을 상실한다든가 상속개시 후 상속권을 포기하면 손자녀가 직계비속으로서 상속인이 된다. 이를 대습상속으로 보는 학설이 있다. 예로서 직계비속인 자녀 중에서 1인이 상속개시 전에 사망하였는데, 그에게 자녀가 있을 때에는 그 자녀가 대습상속을 하게 되지만, 피상속인의 자녀가 없는 경우에는 망인의 직계존속이 상속을 받게 되는 것이다.

⑤ 태아는 상속순위에 관하여는 "이미 출생한 것으로 본다."(제1000조 제3항)

⑥ 피상속인의 배우자는 그의 직계비속과 같은 순위로 공동상속인이 된다.

(2) 제2순위 : 직계존속과 배우자(공동상속)

① 제2순위의 상속인은 피상속인의 직계비속이 없는 경우, 피상속인의 직계존속과 배우자이다(제1000조 제1항 제2호, 제1003조 제1항). 이때 부계이건 모계이건, 양가 측이건 생가 측이건 묻지 않는다. 친생부모와 양부모가 있을 때에는 함께 같은 순위로 공동상속인이 되고, 이혼한 부모나 인지로 인하여 부(父)의 가(家)에 입적한 자녀의 생모도 각각 상속권이 있다.

② 적모[54]와 계모는 1990년의 민법의 일부개정으로 1991.1.1 적모서자관계와 계모자관계가 폐지되었기 때문에 상속권이 없다(민법부칙 제4조 참조).

54) 혼인외의 출생자와 부(父)의 배우자 사이의 관계로서 적모서자관계는 적모와 혼인외의 출생자의 부(父) 사이의 혼인의 취소·무효 또는 이혼으로 소멸되며, 또 부(父)가 사망한 후에 적모가 재혼한 때에도 소멸한다(775조).

③ 혼인한 여성의 경우 친정 부모나 본가의 부모와 같이 제적을 달리하는 직계존속도 상속권이 있다.

④ 직계존속에 관하여는 대습상속이 인정되지 않고, 피상속인의 모(母)가 이미 사망할 경우 부(父)만이 상속인이 되며 모의 직계존속인 외조부모는 대습상속을 할 수 없다. 예로서 양부모가 사망하여 양자가 많은 유산을 상속한 후, 처와 직계비속 없이 사망한 경우에 그 양자의 상속재산은 양조부모가 생존하여 있더라도 상속할 수 없고 전부 친생부모가 상속한다.

⑥ 직계존속이 수인이 있는 경우에는 촌수가 같으면 같은 순위로 공동상속인이 되고 촌수를 달리하면 최근친이 먼저 상속인이 된다(제1000조 제2항).

⑦ 피상속인의 배우자는 피상속인의 직계비속이 없는 경우에는 피상속인의 직계존속과 공동상속인이 되며, 직계존속도 없는 경우에 비로소 단독상속인이 된다(제1003조 제1항).

(3) 제3순위 : 형제자매

① 제3순위의 상속인은 피상속인의 직계비속, 직계존속, 배우자가 없는 경우 피상속인의 형제자매이다(제1000조 제1항 제3호).

② 형제자매는 성차별, 기혼, 미혼의 차별, 동일호적(현재 가족관계등록부) 여부의 차별, 자연 · 법정혈족 차별, 동복 · 이복의 차별 없이 상속권이 있다.

③ 형제자매가 수인이 있는 경우에는 같은 순위로 공동상속인이 되며(제1000조 제2항 후단), 태아는 이미 출생한 것으로 본다(제1000조 제3항).

④ 형제자매의 직계비속은 대습상속이 인정된다(제1001조).

(4) 제4순위 : 4촌 이내의 방계혈족

① 제4순위의 상속인은 피상속인의 3촌부터 4촌 이내의 방계혈족이다(제1000조 제1항 제4호)[55].

② 4촌 이내의 혈족은 피상속인의 직계비속, 직계존속, 배우자, 형제자매가 없는 경우에 상속인이 되고, 촌수가 같으면 공동상속인이 되고 촌수가 다르면 근친부터 공동상속인이 된다.

③ 촌수는 양자와 양부모 및 그 혈족과 인척 사이의 촌수는 입양한 때부터 자연혈족과 동일하게 계산하며, 양자의 배우자, 직계비속과 그 배우자는 양자의 친계를 기준으로 촌수를 정하게 된다.

④ 방계혈족이면 성별, 기혼, 미혼, 가족관계부의 이동, 부계, 모계, 적자, 서자 등의 차별은 묻지 않으므로 3촌이 되는 방계혈족으로는 백부와 고모, 외숙부와 이모, 질. 생질 등이 공동상속인이 되고, 4촌이 되는 방계혈족으로는 종형제자매, 고종형자매, 외종형제자매, 이종형제 자매 등이 공동상속인이 된다.

3. 상속인의 지분

상속인이 여러 명인 경우 피상속인(사망자)이 미리 유언으로 그 상속분을 정하여 두지 않았을 경우에는 그 공동상속인의 지분은 모두 동일(1991. 1. 1. 이후부터 적용)하며, 다만 사망한 사람의 배우자는 다른 공동상속인의 상속분보다 50%를 가산한 상속분을 가진다. 따라서 갑(甲)이 사망하여 처인 을(乙)과 자식 병(丙), 정(丁)을 둔 경우 을, 병, 정의 상속지분은 1.5 : 1 : 1 이 되게 된다.

---

55) 1990년 민법의 일부개정으로 8촌이내에서 4촌이내의 방계혈족으로 그 범위가 축소되어 1991.1. 1 시행되었다.

「처와 호주의 상속분의 변천」

<table>
<tr><th rowspan="2">공동상속 형태
기간</th><th colspan="2">직계비속과
공동상속</th><th colspan="2">직계존속과
공동상속</th><th>호주</th></tr>
<tr><th>처</th><th>남자</th><th>처</th><th>남자</th><th></th></tr>
<tr><td>1960 ~ 1978</td><td>1/2</td><td>1</td><td>1</td><td>1</td><td rowspan="2">1.5</td></tr>
<tr><td>1979 ~ 1990</td><td rowspan="2">1.5</td><td rowspan="2">1</td><td rowspan="2">1.5</td><td rowspan="2">1</td></tr>
<tr><td>1991 ~ 현재</td><td>1.0</td></tr>
</table>

「여자상속분의 변천」

남녀 기간	남자	여자(미혼)	출가외 인 (호적이 다름)
1960 ~ 1978	1(호주 1.5)	1/2	1/4
1979 ~ 1990	1(호주 1.5)	1	1/4
1991 ~ 현재	1	1	1

* 1960. 1. 1. 부터 1990. 12. 31. 까지 재산상속인이 동시에 호주상속을 할 경우에는 상속분의 5할을 가산한다.

4. 기여분 제도

공동상속인 중에 사망한 피상속인의 재산의 유지, 증가에 특별히 기여한 자(부모를 특별히 부양한 자식, 또는 부모나 배우자의 재산증식에 특별히 기여한 자식이나 배우자)에게는 그 기여분은 공동상속재산에서 제외되고, 기여한 자의 고유한 상속분으로 정해진다. 이때 공동상속인 간에 기여한 자의 기여분에 관한 협의가 되지 않을 시는 기여자가 가정법원에 청구하여 가정법원이 기여의 시기, 방법, 정도와 상속재산의 액수, 기타 사정을 참작하여 기여분을 정하게 된다.

5. 한정승인과 상속포기 · 특별한정승인

(1) 상속인은 피상속인의 재산이 채무가 채권보다 더 많은 경우 피해를 벗어나기 위해 상속을 포기할 수 있으며, 채무의 정확한 범위를 모를 경우 채권의 범위 내에서 상속을 포기할 수 있다. 전자의 경우 상속포기, 후자의 경우를 한정승인이라 한다.

상속인과 그 법정대리인(미성년자의 부모 등)은 각 상속인의 상속분에 응하여 각자가 단독으로 자신의 상속분에 대한 한정승인이나 상속포기를 할 수 있으며, 그 신고기간은 상속개시를 안 날로부터 3개월 이내에 하여(3개월의 범위 문제와 관련한 위헌판결이 났음)[56]야 하며, 피상속인이 사망한 주소지 관할의 가정법원에 한정승인신고서 또는 상속포기신고서를 제출하는 방법으로 신고하여야 한다. 한정승인신고서 또는 상속포기신고서는 상속인 본인 또는 대리인의 인감도장으로 날인되어 그 인감증명서, 가족관계증명서 또는 제적등본, 한정승인신고의 경우에는 상속재산목록을 첨부하여야 한다.

(2) 특별한정승인

민법 제1019조 제3항은 특별한정승인을 규정하고 있다. 즉 상속인은 상속채무가 상속재산을 초과하는 사실을 중대한 과실 없이 상속개시 있음을 안 날로부터 3월 내에 알지 못하고 단순승인(제1026조제1호 및 제2호의 규정에 의하여 단순 승인한 것으로 보는 경우를 포함한다)을 한 경우에는 그 사실을 안 날로부터 3월 내에 한정승인을 할 수 있다(2002. 1. 14. 신설)고 규정하여 특별한정승인을 인정하고 있다.

---

56) 헌법재판소 전원재판부 1998. 8. 27. 96헌가22, 97헌가2·3·9, 96헌바81, 98헌바24·25(병합)

6. 상속재산 파산제도

가. 의의

한정승인심판 청구인은 상속재산 파산제도를 이용할 수 있고, 개인적으로 변제를 할 수 있다. 피상속인이 채무초과 상태에서 사망한 경우, 그 상속인은 **상속재산 자체에 대하여 회생법원에 파산신청**을 하여 법원이 선임한 파산관재인을 통하여 상속채무를 정리할 수 있으며, 이를 '상속재산 파산제도' 라고 한다.

나. 제도의 장점

상속재산 파산제도를 이용하면 (1) 상속인은 스스로 상속채권자를 파악하고 상속재산의 환가를 통하여 상속채무를 변제하는 등 복잡한 청산절차를 이행하여야 하는 어려움을 해소할 수 있고, (2) 상속에 따른 법률관계를 일거에 정리하여 상속채권자들의 개별적인 청구 및 집행에 따른 불안함과 불편을 최소화할 수 있다.

(3) 이 제도는 상속재산 및 상속채무를 정리하는 절차이므로, 상속인의 경제적 신용도에는 아무런 영향을 미치지 않는다.

다. 근거법률

한정승인신고 심판청구가 수리된 상속인은 상속재산으로 망인의 채권자에 대한 채무를 전부 변제할 수 없는 것을 발견한 경우에는 그 상속재산에 대하여 지체없이 회생법원에 파산신청을 하여야 한다(채무자회생 및 파산에 관한 법률 제299조 제2항, 제3조 제6항).

아울러 한정승인신고 심판청구가 수리되지 않은 상속인도 상속포기를 하지 않은 경우라면 망인은 상속재산에 대하여 회생법원에 파산신청을 할 수 있다(채무자회생 및 파산에 관한 법률 제299조 제1항).

라. 한정승인 이후의 청산절차

상속재산이 부채보다 많은 경우에는 민법에 의하여 배당변제를 하지만 상속부채가 상속재산보다 많은 경우에는 채무자 회생 및 파산에 관한 법률에 따라 상속재산의 파산을 해야 하는데 민법에 한정승인 이후의 배당변제 절차가 정해져 있지만, 특별법 우선의 원칙에 의하여 채무자 회생 및 파산에 관한 법률이 우선 적용되어야 하므로 민법상의 절차는 상속재산이 부채보다 많은 경우에나 적용될 수 있다.

실제로 민법상의 배당변제 절차가 적용되는 경우는 드물고, 상속재산의 파산을 하면 **법원이 정한 파산관재인이 상속재산을 적정하게 현금화해서 상속채권자에게 공평하게 나누어 준다.**

한정승인의 경우에는 결정문을 받은 이후 ① 신문 공고, ② 채권자 통지, ③ 청산절차 등의 절차를 거쳐야 하는데, 신문 공고와 채권자 통지는 민법 제1032조에 규정된 것으로 채권자들에게 자신들의 채권을 신고하여 배당받아 갈 것을 알리는 절차로 동일 취지의 절차이다.

알고 있는 채권자의 경우에는 각자 통지를 하면 되지만 상속인도 알지 못하는 채권자가 있을 수 있기에 **신문공고**를 통하여 채권자에게 채권 신고할 기회를 주는 것이다. 만약에 한정승인자가 공고나 최고를 해태하여 어느 특정채권자에게 변제함으로써 다른 상속채권자가 변제를 받지 못한 경우에는 한정승인자가 그 손해를 배상하여야 한다(민법 제1038조).

상속재산이 상속 부채보다 많은 경우 변제를 하는데 있어서 민법에서 제1034조부터 제1037조까지 정해진대로 배당변제를 한다. 한정승인을 한 상속인은 신고 기간 만료 전에는 채권자에 대한 변제를 거절할 수 있으며, 신고 기간이 만료된 후에 한정승인자는 신고한 채권자와 알고 있는 채권자에게 변제해야 한다. 우선권 있는 채권자에 대한 채무는 우선변제해야 하고, 일반채권자에게 각 채권액의 비율로 배당변제한다. 상속채권자에 대한 변제를 완료한 후에 유증 받은 자에게 변제해야 하며, 변제를 하기 위하여 상속재산의 전부나 일부를 매각할 필요가 있는 때에는 민사집행법에 의하여 경매를 해야 한다.

신고하지 않은 채권자와 유증자의 경우 한정승인자가 알지 못한 채권자는 배당변제가 완료되고 남은 상속재산이 있는 경우에 한하여 변제를 받을 수 있으며, **한정승인자가 위의 절차를 위반함으로써 상속채권자나 유증을 받은 자에게 변제할 수 없게 된 때에는 한정승인자가 그 손해를 배상해야 한다.**

변제를 받지 못한 상속채권자나 유증을 받은 자는 부당변제의 사정을 알고 변제를 받은 상속채권자나 유증을 받은 자에게 구상권을 행사할 수 있다.

마. 상속재산으로 보는 퇴직금 등

피상속인에게 지급될 퇴직금, 퇴직수당, 공로금, 연금 또는 이와 유사한 것이 피상속인의 사망으로 인하여 지급되는 경우 그 금액은 상속재산으로 본다. 다만, 다음 각호의 어느 하나에 해당하는 것은 상속재산으로 보지 아니한다. <개정 2010.5.20.>

(1) 「국민연금법」에 따라 지급되는 유족연금 또는 사망으로 인하여 지급되는 반환일시금

(2) 「공무원연금법」 또는 「사립학교교직원 연금법」에 따라 지급되는 유족연금, 유족연금부가금, 유족연금일시금, 유족일시금 또는 유족보상금

(3) 「군인연금법」에 따라 지급되는 유족연금, 유족연금부가금, 유족연금일시금, 유족일시금 또는 재해보상금

(4) 「산업재해보상보험법」에 따라 지급되는 유족보상연금 · 유족보상일시금 · 유족특별급여 또는 진폐유족연금

(5) 근로자의 업무상 사망으로 인하여 「근로기준법」 등을 준용하여 사업자가 그 근로자의 유족에게 지급하는 유족보상금 또는 재해보상금과 그 밖에 이와 유사한 것

(6) 제1호부터 제5호까지와 유사한 것으로서 대통령령으로 정하는 것 [전문개정 2010.1.1][57)]

---

57) 상속세 및 증여세법(제10조) 2016. 12. 20. 일부개정 [법률 제14388호, 시행 2017. 1.

[사례]

상속한정승인공고

피상속인 망 홍아범(280123-1234567)의 법정상속인 홍아들은 위 망인의 상속재산에 대하여 한정승인하고자 재산목록을 첨부하여 서울가정법원 2018느단1234호로 한정승인사건을 신청하고 2018년 7월 1자로 상속한정승인심판을 받았으므로 위 망인에 대한 채권이 있으신 분은 이 공고 게재일로부터 2개월 이내에 그 채권액을 신고하여 주시기 바라며 만일 위 기간 내에 신고가 없으면 청산에서 제외됨을 공고합니다.

20○○년 7월 16일

한정상속인 : 홍아들

채권신고 장소 : 서울특별시 중랑구 ○○로 5길 101동 101호(묵동)

1.]

[사례]

상속한정승인 통지서

수 신 : ○○카드 (본사)
서울 중구 남대문로 ○○길24

제 목 : 상속한정승인에 따른 업무참조

---

1. 귀사의 무궁한 발전을 기원합니다.
2. 발신인 본인의 부친 망 홍아범(280123-1234567) 관련하여, 서울가정법원 20○○느단 1234호로 상속의 한정승인 신청하여 인용되었습니다.
3. 수령일로부터 2개월 이내에 그 채권액을 신고하여 주시기 바랍니다.
4. 첨부 : 서울가정법원 20○○느단1234상속한정승인 심판서 사본
5. 수신처 : 한국자산관리공사,나이스신용평가정보,한국씨티은행,씨씨콜렉션대부,와이케이대부,하나카드 등

20○○년 ○○월 ○○일

발신인 홍아들(연락처 : 010-1234-4567)

서울특별시 관악구 관천로○○길 1, 201호

7. 유류분 제도

유언자는 유언으로 자신의 사망시 자기 재산 중 일부 재산을 특정한 자에게 넘기는 유증을 할 수 있다. 그러나 민법이 법정 상속인에게 최소한의 상속 지분을 보장하는 유류분(遺留分)제도를 두고 있으므로(민법 제1112조, 제1115조), 유언자가 유언으로 상속인의 유류분을 침해하는 과도하거나 불균형한 유증을 한 경우에는 그 유류분이 침해된 상속인은 피상속인의 재산을 미리 증여받거나, 유증 받은 사람에게 그 침해된 유류분의 반환을 청구할 수 있다. 유류분반환청구는 유류분 권리자가 증여 또는 유증을 한 사실을 안 때로부터 유증 받은 자를 상대로 1년 이내에 민사법원에 하여야 하며, 또한 피상속인이 사망한 날로부터 10년이 지나면 청구할 수 없다. 이런 유류분의 범위는,

① 피상속인이 사망할 당시에 남긴 재산과
② 사망하기 1년 전부터 사망하기까지의 기간동안 이루어진 다른 사람에 대한 증여재산
③ 피상속인이 사망하기 1년 이전에 이루어진 증여라도 증여당사자 쌍방(피상속인과 증여받은자)이 그 증여가 유류분 권리자에게 손해를 준다는 것을 알고 한 경우(악의의 증여)에는 그 1년 이전의 증여재산(이에 따라, 공동상속인에게 이루어진 생전증여는 사망 1년 이전 것이라도 모두 상속재산에 포함)을 합한 재산전체를 기준재산으로 하여, 피상속인의 배우자와 직계비속은 법정상속분의 1/2, 피상속인의 직계존속과 형제자매는 법정상속분의 1/3의 유류분을 보장받게 된다.

다만, 헌법재판소는 2024. 4. 25. 형제자매의 유류분을 규정(민법 제1112조 제4호)에 대한 위헌결정을 선고하였다.

8. 청구취지 사례

가. 기여분

(1) 청구 외 망 홍길동의 상속재산 중 별지목록 기재 각 부동산에 대한 청구인을 기여분을 30%로 정한다.

(2) 심판비용은 상대방들의 부담으로 한다.

라는 심판을 구합니다.

나. 상속재산분할

(1) 별지목록 부동산을 경매에 붙여 그 대금에서 경매비용을 공제한 나머지 금액을 청구인들과 상대방들에게 별지목록 (가항) 기재와 같은 비율로 분배한다.

(2) 상대방 홍길동은 청구인들에게 각,

1) 금 200,000,000원 및 이에 대한 20○○. 0. 0.부터 이건 소장부본 송달일 까지는 연5푼 그 다음날부터 완제일까지는 연 15%의 비율에 의한 금원을 지급하고,

2) 20○○. 0. 0.부터 위 제1항 기재 부동산이 매각될 때까지 매월 금 500,000원의 비율에 의한 금원을 지급하라.

(3) 심판 비용은 상대방들의 부담으로 한다.

라는 심판을 구합니다.

다. 재산관리인 선임

청구인 겸 사건본인의 별지목록 기재 부동산에 대한 재산관리인으로 홍길동(서울시 서초구 서초동 00번지)를 선임한다.

라는 심판을 구합니다.

라. 상속재산보존을 위한 처분

청구인이 피상속인 망 홍길동 소유의 별지목록 기재 부동산에 관하여 임대차계약을 하는 것을 허가한다.

라는 심판을 구합니다.

마. 상속포기

청구인들이 피상속인 망 홍길동의 재산상속을 포기하는 20○○. 5. 4.자 신고는 이를 수리한다.

라는 심판을 구합니다.

바. 한정승인

청구인들이 피상속인 망 홍길동의 재산상속을 함에 있어 별지 상속 재산목록을 첨부하여서 한 20○○. ○○. ○○. 한정승인 신고는 이를 수리한다.

라는 심판을 구합니다.

사. 공동상속 재산을 위한 관리인의 선임

피상속인 망 홍길동의 공동상속재산 관리인으로 상속인 홍춘향을 선임한다.

라는 심판을 구합니다.

9. 특별연고자에 대한 상속재산의 분여

피상속인에게 상속인이 없는 경우에는 피상속인과 생계를 같이 하고 있던 자, 피상속인의 요양 간호를 한 자, 기타 피상속인과 특별한 연고가 있던 자의 청구에 의하여 상속재산의 전부 또는 일부를 분여할 수 있는데 이를 특별연고자에 대한 상속재산의 분여청구라고 한다. 상속재산분여를 청구하는 자는 가정법원이 상속인 수색의 공고에서 정한 상속권 주장의 최고기간이 만료 후 2개월 이내에 하여야 한다.

[사례-25] 상속의 한정승인 심판청구서

상속의 한정승인 심판 청구서

청 구 인 신 길 동(申 ○ ○)
19 년 0 0 생(000000-0000000)
등록기준지 전남 00군 00읍 00리 00번지
주 소 서울 00구 00동 00번지 00아파트 00동 00번지
연락처 02-525-1007

피상속인 (망) 신 0 0(申 ○ ○)
1952년 0월 0일생(000000-0000000)
등록기준지 경기도 00시 00동 00번지
주 소 서울시 00구 00동 00번지

청 구 취 지

청구인이 피상속인 (망) 신00에 대한 재산상속을 함에 있어서 별지 상속재산 목록을 첨부하여 한 이 사건 한정승인 신고는 이를 수리한다.
라는 심판을 구합니다.

청 구 원 인

1. 청구인은 피상속인 신00의 4촌으로서 망인의 상속인들이 당연하게 상속을 받았을 것이라고 생각하고 청구인이 상속인이 된다는 사실조차 모르고 있던 중 최근에 이르러 금융기관에서 망인의 배우자 및 자녀들이 상속을 포기한 관계로 인하여 청구인이 상속인이 되었다는 사실을 고지 받았습니다.

2. 피상속인이 사망하게 되자 최근에 이르러 상속재산은 전혀 없으며 보증채무 및 대출금 채무만을 남겨두었다는 사실도 확인하게 되었습니다.

3. 따라서 청구인은 민법 제1019조 제3항에 의하여 한정승인 심판을 청구하오니 인가결정을 하여 주시기 바랍니다.

첨 부 서 류

1. 제적등본 1통
2. 말소자초본 1통
3. 가족관계증명서 1통
4. 주민등록등본 1통
5. 인감증명서 1통

20○○. 4. .

청구인 신 길 동 (인)

○○ 가정법원 귀중

[사례-26] 상속재산포기심판청구서

상속재산포기심판청구서

청구인(상속인) 1. 신 0 0(申 ○ ○)
1955년 8월 8일생(000000-0000000)
2. 김 일 0(金 ○ ○)
1981년 1월 1일생(000000-0000000)
3. 김 이 0(金 ○ ○)
1984년 4월 4일생(000000-0000000)
4. 김 삼 0(金 ○ ○)
1997년 7월 7일생(000000-0000000)
위 청구인들의 등록기준지 및 주소
등록기준지 전남 00군 00읍 00리 00번지
주소 서울 마포구 00동 00번지
위 청구인 4. 김삼0는 미성년자이므로 법률상대리인
친권자 모. 신 0 0(연락처:02-525-1007)

피상속인 망) 김 0 술(000000-0000000)
등록기준지 전남 00군 00읍 00리 00번지
최후주소 서울 마포구 00동 00번지

청 구 취 지

청구인들의 피상속인 망 김0술에 대한 재산상속포기 신고를 이를 수리한다. 라는 심판을 구함.

청 구 원 인

1. 청구인 신00는 피상속인 망)김0술의 처이고, 청구인 김일0은 피상속인의 장

녀, 청구인 김이0은 피상속인의 차녀, 청구인 김삼0는 피상속인의 장남입니다.

2. 위와 같이 청구인들은 피상속인의 처와 자들로서, 피상속인이 2010. 10. 22. 10:00, 서울 마포구 00동 00번지에서 사망함에 따라 상속개시 되었음을 알았으나 민법 제1019조에 의하여 재산상속을 포기하고자 이 심판청구에 이른 것입니다.

첨 부 서 류

1. 가족관계증명서(청구인) 1통
1. 기본증명서(망자) 1통
1. 주민등록등본(청구인) 1통
1. 인감증명(청구인) 1통
1. 주민등록말소자등본(망자) 1통

20○○. 12. .

청구인(상속인) 신 0 0
김 일 0
김 이 0
김삼0은 미성년자이므로
법률상대리인 친권자
모. 신 0 0

○○ 가정법원 귀중

주) 청구서에는 수입인지 5,000원을 첩부한다.
송달료는 당사자수 ×송달료× 6회분을 송달료취급은행에 납부하고 영수증을 첨부한다.
관할법원은 상속개시지의 가정법원이다.

[사례-27] 상속재산의 분여심판 청구서

상속재산의 분여심판 청구

청구인　　　홍 0 0 (　　　~　　　)
등록기준지 00도 00군 00면 00리 0번지
주　　　소 00도 00구 00동 00번지(우편번호)
연 락 처 02-525-1007

피상속인 망　신 0 0 (　　　~　　　)
등록기준지 00도 00군 00면 00리 0번지
주 소　00도 00구 00동 00번지
최후주소 전북 00군 00면 00리 123-5
0000. 00. 00. 사망

청 구 취 지

피상속인 망 신00 소유의 별지목록기재의 재산은 청구인에게 분여한다.
라는 재판을 구합니다.

청 구 원 인

1. 청구인은 여성으로서 40대의 나이임에도 불구하고 결혼을 뒤로 미루고 사업과 봉사에 전념하면서 사회생활을 하던 중 피상속인을 우연한 기회에 만나게 되었습니다.

2. 청구인과 피상속인은 20○○년 0월경 봉사단체에서 서로에게 호감을 가지고 있던 중 피상속인이 결혼을 한 이후 피상속인과 이혼을 하였고, 어린아이가 있었는데 아이의 친권과 양육권을 모두 피상속인의 처(소외 000)로 지정되면서 소외 000가 미국으로 이민을 가게 된 이후 약 15년간 이혼한 처와 아이를 만난 적이 없고 혼자 생활하고 있었던 것입니다.

3. 이에 청구인과 피상속인은 늦은 나이에 결혼식은 하지 아니하고 동거를 시작으로 사실상 혼인 관계를 유지하면서 청구인이 운영하던 사업체를 망인이 운영하고 그 수익으로 청구인과 망인이 생활하고 있던 중 그동안의 일정한 수익이 발생하여 늘어난 재산을 모두 망인의 명으로 등록하였던 것입니다.

4. 사실혼을 시작한 지 약 6년이 지난 시점에서 망인이 갑자기 00암으로 투병을 시작하였고, 투병을 시작한지 1년도 아니 되어 위 최후주소에서 망인이 사망하게 되자 그 상속재산에 대하여 청구인의 재산을 분여 받고 망인의 자녀에 대하여 상속 절차를 진행 중에 있습니다.

5. 청구인은 망인의 상속인 자녀를 찾기 위하여 상속재산관리인 지정신청을 하였고, 재산관리인은 상속인 수색의 공고를 했으나 공고 기간이 지났음에도 상속인은 찾을 길이 없으므로 청구인은 민법의 규정에 의하여 특별연고자 및 상속재산의 권리자로서 본 심판청구를 하기에 이르렀습니다.

첨 부 서 류

1. 가족관계증명서(피상속인) 1통
1. 주민등록등본 1통
1. 부동산등기부등본 1통
1. 은행통장사본(예금확인서) 1통
1. 상속인수색의 공고서 등본 1통
1. 납부서 1통

20○○. 2. .

청구인 홍 0 0 (인)

○○ 가정법원 귀중

[별 지]

재산목록

부동산의 표시

1동건물의 표시 : 서울특별시 강남구 ○○동 4-3 ○○아파트 제401동

전유 부분건물의 표시

건물의 번호 : 401 - ○○ - ○○○○

구 조 : 철근콘크리트조

면 적 : 12층 1201호 84.60 ㎡

대지권의 표시

토지의 표시 : 1. 서울특별시 강남구 ○○동 3-3 대 3372.6 ㎡

대지권 종류 : 1. 소유권대지권

대지권 비율 : 3372.60 분의 28.13

- 이 상 -

제14장 가사비송관련

제 1 절 상속포기와 한정승인

1. 기 간

상속인이 상속개시 있음을 안 날(피상속인의 사망사실과 자기가 상속인이 된 사실을 인식한 날)로부터 3월내에, 피상속인의 주민등록상 최후 주소지(최후 주소지가 외국이면 대법원 소재지)관할 가정법원에 상속포기나 한정승인심판청구서를 제출하면 된다.

상속인이 상속채무가 상속재산을 초과하는 사실을 중대한 과실없이 위 기간 내에 알지 못하고 단순승인(민법 제1026조)을 한 경우에는 그러한 사실을 안 날로부터 3월 내에 한정승인을 할 수 있다.

2. 첨부서류

청구인의 가족관계증명서, 주민등록등본, 인감증명서 각 1통과 청구인의 인감도장, 피상속인의 가족관계증명서(2007. 12. 31.이전 사망시는 제적등본)과 말소자주민등록등본 각 1통이 필요하며, 한정승인을 하는 경우에는 상속재산목록도 있어야 한다. 여러 상속인이 같이 청구를 하는 경우에는 가계도(家系圖)도 첨부, 미성년자가 청구를 하고자 할 때에는 그 부모가 법정대리인으로서 청구서에 부모의 인감도장을 날인하고, 인감증명서를 제출하여야 한다.

3. 비 용

상속포기나 한정승인심판청구비용은 같으며, 청구인 1인당 인지 5,000원과 송달료 6회분이 소요된다.

4. 상속인의 한정승인 절차

한정승인을 한 상속인은 신속하고 적정하게 상속재산을 청산하여 피상속인의 채권자와 수증자에게 공평하게 변제하여야 하며, 상속인은 한정승인을 한 날(한정승인 심판문을 송달받은 날)로부터 5일 내에 일간신문사에 공고료를 내고 한정승인심판문의 내용과 재산목록을 게재하여야 하고(법원이 관여안함), 한정승인자가 이미 알고 있는 채권자 등에게는 채권을 신고하라고 개별적으로 최고하여야 한다.

제 2 절 특별대리인의 선임

1. 의 의

법정대리인인 친권자와 그 친권에 복종하는 미성년자 사이에, 또는 동일한 친권에 복종하는 여러 명의 자녀 사이에 이해(利害)가 상반되는 법률행위를 하는 경우에, 친권자나 이해관계인이 선임청구를 할 수 있다.

예를 들면, 친권자와 미성년 자녀가 공동상속인이 되어 상속부동산을 협의분할하거나 피상속인명의의 통장 계좌번호명의를 친권자명의로 변경하는 경우, 친권자가 채무자가 되어 미성년 자녀 소유인 부동산을 담보로 금융기관과 근저당권설정계약을 하는 경우 등이다.

2. 특별대리인의선임 청구시 서류 및 비용

미성년 자녀의 주소지를 관할하는 가정법원에 하게 되며, 미성년자 및 특별대리인의 가족관계증명서 및 주민등록등본 각 1통, 피상속인의 제적등본 1통, 부동산등기부등본 또는 통장사본 1통을 제출하며, 미성년자 1인당 인지 5,000원과 송달료 6회분을 납부한다.

제 3 절 실종선고

1. 의 의

실종선고는 부재자의 생사불명상태가 일정 기간 계속된 경우에 가정법원의 실종선고에 의하여 부재자를 사망한 것으로 간주하여 부재자의 종래의 주소·거소를 중심으로 한 법률관계(재산관계 및 배우자 관계 등)를 확정하는 제도를 말한다.

2. 실종선고의 청구권자

부재자의 배우자, 상속인, 채권자, 부모, 수유자(受遺者) 등 법률상 이해관계를 가진 사람과 검사가, 부재자의 주민등록상 최후 주소지(최후 주소지가 외국이거나 알 수 없으면 대법원 소재지) 관할 가정법원에 청구한다.

청구인의 가족관계증명서 및 주민등록등본 각 1통, 사건본인의 가족관계증명서 및 주민등록등본(또는 말소자주민등록등본) 각 1통, 보증인 2인의 인우보증서 및 인감증명서 각 1통이 필요하며, 청구인 1인당 인지 5,000원과 송달료 10회분, 신문공고료 33,000원(부재자가 4인 이상이면 66,000

원), 관보료 15,600원을 납부한다.

[청구취지 사례] 실종선고

사건본인(부재자)는 실종되어 0000. 0. 0. 각 실종기간이 만료되었으므로 실종을 선고한다.

라는 심판을 구합니다.

[청구취지 사례] 실종선고 취소

00가정법원이 심판한 같은 법원 0000느 00호 실종선고 사건에 관하여 0000. 0. 0. 사건본인에 대하여 한 실종선고는 이를 취소한다.

라는 심판을 구합니다.

[사례-28] 실종선고신청서

실종선고신청서

신 청 인 한 0 0(韓 ○ ○)(000000-0000000)
1983년 0월 27일생
등록기준지 서울 00구 00동 123
주소 서울 00구 00동 321 ○○아파트 101동 211호
(연락처 : 525-1007, 000-000-0000)

사건본인 한 0 0(韓 ○ ○)(000000-0000000)
1981년 8월 12일생
등록기준지 서울 00구 00동 123
주소 부지

신 청 취 지

부재자 韓00에 대하여 실종선고의 결정을 구합니다.

신 청 원 인

1. 신청인은 부재자의 친동생으로써 부재자는 부(망)韓00과 모 신00 간에 서울 00구 00동 123에서 출생, 서울에서 성장하였던 자인바, 생모인 신00가 부(망) 韓00과 1997. 8. 13. 협의이혼을 한 후 계모 최00과 2년여 동안을 생활하였는데 1999년 초경 집안 가족이 없는 틈을 타서 집에 있던 돈 1,000,000원을 가지고 가출하였습니다.

2. 부(망) 韓00을 비롯하여 계모인 최00은 밤낮을 고사하고 백방으로 수소문하여 행방을 찾았으나 더 이상 찾을 길이 없었습니다.

3. 따라서 부(망) 韓00이 2009. 9. 6. 사망함으로써 호주상속 신고를 하여야 할 것이나 연령상 호주상속인이 사건본인임으로 부득이 호적(현재 가족관계등록부)을 정리하고 차순위자가 호주상속 신고를 하여야 할 급박한 사정에 이르렀습니다.

4. 위와 같은 사정으로 보아 사건본인은 사망한 것으로 생각되나 사망한 사실을 확인할 아무런 근거가 없으므로 신청취지와 같이 결정을 구하고자 본 신청을 하게 되었습니다.

첨 부 서 류

1. 가족관계증명서 1통
2. 주민등록등본 1통
3. 인우보증서(인우인들 인감증명 첨부) 1통

20○○. 10. .

위 신청인 이 0 0

○○ 가정법원 귀중

제 4 절 개명

1. 개명의 의의

가. 의 의

사람의 이름(名)은 다른 사람의 이름과 식별할 수 있어야 하고(고유성), 한 사람의 이름을 복수로 사용할 수 없다(단일성). 현행 이름에 대한 우리나라 제도에서는 성명을 등록부에 기재하도록 하고, 이름에는 한글 또는 통상 사용되는 한자를 사용하도록 하고 있다. 그런데 이름은 자유로이 정할 수 있지만 출생신고에 의하여 등록부에 기재된 이름이 사회생활의 과정에서 발생하는 사정에 따라 바꾸어야 할 필요가 있을 수 있고 이름을 바꾸는 것을 '개명' 이라고 한다.

따라서 개명이란 등록부에 기재된 이름을 법원의 허가를 얻어서 새로운 이름으로 변경하는 것으로서 법원의 허가를 얻지 못할 경우 이명(호칭)은 변경이 가능하지만 등록부에 기재되는 이름은 임의로 개명할 수 없다.

나. 개명과 가족관계등록부 정정의 구별

개명은 정당하게 등록부에 기록된 이름을 변경하는 것이고, 이름에 대한 등록부정정은 등록부상 기록된 이름이 부적법하거나 또는 진실에 반하는 경우 그 기록을 적법하고 진정한 신분관계와 부합되도록 정정하는 것을 말한다. 예로서 출생신고인이 출생신고서에 기재한 이름과 실제 등록부에 기록된 이름이 서로 다르다면 개명이 아니라 등록부 정정절차를 하여야 한다. 그러나 출생신고인이 착오로 출생신고서에 이름을 잘못 기재한 경우에는 그 등록부 기록에 착오가 있는 것이 아니므로 개명절차를 의하여 이름을 바꾸어야 한다. 또한 등록부상 이름에 쓰인 한자가 존재하지 않는 한자인 경우에도 등록부 정정절차에 따라 정정하여야 한다.

다. 개명허가신청을 할 수 있는 경우

(1) 등록부에 기록되어 있는 이름 중 "종훈(鍾勳)"을 "종훈(鐘勳)"과 같이 동음이자(同音異字)로 수정하고자 하는 경우도 개명 절차를 밟아야 한다.[58]

(2) 출생신고 시 출생자의 이름을 한글로만 신고하고 후에 한자 이름을 병기하고자 하는 경우에도 추후 보완 신고로는 할 수 없고, 개명 절차를 취하여야 한다.

(3) 한자로 등재된 이름을 한글 이름으로 바꾸는 것도 포함한다.[59]

(4) 개명 후 개명 전 이름(구명)으로 고치기 위해서도 개명 절차가 필요하다.[60]

그러나 친생자관계부존재확인판결에 의하여 폐쇄된 등록부상의 성명과 새로운 출생신고에 의해 작성되는 등록부에 기록되는 성명이 서로 다른 경우에는 개명 절차가 필요하지 않는다(구호적선례 3-468).

개명은 그 횟수를 제한하는 법적 근거가 없으므로 개명 허가를 얻어 이름을 바꾼 후 다시 법원에 개명신청을 할 수 있다(구호적 선례 3-465).

2. 개명허가신청

가. 관할법원

개명하고자 하는 자는 주소지(재외국민의 경우 등록기준지)를 관할하는 가정법원에 허가를 받아야 한다(법제 99조 1항). 주소지가 없는 사람은 등록기준지를 관할하는 가정법원에 할 수 있다. 가정법원이 없는 지역의 경우 해당하는 지방법원에 신청하며, 외국법원의 판결 또는 결정에 의한 개명은 할 수 없다(구 호적 4-128호).

---

58) 구호적(현재 가족관계등록부)선례 3-463호

59) 구호적선례 2-337호

60) 구호적선례 2-338

나. 신청인

개명허가 신청은 개명하고자 하는 자 또는 법정대리인이 하여야 하며, 의사능력있는 미성년자(만 15세 이상)는 자신의 개명허가신청을 직접 할 수 있다. 이미 사망한 자에 대하여 제3자가 개명허가신청은 할 수 없다(구호적선례 3-376호).

다. 신청서의 제출

(1) 신청서의 기재사항

1) 신청인의 등록기준지, 주소, 성명 및 생년월일

2) 대리인에 의하여 신청할 때에는 그 성명과 주소

3) 신청의 취지와 그 원인된 사실

4) 신청의 연월일

5) 법원의 표시

6) 신청인 또는 대리인의 기명날인

(2) 신청서의 첨부서류

신청서에는 아래 서면 등을 소명자료로서 첨부하여야 한다.

1) 등록사항별 증명서

동명자(同名者)가 있음을 이유로 개명허가신청을 하는 경우에는 신청인의 증명서 뿐 아니라 동명자의 등록사항별 증명서도 함께 첨부하여야 한다.

2) 주민등록표 등,초본

관할법원임을 소명하기 위한 자료이며, 인우보증서를 첨부할 경우에는 인우보증의 정확을 기하기 위하여 반드시 보증인의 주민등록표 등,초본을 첨부하여야 한다.

3) 족보

친족간에는 동명자가 있음을 이유로, 또는 항렬자(行列者)를 따라 개명하고자 하는 경우에는 족보 사본을 첨부한다.

4) 친족증명서

친족증명서는 종중(宗中)이나 문중(門中) 또는 친족회에서 친족관계가 틀림 없음을 증명하는 서면이다. 등록사항별 증명서나 족보로 소명이 되지 아니할 경우 보충적으로 첨부한다.

5) 인우보증서(隣佑保證書)

인우인들이 개명허가신청의 원인사실이 틀림없음을 보증하는 문서이다. 주로 등록부상 이름과 통상 호칭하는 이름이 서로 다름을 사유로 통칭명으로 개명하고자 하는 경우에 첨부하고 있다. 이 서면은 직접적인 소명을 갖추기 어려운 경우 사용하는 소명방법이다.

6) 기타 증명서

구체적인 사안에 따라서 경력증명서, 재직증명서, 재학증명서, 졸업증명서, 복무확인서, 생활기록부사본, 편지, 예금통장사본 등을 소명자료로 첨부하고 있다.

라. 신청서의 접수

개명허가신청은 사건본인 수에 따라서 각각 사건번호를 부여하고, 1건당 1,000원의 수입인지를 첩부하여야 한다(민소인지법 제9조 4항). 재외국민이 개명허가신청서를 재외공관에 제출할 경우 신청서에 소정의 인지를 첩부하거나 그 액면상당의 현지 화폐를 재외공관장에게 납부하여도 무방하다.

3. 개명허가 신청에 대한 재판

가. 개명허가 요건

이름은 자유로이 정하고 정당한 이유가 있다면 이를 변경할 수 있지만 이름이 등록부에 기록되어 공시되면 그 이름에 대한 사회적 신뢰가 쌓이고, 이를 바탕으로 사회적 질서를 형성하게 되므로 신청자 모두에게 개명을 허가할 경우 이 신뢰에서 출발한 질서에 문제점이 발생하게 된다. 따라서 개명을 하고자 할 경우 법원의 허가를 득하도록 하고 있으며(법 제 99조), 개명허가 신청 시 그 사유가 정당하고 허가 기준에 도달할 경우 개명은 가능하다. 다만 개명허가 요건이 충족되더라도 이를 뒷받침하는 소명자료가 부족할 경우 불허(不許)할 수 있다.

아래에서는 개명허가 사유를 확인한다.

나. 개명허가 기준

법률에서는 개명허가 사유에 관하여 아무런 규정이 없다. 따라서 개명허가의 정당한 사유의 유무는 구체적 사안에 따라서 법관의 자유재량에 의하여 결정된다고 할 수 있다. 개명을 함에 있어서 정당한 사유가 있다고 판단한 사례는 아래와 같다.

(1) 동명자(同名)가 있어 개명하는 경우

동명자가 있다는 사실 외에 동명자가 있으므로 인하여 학교 또는 사회생활을 함에 있어 막대한 지장을 초래하게 되는 상황에 놓여야 한다. 이때 지장을 초래한다는 의미는 등록부의 근친자, 학급, 직장에서 동명자 등이며, 살인범의 이름이 뉴스에 공개되고, 이와 동일한 이름을 가진자들이 대거 개명을 신청한 경우이다.

(2) 성별(性別)에 따라 개명하는 경우

이름으로 남녀의 성을 구분하기는 어렵다. 여성 같은 남성의 이름이 있는가 하면, 남성 같은 여성의 이름이 있다. 이때 남자가 여자로 또는 여자가 남자로 오인하는 경우가 있고, 이에 개명허가신청을 하는 경우가 있다.

(3) 항렬자(行列字)로 개명하는 경우

우리나라는 오래전부터 같은 항렬이면 같은 글자를 사용하여 작명을 하였고, 관습이 되었다. 따라서 이름에 항렬자와 다른 글자를 사용할 경우 항렬자로 개명하고자 하는 경우이다.

(4) 호칭(呼稱)하기 나쁜 이름 등을 개명하는 경우

동물, 물건 등과 같은 이름 또는 흉악범의 이름과 같은 이름일 경우

이름이 놀림의 대상이 되건, 욕설, 모욕, 조롱의 대상이 되는 경우가 있다. 예로서 문동이(文童伊), 창녀, 염병, 도야지(都也智), 간난이(干欄伊), 강도년(姜度年) 등이다.

(5) 통칭명(通稱名)으로 개명하는 경우

가정이나 학교 또는 직정에서 사실상 통용되고 있는 이름이 등록부에 등록된 이름과는 다른 이름으로 사실상 통용되고 있을 경우 사실상 통용되는 이름으로 개명하고자 하는 경우이다.

(6) 출생신고서에 착오로 잘못 기록한 이름을 개명하는 경우

출생신고 당시 이름을 착오 기록하였다는 이유로 개명하고자 하는 경우이다.

(7) 난해(難解), 난독(難讀)의 이름을 개명하는 경우

난해, 난독의 이름이란 문자가 어려워 호칭과 기록에 혼란을 일으켜 사회생활상 많은 불편을 가져올 수 있는 이름을 말한다.

(8) 일본식 이름을 개명하는 경우

창씨개명(創氏改名) 당시의 출생자나 개명자가 성명복구당시에 실기(失機)하여 일본식 이름을 그대로 가지고 있을 경우 신청하는 경우이다.

이때 한국식 이름이 있던 상태에서 일제시대 창씨개명을 하였다면 종전의 이름으로 복구되어야 하고(성명복구령), 그 창씨개명된 이름은 무효로 되므로 이름을 정정하는 것이지 개명이 아니다.

그러나 출생신고 때부터 일본식 이름으로 사용되었다면 이는 법원의 개명 허가를 득하여야 한다.

(9) 귀화한 자가 한국식 이름으로 개명하는 경우

외국인으로서 우리나라에 귀화한 자가 한국식 이름으로 개명하고자 하는 경우이다.

다. 개명허가신청사건 사무처리지침(예규 307)

(1) 개명허가의 심사기준

개명을 허가할 만한 상당한 이유가 인정되고, 범죄를 기도 또는 은폐하거나 법령에 따른 각종 제한을 회피하려는 불순한 의도나 목적이 개입되어 있는 등 개명신청권의 남용으로 볼 수 있는 경우가 아니라면, 원칙적으로 개명을 허가함이 상당하다.[61]

(2) 불순한 의도나 목적의 판단자료

① 법원은 개명허가신청사건을 처리할 경우 개명신청권의 남용으로 보이는 불순한 의도나 목적을 판단하기 위하여 필요한 경우, 경찰관서에 전과조회, 전국은행연합회에 신용정보조회 등을 하여 그 자료를 신청사건 등의 판단자료로 활용하여야 하고, 필요한 경우에는 출입국관리사무소에 출입국사실조회를 할 수 있다. 사실조회를 전산정보처리조직에 의한 조회로 대체할 수 있다.

② 신정사건의 제출자료에 진실성이 의심스럽다고 인정되거나 제1항의 판단자료에 의하여 개명허가신청의 불순한 의도나 목적의 유무가 불분명한 경우에는 본인 또는 참고인의 심문을 적극 활용하여야 한다.

③ 가족과 동일한 이름으로 개명허가신청을 하는지 확인하기 위하여 신청인의 기본증명서 및 가족관계증명서와 부모, 성년인 자녀의 가족관계증명서를 개명허가신청시에 제출하게 한다.

(3) 출생신고서와 개명

① 출생신고서에 기재한 이름과 가족관계등록부에 기록된 이름이 서로 다른 경우에는 「가족관계의 등록 등에 관한 규칙」 제60조제2항제5호에 따라 간이직권정정 절차로 정정할 수 있다.

② 출생신고서에 기재를 잘못하였다는 사유로 이름을 변경하고자 하

---

61) 대법원 2005. 11. 16.자 2005스26 결정

는 경우에는 「가족관계의 등록 등에 관한 법률」 제99조에 따라 법원에 개명허가신청을 하여야 한다.

(4) 인명용 한자의 범위를 초과한 개명신청

「가족관계의 등록 등에 관한 규칙」 제37조의 인명용 한자의 범위를 벗어난 한자로의 개명은 허용되지 아니한다.

(5) 미성년자의 개명허가신청

① 미성년자라도 의사능력이 있는 경우에는 단독으로 개명허가신청을 할 수 있다.
② 의사능력 있는 미성년자가 개명 허가를 받은 때에는 자신이 신고할 수 있다.

(6) 동일인에 대한 2개의 저촉되는 개명 허가

동일인에 대하여 2개의 저촉되는 개명 허가가 있는 경우, 「비송사건절차법」 제19조(재판의 취소 · 변경)에 따라 재판의 취소를 하지 아니하는 한 어느 것이나 효력이 있다.

(7) 여러 명의 개명신고

「가족관계의 등록 등에 관한 법률」 상의 가족 여러 명이 동시에 개명한 경우에 개명신고는 하나의 서면에 연기(連記)하여 할 수 있으나 사건은 1명마다 각 별건으로 처리하여야 한다.

(8) 개명의 일자

개명의 일자는 개명허가의 일자를 기록한다.

(9) 재외공관에의 인지납부

① 재외국민이 개명허가신청서를 재외공관에 제출할 때에는 신청서에 정해진 인지를 붙이거나 그 액면 상당의 현지화를 재외공관장에게 납부하여도 된다.

② 제1항의 경우 재외공관장은 개명허가신청서 상단부 여백에 영수인(고무인)을 찍어야 하며, 수령한 금액은 매월 정기적으로 국고에 납입하여야 한다.

(10) 외국에서 한 개명의 효력

① 외국인과의 신분행위(예: 외국인에게 입양된 경우 등) 등으로 그 외국인과 일정한 신분관계가 형성이 되어 그 외국의 법에 따라 개명을 한 경우라 하더라도,「가족관계의 등록 등에 관한 법률」 제99조에 따라 한국법원에서 개명허가결정을 받은 경우가 아닌 한 그 외국에서 개명한 이름을 한국 가족관계등록부에 기록할 수 없다.

② 제1항의 경우, 외국인과 신분행위를 한 사람이 우리나라 국적을 상실하기 전이라면, 필요에 따라「가족관계의 등록 등에 관한 법률」제99조에 따라 한국법원에 개명허가결정을 받아 개명할 수 있다.

라. 재판 및 불복

등록비송사건의 재판은 비송사건절차법 제17조에 의하여 결정으로 하며, 결정은 주문을 명시하여야 하지만 반드시 이유의 적시를 해야 하는 것은 아니다. 결정의 종류는 허가결정, 기각결정, 각하결정 등이 있으며, 결정은 고지함으로서 그 효력이 발생한다. 이 결정에 대하여는 항고 및 재항고를 할 수 있다.

다만 법원은 결정을 한 이후 효력이 발생하고 그 결정에 위법 또는 부당하다고 인정될 경우에는 스스로 이를 취소하거나 변경이 가능(비송사건절차법 제19조)하지만 그 결정에 기하여 이미 등록을 한 후에는 그 허가결정을 한 법원은 스스로 그 허가결정을 취소 또는 변경할 수 없다.

4. 개명신고

(1) 신고의무자는 개명 허가를 받은 자로서 개명 허가를 받은 신청인이 의사능력이 없는 때에는 법정대리인 또는 후견인이 신고의무자가 되고, 의사능력이 있는 미성년자 또는 피후견인은 스스로 신고하여도 무방하다(법제 26조 1항).

(2) 신고 기간은 법원의 허가를 받고 그 등본을 받은 날부터 1개월 이내에 신고하여야 한다(법제 99조).

(3) 신고장소는 본인의 등록기준지 또는 신고인의 주소지나 현재지에서 신고하여야 한다.

(4) 신고서에 기재 사항은 일반적인 기재사항(법제 25조) 이외에도 이름의 변경 전의 이름과 변경한 이름, 허가의 연월일을 기재하여야 한다.

(5) 신고서에 첨부할 서류는 법원의 개명허가결정등본을 첨부하여야 한다(법제 99조). 그러나 확정증명서나 송달증명서는 필요하지 아니하다.

[사례-29-1] 개명허가신청서 (건강상을 이유로)

개 명 허 가 신 청 서

신청인겸 사건본인　　홍 길 동(한문)
　　　　년　월　일생(000000-0000000)
　　등록기준지　전라남도 00시 00동 00번지
　　주　소　서울 00구 00동 00번지
　　　　00아파트 0동 00호
　　연락처　000-000-0000

신 청 취 지

전라남도 00시청에 비치되어 있는 같은 시 00동 00번지 가족관계등록부 중 사건본인의 이름 '길동(한문)' 을 '길남(한문)' 로 개명할 것을 허가한다.
라는 결정을 구합니다.

신 청 원 인

1. 사건본인은　년 월 일 위 등록기준지에서 (부)000과 (모)000 간에 출생한 자인바, 생활고에 허덕이던 관계로 출생신고도 못하고 있다가 0000년 0월 0일. 뒤늦게 아버지가 출생신고를 하면서 급한 마음에 별생각 없이 '길동(한문)' 이라는 이름으로 작명하여 출생신고를 하였습니다.
2. 사건본인은 특별한 병에 걸린 것도 아닌데 몸이 아파 여러 병원을 전전하여도 아픈 몸은 별다른 차도가 없고 몸이 쇠약하다 보니 학교생활에도 적응하지 못하고 성격도 내성적은 물론 모든 일에 소극적이어서 또래 친구들과 어울리지 못하였습니다.
3. 사건본인의 부모님은 걱정스러운 마음에 불도에 뜻이 깊은 관계로 성명 감정을 하여보니 이름이 사주팔자에 맞지 아니하여 계속 호명할 경우 몸이 더욱 쇠약해지고 단명할 것이라 예언을 듣고 부모님께서 서초동 소재 작명철학관에서 '길남(한문)' 으로 작명을 받아 인근 주민은 물론 친구 친척들도 모두

그렇게 호명하여 왔습니다.

4. 또한 길동이라는 이름이 고전소설에 자주 등장하는 이름으로서 주위 지인들에게 놀림의 대상이 되고 있는 관계로 하루하루 사는 것이 스트레스는 이루 형언할 수 없습니다.

또한 이명 동인이 되어 사회생활에 지장이 많으므로 차시에 이를 바로 잡기 위하여 이건 신청을 하오니 사건본인의 소원을 이룰 수 있도록 개명 허가결정을 하여 주시기 바랍니다.

첨 부 서 류

1. 가족관계증명서	1통
2. 주민등록등본	1통
3. 작명증명서	1통
4. 인우보증서	1통
5. 부모님 가족관계증명서	각 1통

20○○. 2. .

신청인 겸 사건본인 홍 길 동

○○ 법원 귀중

* 인지 1,000원, 송달료 6회분을 납부한다.

[사례-29-2] 개명 결정문

서울남부지방법원

결 정

사 건 2015호파 1234 개명

신 청 인 겸 김우선 (金佑善, 881234-1234567)

사 건 본 인 등록기준지 충남 홍성군 하은면 산학리 234

주 소 서울 금천구 독산로12길 80-57 (시흥동)

주 문

등록기준지 충남 홍성군 하은면 산학리 234 사건본인 김우서(金佑善)의 가족관계등록부 중 이름 우선(佑善)을 '민상(民商)'으로 개명하는 것을 허가한다.

신 청 취 지

주문과 같다.

이 유

이 신청은 그 이유가 있다고 인정되므로 주문과 같이 결정한다.

2015. 10. 21.

판사 문 석 김

2015-0044229431-BLMQ5

제 5 절 자녀의 성과 본의 변경

1. 의 의

자녀의 성과 본의 변경' 이란 2005. 3. 개정 민법은 자의 복리를 위하여 자녀의 성과 본을 변경할 필요가 있을 때에는 부, 모 또는 자의 청구에 의하여 법원의 허가를 받아 이를 변경할 수 있는 제도를 도입하였다(민법 제781조 제6항).

이 제도는 주로 재혼가정에서 자라는 자녀들이 실제로 부의 역할을 하고 있는 새 아버지와 성이 달라서 고통을 받는 경우의 문제를 해결하기 위하여 도입된 것입니다만, '자의 복리를 위하여' 라는 요건은 폭넓게 해석될 수 있는 것이므로 자녀의 성과 본의 변경제도는 재혼가정 이외에도 광범위하게 이용될 수 있다.

청구인은 부(법률상 친부 또는 양부를 말합니다), 모 또는 자가 청구할 수 있다.

2. 허가신청서 작성시 유의사항

1) 청구서에는 사건본인 1명당 수입인지 5,000원을 붙여야 한다.
2) 송달료는 청구인수 × 송달료 × 10회분을 송달료취급은행에 납부하고 영수증을 첨부하여야 한다.
3) 관할법원은 사건본인의 주소지의 가정법원(가정법원 또는 가정지원이 설치되지 아니한 지역은 해당 지방법원 또는 지방법원 지원)에서 관할하므로 위 법원에 제출한다.
4) 사건본인의 아버지에게 의견청취서를 보내어 의견을 들을 필요가 있을 수 있으므로 신속한 심리를 위하여, 사건본인의 아버지의 주

소는 알고 있는 경우에 기재하되, 기재하지 아니한 경우 주소를 밝히라는 법원의 보정명령을 나중에 받을 수 있다.

5) '성' 과 '본' 이 변경된다고 하여, 의붓아버지와 사이에 친족관계가 생기거나 종전 부모와의 친족관계가 소멸되는 것은 아니며 가족관계등록부에는 여전히 친아버지가 아버지로 기재되고, 또한 친권자가 변경되는 것도 아니다.

[사례-30] 자의 성과 본의 변경허가 심판청구

자의 성과 본의 변경허가 심판청구

청 구 인 성명 : 홍○○ (휴대전화 : 010-000-0000)
주민등록번호 : 640501 - 2000000
주소 : 서울 ○○구 ○○동 000-000
등록기준지 : 부산 ○○구 ○○동 000-000

사 건 본 인 성명 : 김○○
주민등록번호 : 000627 - 0000000
주소 : 서울 ○○구 ○○동 000-000
등록기준지 : 인천 ○○구 ○○동 000-000

청 구 취 지

'사건본인의 성을 " 이(李) " 로, 본을 " 전주(全州) " 로 변경할 것을 허가한다.' 라는 심판을 구합니다.

청 구 원 인

1. 사건본인의 가족관계 등

가. 사건본인은 (친부 김◇◇)과(와) (친모 청구인)사이에 출생한 자입니다.

☑ 친부의 주소는 (대전 ○○구 ○○동 000)입니다.

나. ☑ (친부 김◇◇)과(와) (친모 청구인)는(은) (2003년 1월 8일) 이혼하였습니다.

□ ( )는(은) (년 월 일) 사망하였습니

다.

□ ( )는(은) (년 월 일) 사건본인을 입양하였습니다.

2. 성과 본의 변경을 청구하는 이유

사건본인이 현재의 성과 본으로 인하여 학교나 사회생활 등에서 많은 어려움을 겪고 있으므로 사건본인의 복리를 위하여 다음과 같이 청구합니다.

☑ (친모 청구인)과(2006년3월7일) 혼인하여 사건본인의 의붓아버지(계부)가 된 (이○○)의 "성" 과 "본" 으로 바꾸고 싶습니다.

□ 어머니의 "성" 과 "본" 으로 바꾸고 싶습니다.

□ 양부의 "성" 과 "본" 으로 바꾸고 싶습니다.

□ 위 각 경우에 해당하지 않는 경우의 이유(서술식으로 기재)

첨 부 서 류

1. 진술서(청구인) 1통
2. 가족관계증명서(청구인 및 사건본인) 각 1통
3. 기본증명서(사건본인) 1통
4. 혼인관계증명서(청구인) 1통
5. 주민등록등본(청구인 및 사건본인) 각 1통(청구인과 사건본인의 주소지가 같은 경우에는 1통만 제출하면 됩니다)
6. 기타(해당사항이 있는 경우에 □안에 √ 표시를 하고 해당 서류를 첨부해 주십시오)

□ 입양관계증명서 1통(사건본인이 입양된 경우)

□ 제적등본(친부) 1통(친부가 사망한 경우, 단 2008. 1. 1. 이후에 사망신고가 된 경우에는 폐쇄가족관계등록부에 따른 친부의 기본증명서)

20○○. .

청구인 홍○○ (인)

가정법원(지방법원) 귀중

진 술 서

청구인은 다음과 같은 내용을 **사실대로** 진술합니다.

1. 청구인과 사건본인의 가족관계 등

가. 기본 사항(사건본인과 관계있는 해당 사항만 기재하시면 됩니다.)

구분	연월일	참고 사항
(김◇◇)과(와) 혼인 신고일	1999년5월2일	동거 시작일 년 월 일
사건본인 (김◯◯)출생일자	2000년6월27일	
(김◇◇)과(와) 이혼 신고일	2003년1월8일	☑ 협의이혼, □ 재판상 이혼
(이◯◯)과(와) 재혼 신고일	2006년3월7일	동거시작일 200 년 6월10일

나. 사건본인의 친권자, 양육자 등 관계

구분	내용
(1) 사건본인의 나이, 학교 등	만 세, □ 유치원, ☑ ◎◎초등 학교 1학년 재학 중
(2) 이혼시 지정된 친권자	☑ 사건본인의 아버지, □ 사건본인의 어머니
(3) 이혼시 지정된 양육자	□ 사건본인의 아버지, ☑ 사건본인의 어머니
(4) 현재의 실제 양육자와 양육기간	□ 사건본인의 아버지, ☑ 사건본인의 어머니 양육기간 : 약 7년 6개월(2000년 6월 27일 → 현재)
(5) 양육비용을 부담하고 있는 사람	사건본인의 어머니, 의붓아버지
(6) 친아버지가 사건본인 또는 사건본인의 어머니에게 양육비를 지급하고 있는지 여부	□ 양육비를 지급하고 있음 ☑ 양육비를 지급하고 있지 아니함
	※ 양육비를 지급하고 있는 경우 그 액수 월 평균으로 따져보면 약 원
(7) 사건본인이 친아버지와 면접교섭하는지(정기적 또는 부정기적으로 만나는지) 여부	☑ 면접교섭함, □ 면접교섭하지 아니함
	면접교섭의 내용(면접교섭하는 경우에만 기재하여 주십시오.) ☑ 1년에 1 ~ 3회 □ 매월 약 1회, □ 매월 약 2회 이상 □ 기타 ( )

2. 사건본인이 현재의 성과 본으로 인하여 사회생활 등에서 어려움을 겪고 있는 구체적 사례

.사건본인이 20○○년 초등학교에 입학하면서 의붓아버지와 20○○년에 태어난 사건본인의 동생과 서로 성이 달라 속상해 하는 경우가 많았습니다.
.사건본인은 의붓아버지와 성이 다른 것 때문에 성격이 내성적이 되었습니다.

3. 사건본인의 성과 본의 변경이 필요한 이유

☑ 의붓아버지(계부)의 성과 본으로 변경하려는 경우

(1) 의붓아버지가 사건본인을 양육하고 있는지 : ☑ 양육하고 있음, □ 양육하고 있지 아니함

(2) 의붓아버지가 사건본인을 실제 양육한 기간

약 3년2개월 (20○○년 6월 무렵부터 → 20○○년 8월 현재까지)

(3) 성과 본의 변경이 사건본인의 행복과 이익을 위하여 필요한 이유

본래 활달한 성격이었던 사건본인이 학교생활에 잘 적응할 수 있도록 하고, 의붓아버지 및 동생과 한 가족으로서 소속감과 유대감을 강하게 할 수 있습니다.

□ 어머니의 성과 본으로 변경하려는 경우

(1) 어머니가 이혼 후 사건본인을 실제 양육한 기간

약 년 개월 (년 월 무렵부터 → 년 월 무렵까지)

(2) 성과 본의 변경이 사건본인의 행복과 이익을 위하여 필요한 이유

□ 양부 또는 양모의 성과 본으로 변경하려는 경우

(1) 사건본인을 양육하고 있는지 : □ 양육하고 있음, □ 양육하고 있지 아니함

(2) 양부 또는 양모가 사건본인을 실제 양육한 기간

약 년 개월 (년 월 무렵부터 → 년 월 무렵까지)

(3) 성과 본의 변경이 사건본인의 행복과 이익을 위하여 필요한 이유

4. 그 밖에 법원에 진술하고 싶은 사정

20○○년 8월 일 청구인 박○○ (인)

○○가정법원{○○지방법원(지원)} 귀중

제15장 유언의 방식

민법에서 인정하고 있는 유언의 방식은 다음의 경우들이 있으며, 이에 해당해야 그 유언의 효력을 인정받을 수 있다.

1. 자필증서

유언자가 유언내용, 작성년월일, 주소, 성명을 자필로 직접 작성하고 날인한 서면

2. 녹 음

유언자가 유언의 내용, 자신의 성명, 녹음연월일을 직접 말하여 녹음하고 그 녹음에 참여한 증인이 그 유언의 정확함과 증인 자신의 성명을 직접 말하여 녹음하는 방식

3. 공정증서

증인 2명 이상이 참여한 상태에서 유언자가 공증인의 면전에서 유언의 취지를 말하고, 공증인이 그 유언내용을 필기한 후 유언자와 증인이 공증인의 필기가 정확함을 승인한 후 유언자와 증인의 서명 또는 기명날인을 하는 방식으로 공정증서를 작성하는 방식

4. 비밀증서

유언자가 유언내용 및 자신의 성명을 기입한 증서를 엄밀히 봉하고 날인한 후, 그 증서를 2명 이상의 증인의 면전에 제출하여 자신의 유언서임을 표시한 뒤 봉투 표면에 유언서의 제출연월일을 표기하고 유언자와 증인이 모두 자신의 서명 또는 기명, 날인을 한 뒤 그 유언 봉투를 그 표면에 기재된 날로부터 5일 이내에 공증인 또는 가정법원 서기에게 제출하여 그 봉인된 부분에 확정일자를 받는 방식

5. 구수증서(口授證書)

질병 기타 급박한 사유로 다른 방식에 의한 유언이 불가능할 경우 2인 이상의 증인이 참여하여 유언자가 그 1인의 증인에게 유언의 취지를 말하고, 그 말을 들은 증인이 그 내용을 필기, 낭독하여 유언자와 다른 증인 1인이 그 정확함을 승인한 후, 유언자와 증인 2인이 모두 서명 또는 기명날인을 하고, 그 증인 또는 유언의 이해관계인이 유언자의 급박한 사유가 종료한 날로부터 7일 이내에 가정법원의 검인을 거치는 방식

[청구취지 사례] 유언증서 검인

유언자 망 홍길동이 0000. 0. 0. 작성한 자필증서에 의한 별지 유언서를 별지조서와 같이 검인한다.

라는 심판을 구합니다.

[청구취지 사례] 유언증서의 개봉

유언자 망 홍길동의 별지 봉인된 유언증서를 민법 제1092조의 규정에 의하여 개봉한다.

라는 심판을 구합니다.

[사례-31-1] 유언서

유 언 서

1. 유언자의 인적사항

성명 : 이○○
주민등록번호 : 000000-0000000
주소 : 서울 ○○구 ○○동 41-54
등록기준지 : 충남 ○○시 ○○면 ○○리 343

2. 재산목록

가. 부동산

서울 ○○구 ○○동 41-54 대 139㎡ 및 위 지상 건물 철근콘크리트조 조적조 슬래브 3층 다가구용 단독주택 (6가구) 지층 79.61㎡ 1층 79.61㎡ 2층 68.99㎡ 3층 61.91㎡ 옥탑 9.72㎡(연면적 제외)

나. 보험금

번호	보험회사	상품명	증권번호	보험기간	보험금액 (천원)	피보험자 수익자
1	○○화재	무배당플러스 안심보험	000000000	05/09/17-08/09/17	3가지 경우가 있음	이○○
2	○○보험	무배당배테랑 상해보험	00000000	01/03/27-21/03/27	20,000	임○○ 이○○
3	○○보험	새싹건강보험	00000000	00/05/09-17/05/09	30,000	김○○ 이○○
4	○○생명	무배당차차차 교통안전	000000000000	01/05/21-11/05/21	43,000	이○○ 상속인
5	○○화재	무배당사업 안전종합보험	000000000000	04/12/21-09/12/21	40,000	이○○ 상속인
6	○○공제	만수무강 암공제	00-00-000000	05/04/29-20/04/29	20,000	이○○ 상속인

다. 임대차보증금

보증금 : 79,000,000원

임대인/임차인 : (주)주영 강남/ 이○○

임차물의 소재지 : 서울 ○○구 ○○동 603 ○○호텔 지하 1층에 소재하는 점포 12평(39.67㎡)

라. 기타

본 유언증서에 기재되어 있지는 아니하나, 유언증서 작성일 이후에 형성된 유언자 이○○ 명의 혹은 이○○의 명의수탁자 명의의 모든 재산(부동산, 채권, 보험, 현금등)도 위 재산목록에 추가되는 것으로 한다.

3. 재산처리방법

가. 유언자는 위 재산 중 10분의 7 지분을 유언자의 친자인 김○○에게 상속하고, 나머지 10분의 3 지분은 유언자의 모인 임○○에게 증여한다.

단, 김○○는 만 25세에 달할 때까지 위 재산을 처분하여서는 아니 된다.

나. 위 김○○이 사망 등으로 인하여 상속받을 수 없을 경우, 위 임○○가 위 재산을 모두 수증한다.

다. 위 임○○가 사망 등으로 인하여 증여받을 수 없을 경우, 임○○가 받을 수증재산을 3분하여 그 2는 김○○(000000-0000000)이, 나머지는 김○○(000000-0000000)이 각 수증한다. 단, 김○○은 조상 제사를 모시는 것을 조건으로 위와 같이 수증한다.

라. 위 김○○과 임○○가 모두 사망 등으로 인하여 상속이나 유증을 받을 수 없을 경우, 위 재산을 5분하여 그 3은 김○○이, 나머지는 김○○이 각 수증한다. 단, 김○○은 제사를 모시는 조건으로 위와 같이 수증하며, 사정에 의하여 김○○이 조상제사를 모실 경우 수증비율은 김○○이 5분의 3, 김○○이 5분의 2로 수증한다.

4. 유언집행자

유언집행자는 유언효력 발생당시 위 3-다.항에 따라 조상제사를 모시고 있는 김○○ 또는 김○○으로 한다.

5. 후견인

가. 위 김○○의 후견인으로 김○○으로 하고 만일 그가 후견인으로서 권한을 행사할 수 없을 경우 김○○으로 하며, 그 기간은 김○○이 20세가 될 때까지로 한다.
나. 후견인은 위 재산을 관리함에 있어서 선량한 관리자의 주의의무를 다하여야 하고, 친족회의 동의를 얻었다 할지라도 투기적인 투자를 하여서는 아니 된다.
다. 후견인의 고의, 과실로 인하여 피후견인인 김명석이 손해를 입은 경우에는 그 손해를 배상하여야 한다.
라. 후견인의 임무에 관하여는 민법의 규정에 의한다.

6. 유언장소

서울시 ○○구 ○○동 121 ○○빌딩 415호

20○○. 7. 14.

유언자 이 ○○(인)

[사례-31-2] 유언서(부동산)

유 언 서

1. 유언자의 인적사항

성명 : 이 ○○ (000000-0000000)

서울 ○○구 ○○동 29-57

위 유언자 이○○은 다음과 같이 유언한다.

2. 증여 부동산

아래 부동산표시 기재 부동산은 차남 이○○에게 증여한다.

* 부동산표시 1. 서울 ○○구 ○○동 29-57 2. 위지상 건물

3. 유언집행자

유언집행자로 본 유언자의 차남 이○○를 지정한다.

4. 유언장소

서울 ○○구 ○○동 29-57

20○○. 8. 21.

유언자 이 ○○ (인)

[사례-32-1] 유언증서검인청구

유언증서검인 청구

청 구 인 김 ○○ (000000-0000000)
등록기준지 서울 ○○구 ○○동 232
주 소 서울 ○○구 ○○동 888 ○○
☎ 02-000-0000

사건본인(유언자)망 김 ○○ (000000-0000000)
등록기준지 서울 ○○구 ○○동 232
주 소 서울 ○○구 ○○동 123-23 다세대 303호

청 구 취 지

유언자 망 김○○이 작성한 자필증서에 의한 유언서를 검인한다.
라는 심판을 구함.

청 구 원 인

1. 청구인은 유언자의 처로서 20○○년 7월 23일 본 건 유언증서를 발견한 자입니다.
2. 유언자 망 김○○은 20○○년 3월 12일 심장마비로 갑자기 자택에서 사망하였는데 청구인은 같은 해 7월 23일 유품정리를 하다가 족보속에서 유언자가 생전에 작성하여 봉인한 자필유언증서를 발견하고 검인을 청구하는 바입니다.

첨 부 서 류

1. 유언자 가족관계증명서 1통
2. 유언증서 1통
3. 유언자주민등록표등본 1통
4. 납부서 1통

20○○. . .
청구인 김 ○○

서울가정법원 귀중

[사례-32-2] 유언증서 검인청구신청서(2)

유언증서 검인청구

청 구 인 성명 : 홍○○ (휴대전화 : 010-000-0000)
주민등록번호 : 640501 - 2000000
주소 : 서울 ○○구 ○○동 000-000
등록기준지 : 부산 ○○구 ○○동 000-000

유 언 자 망 박○○
주민등록번호 : 000627 - 0000000
주소 : 서울 ○○구 ○○동 000-000
등록기준지 : 인천 ○○구 ○○동 000-000

청 구 취 지

유언자 망 박○○의 2010. . . 한 자필증서에 의한 별지기재 유언서를 검인한다. 라는 심판을 구합니다.

청 구 원 인

1. 청구인은 유언자 망 박○○의 배우자로서 이해관계가 있는자입니다.
2. 유언자는 00암으로 병원에 통원치료를 받아오던 중 2010. 0.0. 서울시 영등포구 여의도동 62번지 소재 카톨릭대학교 성모병원에서 사망하였습니다.
3. 유언자의 사후에 청구인이 유품정리를 하다가 금고에서 유언자의 자필유언서를 발견하였기에 이에 검인을 신청하는 바입니다.
4. 유언자의 상속인은 다음과 같습니다.

가) 유언자의 배우자 홍○○(주민등록번호)
1964년 5월1일생
주소: 서울 ○○구 ○○동 000-000

나) 유언자의 장녀 홍일숙(주민등록번호)

0000년 0월 0일생

최후주소: 서울시 00구 00동 00번지

0000년 0월0일 프랑스국 국적취득, 0000년0월0일 법무부장관 국적상실 보고, 년, 월, 일 국적상실

장남 홍일남(주민등록번호)

0000년 0월 0일생

주소: 서울시 00구 00동 00번지

5. 상속인 홍일숙에 대한 진술

상속인 홍일숙은 0000. 0.0. 경 프랑스로 입양한 이후 연락이 두절되었고, 그 이후로도 전혀 연락이 없어 위 홍일숙에 대한 해외 주소지를 전혀 알 수 없는 상태입니다. 그리고 주민등록등본 담당 공무원은 위 주민등록등본이 전산화되기 전인 0000년경 국적상실이 되어 주민등록등본 발급이 아니되며, 개인별주민등록표만 확인한 상태입니다.

첨부서류

1. 제적등본(청구인)
2. 제적등본(유언자)
3. 가족관계증명서(청구인)
4. 가족관계증명서(상속인 중 장남)
5. 주민등록표등본(청구인)
6. 주민등록표등본(상속인 중 장남)
7. 개인별주민등록표(상속인 중 장녀)
8. 사망진단서
9. 자필유언증서

20○○. .

청구인 홍○○ (인)

서울 가정법원[지방법원(지원)] 귀중

[사례-33] 유언무효확인청구 등 청구의 소

소　　장

원 고　1.　신 0 0(000000-0000000)
서울 00구 00동 00번지
2.　박 0 0(000000-0000000)
서울 00구 00동 00번지

원고들 소송대리인 변호사 한 0 0
서울 00구 00동 00번지 4층 (우편번호 :　　　)
(전화 :　　　팩스 :　　　)

피 고　김 0 0 (주민등록번호)
00시 00구 00동 00번지
(우편번호 :　　　)

유언무효확인청구 사건 등

청 구 취 지

1. 소외 망 박00이 0000년 0월 0일 공증인가 00법무법인에서 작성한 공정증서 0000년 제0000호로써 한 유언은 무효임을 확인한다.
2. 원고들에게
   피고는 별지목록 기재 부동산에 관하여 0000년 0월 0일 서울중앙지방법원 ○○등기소 접수 제0000호로 마친 각 소유권이전등기의 말소등기절차를 이행하라.
3. 소송비용은 피고의 부담으로 한다.

라는 재판을 구함.

청 구 원 인

1. 신분관계

원고 신00은 소외 망 박○○(0000년 0월 0일 사망)의 처, 원고 박○○은 위 망인의 자녀이고, 피고 김○○은 망 박○○의 친구입니다.

2. 별지목록 기재 부동산의 등기관계

별지목록 기재 부동산은 본래 망인의 소유인데 0000년 0월 0일 망인이 사망하고 위 원고들이 상속절차에 따라서 상속을 하려고 별지 부동산 등기부를 확인하는 절차에서 별지 부동산이 유증은 원인으로 피고 명의로 등기되었음을 확인하게 되었습니다.

3. 유언공정증서에 관하여

피고는 망인의 친구로서 망인이 치매가 있는 노인이고 심신박약자임을 알면서 평소 술을 좋아하여 알콜성 치매를 앓고 있기에 원고들은 피상속인이 주류를 가까이 하지 못하도록 감시를 계속하여 피상속인이 술을 가까이 하지 못하게 하던 중 피고는 이러한 사실을 알고 있으면서 위 공증을 하였던 0000년 0월 0일 피상속인과 잠깐 외출을 한다고 하면서 다른 친구들이나 만나고 온다고 하기에 망인의 가족들은 불안하였지만 집과 병원에서 치료만 받는 망인이 안타까워 피고에게 이를 허락하였던 것입니다.

그런데 피고는 피상속인(망인)에게 술을 사는 조건으로 별지목록 부동산에 대하여 피고에게 증여한다는 공증을 하고 피상속인이 사망하자 이를 공정증서를 근거로 소유권이전등기를 경료한 것입니다.

이에 원고들은 ○○지방검찰청에 피고를 고소하였으며, 위 유언공정증서는 망인의 의사능력이 상실된 상태에서 작성된 것으로서 무효라 할 것이고, 이와 같이 무효인 유언공정증서에 기해 별지목록 기재 부동산에 관하여 경료된 피고 명의의 소유권이전등기 역시 무효의 등기라 할 것입니다.

4. 결론적으로

이와 같이 공정증서를 원인으로 하는 소유권이전등기는 무효이며, 별지목록 기재 부동산에 관하여 경료된 피고 명의의 각 소유권이전등기의 말소등기를 구하고자 이 사건 청구에 이르렀습니다.

증 거 방 법

1. 갑제 1호증　　공정증서　　1통
2. 갑제 2호증　　제적등본　　1통
3. 갑제 3호증　　가족관계증명서　　1통
4. 갑제 4호증　　주민등록등본　　1통
5. 갑제 5호증　　부동산 등기부등본　　1통
6. 갑제 6호증　　알콜성 치매 확인서　　1통
7. 갑제 7호증　　고소장 사본　　1통
8. 갑제 8호증의 1 내지2확인서(진술서)　　2통

첨 부 서 류

1. 증거방법　　각 1통
2. 토지대장　　1통
3. 납부서　　1통
4. 위임장　　1통
5. 소장부본　　1통

20○○. 9. .

원고들 소송대리인 변호사 ○ ○ ○

○○ 법원 귀중

[첨부] 부동산의 표시

제16장 가족관계등록제도

1. 개 요

국가가 사람의 신분에 관한 사항을 등록해 놓고 이를 공적으로 증명하는 문서로써, 이에 관하여는 종전에는 호적법이 있었다. 그러나 2007년 4월 27일 호주제 폐지에 따른 호적법의 대체 입법으로서 '가족관계등록등에관한법률' 을 제정하여 2008년 1월 1일부터 시행되고 있다. 이 법은 국민의 출생 · 혼인 · 사망 등 가족관계의 발생과 변동사항에 관한 등록과 그 증명에 관한 사항을 규정하고 있다. 한편 재외국민에 대하여는 재외공관장인 대사, 공사, 영사가 처리하며 법원에서 감독하고 있다.

2. 가 족

제779조【가족의 범위】 ① 다음의 자는 가족으로 한다.

1. 배우자, 직계혈족 및 형제자매

2. 직계혈족의 배우자, 배우자의 직계혈족 및 배우자의 형제자매

② 제1항 제2호의 경우에는 생계를 같이 하는 경우에 한한다.

가. 의 의

2005년 가족법의 일부개정에 따라 호주제도가 폐지되면서 가족의 범위를 신설하였다. 즉 종전에는 호주를 기준으로 하여 가족의 범위가 정해졌지만 개정법은 본인을 기준으로 가족의 범위가 정해진 것이다. 그러나

가족의 범위가 신설되었다고 하여 가족의 범위에 속하는 사람들 사이에 어떤 권리의무관계가 있는 것은 아니다. 따라서 종전의 호주를 기준으로 하여 호주의 가족에 대한 규정(호주의 변경과 가족·호주의 직계혈족의 입적·법정분가·호주의 입양과 폐가·여호주의 혼인과 폐가 등)이 모두 폐지되었으므로 이에 일반인의 법감정과 가족해체 등에 대한 우려를 고려하여 민법 제779조에 '가족의 범위'를 규정하여 개인을 기준으로 하여 생활공동체 관계의 범주에 어떤 사람들이 포함될 것인지를 규정한 것이라고 보여진다.

나. 가족의 범위

개정법은 가족의 범위로 다음의 사람들 관계를 규정하고 있다(민법 제779조). 즉 가족의 범위는 ① 다음의 자는 가족으로 한다. 1. 배우자, 직계혈족 및 형제자매 2. 직계혈족의 배우자, 배우자의 직계혈족 및 배우자의 형제자매, ② 제1항 제2호의 경우에는 생계를 같이 하는 경우에 한한다라고 하여 가족의 범위를 정하고 있다.[62]

다. 가족신분의 취득

남녀가 혼인을 하거나 혼인 후 자녀가 출생을 하면서 그 자녀 또한 가족의 신분을 취득한다. 그리고 사망이나 이혼(생존배우자가 재혼시) 등으로 가족의 신분을 잃게 된다.

(1) 혼인 중의 출생자

부모의 혼인 중의 출생자는 부(父)의 성과 본을 따르는 것이 원칙이다. 그러나 부모가 혼인신고 시 모(母)의 성과 본을 따를 것을 부부가 협의를 한 경우와 부(父)를 알 수 없는 경우에는 모의 성과 본을 따른다(제781조 1항·2항). 한편 부(父)가 외국인인 경우에

62) 친족의 경우 법 **제777조【친족의 범위】** 친족관계로 인한 법률상 효력은 이 법 또는 다른 법률에 특별한 규정이 없는 한 다음 각 호에 해당하는 자에 미친다.
1. 8촌 이내의 혈족/ 2. 4촌 이내의 인척/3. 배우자

도 모의 성과 본을 따를 수 있고, 부모를 알 수 없는 기아 · 고아 등은 법원의 허가를 얻어 성과 본을 창설할 수 있다.

(2) 혼인 외의 출생자

혼인 외의 출생자는 부(父)의 인지를 받아 부의 성과 본을 따를 수 있다. 그러나 인지를 받을 수 없는 경우에는 모의 성과 본을 따르게 된다.

(3) 성과 본의 변경

개정 민법은 자녀의 복리를 위하여 자녀의 성과 본을 변경할 필요가 있을 때에는 부·모 또는 자녀는 법원에 성과 본의 변경청구를 하여 그 허가(재판)를 받아 변경할 수 있다. 또한 입양, 부모의 이혼·재혼의 경우에도 자녀의 복리를 위하여 법원의 허가를 얻어 자녀의 성과 본을 변경할 수 있다.

제781조 【자의 성과 본】 ① 자는 부의 성과 본을 따른다. 다만, 부모가 혼인신고시 모의 성과 본을 따르기로 협의한 경우에는 모의 성과 본을 따른다.

② 부가 외국인인 경우에는 자는 모의 성과 본을 따를 수 있다.

③ 부를 알 수 없는 자는 모의 성과 본을 따른다.

④ 부모를 알 수 없는 자는 법원의 허가를 받아 성과 본을 창설한다. 다만, 성과 본을 창설한 후 부 또는 모를 알게 된 때에는 부 또는 모의 성과 본을 따를 수 있다.

⑤ 혼인 외의 출생자가 인지된 경우 자는 부모의 협의에 따라 종전의 성과 본을 계속 사용할 수 있다. 다만, 부모가 협의할 수 없거나 협의가 이루어지지 아니한 경우에는 자는 법원의 허가를 받아 종전의 성과 본을 계속 사용할 수 있다.

⑥ 자의 복리를 위하여 자의 성과 본을 변경할 필요가 있을 때에는 부, 모 또는 자의 청구에 의하여 법원의 허가를 받아 이를 변경할 수 있다. 다만, 자가 미성년자이고 법정대리인이 청구할 수 없는 경우에는 제777조의 규정에 따른 친족 또는 검사가 청구할 수 있다.

라. 가족관계등록제도

(1) 개 요

국가가 사람의 신분에 관한 사항을 등록해 놓고 이를 공적으로 증명하는 문서로써, 종전에는 호적이 있었다. 그러나 2007년 4월 27일 호주제의 폐지에 따른 호적법의 대체 입법으로서 '가족관계등록등에관한법률' 을 제정하여 2008년 1월 1일부터 시행되고 있다. 이법은 국민의 출생·혼인·사망 등 가족관계의 발생과 변동사항에 관한 등록과 그 증명에 관한 사항을 규정하고 있다. 한편 재외국민에 대하여는 재외공관장인 대사, 공사, 영사가 처리하며 법원에서 감독하고 있다.

(2) 호적제도와 비교

비교구분	호적제도	새 가족관계등록제도
등록명칭·형태	호적 – 호적부	가족관계 등록 – 전산정보자료
편성 기준 지명	본 적	등록기준지
편제 기준	호 주	개인(본인)
등재 범위	할아버지, 자녀, 손자, 형제, 배우자	부모(양부모), 배우자, 자녀 – 3대
신분증명방법	호적 등·초본 (제적 등·초본)	기본증명서/가족관계증명서/ 혼인관계증명서/입양관계증명서/ 친양자관계증명서

(3) 가족으로 구성된 호적에서 개인별 가족관계등록부로 변경

호적제도 (2007년까지)	가족관계등록제도 (2008년부터)
호적(부)	가족관계등록(부)
호적등·초본	**가족관계등록사항별 증명서** 1) **가족관계증명서** - 부모, 배우자, 자녀의 인적사항(3대에 한함)기재 2) **기본증명서** - 본인의 출생, 사망, 개명 등의 인적사항 기재 3) **혼인관계증명서** - 배우자 인적사항 및 혼인, 이혼에 관한 사항 기재 4) **입양관계증명서** - 양부모 또는 양자 인적사항 및 입양, 파양에 관한 사항 기재 5) **친양자입양관계증명서** - 친생부모, 양부모 또는 친양자 인적사항 및 입양, 파양에 관한 사항 기재
본적 폐지	등록기준지 신설
취 적	가족관계등록창설

(4) 혼인신고시 어머니의 성과 본을 따를 수 있는 협의제도 시행

혼인신고시 자녀가 어머니의 성과 본을 따르기로 협의한 사실을 신고하고 자의 출생신고시 어머니의 성과 본으로 가족관계부에 등록된다. 다만 협의 없이 혼인신고를 한 후에는 법원의 허가를 받아야 어머니의 성과 본으로 변경이 가능하다.

[사례-34] 가족관계증명서

[별지 제1호서식] <개정 2010.6.3>

가 족 관 계 증 명 서

등록기준지	서울특별시 영등포구 여의도동 1번지의 1234

구분	성 명	출생연월일	주민등록번호	성별	본
본인	김본인(金本人)	1965년 01월 01일	650101-1234567	남	金海

가족사항

구분	성명	출생연월일	주민등록번호	성별	본
부	김양부(金養父)	1940년 04월 01일	400401-1333333	남	金海
모	이양모(李養母)	1942년 04월 02일	420402-2222222	여	全州
배우자	박여인(朴女人)	1968년 02월 02일	680202-2345678	여	密陽
자녀	정이군(鄭二君)	1973년 11월 20일	731120-1234566	남	全州
자녀	김일순(金一順)	1990년 01월 01일	900101-2777777	여	金海
자녀	김순희(金順喜) 사망	1995년 11월 11일	951111-2888888	여	金海
자녀	김상준(金上樽)	1999년 05월 08일	990508-1111111	남	金海

위 가족관계증명서는 가족관계등록부의 기록사항과 틀림없음을 증명합니다.

○○시(읍·면)장 ○ ○ ○ | 직인 |

년 월 일

[사례-35] 혼인관계증명서

[별지 제2호서식]

혼 인 관 계 증 명 서

등록기준지	서울특별시 영등포구 여의도동 1번지의 1234

구분	성 명	출생연월일	주민등록번호	성별	본
본인	김본인(金本人)	1965년 01월 01일	650101-1234567	남	金海

혼인사항

구분	성 명	출생연월일	주민등록번호	성별	본
배우자	박여인(朴女人)	1968년 02월 02일	680202-2345678	여	密陽

구분	상 세 내 용
혼인	[신고일] 1986년 01월 01일 [배우자] 전여인
이혼	[협의이혼신고일] 1987년 04월 04일 [배우자] 전여인
혼인	[신고일] 2008년 02월 01일 [배우자] 박여인 [배우자의 주민등록번호] 680202-2345678 [처리관서] 서울특별시 중구

위 혼인관계증명서는 가족관계등록부의 기록사항과 틀림없음을 증명합니다.

년 월 일

○○시(읍·면)장 ○ ○ ○ 직인

[사례-36] 입양관계증명서

입 양 관 계 증 명 서

등록기준지	서울특별시 영등포구 여의도동 1번지의 1234

구분	성 명	출생연월일	주민등록번호	성별	본
본인	김본인(金本人)	1965년 1월 1일	650101-*******	남	金海

입양사항

구분	상 세 내 용
입양	[신고일] 1995년 01월 03일 [양자] 정이군
입양	[신고일] 1997년 03월 10일 [양부] 김양부, [양모] 이양모
입양	[신고일] 2008년 01월 03일 [양자] 김상준 [양자의 주민등록번호] 990508-1111111 [처리관서] 서울특별시 중구

구분	성 명	출생연월일	주민등록번호	성별	본
친생부	김일남(金一男)	1941년 2월 1일	410201-*******	남	金海
친생모	이일녀(李一女)	1938년 3월 1일	380301-*******	여	全州
양부	김양부(金養父)	1940년 4월 1일	400401-*******	남	金海
양모	이양모(李養母)	1942년 4월 2일	420402-*******	여	全州
양자	정이군(鄭二君)	1973년 11월 20일	731120-*******	남	全州
양자	김상준(金上樽)	1999년 5월 8일	990508-*******	남	金海

위 입양관계증명서는 가족관계등록부의 기록사항과 틀림없음을 증명합니다.

단, 친양자입양관계는 친양자입양관계증명서에만 표시합니다.

년 월 일

○○시(읍 · 면)장 ○ ○ ○ 직인

[사례-37] 친양자 입양관계증명서

[별지 제4호서식]

친 양 자 입 양 관 계 증 명 서

등록기준지	서울특별시 영등포구 여의도동 1번지의 1234

구분	성 명	출생연월일	주민등록번호	성별	본
본인	김본인(金本人)	1965년 01월 01일	650101-1234567	남	金海

친양자입양사항

구분	성 명	출생연월일	주민등록번호	성별	본
친양자	김순희(金順喜) 사망	1995년 11월 11일	951111-2888888	여	金海

구분	상 세 내 용
입양	[친양자입양재판확정일] 2008년 03월 02일 [결정법원] 서울가정법원 [친양자] 정순희 [친양자의 주민등록번호] 951111-2888888 [신고일] 2008년 04월 03일 [신고인] 김본인 [처리관서] 서울특별시 영등포구

위 친양자입양관계증명서는 가족관계등록부의 기록사항과 틀림없음을 증명합니다.

년 월 일

○○시(읍·면)장 ○ ○ ○ 직인

[사례-38] 기본증명서

기 본 증 명 서

등록기준지	서울특별시 영등포구 여의도동 1번지의 1234

구분	상 세 내 용
작성	[가족관계등록부 작성일] 2008년 01월 01일 [작성사유] 가족관계의 등록 등에 관한 법률 부칙 제3조제1항
변경	[변경일] 2008년 01월 03일 [전 등록기준지] 서울특별시 관악구 봉천동 100번지의 3 [처리관서] 서울특별시 영등포구

구분	성 명	출생연월일	주민등록번호	성별	본
본인	김본인(金本人)	1965년 01월 01일	650101-1234567	남	金海

일반등록사항

구분	상 세 내 용
출생	[출생장소] 서울특별시 중구 명동 1234번지 [신고일] 1968년 02월 15일 [신고인] 부
국적회복	[국적회복허가일] 1975년 01월 02일 [국적회복전국적] 미국 [신고일] 1975년 01월 03일 [신고인] 김일남 [송부일] 1975년 01월 03일 [송부자] 서울특별시 관악구청장
개명	[개명허가일] 1976년 02월 02일 [허가법원] 서울가정법원 [신고일] 1976년 02월 05일 [신고인] 김일남 [개명전이름] 철수 [개명후이름] 본인
정정	[직권정정서작성일] 2008년 03월 01일 [정정일] 2008년 03월 01일 [정정전 주민등록번호] 650101-1234578 [정정후 주민등록번호] 650101-1234567 [처리관서] 서울특별시 영등포구

위 기본증명서는 가족관계등록부의 기록사항과 틀림없음을 증명합니다.

○○시(읍·면)장 ○ ○ ○

년 월 일

[서식-15] 혼인신고시 자녀의 성과 본에 대한 협의서

협 의 서

부의 성명
등록기준지
주 소
주민등록번호

모의 성명
등록기준지
주 소
주민등록번호

위의 부와 모 사이에서 태어날 모든 자녀의 성과 본을 모의 성과 본으로 정하기로 협의합니다.

20 . . .

부 (서명)
모 (서명)

덧붙임: 1. 제출인의 신분을 확인할 수 있는 주민등록증(운전면허증, 여권, 공무원증 등) 사본 1부.
2. 출석하지 않은 혼인당사자 일방 또는 쌍방의 인감증명서, 서명에 대한 공증서 1부. 끝.

※ 유의사항

1. 혼인당사자 중 일방 또는 쌍방이 불출석한 경우, 불출석한 당사자의 인감증명서 또는 서명에 대한 공증서를 반드시 첨부하여야 합니다.
2. 타인의 서명 또는 인장의 도용 등으로 허위의 협의서를 작성하여 제출하는 경우에는 「형법」 제231조부터 제237조의2까지의 규정에 따라 5년 이하의 징역 또는 1천만원 이하의 벌금형에 처해집니다.

(5) 자녀의 복리를 위한 성 변경제도 시행

어머니가 법원에 성과 본의 변경심판을 청구하는 경우 법원의 허가재판 등본을 첨부, 자녀의 성 변경을 신고하면 되는데 이때 전남편의 동의는 필요하지 않는다.

새아버지가 그 자녀를 친양자로 입양하는 경우에는 그 자녀가 만15세 미만이어야 하고, 친생부의 동의서를 구비하여 법원의 친양자 입양 재판을 받아야 한다.

(6) 친양자 입양제도가 시행되는데 일반 입양과 어떻게 다른지?

구분	일반 입양	친양자 입양
성 립 요 건	협의	재판
자녀의 성과 본	친생부의 성과 본 유지	양부의 성과 본으로 변경
친생부모와의 관계	유지	종료
효 력	입양시부터 혼인중의 자로 간주 (친생부모와의 관계도 친권을 제외하고 변함없음)	재판확정시부터 혼인중의 자로 간주 (친생부모와의 법적인관계가 모두 종료)

[사례-39] 친양자 입양의 심판청구

친양자 입양의 심판청구

청 구 인 1. 박○○ (전화)
주민등록번호 -
주소
등록기준지
2. 이○○ (전화)
주민등록번호 -
주소 및 등록기준지 위와 같음

사 건 본 인 김○○
주민등록번호 -
주소
등록기준지

청 구 취 지

사건본인을 청구인들의 친양자로 한다.
라는 심판을 구합니다.

청 구 원 인

1. 청구인들은 3년 이상 혼인 중인 부부로서 공동으로 사건본인 친양자로 입양하고자 합니다.
2. 청구인 박○○와 사건본인은 먼 친족 사이로서 사건본인의 부모가 20○○년 ○월 ○일 사고로 모두 사망한 이후 현재까지 청구인들이 사건본인을 잘 양육하고 있습니다.
3. 청구인들은, 사건본인이 더 행복하고 구김살 없게 자랄 수 있도록 하기 위하여, 사건본인을 친양자로 입양하는 것이 좋겠다고 생각하여 이 사건 청구를 하게 되었습니다.
4. 이 사건 청구와 관련된 사항(가사소송규칙 제62조의2 규정 사항)은 별지 목록 기재와 같습니다.

첨 부 서 류

1. 청구 관련 사항 목록 1통
2. 가족관계증명서(사건본인) 1통
3. 기본증명서(사건본인) 1통
4. 혼인관계증명서(청구인들) 1통
5. 주민등록등본(청구인들 및 사건본인) 각 1통
(다만 청구인들과 사건본인이 함께 주민등록이 되어 있는 경우는 1통만 제출)
6. 친양자 입양 동의서(친생부모) 및 인감증명서(단 인감증명서는 작성자가 직접 제출하지 않는 경우에만 필요) 각 1통
7. 법정대리인의 입양승낙서(해당자) 및 인감증명서(단, 인감증명서는 작성자가 직접 제출하지 않는 경우에만 필요하다) 각 1통
8. 법정대리인(후견인이 법정대리인인 경우)의 입양승낙에 대한 가정법원의 허가서 1통

20○○. ○. ○.

위 청구인 ○ ○ ○ (인)

○○가정법원{○○지방법원(지원)} 귀중

☞ **유의사항**

1. 청구서에는 사건본인 1명당 수입인지 5,000원을 붙여야 한다.
2. 송달료는 청구인수 × **송달료** × 10회분을 송달료취급은행에 납부하고 영수증을 첨부하여야 한다.
3. 관할법원은 친양자로 될 자의 주소지의 가정법원(가정법원 또는 가정지원이 설치되지 아니한 지역은 해당 지방법원 또는 지방법원 지원).

[청구 관련 사항 목록]

<table>
<tr><th>구 분</th><th colspan="3">내 용 (□에 √ 표시를 하거나 해당 사항을 기재하십시오.)</th></tr>
<tr><td rowspan="6">1. 친양자로 될 자의 친생부모가친양자 입양에 동의하였는지 여부</td><td rowspan="3">부
(父)</td><td>□ 동의함
□동의하지 아니함</td><td>동의할 수 없는 사정
(「민법」 제908조의2제1항 제3호 단서 참조)</td></tr>
<tr><td>이 름</td><td>주 소</td></tr>
<tr><td></td><td></td></tr>
<tr><td rowspan="3">모
(母)</td><td>□ 동의함
□동의하지 아니함</td><td>동의할 수 없는 사정(「민법」 제908조의2제1항 제3호 단서 참조)</td></tr>
<tr><td>이 름</td><td>주 소</td></tr>
<tr><td></td><td></td></tr>
<tr><td rowspan="5">2. 친양자로 될 자에 대하여 친권을 행사하는 자로서 부모 이외의 자의 이름과 주소</td><td rowspan="4">□
있음</td><td>이 름</td><td>주 소</td></tr>
<tr><td></td><td></td></tr>
<tr><td></td><td></td></tr>
<tr><td></td><td></td></tr>
<tr><td colspan="3">□ 해당 없음</td></tr>
<tr><td rowspan="3">3. 친양자로 될 자의 부모의 후견인의 이름과 주소</td><td rowspan="2">□
있음</td><td>이 름</td><td>주 소</td></tr>
<tr><td></td><td></td></tr>
<tr><td colspan="3">□ 해당 없음</td></tr>
<tr><td>4. 「민법」 제869조에 의한 법정대리인의 입양승낙</td><td colspan="3">□ 승낙함
□ 승낙하지 아니함</td></tr>
</table>

☞ **유의사항**

1. '친생부모가 동의를 할 수 없는 사정' 은 「민법」 제908조의2 제1항 제3호 단서의 '부모의 친권이 상실되거나 사망 그 밖의 사유로 동의할 수 없는 경우' 이다.
2. '친양자로 될 자에 대하여 친권을 행사하는 자로서 부모 이외의 자' 는, 사건본인의 부 또는 모가 결혼하지 아니한 미성년자인 경우(즉 혼인하지 않은 미성년자가 자를 출산한 경우)에 이에 대신하여 친권을 대행하는 그 미성년자의 친권자(민법 제910조) 또는 후견인(민법 제948조) 등이다.

[사례-40] 친양자 입양동의서

친양자 입양 동의서

1. 친양자 입양 청구 관계인

1. 구분		2. 성명	3. 주민등록번호
친양자 입양 청구인	양부로 될 자	박○○	–
	양모로 될 자	이○○	–
친양자로 될 자		김○○	–
친양자로 될 자의 친생부모	친생부	김△△	–
	친생모	윤□□	–

2. 친양자 입양에 대한 동의

위 친양자로 될 자 김○○의 친생부(親生父) 김○○와 친생모(親生母) 윤□□는, 친양자 입양의 심판이 확정된 때에 **친생부모와 친양자의 친족관계는 종료한다**는 것을 잘 알면서, 민법 제908조의2 제1항 제3호에 따라 친양자 입양 청구인들이 김○○를 **친양자로 입양함에 동의합니다.**

200 . . .

구분	동의인 성명	친양자 입양에 대한 동의 여부	서명 또는 날인
친생부	김○○	동의함	
친생모	윤□□	동의함	

☞ 유의사항

○ 이 서류의 제출자가 작성명의인이 아닌 경우에는 작성명의인의 인감도장을 날인하고 작성명의인의 인감증명서를 첨부하여야 한다.

제17장 성년후견인 제도

제 1 절 개 관

1. 기존 행위무능력제도와 성년후견제도의 비교

종래의 금치산 . 한정치산제도는 **재산관리 등 경제적 문제를 지원하기 위한 제도**였다. 또한 일단 금치산.한정치산 선고를 받으면 본인의 행위능력이 광범위하게 제한받게 되고, 후견인이 업무를 제대로 수행했는지를 실질적으로 감독하기가 어려워서 **당사자의 권리를 실질적으로 보호하기가 어려웠다.** 또한 금치산.한정치산의 선고가 내려지면 **그 사실이 가족관계등록부에 공시되어** 가족들이 사용을 꺼리는 요인이 되어 널리 사용되지 못하였다.

새로운 성년후견제도는 가정법원의 권한 부여에 따라 의료행위나 우편물 관리, 거주지의 결정 등 **신상과 관련한 지원도 가능**하게 되었다. 또한 후견인이 선임되어도 당사자가 스스로 결정하는 영역이 보장되고, 신상과 관련하여 스스로 할 수 있는 것은 **단독으로 결정할 수 있도록 보장**되어 있다.

후견감독인을 두거나 **가정법원에 의해 후견업무를 감독**할 수 있게 되었으며, 후견과 관련한 **별도의 등기제도를 운영**하기 때문에 후견인 선임여부에 대한 개인정보도 보호가 된다.

(출처 : 보건복지부2013년6월24일 보도자료)

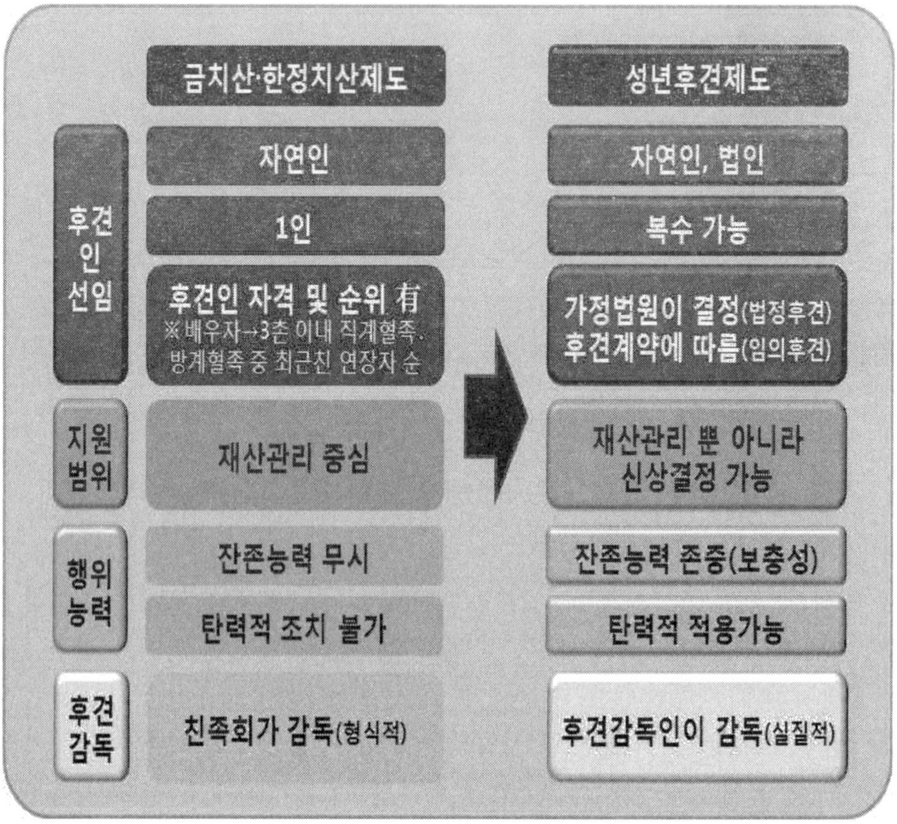

(출처 : 서울가정법원 홈페이지 - 민원)

<사례1 : 이현우(가명, 지적장애2급)>

• 어릴 때 가족이 현우 씨를 시설 앞에 유기하여 시설에서 성장

• 시설에서 현우씨에 대한 장애인연금급여 등 복지급여와 기부금, 직업재활시설에서 받은 급여를 잘 관리해 준 덕분에 통장에 수 천 만원이 모이고 탈시설과 자립을 계획

• 우연히 가족들이 찾아왔을 때 현우 씨는 반가운 마음에 자신의 통장을 자랑하게 되고, 경제적 상황이 어려웠던 가족들은 현우 씨를 시설로부터 데리고 나감

• 수개월 뒤 현우 씨의 저축은 가족이 다 소모해 버리고 현우 씨는 혼자 집에 방치

⇒ **현우씨에게 통장관리를 담당하는 후견인이 선임되어 있었다면 가족들이 현우 씨의 재산을 모두 탕진하는 것을 막을 수 있었을 것임**

<사례2 : 안현수(가명, 지적장애 2급)>

• 현수씨의 어머니는 젊어서 남편을 잃고 장애가 있는 외아들을 위해 상당한 재산을 축적

• 그러나 현수씨의 어머니는 70대 중반이 넘어서고 최근 건강이 나빠지자 본인의 사후 아들의 장래가 염려되는 상황이나 재산으로 인해 가까운 친척도 믿기 곤란

• 현수씨의 주변에 현수씨를 도울 사람으로는 평소 유대관계가 높은 현수 씨의 사촌형 A씨, 같은 교회에 다니는 집사 B씨, 현수씨의 특수학교 담임이었던 C씨가 있음

⇒ **평소 유대관계가 높은 A씨가 후견인이 되고, B와 C가 후견감독인이 된다면 어머니 사후에도 재산관리나 신상보호에 적절하게 대응할 수 있을 것임**

<사례3 : 김복동(가명, 75세, 치매)>

- 김복동 할머니는 남편 사별 후 혼자 생활하다 최근 치매발병
- 치매 증세가 심하지 않고 할머니가 원래 거주하던 주택을 떠나기 싫어해 홀로 생활 중
- 그러나 최근 필요 없는 물건을 사 모으는 등 이상행동이 보이자 자녀들은 할머니의 유일한 재산인 주택을 임의로 처분하여 탕진할까 우려

⇒ **장남을 특정후견인으로 선임하여 주택의 매매는 후견인을 통해서만 할 수 있도록 조치하면 우려되는 상황을 예방 가능**

<사례4 : 홍길동(가명, 80세)>

- 길동씨는 최근 기억이 가물가물해지는 등 치매에 걸릴까봐 우려
- 길동씨는 자신이 치매에 걸렸을 때를 대비하여 평소 소원한 장남 대신 차남을 임의 후견인으로 선임하는 임의후견계약을 체결

⇒ **길동씨가 치매에 걸리게 되는 경우 차남이 가정법원에 임의후견감독인 선임을 청구하고 법원이 이를 선임할 경우 임의후견계약 대로 차남이 후견인으로 활동하게 될 것임**

2. 미성년후견제도와의 비교

<table>
<tr><th colspan="2">내 용</th><th>미성년후견제도</th><th>성년후견제도</th></tr>
<tr><td>피후견인</td><td>선임사유</td><td>친권자가 없거나 친권자가 대리권.재산관리권을 행사할 수 없는 경우</td><td>질병·장애·노령 등으로 인한 정신적 제약</td></tr>
<tr><td rowspan="4">후견인</td><td>자격</td><td>친족 또는 제3자(법인 X)</td><td>친족 또는 제3자(법인 포함)</td></tr>
<tr><td>수</td><td>1인</td><td>수인 가능</td></tr>
<tr><td>선임</td><td>법원 직권 선임(유언으로 지정이 있는 경우 제외)</td><td>법원의 직권선임</td></tr>
<tr><td>감독기관</td><td>법원(후견감독인)</td><td>법원(후견감독인)</td></tr>
<tr><td>후견감독인</td><td>선임</td><td>법원 직권 선임(유언으로 지정이 있는 경우 제외)</td><td>법원의 임의적 선임</td></tr>
<tr><td rowspan="2">공시</td><td>방법</td><td>가족관계등록부</td><td>후견등기부</td></tr>
<tr><td>촉탁</td><td>법원의 기록촉탁</td><td>법원의 등기촉탁(성년,한정,특정) 당사자의 신청(후견계약)</td></tr>
<tr><td>법원</td><td>역할</td><td>후견인 선임과 감독</td><td>후견인 선임과 감독</td></tr>
</table>

3. 성년후견, 한정후견, 특정후견, 임의후견 비교

내용	성년후견	한정후견	특정후견	임의후견
개시 사유	정신적 제약으로 사무처리능력의 지속적 결여	정신적 제약으로 사무처리능력의 부족	정신적 제약으로 일시적 후원 또는 특정사무 후원의 필요	정신적 제약으로 사무처리능력의 부족
후견 개시 청구 권자	본인, 배우자, 4촌 이내의 친족, 미성년후견(감독)인, 한정후견(감독)인, 특정후견(감독)인, 임의후견(감독)인, 검사 또는 지방자치단체의 장	본인, 배우자, 4촌 이내의 친족, 미성년후견(감독)인, 성년후견(감독)인, 특정후견(감독)인, 임의후견(감독)인, 검사 또는 지방자치단체의 장	본인, 배우자, 4촌 이내의 친족, 미성년후견인, 미성년후견감독인, 임의후견(감독)인, 검사 또는 지방자치단체의 장	본인, 배우자, 4촌 이내의 친족, 임의후견인, 검사 또는 지방자치단체의 장 (※ 임의후견 개시 요건인 임의후견감독인 청구권자)
후견 개시 시점	성년후견개시 심판 확정 시	한정후견개시 심판 확정 시	특정후견 심판 확정 시	임의후견감독인 선임 심판 시
공시 방법	법원의 등기촉탁	법원의 등기촉탁	법원의 등기촉탁	당사자의 등기신청 및 법원의 등기촉탁
본인의 행위 능력	원칙적 행위능력상실자	원칙적 행위능력자	행위능력자	행위능력자
후견인의 권한	원칙적으로 포괄적인 대리권, 취소권	법원이 정한 범위 내에서 대리권, 동의권, 취소권	법원이 정한 범위 내에서 대리권	각 계약에서 정한 바에 따름

4. 성년후견인의 결격 · 사임 · 변경

성년후견인의 결격 · 사임 · 변경에 관해서는 현행 민법의 규정을 대체로 유지한 채, 약간의 수정만을 가하였다(개정민법 제937조, 939조, 제940조). 즉, 다음 각호의 어느 하나에 해당하는 자는 후견인이 되지 못한다(개정민법 제937조).

(1) 미성년자
(2) 피성년후견인, 피한정후견인, 피특정후견인, 피임의후견인
(3) 회생절차개시결정 또는 파산선고를 받은 자
(4) 자격정지 이상의 형의 선고를 받고 그 형기 중에 있는 사람
(5) 법원에서 해임된 법정대리인
(6) 법원에서 해임된 성년후견인, 한정후견인, 특정후견인, 임의후견인과 그 감독인
(7) 행방이 불분명한 사람
(8) 피후견인을 상대로 소송을 하였거나 하고 있는 사람
(9) 제8호에서 정한 사람의 배우자와 직계혈족. 다만, 피후견인의 직계비속은 제외한다.

또한 후견인은 정당한 사유가 있는 경우에는 가정법원의 허가를 받아 사임할 수 있다. 이 경우 그 후견인은 사임청구와 동시에 가정법원에 새로운 후견인의 선임을 청구하여야 한다(개정민법 제9393조). 그리고 가정법원은 피후견인의 복리를 위하여 후견인을 변경할 필요가 있다고 인정하면 직권으로 또는 피후견인, 친족, 후견감독인, 검사, 지방자치단체의 장의 청구에 의하여 후견을 변경할 수 있다(개정민법 제940조).

제 2 절 후견인의 지위와 역할

1. 후견인의 지위

가. 법정후견인의 지위

성년후견인의 경우 포괄적 대리권을 부여하고, 가정법원에서 이를 감축할 수 있도록 하고 있고, 한정후견인의 경우에는 가정법원이 한정후견인에게 대리권을 부여하는 심판을 하도록 하고 있다. 즉, 사무의 범위를 정하고 그 범위 내에서 포괄적 대리권을 갖는 방식이다. 특정후견인의 경우 기간과 범위가 특정된 대리권이 부여된다. 모두 대리인이 될 수 있는데, 이는 법정대리인이다.

나. 임의후견인의 지위

임의후견인은 후견계약에 의해 후견인이 되는 것이므로 수임인의 지위를 가진다. 계약에 기해 대리권을 갖는 경우 그 범위 내에서 임의대리인이 된다.

2. 성년후견인의 역할(직무)

가. 직무처리시 피성년후견인의 복리와 의사 존중

성년후견인의 직무는 재산관리와 신상보호에 관한 것인데, 직무를 처리할 때에는 「여러 사정을 고려하여 그의 복리에 부합하는 방법」으로 사무를 처리하여야 하고, 피성년후견인의 복리에 반하지 아니하면 피성년후견인의 의사를 존중하여야 한다(개정민법 제940조). 성년후견인이 이에 반하여 사무처리를 할 때에는 피성년후견인의 복리에 반한다고 할 수 있으므로 성년후견인의 변경사유가 된다고 본다(개정민법 제940조).

성년후견인은 피성년후견인이 한 법률행위는 취소할 수 있다(개정민법

제10조 1항)는 것에 대해서는 종래의 금치산제도와 다를 바가 없지만, 가정법원에서 취소할 수 없는 피성년후견인의 법률행위의 범위를 정할 수 있다는 점(개정민법 제10조 2항), 일용품의 구입 등 일상생활에 필요하고 그 대가가 과도하지 아니한 법률행위는 성년후견인이 취소할 수 없도록 한 것(개정민법 제10조 4항)은 무능력자제도에서와 비교할 때 크게 달라진 내용이다. 이는 자기결정의 존중과 잔존능력의 활용, 정상화의 이념 등의 관점에서 이뤄진 것이다.

나. 재산관리권과 법정대리권

성년후견인은 피성년후견인의 재산을 관리하고 그 재산에 관한 법률행위에 대하여 피후견인을 대리한다(949조 1항). 성년후견인은 피성년후견인의 법정대리인이 되어 포괄적인 법정대리권을 갖는데, 가정법원은 성년후견인이 가지는 법정대리권의 범위, 성년후견인이 피성년후견인의 신상에 관하여 결정할 수 있는 권한의 범위를 정할 수 있다(개정민법 제938조 2항, 3항).

후견인은 재산관리와 관련하여 재산조사와 목록작성 및 후견인의 채권, 채무의 제시해야 한다. 후견인은 지체없이 피후견인의 재산을 조사하여 2개월 이내에 그 목록을 작성하여야 한다. 다만, 정당한 사유가 있는 경우에는 법원의 허가를 받아 그 기간을 연장할 수 있다. 이때 후견감독인이 있는 경우 재산조사와 목록작성은 후견감독인의 참여가 없으면 효력이 없다(개정민법 제941조).

후견인과 피후견인 사이에 채권 · 채무의 관계가 있고 후견감독인이 있는 경우에는 후견인은 재산목록의 작성을 완료하기 전에 그 내용을 후견감독인에게 제시하여야 한다(제942조(후견인의 채권 · 채무의 제시)). 후견인이 피후견인에 대한 채권이 있음을 알고도 제시를 게을리한 경우에는 그 채권을 포기한 것으로 본다(제942조). 후견인은 재산조사와 목록작성을 완료하기까지는 긴급하게 필요한 경우가 아니면 그 재산에 관한 권한을 행사하지 못한다. 그러나 이로써 선의의 제3자에게 대항하지 못한다(개정민법 제

943조).

피성년후견인의 행위를 목적으로 하는 채무를 부담하는 법률행위를 대리하는 경우에는 본인의 동의를 얻어야 하고, 이해상반행위를 하는 경우에는 특별대리인을 선임하여야 하는데, 성년후견감독인이 있는 경우에는 성년후견감독인이 대리하게 된다. 또 영업에 관한 행위, 금전을 차용하는 행위, 의무만을 부담하는 행위, 상속인의 승인, 한정승인 또는 포기 및 상속재산의 분할에 관한 협의를 대리하는 경우 성년후견감독인이 있는 경우 그 동의를 받아야 한다. 성년후견감독인이 자신의 동의를 필요로 하는 행위에 대하여 성년후견감독인이 피성년후견인의 이익을 침해할 염려가 있음에도 동의하지 않는 때에는 가정법원은 성년후견인의 청구에 따라 성년후견감독인의 동의에 갈음하는 허가를 할 수 있다. 성년후견감독인의 동의가 필요한 법률행위를 성년후견인이 그 동의 없이 하였을 때에는 피성년후견인 또는 성년후견감독인이 이를 취소할 수 있다.

다. 신상보호

성년후견인은 피성년후견인의 신상보호에 대한 규정도 개정법원에서 두고 있다(개정민법 제947조의 2).

피성년후견인은 자신의 신상에 관하여 그의 상태가 허락하는 한에서는 단독으로 결정한다(개정민법 제947조의2 제1항). 신상에 관한 결정은 대리에 친하지 않은 것으로 일신전속적 성질을 지니므로 피성년후견인 스스로 그에 관해 결정할 수 있으면 결정하도록 하는 것이다. 피성년후견인 스스로 결정할 수 없는 경우에만 성년후견인에게 보충적 권한이 인정된다. 이 경우에도 가정법원은 성년후견인이 피성년후견인의 신상에 관하여 결정할 수 있는 권한의 범위를 정할 수 있고(개정민법 제938조 3항), 법정대리인의 권한의 범위가 적절하지 아니하게 된 경우에 가정법원은 본인, 배우자, 4촌 이내의 친족, 성년후견인, 성년후견감독인, 검사 또는 지방자치단체의 장의 청구에 의하여 그 범위를 변경할 수도 있다(개정민법 제938조 4항).

성년후견인이 피성년후견인을 치료 등의 목적으로 정신병원이나 그 밖의 다른 장소에 격리하려는 경우에는 가정법원의 허가를 받아야 한다(개정

민법 제947조의2 제2항).

피성년후견인의 신체를 침해하는 의료행위에 대하여 피성년후견인이 동의할 수 없는 경우에는 성년후견인이 그를 대신하여 동의할 수 있다(개정민법 제947조의2 제3항). 이 경우 피성년후견인이 의료행위의 직접적인 결과로 사망하거나 상당한 장애를 입을 위험이 있을 때에는 가정법원의 허가를 받아야 한다(개정민법 제947조의2 제4항 본문). 다만, 허가절차로 의료행위가 지체되어 피성년후견의 생명에 위험을 초래하거나 심신상의 중대한 장애를 초래할 때에는 사후에 허가를 청구할 수 있다(개정민법 제947조의2 제4항 단서).

성년후견인이 피성년후견인을 대리하여 피성년후견인이 거주하고 있는 건물 또는 그 대지에 대하여 매도, 임대, 전세권 설정, 저당권 설정, 임대차의 해지, 전세권의 소멸, 그 밖에 이에 준하는 행위를 하는 경우에는 가정법원의 허가를 받아야 한다(개정민법 제947조의2 제5항). 거주용 부동산의 처분은 본인의 생활이나 신상에 커다란 영향을 미치므로 성년후견인의 권한을 제한하는 것이다. 가정법원의 허가는 가정법원의 재량이고, 불복신청할 수 없다. 허가를 받지 못한 처분행위는 무효가 된다.

피후견인의 신체를 침해하는 의료행위에 대하여 피성년후견인이 동의할 수 없는 경우(제947조의2 제3항)에는 단독으로 결정할 수 있다.

라. 후견인의 변경

후견인은 정당한 사유가 있는 경우에는 가정법원의 허가를 받아 사임할 수 있고, 가정법원은 피후견인의 복리를 위하여 후견인을 변경할 필요가 있다고 인정하면 직권으로 또는 피후견인, 친족, 후견감독인, 검사, 지방자치단체장의 청구에 의하여 후견인을 변경할 수 있다.

마. 비용과 보수

성년후견인이 후견사무를 수행하는 과정에서 지출한 비용은 피성년후견인의 재산 중에서 지출한다. 가정법원은 피성년후견인의 재산상태 그 밖의 사정을 참작하여 피성년후견인의 재산 중에서 상당한 보수를 줄 수 있다.

바. 성년후견의 종료

성년후견은 피성년후견인의 사망, 성년후견개시원인의 소멸에 따른 성년후견종료의 심판에 의하여 종료한다. 성년후견인은 정당한 사유가 있을 때 가정법원의 허가를 얻어 사임할 수 있고(939조), 피성년후견인의 복지를 위하여 변경할 필요가 있을 때에는 청구 또는 직권으로 변경할 수 있다(940조).

성년후견이 종료되면 피성년후견인의 재산에 관한 관리계산을 하여야 한다. 관리계산은 후견인 또는 그 상속인은 1개월 이내에 하여야 한다. 다만, 정당한 사유가 있는 경우에는 법원의 허가를 받아 그 기간을 연장할 수 있다(개정민법 제957조 1항). 이때 후견감독인이 있는 경우에는 그의 참여가 있어야 유효하다(957조 2항).

후견인이 피후견인에게 지급할 금액이나 피후견인이 후견인에게 지급할 금액에는 계산종료의 날로부터 이자를 부가하여야 한다(958조 1항). 후견인이 자기를 위하여 피후견인의 금전을 소비한 때에는 그 소비한 날로부터 이자를 부가하고 피후견인에게 손해가 있으면 이를 배상하여야 한다(958조 2항).

제 3 절 관할과 심판절차

1. 관할

미성년후견 · 성년후견 · 한정후견 · 특정후견 및 임의후견에 관한 사건에 대한 심리와 재판은 각 피후견인(피후견인이 될 사람을 포함한다)의 주소지의 가정법원의 전속관할로 한다(법 제2조 1항, 제44조 1의2호).

피후견인의 주소가 국내에 없거나 이를 알 수 없을 때에는 거소지의, 거소가 없을 때 또는 거소를 알지 못할 때에는 마지막 주소지의, 그 주소, 거소 또는 마지막 주소가 국내에 없거나 이를 알 수 없을 때에는 대법원이 있는 곳의 가정법원이 관할한다(비송사건절차법 제2조 1항, 2항, 법 제35조 2항, 제13조 2항).

가정법원은 관할권이 없음을 인정한 경우에는 결정으로 관할법원에 이송하여야 하고(법 제35조 2항, 제13조 3항), 이송결정에 대하여는 즉시항고를 할 수 있다(법 제35조 2항, 제13조 5항).

2. 심판절차

가. 개설

미성년후견 · 성년후견 · 한정후견 · 특정후견 및 임의후견에 관한 사건도 청구인 청구에 의하여 절차가 개시되나, 성년후견인의 선임과 같이 청구인의 청구가 없더라도 가정법원이 직권으로 선임하는 경우가 있고(민법 제936조 1항), 또한 성년후견감독인의 선임사건과 같이 직권 또는 청구에 의하여 개시되는 경우도 있다(민법 940조의4).

미성년후견 · 성년후견 · 한정후견 · 특정후견 및 임의후견에 관한 사건은 라류 가사비송사건으로 이에 대한 절차는 가사소송법 및 가사소송규칙이 적용되고 가사소송법이나 가사소송규칙에 특별한 규정이 없으면 비송사건절차법 제1편을 준용한다. 다만, 비송사건절차법 제15조는 준용하지 아니한다

(법 제34조).

나. 청구인

미성년후견 · 성년후견 · 한정후견 · 특정후견 및 임의후견에 관한 사건의 청구인은 실체법인 민법에 규정되어 있다. 예컨대 성년후견개시의 심판 청구권자는 본인, 배우자, 4촌 이내의 친족, 미성년후견인, 미성년후견감독인, 한정후견인, 한정후견감독인, 특정후견인, 특정후견감독인, 검사 또는 지방자치단체이고(민법 제9조 1항), 성년후견종료 심판 청구권자는 본인, 배우자, 4촌 이내의 친족, 성년후견인, 성년후견감독인, 검사 또는 지방자치단체이다(민법 제11조).

다. 심판절차

(1) 정신상태의 감정 등

가정법원은 성년후견 개시 또는 한정후견 개시의 심판을 할 경우에는 피성년후견인이 될 사람이나 피한정후견인이 될 사람의 정신상태에 관하여 의사에게 감정을 시켜야 한다. 다만, 피성년후견인이 될 사람이나 피한정후견인이 될 사람의 정신상태를 판단할 만한 다른 충분한 자료가 있는 경우에는 그러하지 아니하다(법 제45조의2 1항).

(2) 성년후견 등 관련 심판에서의 이해관계인의 진술청취 등

가정법원은 다음 각호의 어느 하나에 해당하는 심판을 하는 경우에는 해당 호에서 정한 사람의 진술을 들어야 한다. 다만, 피성년후견인(피성년후견인이 될 사람을 포함한다)이나 피임의후견인(피임의후견인이 될 사람을 포함한다)이 의식불명, 그 밖의 사유로 자신의 의사를 표명할 수 없는 경우에는 그러하지 아니하다(법 제45조의3 1항).

라. 심판에 대한 불복

성년후견에 관한 사건의 심판에 대하여는 대법원규칙으로 따로 정하는 경우에 한정하여 즉시항고만을 할 수 있으며(법 제43조 1항), 즉시항고를 할 수 있는 자가 심판을 고지받는 경우에는 그 고지를 받은 날부터, 심판을 고지받지 아니하는 경우에는 청구인(청구인이 수인일 때에는 최후로 심판을 고지받은 청구인)이 심판을 고지받은 날부터 14일 이내에 하여야 하고(동조 5항, 규칙 제31조), 즉시항고는 원심가정법원에 즉시항고장을 제출함으로써 한다(규칙 제28조).

항고법원의 재판절차에는 제1심의 재판절차에 관한 규정을 준용한다(동조 2항). 항고법원은 항고가 이유 있다고 인정하는 경우에는 원심판을 취소하고 스스로 적당한 결정을 하여야 한다. 다만, 항고법원이 스스로 결정하기에 적당하지 아니하다고 인정하는 경우에는 사건을 원심법원에 환송하여야 한다(동조 3항).

항고법원의 결정에 대하여는 재판에 영향을 미친 헌법, 법률, 명령 또는 규칙 위반이 있음을 이유로 하는 경우에 한정하여 대법원에 재항고할 수 있다(동조 4항).

제 4 절 심판청구 핵심정리

1. 성년후견 심판청구

사건명	첨부서류	신청서	인지액	송달료	관할법원	비고
성년후견	• 기본증명서 및 가족관계증명서(사건본인) 각 1통 • 주민등록표등(초)본(청구인, 사건본인) 각 1통 • 후견등기사항전부증명서(말소 및 폐쇄사항 포함) 또는 후견등기사항부존재증명서(전부)(사건본인) 1통 • 청구인 및 후견인후보자와 사건본인과의 관계 소명자료(가족관계증명서, 제적등본 등) • 진단서 1통 • 사전현황설명서 1부 • 사건본인의 가족들의 의견서 또는 동의서(인감증명서 첨부)	1부	사건본인 각 5,000원	청구인수×송달료 10회분	사건본인 주소지	감정료 20만~60만원 (감정서 작성비용) * 검사비, 입원비 별도

(1) 의의

종래의 금치산제도 및 한정치산제도를 대신하여 본인 스스로 의사결정과 판단이 어려운 성년(지적장애, 자폐아, 정신장애 및 치매노인 등)이 후견인의 지원을 통해 법률행위, 재산관리, 사회복지서비스의 이용, 신상보호 및 기타 사회생활에 긴요한 사무를 처리할 수 있도록 인권옹호와 자기결정권 존중, 잔존능력의 활용을 기본으로 한 새로운 개념의 성년에 관한 무능력자 보호제도

※ 대한민국에 거소 또는 거소가 있는 외국인도 이용 가능

(2) 대상 : 질병, 장애, 노령, 그 밖의 사유로 인한 정신적 제약으로 사무를 처리할 능력이 지속적으로 결여된 사람

(3) 관할 : 피성년후견인(피성년후견인이 될 사람 포함)의 주소지 관할 가정법원

(4) 청구권자 : 본인, 배우자, 4촌 이내의 친족, 미성년후견(감독)인, 한정후견(감독)인, 특정 후견(감독)인, 임의후견(감독)인, 검사 또는 지방자치단체의 장

(5) 청구취지

1. 사건본인에 대하여 성년후견을 개시한다. 2. 사건본인의 성년후견인으로 ○○○(주민등록번호 , 주소 ○○○)를 선임한다. 라는 심판을 구합니다.

(6) 심판절차

- 본인의 의사 존중을 위한 당사자 심문
- 정신감정

(7) 성년후견개시 심판의 효과

1) 법률행위의 효력과 대리권

㉮ 취소권 – 제한 : 일상적 법률행위(일용품의 구입, 식당 이용

등)와 가정법원이 취소할 수 없도록 정한 행위

㉯ 법정대리권 – 성년후견인은 포괄적인 법정대리인이지만, 대리권의 범위를 따로 정할 수 있음

㉰ 거래상대방 – 최고권, 철회권 및 거절권

㉱ 취소권의 배제 – 제한능력자의 속임수 사용

2) 신상에 관한 효과

㉮ 피성년후견인의 신상에 관한 자기결정권 – 상태가 허락하는 범위에서 단독으로 결정

㉯ 성년후견인이 피성년후견인의 신상에 관하여 결정할 수 있는 권한의 부여

㉰ 신상결정권의 제한 – 가정법원 허가 필요

① 격리 – 반드시 사전 허가

② 의료행위의 직접적인 결과로 사망 또는 상당한 장애를 입을 위험이 있을 때

③ 피성년후견인이 거주하고 있는 건물 또는 그 대지에 대하여 매도, 임대, 전세권 설정, 저당권 설정, 임대차의 해지, 전세권의 소멸, 그 밖에 이에 준하는 행위를 하는 경우

(8) 성년후견인 선임

– 직권 선임, 여러 명을 선임할 수 있으며, 법인도 가능

(9) 성년후견감독인 선임

– 직권 또는 청구권자의 청구

– 임의적 선임, 여러 명을 선임할 수 있으며, 법인도 가능

– 성년후견감독인의 재선임은 필수적이지만 추가선임 여부는 가

정법원의 재량

(10) 심판의 고지

- 당사자와 절차에 참가한 이해관계인, 성년후견(감독)인 (임무가 개시되거나 종료될 자 포함)

※ 사건본인 - 심판 통지(가사소송규칙 제35조)

(11) 불복 : 2주 이내 즉시항고

개시심판 - 청구권자, 기각 - 청구인

(12) 후견등기 촉탁

심판이 확정된 경우

(13) 종료사유

1) 성년후견개시의 원인 소멸

본인, 배우자, 4촌 이내의 친족, 성년후견(감독)인, 검사 또는 지방자치단체의 장이 청구

2) 한정후견개시심판을 할 경우 - 직권

3) 임의후견감독인 선임 - 직권

4) 사망

성년후견인(3개월 이내), 피성년후견인, 배우자 또는 4촌이내 친족, 성년후견 감독인 → 종료등기 신청

[서식-16] 성년후견개시 심판청구서

성년후견개시 심판청구서

인지액 5,000원

청구인 ○ ○ ○ (전화)
주민등록번호
주소
사건본인과의 관계

사건본인 ○ ○ ○ (출생연월일 / 성별)
주민등록번호(외국인등록번호)
주소
등록기준지(국적)

청 구 취 지

1. 사건본인에 대하여 성년후견을 개시한다.
2. 사건본인의 성년후견인으로 ○○○(주민등록번호 , 주소)를 선임한다.

라는 심판을 구합니다.

청 구 원 인 (예시)

1. 청구인은 사건본인의 아들입니다.
2. 사건본인은 약 7년 전부터 노인성 치매 증세가 나타나 병원에서 치료를 받아 왔는데, 3년 전부터 상태가 급격히 악화되어 OO병

원에서 요양 중에 있습니다. 현재 사건본인은 아들인 청구인조차 알아보지 못할 정도이므로 일상생활의 사무를 처리할 능력이 전혀 없고, 향후에도 증세가 호전될 가능성이 매우 희박합니다.

3. 청구인은 아들로서 사건본인을 정성껏 돌보아 왔으나 치료비와 요양비 부담이 만만치 않고, 사건본인 소유부동산의 관리에 많은 어려움을 겪고 있으므로, 이 사건 심판을 통해 성년후견인으로서의 지위를 인정받고, 사건본인의 부동산을 관리하여 그 수익을 사건본인을 개호하는 비용으로 사용하고자 합니다.
4. 사건본인의 성년후견인으로는 아들인 청구인이 선임되기를 원하며, 그 권한의 범위는 별지 기재와 같이 정해지기를 원합니다.
5. 이러한 이유로 이 사건 청구에 이르게 되었습니다.

성년후견인 후보자	성명	
	주소	
	주민등록번호	
	직업	
	사건본인과의 관계	

첨 부 서 류

1. 가족관계증명서 및 기본증명서 (사건본인) 각 1통
2. 주민등록표등(초)본 (사건본인, 청구인) 1통
3. 사건본인의 후견등기사항전부증명서(말소 및 폐쇄사항 포함) 또는 후견등기사항부존재증명서(전부) 1통
4. 청구인 및 후견인후보자와 사건본인과의 관계를 밝혀줄 자료 (가족관계증명서, 제적등본 등) 각 1통

5. 진단서 1통
6. 사전현황설명서 1통
7. 기타(소명자료) 1통

20 . . .

청구인 ○ ○ ○ 서명 또는 날인

서울가정법원 귀중

☞ 유의사항

1. 관할법원은 사건본인의 주소지 가정법원입니다.
2. 위 첨부서류 이외에도 절차진행에 따라 추가서류가 필요할 수 있습니다.
3. 정신감정을 하는 것이 원칙이고, 정신감정시 감정료 예납이 필요하며 추가비용(검사비, 입원비 등)이 발생할 수 있습니다.
4. 청구인이 청구한 후견인후보자가 후견인으로 반드시 지정되는 것은 아닙니다.
5. 후견인후보자의 범죄경력·수사경력조회회보서, 신용조회서 등 추가서류가 필요할 수 있습니다.
6. ☎ 란에는 연락 가능한 휴대전화번호(전화번호)를 기재하시기 바랍니다.

사전현황설명서

1. 사건본인에 관한 사항		
가. 현재 한정치산자 또는 금치산자인지	예□	아니오□
나. 한정후견 · 특정후견 · 임의후견을 받고 있는지	예□	아니오□
다. 현재의 심신 상태 및 치료 상황		
라. 현 거주지 및 현재 누구와 동거하고 있는지		
마. 재산상황(목록으로 작성하여 별지로 첨부 가능)		
바. 의견진술을 위하여 법원 출석이 가능한지 여부		
사. 치료받은 병원 이름 및 치료받은 기간		
2. 성년후견을 청구하게 된 동기와 목적(구체적으로 기재)		
3. 이 사건 청구에 관한 사건본인의 선순위 상속인들의 의견		
가. 선순위 상속인들 명단		
나. 동의자(동의서 첨부)		
다. 부동의자		

재 산 목 록

▣ 재산내역

1. 부동산(등기사항전부증명서 첨부)
2. 예금
3. 보험
4. 주식, 펀드
5. 자동차
6. 현금, 귀금속
7. 채권
8. 기타 자산
9. 채무
10. 순재산 합계

▣ 소득 및 지출 내역

1. 소득목록
   가. 급여
   나. 임대료 수익
   다. 이자수입
   라. 사회보장수급액
   마. 기타

2. 지출목록
   가. 정기적 지출
   나. 비정기적 지출

3. 순소득액

Ⅰ. 취소할 수 없는 피성년후견인의 법률행위의 범위

성년후견인은 피성년후견인이 행한 법률행위에 대한 취소권을 가집니다. 다만 일용품의 구입 등 일상생활에 필요하고 그 대가가 과도하지 아니한 법률행위는 성년후견인이 취소할 수 없습니다. 가정법원은 이외에 성년후견인이 취소할 수 없는 피성년후견인의 법률행위의 범위를 따로 지정할 수 있습니다.

성년후견인이 민법상의 일반원칙에 따른 취소권을 갖기를 원한다면 취소권 제한 없음, 그 외에 특별히 취소할 수 없는 법률행위의 범위를 지정하고 싶은 경우에는 취소권 제한 있음에 체크해주시고, 취소권 제한이 있는 경우에는 그 범위를 구체적으로 기재하여 주십시오.

□ 취소권 제한 없음 □ 취소권 제한 있음 □ ______________________________

Ⅱ. 성년후견인의 법정대리권의 범위

성년후견인은 피성년후견인에 대하여 포괄적인 법정대리인이 됩니다. 다만 가정법원은 성년후견인이 가지는 법정대리권의 범위를 따로 정할 수 있습니다.

성년후견인이 피성년후견인에 대하여 포괄적인 법정대리권을 갖기를 원한다면 법정대리권 제한 없음, 법정대리권의 범위를 따로 정하고 싶은 경우에는 법정대리권 제한 있음에 체크해주시고, 법정대리권 제한이 있는 경우에는 그 범위를 구체적으로 기재하여 주시되, 특히 후견인의 대리권 행사에 법원의 허가가 필요하다고 보이는 행위가 있으면 그 범위도 구체적으로 기재하여 주십시오.

□ 법정대리권 제한 없음 □ 법정대리권 제한 있음 아래 사항에 대하여는 후견인에게 법정대리권이 없음 □ ______________________________ 아래 사항은 후견인의 대리권 행사에 법원의 허가를 필요로 함 □ ______________________________

Ⅲ. 성년후견인이 피성년후견인의 신상에 관하여 결정할 수 있는 권한의 범위

후견인이 신상에 관한 결정 권한을 부여받은 경우에도 피후견인은 자신의 신상에 관하여 그의 상태가 허락하는 범위에서 단독으로 이를 결정할 수 있습니다. 피후견인이 스스로 결정할 수 없는 상태에 있는 경우에만 후견인이 이를 대신하여 결정할 수 있습니다.

피후견인을 치료 등의 목적으로 정신병원이나 그 밖의 다른 장소에 격리하려는 경우, 피후견인이 의료행위의 직접적인 결과로 사망하거나 상당한 장애를 입을 위험이 있을 때에는 별도로 가정법원의 허가를 받아야 합니다. 다만 허가 절차로 의료행위가 지체되어 피후견인의 생명에 위험을 초래하거나 심신상의 중대한 장애를 초래할 때에는 사후에 허가를 청구할 수 있습니다.

□ 신상에 관한 결정권한 없음 □ 아래 사항에 관하여 피후견인이 스스로 결정을 할 수 없는 경우 후견인이 결정권을 가짐 1. □ 의료행위의 동의 2. □ 거주.이전에 관한 결정 3. □ 면접교섭에 관한 결정 4. □ 우편.통신에 관한 결정 5. □ 사회복지서비스 선택 또는 결정 6. □ 기타 사항 □ ______________________

Ⅳ. 권한분장에 관한 사항(후견인을 2명 이상 선임 청구하는 경우)

□ 위 각 권한은 후견인들이 각자 행사할 수 있음 □ 위 각 권한은 후견인들이 공동으로 행사함 □ ______________________

[서식-17] 성년후견 종료 심판청구서

성년후견종료 심판 청구서

인지액 5,000원

관련 사건번호 2017느단0000호
청구인 ○ ○ ○ (전화)
주민등록번호
주소
사건본인과의 관계

사건본인 ○ ○ ○ (출생연월일 / 성별)
주민등록번호(외국인등록번호)
주소
등록기준지(국적)

청 구 취 지

사건본인에 대한 성년후견을 종료한다.
라는 심판을 구합니다.

청 구 원 인

1. 사건본인에 대하여 20○○. 00. 00. ○○법원 20○○느단0000호로 성년후견개시 심판이 있었고, 성년후견인으로 ○○○가 선임되었습니다.
2. 청구인은 사건본인의 아들입니다.
3. 그런데 그 후 사건본인은 사무를 처리할 수 있는 능력을 회복하였습니다(구체적으로 기재).
4. 따라서 청구인은 성년후견의 종료 심판을 구합니다.

첨 부 서 류

1. 가족관계증명서 및 기본증명서 (사건본인) 각 1통
2. 주민등록표등(초)본 (사건본인, 청구인) 각 1통
3. 사건본인의 후견등기사항전부증명서(말소 및 폐쇄사항 포함) 1통
4. 청구인과 사건본인과의 관계를 밝혀줄 자료 (가족관계증명서, 제적등본 등) 각 1통
5. 기타(소명자료)

20 . . .

청구인 ○ ○ ○ 서명 또는 날인

서울가정법원 귀중

☞ 유의사항

1. 관할법원은 사건본인의 주소지 가정법원입니다.
2. 위 첨부서류 이외에도 절차진행에 따라 추가서류가 필요할 수 있습니다.
3. 청구서에 사건본인 각 5,000원의 인지 및 송달료 ×10회분을 납부하여야 합니다.
4. 정신감정을 할 경우 감정료 예납이 필요하며 추가비용(검사비, 입원비 등)이 발생할 수 있습니다.
5. ☎ 란에는 연락 가능한 휴대전화번호(전화번호)를 기재하시기 바랍니다.

2. 한정후견심판청구

사건명	첨부서류	신청서	인지액 및 송달료	관할법원	비고
한정후견	• 기본증명서 및 가족관계증명서(사건본인) 각 1통 • 주민등록표등(초)본(청구인, 사건본인) 각 1통 • 후견등기사항전부증명서(말소 및 폐쇄사항 포함) 또는 후견등기사항부존재증명서(전부)(사건본인) 1통 • 청구인 및 후견인후보자와 사건본인과의 관계 소명자료(가족관계증명서, 제적등본 등) • 진단서 1통 • 사전현황설명서 1부 • 사건본인의 가족들의 의견서 또는 동의서(인감증명서 첨부)	1부	인지: 사건본인 각 5,000원 송달료 10회분	사건본인 주소시	감정료 20만~60만원(감정서 작성비용) * 검사비, 입원비 별도

(1) 의의

종래 낙인적인 효과가 강하고 요보호자에게 효율적인 조력의 제공이 미흡하였던 금치산 · 한정치산제도를 대신하여 요보호자의 자기결정권을 존중하면서 효율적인 보호를 제공하기 위하여 성년후견제도를 도입하게 되었고, 정신적 제약으로 인하여 사무처리 능력이 부족한 요보호자를 지속적 · 포괄적으로 보호하기 위한 것이 한정후견제도이다.

(2) 대상

질병, 장애, 노령, 그 밖의 사유로 인한 정신적 제약으로 사무를 처리할 능력이 부족한 사람

(3) 관할

피한정후견인이 될 사람의 주소지 가정법원(가사소송법 제44조 1의2)

(4) 청구권자

본인, 배우자, 4촌 이내의 친족, 미성년후견(감독)인, 성년후견(감독)인, 특정후견(감독)인, 임의후견(감독)인, 검사 또는 지방자치단체의 장(민법 제12조)

※ 심판청구가 반드시 있어야 하고 가정법원이 직권으로 절차를 개시할 수는 없음

(5) 청구취지

1. 사건본인에 대하여 한정후견을 개시한다. 2. 사건본인의 한정후견인으로 000 (주민등록번호 , 주소) 를 선임한다. 라는 심판을 구합니다.

(6) 심판절차

1) 당사자 심문과 정신감정
2) 개시심판과 후견인 선임 : 한정후견개시심판이 있으면 반드시 가정법원이 한정후견인을 선임
3) 심판의 고지

당사자와 절차에 참가한 이해관계인, 한정후견(감독)인(임무가 개시되거나 종료될 자 포함)

※ 사건본인 - 심판 통지(가사소송규칙 제35조)

(7) 즉시항고

- 한정후견 개시심판에 대하여 : 청구권자
- 한정후견인 선임 심판에 대하여 : 불가하나 후견개시 심판에 관하여 즉시항고를 함으로써 한정후견인 선임의 심판에 관하여도 다툴 수 있음

(8) 효과

- 재산관리나 신상 보호 직무에 대한 동의권 행사와 가정법원의 심판에 의한 대리권 보유
- 촉탁으로 후견등기부에 기록함으로써 공시

(9) 한정후견감독인

한정후견감독인은 임의적 기관으로 가정법원이 필요 여부를 판단하여 관계인(피한정후견인, 친족, 한정후견인)의 청구나 직권에 의하여 선임

(10) 종료사유

1) 한정후견개시의 원인소멸

본인, 배우자, 4촌 이내의 친족, 한정후견(감독)인, 검사 또는 지방자치단체의 장이 청구 → 심판확정 또는 효력발생 시 후견등기부 촉탁

2) 피한정후견인에 대한 성년후견개시심판

직권 → 후견등기부 촉탁

3) 피한정후견인에 대한 임의후견감독인 선임

직권 → 후견등기부 촉탁

4) 피한정후견인의 사망

한정후견인(3개월 이내), 피한정후견인, 배우자 또는 4촌이내 친족, 한정후견 감독인 → 종료등기 신청

[서식-18] 한정후견개시 심판청구서

한정후견개시 심판청구서

인지액 5,000원	
송달료 × 10회분	

청구인 ○ ○ ○ (전화)
주민등록번호
주소
사건본인과의 관계

사건본인 ○ ○ ○ (출생연월일 / 성별)
주민등록번호(외국인등록번호)
주소
등록기준지(국적)

청 구 취 지

1. 사건본인에 대하여 한정후견을 개시한다.
2. 사건본인의 한정후견인으로 ○○○(주민등록번호 , 주소)를 선임한다.

라는 심판을 구합니다.

청 구 원 인

1. 청구인은 사건본인의 모친입니다.
2. 사건본인은 정신지체장애인입니다. 사건본인은 성인이 되었으나 정신적 제약으로 인해 사무를 처리할 능력이 부족하므로 후견인의 조력을 받을 필요성이 있습니다.
3. 청구인은 사건본인의 모친으로 주소지에서 함께 생활하고 있고 앞으로도 아들인 사건본인을 돌보아야 하므로, 청구인이 사건본인의 한정후견인으로 지정되기를 원합니다.
4. 사건본인이 한정후견인의 동의를 받아야 하는 행위 및 한정후견인의 대리권의 범위, 한정후견인이 사건본인의 신상에 관하여 결정할 수 있

는 권한의 범위는 각 별지 기재와 같이 지정해주기를 바랍니다.

한정후견인 후보자	성 명	
	주 소	
	주민등록번호	
	직 업	
	사건본인과의 관계	

첨 부 서 류

1. 가족관계증명서 및 기본증명서 (사건본인) 1통
2. 주민등록표등(초)본 (사건본인, 청구인) 1통
3. 사건본인의 후견등기사항전부증명서(말소 및 폐쇄사항 포함) 또는 후견등기사항부존재증명서(전부) 1통
4. 청구인 및 후견인후보자와 사건본인과의 관계를 밝혀줄 자료 (가족관계증명서, 제적등본 등) 각 1통
5. 진단서 1통
6. 사전현황설명서 1통
7. 기타(소명자료) 각 1통

20 . . .

청구인 ○ ○ ○ 서명 또는 날인

서울가정법원 귀중

☞ 유의사항

1. 관할법원은 사건본인의 주소지 가정법원입니다.
2. 정신감정을 하는 것이 원칙이고, 정신감정시 감정료 예납이 필요하며 추가비용(검사비, 입원비 등) 이 발생할 수 있습니다.
3. 청구인이 청구한 후견인후보자가 후견인으로 반드시 지정되는 것은 아닙니다.
4. 후견인후보자의 범죄경력·수사경력조회 회보서, 신용조회서 등 추가서류가 필요할 수 있습니다.

사전현황설명서

1. 사건본인에 관한 사항		
가. 현재 한정치산자 또는 금치산자인지	예□	아니오□
나. 성년후견 · 특정후견 · 임의후견을 받고 있는지	예□	아니오□
다. 현재의 심신 상태 및 치료 상황		
라. 현 거주지 및 현재 누구와 동거하고 있는지		
마. 재산상황(목록으로 작성하여 별지로 첨부 가능)		
바. 의견진술을 위하여 법원 출석이 가능한지 여부		
사. 치료받은 병원 이름 및 치료받은 기간		
2. 한정후견을 청구하게 된 동기와 목적(구체적으로 기재)		
3. 이 사건 청구에 관한 사건본인의 선순위 상속인들의 의견		
가. 선순위 상속인들 명단		
나. 동의자(동의서 첨부)		
다. 부동의자		

재 산 목 록

▣ 재산내역

1. 부동산(등기사항전부증명서 첨부)
2. 예금
3. 보험
4. 주식, 펀드
5. 자동차
6. 현금, 귀금속
7. 채권
8. 기타 자산
9. 채무
10. 순재산 합계

▣ 소득 및 지출 내역

1. 소득목록
   가. 급여
   나. 임대료 수익
   다. 이자수입
   라. 사회보장수급액
   마. 기타

2. 지출목록
   가. 정기적 지출
   나. 비정기적 지출
3. 순소득액

Ⅰ. 피한정후견인이 한정후견인의 동의를 받아야 하는 행위의 범위

I. □ 한정후견인의 동의를 받아야 하는 행위 없음

II. □ 피후견인이 아래 사항에 관한 행위를 함에 있어서는 후견인의 동의를 받아야 함. 다만 법원의 허가사항으로 정한 사항에 관하여는 후견인이 동의를 함에 있어 사전에 법원의 허가를 받아야 함

1. 재산관리

가. □ 부동산의 관리.보존.처분

□ 처분

□ 구입

□ 임대차계약의 체결.변경.종료

□ 보증금의 수령 및 반환

□ 전세권, 담보권 설정계약의 체결 · 변경

□ 부동산의 신축.증축.수선에 관한 계약의 체결.종료

나. □ 예금 등의 관리

□ 예금 계좌의 개설 · 변경 · 해약 · 입금 · 이체 · 인출

□ 증권 계좌의 개설 · 변경 · 해약 · 입금 · 이체 · 인출

다. □ 보험에 관한 사항

□ 보험계약의 체결.변경.종료

□ 보험금의 수령

라. □ 정기적 수입 및 지출에 관한 관리

□ 정기적 수입(임료, 연금, 사회보장급여 등)의 수령과 이에 관한 제반절차

□ 정기적 지출(임료, 요금, 보험료, 대출원리금 등)과 이에 관한 제반절차

□ 기존 채무의 변제 및 이에 관한 제반절차

마. □ 상속의 승인, 한정승인 또는 포기 및 상속재산의 분할에 관한 협의

바. ☐ 물품의 구입 · 판매, 서비스 이용계약의 체결 · 변경 · 종료
사. ☐ 유체동산, 증서 및 중요문서 등의 보관 및 관리
아. ☐ 근로계약에 관한 사항
☐ 근로계약의 체결 · 변경 · 종료
☐ 임금의 수령
자. ☐ 금전, 유체동산 등의 차용 · 대여 · 증여
차. ☐ 보증행위

2. 신상보호
가. ☐ 개호 및 복지서비스의 이용
☐ 개호서비스 이용계약의 체결.변경.종료 및 비용의 지급
☐ 복지시설 · 요양시설 입소계약의 체결.변경.종료 및 비용의 지급
나. ☐ 의료계약의 체결.변경.종료 및 비용의 지급

3. 기타
가. ☐ 소송행위 등
☐ 위에서 정한 각 행위와 관련한 분쟁의 처리
☐ 소송행위 및 변호사 등에 대한 소송위임
나. ☐ 취소권 행사 후 원상회복과 관련한 사항
다. ☐ 기타 사항
☐ ______________________________

4. 법원의 허가사항
☐ ______________________________

Ⅱ. 한정후견인의 대리권의 범위

I. □ 한정후견인의 대리권 없음

II. □ 후견인은 아래 사항에 관하여 대리권을 가짐. 다만 법원의 허가사항으로 정한 사항에 관하여는 후견인이 대리행위를 함에 있어 사전에 법원의 허가를 받아야 함

1. 재산관리

가. □ 부동산의 관리.보존.처분

□ 처분

□ 구입

□ 임대차계약의 체결.변경.종료

□ 보증금의 수령 및 반환

□ 전세권, 담보권 설정계약의 체결 · 변경

□ 부동산의 신축.증축.수선에 관한 계약의 체결.종료

나. □ 예금 등의 관리

□ 예금 계좌의 개설 · 변경 · 해약 · 입금 · 이체 · 인출

□ 증권 계좌의 개설 · 변경 · 해약 · 입금 · 이체 · 인출

다. □ 보험에 관한 사항

□ 보험계약의 체결.변경.종료

□ 보험금의 수령

라. □ 정기적 수입 및 지출에 관한 관리

□ 정기적 수입(임료, 연금, 사회보장급여 등)의 수령과 이에 관한 제반절차

□ 정기적 지출(임료, 요금, 보험료, 대출원리금 등)과 이에 관한 제반절차

□ 기존 채무의 변제 및 이에 관한 제반절차

마. □ 상속의 승인, 한정승인 또는 포기 및 상속재산의 분할에 관한 협의

바. □ 물품의 구입 · 판매, 서비스 이용계약의 체결 · 변경 · 종료
사. □ 유체동산, 증서 및 중요문서 등의 보관 및 관리
아. □ 공법상의 행위(세무신고 등)

2. 신상보호
가. □ 개호 및 복지서비스의 이용
□ 개호서비스 이용계약의 체결.변경.종료 및 비용의 지급
□ 복지시설 · 요양시설 입소계약의 체결.변경.종료 및 비용의 지급
나. □ 의료계약의 체결.변경.종료 및 비용의 지급
다. □ 공법상의 행위(주민등록, 공적의료보험, 국민기초생활수급의 신청 및 갱신 등)

3. 기타
가. □ 소송행위 등
□ 위에서 정한 각 행위와 관련한 분쟁의 처리
□ 소송행위 및 변호사 등에 대한 소송위임
나. □ 취소권 행사 후 원상회복과 관련한 사항
다. □ 기타 사항
□ ______________________________

4. 법원의 허가사항
□ ______________________________

Ⅲ. 한정후견인이 피한정후견인의 신상에 관하여 결정할 수 있는 권한의 범위

후견인이 신상에 관한 결정 권한을 부여받은 경우에도 피후견인은 자신의 신상에 관하여 그의 상태가 허락하는 범위에서 단독으로 이를 결정할 수 있습니다. 피후견인이 스스로 결정할 수 없는 상태에 있는 경우에만 후견인이 이를 대신하여 결정할 수 있습니다.

피후견인을 치료 등의 목적으로 정신병원이나 그 밖의 다른 장소에 격리하려는 경우, 피후견인이 의료행위의 직접적인 결과로 사망하거나 상당한 장애를 입을 위험이 있을 때에는 별도로 가정법원의 허가를 받아야 합니다. 다만 허가절차로 의료행위가 지체되어 피후견인의 생명에 위험을 초래하거나 심신상의 중대한 장애를 초래할 때에는 사후에 허가를 청구할 수 있습니다.

□ 결정권한 없음
□ 아래 사항에 관하여 피후견인이 스스로 결정을 할 수 없는 경우 후견인이 결정권을 가짐
1. □ 의료행위의 동의
2. □ 거주.이전에 관한 결정
3. □ 면접교섭에 관한 결정
4. □ 우편.통신에 관한 결정
5. □ 사회복지서비스 선택 또는 결정
6. □ 기타 사항

____

Ⅳ. 권한분장에 관한 사항

□ 위 각 권한은 후견인들이 각자 행사할 수 있음
□ 위 각 권한은 후견인들이 공동으로 행사함
□ ______________________________

3. 특정후견 심판청구

사건명	첨부서류	신청서	인지액 송달료	관할법원
특정후견	• 가족관계증명서 및 기본증명서(사건본인) 1통 • 주민등록표등(초)본(청구인,사건본인) 각1통 • 사건본인의 후견등기사항전부증명서(말소 및 폐쇄사항 포함) 또는 후견등기사항부존재증명서(전부) 1통 • 청구인 및 후견인후보자와 사건본인과의 관계를 밝혀줄 자료(가족관계증명서, 제적등본 등) 각1통 • 진단서 1통 • 사전현황설명서 1부	1부	사건본인 각 5,000원 송달료 **10회분**	사건본인 주소지

(1) 의의

종전의 행위무능력제도를 대신하여 개정민법에서는 사건본인의 의사와 잔존능력의 존중을 기본 이념으로 하는 성년후견제도를 도입하였는 바, 성년후견 · 한정후견이 피후견인에 대한 계속적 보호를 목적으로 하는 반면, 특정후견은 특정한 문제의 해결을 위하여 일시적 보호 또는 특정한 사무에 한정된 보호를 목적으로 한다.

(2) 대상 : 질병, 장애, 노령, 그 밖의 사유로 인한 정신적 제약으로 일시적 후원 또는 특정한 사무에 관한 후원이 필요한 사람

(3) 관할 : 피특정후견인이 될 사람의 주소지 가정법원

(4) 청구권자 : 본인, 배우자, 4촌 이내의 친족, 미성년후견(감독)인, 임의후견(감독)인, 검사 또는 지방자치단체의 장

(5) 청구취지

1. 사건본인에 대하여 특정후견을 한다. 2. 사건본인의 특정후견인으로 ○○○(주민등록번호 , 주소)를 선임한다. 라는 심판을 구합니다.

(6) 심판절차 : 본인의 의사 확인을 위한 심문, 의사 등의 의견수렴(임의적 감정)

(7) 특정후견 심판의 효과

○ 특정후견인의 선임 (임의적)

○ 가정법원의 처분 : 가정법원은 후견인 등을 통하지 않더라도 직접 피특정후견인의 후원을 위하여 필요한 처분을 명할 수 있음

○ 피특정후견인의 행위능력 : 제한이 없고, 민법 제15조 이하의 제한능력자도 아님

(8) 불복 : 2주 이내 즉시항고

○ 특정후견심판 : 청구권자

(9) 특정후견인의 권한과 직무

○ 재산관리 및 대리권 : 피특정인의 후원을 위하여 필요하다고 인정하면 가정법원은 기간이나 범위를 정하여 특정후견인에게 대

리권을 수여하는 심판을 할 수 있으나(민법 제959조의11 제1항) 포괄적인 대리권을 가지는 것은 아니다(민법 제949조 미준용).

○ 선량한 관리자의 주의의무 및 신상보호 의무를 부담(민법 제959조의12)

(10) 특정후견감독인의 선임과 직무

○ 선임 : 피특정후견인, 친족, 특정후견인, 검사, 지방자치단체장의 청구나 직권

○ 직무 : 후견인의 사무를 감독하고 후견인이 없게 되는 경우 지체없이 가정법원에 후견인의 선임을 청구하여야 하며, 긴급한 경우 피후견인을 위한 보호처분을 할 수 있고, 후견인과 피후견인 사이에 이해가 상반되는 행위에 관해서는 피후견인을 대리

(11) 특정후견의 종료

1) 특정후견 개시 원인의 소멸

- 종기가 도래하거나 사무 처리가 완료되면 특정후견이 종료
- 특정후견인(3개월 이내), 피특정후견인, 배우자 또는 4촌 이내 친족, 특정후견감독인 → 종료등기 신청

2) 성년후견, 한정후견 개시 심판 : 직권 → 후견등기부 촉탁

3) 임의후견감독인 선임 : 직권 → 후견등기부 촉탁

4) 피특정후견인 사망

- 특정후견인(3개월 이내), 피특정후견인, 배우자 또는 4촌 이내 친족, 특정후견감독인 → 종료등기 신청

[서식-19] 특정후견 심판청구서

특정후견 심판청구서

청구인 ○ ○ ○ (전화) 주민등록번호 주소 사건본인과의 관계	인지액 5,000원

사건본인 ○ ○ ○ (출생연월일 / 성별)
주민등록번호(외국인등록번호)
주소
등록기준지(국적)

청 구 취 지

1. 사건본인에 대하여 특정후견을 한다.
2. 사건본인의 특정후견인으로 ○○○(주민등록번호 , 주소)를 선임한다.

라는 심판을 구합니다.

청 구 원 인

1. 사건본인은 노령으로 인하여 .... 합니다.
2. 특정후견을 필요로 하는 기간 및 사무는 다음과 같습니다.
   가. 기간 :
   나. 사무 :
3. 이와 같이 사건본인에게 후원이 필요하여 이건 청구에 이르렀습니다.
4. 청구인은 사건본인의 특정후견인으로 다음과 같은 사람을 추천합니다.

특정후견인 후보자	성명	
	주소	
	주민등록번호	
	직업	
	사건본인과의 관계	

첨 부 서 류

1. 가족관계증명서 및 기본증명서 (사건본인) 각 1통
2. 주민등록표등(초)본 (사건본인, 청구인) 각 1통
3. 사건본인의 후견등기사항전부증명서(말소 및 폐쇄사항 포함) 또는 후견등기사항부존재증명서(전부) 1통
4. 청구인 및 후견인후보자와 사건본인과의 관계를 밝혀줄 자료 (가족관계증명서, 제적등본 등) 각 1통
5. 진단서 1통
6. 사전현황설명서 1부
7. 기타(소명자료)

20 . . .

청구인 ○ ○ ○ 서명 또는 날인

서울가정법원 귀중

☞ 유의사항

1. 관할법원은 사건본인의 주소지 가정법원입니다.
2. 위 첨부서류 이외에도 절차 진행에 따라 추가서류가 필요할 수 있습니다.
3. 청구인이 청구한 특정후견인후보자가 후견인으로 반드시 지정되는 것은 아닙니다.
4. 후견인후보자의 범죄경력·수사경력조회 회보서, 신용조회서 등 추가서류가 필요할 수 있습니다.
5. ☎ 란에는 연락 가능한 휴대전화번호(전화번호)를 기재하시기 바랍니다.

4. 임의후견감독인 선임 심판청구

사건명	첨부서류	신청서	인지액 송달료	관할 법원
임의후견감독인	• 기본증명서 및 가족관계증명서(사건본인) 1통 • 주민등록표등(초)본(청구인, 사건본인, 임의후견인) 각 1통 • 후견등기사항전부증명서(말소 및 폐쇄사항 포함)(사건본인) 1통 • 청구인 및 후견감독인후보자와 사건본인과의 관계 소명자료(가족관계증명서, 제적등본 등) • 진단서 1통 • 사전현황설명서 1부	1부	사건본인 각 5,000원 송달료 **10회분**	사건본인 주소지

(1) 의의

후견을 받을 사람 스스로가 질병, 노령 기타 사유로 인한 정신적 제약으로 사무를 처리할 능력이 부족한 상황 내지 부족할 상황에 대비하여 자신의 재산관리 및 신상보호에 관한 사무의 전부 또는 일부를 사전에 미리 위탁하고, 그 위탁에 관한 사무에 관하여 대리권 수여의 내용을 정한 계약을 체결하여, 이를 **공정증서로 작성**하여 후견계약의 등기와 그 사유 발생 시 청구에 의해 법원이 후견감독인을 선임함으로써 후견이 개시되는 제도

(2) 대상 : 후견계약이 등기되어 있고, 질병, 장애, 노령, 그 밖의 사유로 인한 정신적 제약으로 사무를 처리할 능력이 부족한 사람

(3) 관할 : 피임의후견인이 될 사람의 주소지 가정법원

(4) 청구권자 : 본인, 배우자, 4촌 이내의 친족, 임의후견인, 검사 또는 지방자치단체의 장

(5) 선임요건

1) 후견계약의 등기

2) 사무처리 능력의 부족

3) 본인의 동의(본인이 아닌 자의 청구 시) – 의사표시 할 수 없으면 예외

※ 민법 제779조에 따른 후견인의 가족은 후견감독인이 될 수 없음

(6) 청구취지

사건본인의 임의후견감독인으로 ○○○(주민등록번호 , 주소)를 선임한다. 라는 심판을 구합니다.

(7) 임의후견감독인 선임 절차

1) 진단결과 등의 청취

2) 진술청취 및 심문

(8) 후견계약의 효력 발생시기

가정법원이 임의후견감독인을 선임한 때(민법 제959조의14 제3항)

(9) 불복 : 2주 이내 즉시항고

인용 - 불가, 기각 - 청구인

(10) 후견계약 종료원인

1) 후견계약의 철회 - 임의후견감독인선임 전에는 본인 또는 임의후견인은 공증인의 인증을 받은 서면으로 후견계약 철회 가능
2) 가정법원의 허가에 의한 후견계약의 종료 - 임의후견감독인 선임 이후에는 정당한 사유가 있는 때 가정법원의 허가를 얻어 후견계약 종료. 본인, 임의후견인 청구
3) 본인이 성년후견 또는 한정후견 개시 심판을 받은 때
4) 본인 또는 임의후견인의 사망 및 파산
5) 임의후견인이 성년후견개시 심판을 받은 때
6) 임의후견인이 해임되어 후견인이 없게 된 경우

(11) 임의후견인의 대리권 소멸과 제3자와의 관계

임의후견인의 대리권 소멸은 등기하지 아니하면 선의의 제3자에게 대항할 수 없다(민법 제959조의19).

[서식-20] 임의후견감독인 선임심판청구서

임의후견감독인 선임심판청구서

청구인	○ ○ ○ (전화) 주민등록번호 주소 사건본인과의 관계	인지액 5,000원

사건본인 ○ ○ ○ (출생연월일 / 성별)
주민등록번호(외국인등록번호)
주소
등록기준지(국적)

청 구 취 지

사건본인의 임의후견감독인으로 OOO(주민등록번호 , 주소)를 선임한다.
라는 심판을 구합니다.

청 구 원 인

1. 사건본인은 20○○. 00. 00. 사건본인을 위임자, ○○○(주민등록번호, 주소)를 수임자로 하는 후견계약을 공정증서(법무법인 OO작성, 2017년 제00호)에 의하여 체결하고 2013. 00. 00. 이를 등기하였습니다.
2. 그 후 사건본인은 정신적 장애로 인해 사무를 처리할 능력이 부족한 상황에 이르렀습니다.
3. 이에 ○○○로 하여금 사건본인의 요양간호, 재산관리에 관한 후견인으로서의 사무를 수행하도록 하고자 하여 후견감독인의 선임을 청구하게 되었습니다.

4. 청구인은 임의후견감독인으로 다음과 같은 사람을 추천합니다.

임의후견 감독인 후보자	성명	
	주소	
	주민등록번호	
	직업	
	사건본인과의 관계	

첨 부 서 류

1. 가족관계증명서 및 기본증명서 (사건본인) 각 1통
2. 주민등록표등(초)본 (사건본인, 청구인, 임의후견인) 각 1통
3. 사건본인의 후견등기사항전부증명서(말소 및 폐쇄사항 포함) 1통
4. 청구인 및 후견감독인후보자와 사건본인과의 관계를 밝혀줄 자료 (제적등본, 가족관계증명서 등) 각 1통
5. 진단서 1통
6. 사전현황설명서 1통
7. 기타 (소명자료)

20 . . .

청구인 ○ ○ ○ 서명 또는 날인

서울가정법원 귀중

☞ **유의사항**

1. 관할법원은 사건본인의 주소지 가정법원입니다.
2. 청구인이 청구한 감독인후보자가 후견감독인으로 반드시 지정되는 것은 아닙니다.
3. 후견감독인후보자의 범죄경력·수사경력조회 회보서, 신용조회서 등 추가서류가 필요할 수 있습니다.

[서식-21] 후견계약 종료 허가 청구서

후견계약 종료 허가 청구서

관련 사건번호 2017느단0000호

청 구 인	○ ○ ○ (전화) 주민등록번호 주소 사건본인과의 관계	인지액 5,000원
임의후견인	○ ○ ○ (전화) 주민등록번호 주소	

청 구 취 지

청구인과 임의후견인 OOO 사이의 후견계약의 종료를 허가한다.
라는 심판을 구합니다.

청 구 원 인

1. 사건본인은 20OO. OO. OO. 사건본인을 위임자, ○○○(주민등록번호, 주소)를 수임자로 하는 후견계약을 공정증서(법무법인 OO작성, 20OO년 제OO호)에 의하여 체결하고 20OO. OO. OO. 이를 등기하였습니다.
2. 그 후인 20OO. OO. OO. OO법원 20OO느단0000호 임의후견감독인 선임심판에 의하여, 임의후견감독인으로 ◇◇◇이 선임되었습니다.
3. 그러나 청구인은 임의후견인 ○○○가 최초 후견계약과 달리 임무를 해태하고 있기 때문에 후견계약을 종료하기 위하여 이 사건 청구에 이르렀습니다.

첨 부 서 류

1. 가족관계증명서 및 기본증명서 (사건본인) 각 1통
2. 주민등록표등(초)본 (사건본인, 청구인) 각 1통
3. 사건본인의 후견등기사항전부증명서(말소 및 폐쇄사항 포함) 1통
4. 기타(소명자료)

2OOO. OO. OO.

청구인 ○ ○ ○ 서명 또는 날인

서울가정법원 귀중

☞ 유의사항

1. 관할법원은 사건본인의 주소지 가정법원입니다.
2. 위 첨부서류 이외에도 절차진행에 따라 추가서류가 필요할 수 있습니다.
3. 청구서에는 사건본인 각 5,000원의 수입인지를 붙여야 합니다.
4. 송달료는 송달료취급은행에 납부하고 납부서를 첨부하여야 합니다.
5. ☎ 란에는 연락 가능한 휴대전화번호(전화번호)를 기재하시기 바랍니다.

제18장 가사관련 세금

이혼 등에 의한 정신적 또는 재산상 손해배상의 대가로 받는 위자료는 세금포탈 목적이 없는 한 전액 세금을 면제받는다. 다만, 부동산으로 위자료를 받는 때에는 증여세는 과세되지 않지만 양도소득세는 부과된다. 한편 재산분할에 의한 재산양도는 증여세는 물론 양도세도 부과되지 않는다.

1. 위자료에 관한 증여세 과세의 제외

위자료에 관하여 논의될 수 있는 세금은 소위 증여세가 되겠지만, 상속세법 기본통칙 제86조 29의 2 에 의하여 위자료는 조세 포탈 목적의 가장 이혼 등이 아닌 한 그 액수가 얼마가 되었든 전액 증여세 과세에서 제외하고 있다. 위자료는 피해자에 대한 손해배상이라는 의미가 있기 때문이다.[63]

2. 위자료로 부동산을 넘겨준 경우의 특별양도세

이혼을 하면서 위자료 및 자녀양육비조로 부동산 지분을 양도하기로 합의하고 그 소유권이전등기를 경료하였다면, 이는 위 부동산 양도의 대가로 위자료 및 자녀양육비의 지급의무의 소멸이라는 경제적 이익을 얻은 것으로서, 이는 소득세법상 유상으로 자산을 양도한 경우에 해당하여 양도소득세의 과세대상이 된다.[64]

---

63) **상속세법 기본통칙 제86조 29의 2 < 위자료에 대한 증여세과세 제외 >** 이혼 등에 의하여 정신적 또는 재산상 손해배상의 대가로 받는 위자료는 조세포탈의 목적이 있다고 인정할 경우를 제외하고는 이를 증여로 보지 아니한다.

64) 대법원 1984. 6.26. 선고, 84누153 판결

3. 명칭은 위자료이나 사실상 재산분할이면 양도소득세 제외

비록 이혼합의서에 위자료라는 문언이 기재되어 있으나, 이는 당사자들이 법률상 개념에 관한 정확한 인식 없이 사용한 것으로서 사실상 재산분할이라면 그 부동산의 소유권 이전을 자산의 유상양도로 보아 양도소득세를 부과할 수 없다.[65]

65) 서울행정법원 1999. 11.19. 선고, 99구775 판결

제2편 각 론

제1장 가사사건의 개념

제2장 법원

제3장 당사자

제4장 부책과 접수 및 보고사무

제5장 가사조사관

제6장 가사사건의 절차비용

제 1 장 가사사건의 개념

1. 가사사건의 의의 및 특성

가사사건 또는 가사에 관한 사건이라는 용어는 여러 가지 의미로 사용된다. 넓은 의미로는 가족, 친족 사이의 신분관계를 둘러싼 분쟁사건 기타 그들 사이의 대여금 청구나 부동산 소유권이전등기청구사건과 같은 민사사건을 포괄적으로 가리키고, 좁은 의미로는 가사소송법 기타의 법령에 의하여 가정법원이 처리할 소송, 비송 및 조정사건을 가리키며, 가장 좁은 의미로는 조정사건을 제외하고 가정법원이 처리할 소송 및 비송사건을 가리킨다.

2. 가사사건의 분류

가사사건은 먼저 가사재판사건과 가사조정사건으로 나눌 수 있고, 가사재판사건은 다시 가사소송사건과 가사비송사건으로 나누어지며, 가사소송사건은 가류, 나류 및 다류로, 가사비송사건은 라류 및 마류로 나누어진다.

가. 가류 가사소송사건

기본적으로 민사소송법에 의하여 처리되지만 직권주의의 지배를 받아 자백이나 청구의 인낙 등이 허용되지 아니하며(12조, 17조), 당사자의 임의처분이 허용되지 아니하여 조정의 대상으로 되지 아니하는 사건들이다.

① 혼인의 무효
② 이혼의 무효
③ 인지의 무효

④ 친생자관계존부확인
⑤ 입양의 무효
⑥ 파양의 무효

나. 나류 가사소송사건

가류 가사소송사건과 마찬가지로 직권주의에 의하여 심리되지만, 조정의 대상이 되는 사건들이다.

① 사실상혼인관계존부확인
② 혼인의 취소
③ 이혼의 취소
④ 재판상 이혼
⑤ 부의 결정
⑥ 친생부인
⑦ 인지의 취소
⑧ 인지에 대한 이의
⑨ 인지청구
⑩ 입양의 취소
⑪ 파양의 취소
⑫ 재판상 파양
⑬ 친양자 입양의 취소
⑭ 친양자의 파양

다. 다류 가사소송사건

순수한 재산상의 청구로서 본질상 민사사건이나 가류 또는 나류 가사소송사건에 속하는 분쟁이 청구의 기초를 이루는 사건들이다. 다류 가사소송사건은 본래 민사사건에 속하므로 직권주의가 적용되지 아니하고 순수한 민사소송절차에 의하여 처리되어야 한다.

① 약혼해제 또는 사실혼 관계 부당파기로 인한 손해배상청구(제3자에 대한 청구를 포함한다) 및 원상회복의 청구
② 혼인의 무효 · 취소, 이혼의 무효 · 취소 또는 이혼을 원인으로 하는 손해배상청구(제3자에 대한 청구 포함) 및 원상회복청구
③ 입양의 무효 · 취소, 파양의 무효 · 취소 또는 파양을 원인으로 하는 손해배상청구 및 원상회복의 청구
④ 민법 839조의 3에 따른 재산분할청구권 보전을 위한 사해행위 취소 및 원상회복의 청구

라. 라류 가사비송사건

1) 「민법」 제9조 제1항, 제11조, 제14조의3 제2항 및 제959조의20에 따른 성년후견 개시의 심판과 그 종료의 심판

1)의2 「민법」 제10조 제2항 및 제3항에 따른 취소할 수 없는 피성년후견인의 법률행위의 범위 결정 및 그 변경

1)의3 「민법」 제12조 제1항, 제14조, 제14조의3 제1항 및 제959조의20에 따른 한정후견 개시의 심판과 그 종료의 심판

1)의4 「민법」 제13조 제1항부터 제3항까지의 규정에 따른 피한정후견인이 한정후견인의 동의를 받아야 하는 행위의 범위 결정과 그 변경 및 한정후견인의 동의를 갈음하는 허가

1)의5 「민법」 제14조의2, 제14조의3 및 제959조의20에 따른 특정후견의 심판과 그 종료의 심판

2) 「민법」 제22조부터 제26조까지의 규정에 따른 부재자 재산의 관리에 관한 처분

2)의2 「민법」 제909조의2 제5항에 따라 친권자 또는 미성년후견인의 임무를 대행할 사람(이하 "임무대행자"라 한다)의 같은 법 제25조에 따른 권한을 넘는 행위의 허가

3) 「민법」 제27조부터 제29조까지의 규정에 따른 실종의 선고와 그 취소

4) 「민법」 제781조 제4항에 따른 성(姓)과 본(本)의 창설 허가
5) 「민법」 제781조 제5항에 따른 자녀의 종전 성과 본의 계속사용허가
6) 「민법」 제781조 제6항에 따른 자녀의 성과 본의 변경허가
7) 「민법」 제829조 제2항 단서에 따른 부부재산약정의 변경에 대한 허가
8) 「민법」 제867조에 따른 미성년자의 입양에 대한 허가
8)의2 「민법」 제873조 제2항에 따라 준용되는 같은 법 제867조에 따른 피성년후견인이 입양을 하거나 양자가 되는 것에 대한 허가
9) 「민법」 제871조 제2항에 따른 부모의 동의를 갈음하는 심판
10) 삭제 <2013.7.30.> 민법872조 입양허가 조문정리로 삭제
11) 「민법」 제906조 제1항 단서에 따른 양자의 친족 또는 이해관계인의 파양청구에 대한 허가
12) 「민법」 제908조의2에 따른 친양자 입양의 허가
13) 「민법」 제909조 제2항 단서에 따른 친권 행사 방법의 결정
13)의2 「민법」 제909조의2 제1항부터 제5항까지(같은 법 제927조의2 제1항 각 호 외의 부분 본문에 따라 준용되는 경우를 포함한다)에 따른 친권자의 지정, 미성년후견인의 선임 및 임무대행자의 선임
13)의3 「민법」 제909조의2 제6항에 따른 후견의 종료 및 친권자의 지정
14) 「민법」 제915조 및 제945조(같은 법 제948조에 따라 위 각 조항이 준용되는 경우를 포함한다)에 따른 감화(感化) 또는 교정기관에 위탁하는 것에 대한 허가
15) 「민법」 제918조(같은 법 제956조에 따라 준용되는 경우를 포함한다)에 따른 재산관리인의 선임(選任) 또는 개임(改任)과 재산관리에 관한 처분
16) 「민법」 제921조(「민법」 제949조의3에 따라 준용되는 경우를 포함한다)에 따른 특별대리인의 선임

17) 「민법」 제927조에 따른 친권자의 법률행위 대리권 및 재산관리권의 사퇴(辭退) 또는 회복에 대한 허가

17)의2 「민법」 제927조의2 제2항에 따른 친권자의 지정

17)의3 「민법」 제931조 제2항에 따른 후견의 종료 및 친권자의 지정

18) 「민법」 제932조, 제936조 제1항부터 제3항까지, 제940조, 제959조의3 및 제959조의9에 따른 미성년후견인 · 성년후견인 · 한정후견인 · 특정후견인의 선임 또는 변경

18)의2 「민법」 제938조 제2항부터 제4항까지의 규정에 따른 성년후견인의 법정대리권의 범위 결정과 그 변경 및 성년후견인이 피성년후견인의 신상에 관하여 결정할 수 있는 권한의 범위 결정과 그 변경

18)의3 「민법」 제940조의7에 따라 준용되는 제940조와 제940조의3, 제940조의4, 제959조의5 및 제959조의10에 따른 미성년후견감독인 · 성년후견감독인 · 한정후견감독인 · 특정후견감독인의 선임 또는 변경

19) 「민법」 제939조(「민법」 제940조의7, 제959조의3 제2항, 제959조의5 제2항, 제959조의9 제2항, 제959조의10 제2항에 따라 준용되는 경우 및 제959조의16 제3항에 따라 준용되는 제940조의7에 따라 다시 준용되는 경우를 포함한다)에 따른 미성년후견인 · 성년후견인 · 한정후견인 · 특정후견인 · 미성년후견감독인 · 성년후견감독인 · 한정후견감독인 · 특정후견감독인 · 임의후견감독인의 사임에 대한 허가

20) 「민법」 제941조 제1항 단서(같은 법 제948조에 따라 준용되는 경우를 포함한다)에 따른 후견인의 재산목록 작성을 위한 기간의 연장허가

21) 「민법」 제947조의2 제2항(「민법」 제959조의6에 따라 준용되는 경우를 포함한다)에 따른 피성년후견인 또는 피한정후견인의 격리에 대한 허가 및 「민법」 제947조의2 제4항(「민법」 제940조의7, 제959조의5 제2항 및 제959조의6에 따라 준용되는 경우를 포함한다)에 따른 피미성년후견인, 피성년후견인 또는 피한정후견인에 대한 의료행위의 동의에 대한 허가

21)의2 「민법」 제947조의2 제5항(「민법」 제940조의7, 제959조의5

제2항 및 제959조의6에 따라 준용되는 경우를 포함한다)에 따른 피미성년후견인, 피성년후견인 또는 피한정후견인이 거주하는 건물 또는 그 대지에 대한 매도 등에 대한 허가

21)의3 「민법 제949조의2(「민법」 제940조의7, 제959조의5 제2항, 제959조의6, 제959조의10 제2항, 제959조의12에 따라 준용되는 경우 및 제959조의16 제3항에 따라 준용되는 제940조의7에 따라 다시 준용되는 경우를 포함한다)에 따른 여러 명의 성년후견인·한정후견인·특정후견인·성년후견감독인·한정후견감독인·특정후견감독인·임의후견감독인의 권한 행사에 관한 결정과 그 변경 또는 취소 및 성년후견인·한정후견인·특정후견인·성년후견감독인·한정후견감독인·특정후견감독인·임의후견감독인의 의사표시를 갈음하는 재판

21)의4 「민법」 제950조 제2항(「민법」 제948조 및 제959조의6에 따라 준용되는 경우를 포함한다)에 따른 미성년후견감독인·성년후견감독인·한정후견감독인의 동의를 갈음하는 허가

22) 「민법」 제954조(「민법」 제948조, 제959조의6 및 제959조의12에 따라 준용되는 경우를 포함한다)에 따른 피미성년후견인, 피성년후견인, 피한정후견인 또는 피특정후견인의 재산상황에 대한 조사 및 그 재산관리 등 후견임무 수행에 관하여 필요한 처분명령

22)의2 「민법」 제909조의2 제5항에 따라 준용되는 같은 법 제954조에 따른 미성년자의 재산상황에 대한 조사 및 그 재산관리 등 임무대행자의 임무 수행에 관하여 필요한 처분명령

23) 「민법」 제955조(「민법」 제940조의7, 제948조, 제959조의5 제2항, 제959조의6, 제959조의10 제2항, 제959조의12에 따라 준용되는 경우 및 제959조의16 제3항에 따라 준용되는 제940조의7에 따라 다시 준용되는 경우를 포함한다)에 따른 미성년후견인·성년후견인·한정후견인·특정후견인·미성년후견감독인·성년후견감독인·한정후견감독인·특정후견감독인·임의후견감독인에 대한 보수(報酬)의 수여

24) 「민법」 제957조제1항 단서(「민법」 제959조의7 및 제959조의13

에 따라 준용되는 경우를 포함한다)에 따른 후견 종료 시 관리계산기간의 연장허가

24)의2 「민법」 제959조의4에 따른 한정후견인에게 대리권을 수여하는 심판과 그 범위 변경 및 한정후견인이 피한정후견인의 신상에 관하여 결정할 수 있는 권한의 범위 결정과 그 변경

24)의3 「민법」 제959조의8에 따른 피특정후견인의 후원을 위하여 필요한 처분명령

24)의4 「민법」 제959조의11에 따른 특정후견인에게 대리권을 수여하는 심판

24)의5 「민법」 제959조의16 제3항에 따라 준용되는 제940조의7에 따라 다시 준용되는 제940조 및 제959조의15 제1항 · 제3항 · 제4항에 따른 임의후견감독인의 선임 또는 변경

24)의6 「민법」 제959조의16 제2항에 따른 임의후견감독인에 대한 감독사무에 관한 보고 요구, 임의후견인의 사무 또는 본인의 재산상황에 대한 조사명령 또는 임의후견감독인의 직무에 관하여 필요한 처분명령

24)의7 「민법」 제959조의17 제2항에 따른 임의후견인의 해임

24)의8 「민법」 제959조의18 제2항에 따른 후견계약 종료의 허가

25) 삭제 <2013.4.5.>친족회관련

26) 삭제 <2013.4.5.>친족회관련

27) 삭제 <2013.4.5.>친족회관련

28) 삭제 <2013.4.5.>친족회관련

29) 삭제 <2013.4.5.> 친족회관련

30) 「민법」 제1019조제1항 단서에 따른 상속의 승인 또는 포기를 위한 기간의 연장허가

31) 「민법」 제1023조(같은 법 제1044조에 따라 준용되는 경우를 포함한다)에 따른 상속재산 보존을 위한 처분

32) 「민법」 제1024조 제2항, 제1030조 및 제1041조에 따른 상속의 한정승인신고 또는 포기신고의 수리(受理)와 한정승인 취소신고 또는

포기 취소신고의 수리

33) 「민법」 제1035조 제2항(같은 법 제1040조 제3항, 제1051조 제3항 및 제1056조 제2항에 따라 준용되는 경우를 포함한다) 및 제1113조 제2항에 따른 감정인(鑑定人)의 선임

34) 「민법」 제1040조 제1항에 따른 공동상속재산을 위한 관리인의 선임

35) 「민법」 제1045조에 따른 상속재산의 분리

36) 「민법」 제1047조에 따른 상속재산 분리 후의 상속재산 관리에 관한 처분

37) 「민법」 제1053조에 따른 관리인의 선임 및 그 공고와 재산관리에 관한 처분

38) 「민법」 제1057조에 따른 상속인 수색(搜索)의 공고

39) 「민법」 제1057조의2에 따른 상속재산의 분여(分與)

40) 「민법」 제1070조 제2항에 따른 유언의 검인(檢認)

41) 「민법」 제1091조에 따른 유언의 증서 또는 녹음(錄音)의 검인

42) 「민법」 제1092조에 따른 유언증서의 개봉

43) 「민법」 제1096조에 따른 유언집행자의 선임 및 그 임무에 관한 처분

44) 「민법」 제1097조 제2항에 따른 유언집행자의 승낙 또는 사퇴를 위한 통지의 수리

45) 「민법」 제1104조 제1항에 따른 유언집행자에 대한 보수의 결정

46) 「민법」 제1105조에 따른 유언집행자의 사퇴에 대한 허가

47) 「민법」 제1106조에 따른 유언집행자의 해임

48) 「민법」 제1111조에 따른 부담(負擔) 있는 유언의 취소

마. 마류 가사비송사건

상대방의 존재를 전제로 하는 대심적인 분쟁사건이지만 단순히 실체법상의 판단기준의 적용에 의한 일도양단식의 판단보다는 후견적 입장에서의 가정법원의 재량이 필요한 사건들이고, 조정의 대상이 된다(50조 1항).

1) 부부의 동거, 부양, 협조 또는 생활비용의 부담에 관한 처분(민법 826조, 833조)
2) 재산관리자의 변경 또는 공유물의 분할을 위한 처분(민법 829조 제3항)
3) 자의 양육에 관한 처분과 그 변경, 면접교섭권의 제한 또는 배제(민법 837조)
4) 재산분할에 관한 처분(민법 839조의2 제2항)
5) 친권을 행사할 자의 지정과 변경(민법 909조 제4항)
6) 친권자 동의를 갈음하는 재판(민법 9232조의2)
7) 친권, 법률행위대리권, 재산관리권의 상실신고 및 실권회복의 선고(민법 924조 내지 926조)
8) 부양에 관한 처분(민법 976조 내지 978조)
9) 기여분의 결정(민법 1008조의2 제2항, 제4항)
10) 상속재산의 분할에 관한 처분(민법 1013조 제2항)

[표-1] 가사사건별 첨부서류

가사사건별 첨부서류						
사건명	첨부서류	신청서	인지액	송달료	관할법원	비고
혼인무효 이혼무효	가족관계부2통, 주민등록등본2통	2통	20,000원	15회분×2인	쌍방 공통주소지	일방 최후주소지 상대방 주소지
혼인취소 이혼취소 재판상이혼	가족관계부, 주민등록등본					
인지무효 친생부인 부의결정	가족관계부, 주민등록등본	2통	20,000원	1인당 15회	자(子) 주소지	자(子)사망 최후주소지
인지취소	가족관계부, 주민등록등본 (원고,피고 각 1통)					
입양무효 파양무효 재판상파양	가족관계부, 주민등록등본	2통	20,000원	1인당 15회	양부모 중 1인 주소지	양父母 모두 사망 최후주소지
입양취소 파양취소	가족관계부 (본가,양가), 주민등록등본 가족관계부2통 주민등록등본					
인지 인지이의	가족관계부2통, 주민등록등본2통	2통	20,000원	1인당 15회	상대방, 수인 1인주소지	상대방 모두 사망 최후주소지
친생자관계존부확인, 양친자관계존부확인(규칙)	가족관계부 주민등록등본	2통	20,000원	1인당 15회	상대방 주소지	상대방 모두 사망
후견인 순위확인(규칙)	가족관계부 주민등록등본	2통	20,000원	1인당 15회	상대방 주소지	
사실혼관계 존부확인	가족관계부 주민등록등본	2통	20,000원	1인당 15회	피고 주소지	

제 2 장 법 원

1. 가정법원

가. 가정법원의 설치와 조직

가사사건의 제1심 재판을 전담하는 법원은 가정법원이다(법조 40조).

그밖에 가정법원 단독판사의 제1심 재판에 대한 제2심 재판 역시 가정법원이 전담하며, 가정법원 합의부의 제1심 재판에 대한 제2심 재판은 고등법원이 전담하고, 모든 가사사건에 대한 제3심 재판은 최고법원인 대법원이 전담한다.

[표-2] 가정법원과 그 지원의 관할구역(서울)

고등법원	가정법원	지방법원	관할구역		
			가 사	소 년	가족관계등록부
서울	서울		서울특별시	서울특별시,의정부,.동두천시,구리시,고양시,양주군,파주군,가평군,강원도 철원군	서울특별시종로구,중구,강남구,서초구,관악구,동작구
		동 부			서울특별시 성동구,광진구,강동구,송파구
		남 부			서울특별시 영등포구,강서구,금천구,양천구,구로구
		북 부			서울특별시 동대문구,중랑구,도봉구,강북구,노원구,성북구
		서 부			서울특별시 서대문구,마포구,은평구,용산구
		의정부	의정부시,동두천시,구리시,남양주시,양주시,연천군,포천시,가평군,강원도 철원군		의정부시,동두천시,구리시,남양주시,양주시,연천군,포천시,가평군,강원도 철원군

나. 가정법원과 지방법원 사이의 관할의 지정

(1) 의의 및 취지

가사소송법은 가사사건의 범위를 제한적 열거에 의하여 엄격하게 제한하면서 이를 가정법원의 전속관할에 속하게 하고 있으나, 그러한 제한적 열거에도 불구하고 가사사건과 민사사건의 구별이 언제나 명백한 것은 아니다. 그리하여 가사사건에 해당하는 사건을 민사사건으로 잘못 취급하여 가정법원에 이송하지 아니하고 지방법원에서 심리, 재판한 때에는 제1심의 절차가 전부 무효로 돌아갈 위험이 있으므로 이를 해결하기 위하려 가사소송법은 민사소송법 제25조와는 별개로 가정법원과 지방법원 사이의 관할의 지정에 관한 규정을 두고 있다(3조). 이에 의하여 생기는 관할을 지정관할 또는 재정관할이라고 한다.

(2) 요건

사건이 가정법원과 지방법원 중 어느 법원의 관할에 속하는지 명백하지 않은 경우이어야 한다(3조 1항). 앞에서 가사사건에의 해당 여부가 문제되는 사건으로 예시한 것 중에서 판례 또는 예규 등에 의하여 그 성격이 명백하게 규정되지 아니한 것들이 이에 속한다고 할 수 있다.

(3) 관할을 지정할 법원

관할을 지정할 법원은 당해 사건에 관계되는 가정법원 및 지방법원의 공통되는 고등법원이다(3조 1항).

(4) 가정법원과 지방법원 사이의 이송

관할의 지정을 받을 것도 없이 민사사건임이 명백한 사건이 가정법원에 제기된 경우에는 가정법원은 결정으로 사건을 관할지방법원으로 이송하여야 한다(13조 3항). 반대로 가사사건이 지방법원에 잘못 제기된 경우에는 지방법원은 결정으로 사건을 관할가정법원으로 이송하여야 한다(민소 31조 1항).

2. 지방법원에서의 가사사건의 분담

가정법원 및 가정법원지원이 설치되지 아니한 지역에 있어서는 가정법원 및 가정법원지원이 설치될 때까지 해당 지방법원 및 지방법원지원이 가정법원의 권한에 속하는 사항을 관할한다(부칙 5조 1항).

가. 직분관할

재판권의 여러 작용을 어느 법원의 역할로 분담시킬 것인가를 정한 것을 직분관할이라고 한다. 직분관할은 원칙적으로 전속관할에 속한다.

가사사건에 있어서는, 가족관계부 기재의 촉탁(9조), 혈액형 등의 수검명령(29조), 사전처분(62조), 가압류 · 가처분(63조), 이행명령(64조), 금전의 임치(65조), 불출석 또는 의무불이행자에 대한 제재(66조 내지 68조) 등은 사건을 처리하거나 처리할 가정법원 또는 조정기관의 직분관할에 속하고, 심급관할 역시 직분관할이다.

나. 사물관할

가정법원 및 가정법원지원의 합의부는 다음 사건을 제1심으로 심판한다.

(1) 소송목적의 값이 5억원을 초과하는 다류 가사소송사건. 다만, 단독판사가 심판할 것으로 합의부가 결정한 사건을 제외한다.

(2) 재산분할, 기여분, 상속재산분할사건 중 청구목적의 값이 5억원을 초과하는 사건. 다만, 단독판사가 심판할 것으로 합의부가 결정한 사건을 제외한다(재산분할에 관한 처분과 다류 가사소송 사건을 병합하여 5억원을 초과하는 사건 포함).

(3) 합의부가 심판할 것으로 합의부가 결정한 사건.[66]

---

66) 민사 및 가사소송의 사물관할에 관한 규칙(2017. 01. 01. 시행) 제3조(가정법원 및 그 지

가정법원의 지원, 가정법원 및 시·군법원의 심판권은 단독판사가 행사한다(법원조직법 제7조 4항). 또한 위에서 합의부 관할에 속하는 것으로 열거되지 않은 아래 사건은 단독판사가 담당한다.

- 가류 및 나류 가사소송사건 전부
- 소송목적의 값이 2억원 이하인 다류 가사소송사건
- 라류 가사비송사건 전부
- 후견인의 순위 확인사건 및 양친자관계 존부확인사건 등

다. 심급관할

(1) 가정법원 단독판사 판결, 심판, 결정, 명령에 대한 항소 및 항고는 **가정법원 합의부**(법조 40조 2항)

(2) 가정법원 합의부 제1심판결, 심판, 결정, 명령에 대한 항소 및 항고는 **고등법원**(법조 28조)

(3) 상고, 재항고(법 43조 4항)는 **대법원**(법20조, 법14조)

원 합의부의 심판범위)

제 3 장 당 사 자

1. 가사소송의 당사자

가사소송에서의 당사자의 개념은 일반 민사소송에서의 그것과 동일하다. 가사소송도 민사소송과 마찬가지로 어떤 권리관계 내지 법률관계에 관하여 대립되는 분쟁이 있는 것을 전제로 하여 그 일방이 다른 일방을 상대로 자기에게 유리한 판결을 해 줄 것을 가정법원에 요구함으로써 개시되는 절차로서, 자기 이름으로 판결을 요구하는 자와 받는 자가 서로 대립하여 일방이 공격하고 타방이 방어하는 과정을 거쳐 적정한 판결에 이르게 된다. 이와 같이 자기 이름으로 판결을 요구하는 자와 자기 이름으로 판결을 받는 자가 소송의 주체로서 당사자이다.

따라서 제1심 절차에서는 적극적으로 판결을 요구하는 자를 '원고' 소극적으로 요구 받는 자를 '피고' 라하며, 이 원고와 피고가 소송의 주체가 된다.

2. 당사자로서 검사의 지위

일반적으로 소송물인 권리관계의 주체인 권리자나 의무자가 정당한 당사자이다. 그러나 소송물이 공익에 관계되고 당사자가 될 자가 모두 사망한 경우에 가사소송에서는 검사를 상대로 제소할 수 있다.

이 경우 검사는 국가의 소송수행자가 아니라 공익의 대표자로서 독립하여 당사자가 된다.

3. 당사자의 추가, 경정 및 소송수계

가사소송에서도 민사소송과 같이 필수적공동소송인의 추가 또는 피고의 경정을 사실심의 변론종결 시까지 할 수 있다. 또한 모든 형태의 참가가 가능하다.

민사소송에서는 그 소송물이 상속된다는 전제하에 당사자가 사망하면 당연하게 소송절차가 중단되고 상속인이 수계하므로 다류 가사소송절차도 수계가 이루어진다.

4. 소송절차의 승계

가류 또는 나류 가사소송사건의 원고가 사망 기타의 사유로 소송절차를 속행할 수 없게 된 때에는 다른 제소권자가 있으면 그가 소송절차를 승계할 수 있다(법 제16조 제1항).

승계할 자가 승계의 사유가 생긴 때부터 6개월 이내에 승계사유를 기재하고 승계신청서를 제출하여야 하며, 이 기간 내에 승계신청이 없는 때에는 소가 취하된 것으로 본다(법제 16조 3항, 규칙 제16조 제2항).

가정법원은 승계신청이 부적법하거나 이유없다고 인정한 때에는 기각결정을 하여야 하고, 이유 있다고 인정한 때에는 특별한 절차 없이 승계신청인을 당사자로 하여 종전의 소송절차를 속행하게 된다(규칙 제17조).

제 4 장 부책과 접수 및 보고사무

1. 개 설

서류의 접수와 심사, 장부등록, 사건부호와 사건번호의 부여, 사건의 배당 등과 관련한 일련의 사무를 접수사무라고 하며, 기본적으로는 민사사건에서의 그것과 같다. 여기에서는 가사사건에 관한 사건번호와 사건명의 부여 및 가사접수서류를 등재할 기준에 관하여 살펴보기로 한다.

2. 사건번호와 사건명의 부여

사건기록은 매사건마다 별책으로 편성하되, 대법원예규가 정하는 바에 따라 합철 또는 첨철할 수 있다(법원재판사무처리규칙 18조).

사건기록에는 사건번호를 붙여야 하는바, 사건번호는 서기 연수의 10단위 이하의 아라비아 숫자, 사건별 부호문자와 진행번호인 아라비아 숫자로 표시한다(위 규칙 19조 1항, 2항).

사건에 관하여 최초에 붙인 사건번호와 사건명은 그 사건이 종국에 이르기까지 이를 사용한다(동조 4항).

[표-3] 가사사건의 사건별 부호문자 (위 규칙 별표)

사 건 별	부호문자	사 건 별	부호문자
가사조정사건	너	가사특별항고사건	으
가사비송사건	느	가사신청사건	즈단, 즈합
가사제1심소송사건	드단, 드합	가사공조사건	츠
가사항소사건	르	감치·과태료재판사건	정
가사상고사건	므	감치·과태료항고사건	정로
가사항고사건	브	감치·과태료특별항고사건	정모
가사재항고사건	스		

3. 가사접수서류를 각종 부책에 등재할 기준

접수서류의 종류	해당조문	첩부할 인지액	등재할 부책	편철방법
관할법원지정 신청서	가소 3, 민소 25	1 ,000(민소인지법 9④Ⅳ)	가사신청사건부	별책
법원직원의 제척 기피 신청서	가소 4, 민소 38, 39, 46	1,000	가사신청사건부	별책
대리출석·보조인 동반 허가신청서	가소 7	인지불첩부	문서건명부	가철
이송신청서	가소 13③, 35, 51	인지불첩부	문서건명부	가철
이송신청서	가소 13④, 35, 51, 민소 31②	인지불첩부	가사신청사건부	별책
이송신청서	민소 32	1,000(민소인지법 9④Ⅳ)	가사신청사거부	별책
관련사건 병합 신청서	가소 14③	인지불첩부	문서건명부	가철

접수서류의 종류	해당조문	첩부할 인지액	등재할 부책	편철방법
특별대리인 선임 신청서	민소 58	1,000(민소인지법 9④Ⅳ)	가사신청사거부	별책
당사자의 추가·경정신청서	가소15	500(가사수수료 규칙 4)	문서건명부	가철
소송절차의 승계 신청서	가소16	500(가사수수료 규칙 4)	문서건명부	가철
소 장	가소 12, 민소 226	1. 가류, 나류 :1건당 20,000 2. 다류 : 민소인지법 2조 소정액(가사수수료 규칙 2①②) 1/2	가사소송사건부	별책
항소장	가소 12, 민소 392	소장의 1.5배액(가사수수료규칙 2③)	문서건명부	가철
상고장	가소 12, 민소 392	소장의 2배액(가사수수료규칙 2③)	문서건명부	가철
재심·준재심소장	가소 12, 민소 422, 431	가사수수료규칙(2⑤소정액)	재심사건부	별책
혈액형 등의 수검 명령신청서	가소 29	인지불첩부	문서건명부	가철
심판청구서	가소 36	1. 라류: 1건당 5,000 2. 마류: 1건당 10,000(가사수수료 규칙 3①)	가사비송사건부	별책
참가신청서	가소 37	500(가사수수료 규칙 4)	문서건명부	가철
증거조사신청서	가소 38	인지불첩부	문서건명부	가철
가집행선고신청	가소 42	인지불첩부	문서건명부	가철

접수서류의 종류	해당조문	첨부할 인지액	등재할 부책	편철 방법
반대청구서	가소규 92	가사수수료규칙 3 ③ 소정액	가사비송사건부	가철
심판에 대한 즉시 항고장	가소 43①	가사수수료규칙 3 ③ 소정액	문서건명부	가철
심판에 대한 재항고장	가소 43④	가사수수료규칙 3 ③ 소정액	문서건명부	가철
심신상태의 감정 신청서	가소규 33	인지불첩부	문서건명부	가철
한정치산자.금치산 선고의 경우의 후견인선임	가소규 34	500(가사수수료 규칙 4)	문서건명부	가철
부재자재산관리사건의 이송신청서	가소규 40	인지불첩부	문서건명부	가철
가정법원이 선임한 재산관리인의 사임신고서	가소규 42②, 69	인지불첩부	문서건명부	가철
재산관리인의 담보의 증감.변경.면제신청서	가소규 45,69	인지불첩부	문서건명부	가철
이해관계인의 재산목록 작성참여 허가신청서	가소 47③, 69	500(가사수수료 규칙 4)	문서건명부	가철
재산관리에 관한 처분의 취소신청서	가소규 50, 69	500(가사수수료 규칙 4)	문서건명부	가철
이행명령신청서	가소규 97, 108, 115③	인지불첩부	문서건명부	가철
가사조정신청서	가소 49, 민조 5	5,000(가사수수료 규칙 6①) 민사사건의 청구를 병합한 경우에는가사수수료 규칙 6② 소정액.	가사신청사건부	별책

접수서류의 종류	해당조문	첩부할 인지액	등재할 부책	편철 방법
조정회부신청서	가소 50②	인지불첩부	문서건명부	가철
사전처분신청서	가소 62	1,000(민소인지법 9④ IV)	가사신청사건부	별책
가압류. 가처분신청서	가소 63	10,000(민소인지법 9③ II	가사신청사건부	별책
지급보증위탁계약체결문서의 제출에 의한 담보제공신청서	민소 112, 민소규 15의2	500(가사수수료 규칙 4) (민소인지법 10)	문서건명부	가철
이행명령신청서	가소 64	1,000(민소인지법 9④ IV)	가사신청사건부	별책
금전임치신청서	가소 65	1,000(민소인지법 9④ IV)	가사신청사건부	별책
과태료부과신청서	가소 67①	인지불첩부	문서건명부	가철
감치신청서	가소 67②	인지불첩부	문서건명부	가철
	가소 68	1,000(민소인지법 9④ IV)	김치. 과태료 새싼 사선부	별책
재산상황의 조사와 의무이행의 권고신청서	가소규 122	500(가사수수료 규칙 4)	가사신청사건부	별책
조정위원선정합의서	가소 53②	인지불첩부	문서건명부	가철
소송 · 심판절차의 중지신청서	민조규 4①	인지불첩부	문서건명부	가철

제 5 장 가사조사관

1. 가사조사관의 직무

가정보호사건의 조사관은 판사의 조사명령을 받아 행위자와 피해자, 기타 가족 구성원의 성행, 경력, 가정환경과 가정폭력의 동기, 원인, 및 실태 등 심리와 처분에 필요한 사항을 조사한다(가정폭력범죄의처벌등에관한특례법 제19조, 제21조, 제22조). 또한 의학, 심리학, 사회복지학 등 기타 전문적인 지식을 활용하여 재범의 위험성과 정도, 가정폭력범죄의 원인에 대한 의견 또는 임시 조치에 관하여 판사에게 의견을 진술하기도 한다.

형사처벌적 의미와 달리, 가정의 평화와 안정을 회복하고 건강한 가정을 가꾸어 피해자와 가족 구성원의 인권을 보호하는 데 목적이 있기 때문에 적절한 보호 처분을 하기 위해서는 조사절차에 직접 참석하여 진술하는 것이 필요하다.

가사조사관은 심판에 필요한 자료의 수집, 기타 사건의 처리에 필요한 조사업무, 가사소송법에 따른 조사업무를 행한다(법조 54조 2항 3호). 이 조사업무에는 사실의 조사, 의무 이행상태의 점검과 권고, 당사자 또는 사건관계인의 가정 기타 주위 환경의 조정을 위한 조치(규칙 8조, 11조, 122조), 가사사건의 기일에의 출석과 의견진술(규칙 13조)이 포함된다.

2. 조사기간

가사조사관은 조사명령에 조사기간이 정하여져 있는 경우에는 그 기간 내에, 정해져 있지 않은 경우에는 그 조사명령을 받은 때로부터 2월 내에 조사를 완료하여야 한다.

제 6 장 가사사건의 절차비용

제 1 절 개 설

가사사건에서의 절차 비용이라 함은 가사사건에 대한 소송, 심판청구 또는 조정신청의 준비단계로부터 판결 또는 심판의 확정, 조정절차의 종료에 이르기까지에 소요되는 가정법원(=국가) 또는 당사자가 부담, 지출하여야 하는 모든 비용을 가리킨다. 이는 성질상 재판상 비용과 당사자비용으로 나눌 수 있는바, 재판상 비용은 당사자가 가사사건의 절차를 개시, 수행하기 위하여 가정법원에 납부하여야 하는 비용으로서 수수료와 송달료, 증거조사비용 등이 이에 해당하고, 당사자비용은 각종 신청서 등의 대서료, 제출대행료, 기일에의 출석을 위한 여비·일당·숙박료 등과 같이 당사자가 법원 이외의 제3자에게 직접 지출하는 비용을 말한다. 그밖에 넓은 의미에서의 절차 비용에는 집행비용이 포함된다.

제 2 절 수수료

1. 의 의

수수료라 함은 일반적으로 국가 또는 공공단체가 특정인을 위하여 행하는 역무 등에 대한 반대급부 내지 보상으로서 그 특정인으로부터 징수하는 수익자부담의 성질을 갖는 요금이고, 그중 사법절차에서의 수수료는 국가의 소송제도를 이용하는 당사자로부터 법원에 대하여 절차상의 일정한 행위를 구하는 보상으로서 법령의 규정에 의하여 징수하는 요금이다. 따라서 가사사건의 수수료는 당사자가 가사사건의 소의 제기, 심판의 청구, 조정의 신청 기타 가정법원에 대하여 절차상의 일정한 행위를 구함에 있어 국가에 납부하여야 하는 요금이다. 가사사건의 수수료에 관하여는 가사소송법 5조, 가사소송수수료규칙이 적용되는 외에, 민사소송등인지법 및 동 규칙이 보충적으로 적용된다.

2. 수수료액

가. 가사소송절차의 수수료

가사소송절차에서의 수수료액은 사건의 종류 및 행위의 태양에 따라 다르다.

(1) 소의 제기의 수수료

① 가류 및 나류 가사소송사건의 소의 제기의 수수료는 1건당 20,000원이다(가수규 2조 1항). 다류 가사소송사건의 소의 제기의 수수료는 민사소송등인지법 2조의 규정에 의한다. 즉, 소송목적의 가액에 1,000분의 5를 곱하여 산출한 금액이고, 그 금액이 1,000원 미만인 때에는 1,000원으로 보며, 100원 미만의 단수는 계산하지 아니한다. 가사소송수수료규칙은 가류 및 나류 사건에 대하여 정액제를 규정하고, 다류 사건에 대하여 역진제를 규정하고 있으므로 전자에 있어서는 소송목적의 값 산정이 불필요하지만 후자에 있어서는 소송목적의 값을 산정해야 한다. 예컨대, 이혼을 원인으로 하는 손해배상청구(5,000만원)를 하는 경우, 소송목적의 값은 청구금액 5,000만원이고(인지규칙 12조 3호) 이에 대한 수수료는 115,000원[(5,000만원×45/10,000)+5,000원]/2이다(인지법 2조 1항 2호).

한편, 실무상 단독판사의 사물관할에 속하는 나류 가사소송사건인 재판상이혼사건의 심리중에 재판상화해를 하면서 위자료의 지급 또는 재산분할에 관한 사항이 화해조항에 추가되는 경우의 처리가 문제될 수 있으나, 수수료를 추가 납부받지 않는 것이 타당하다.

② 수개의 가사소송사건의 청구를 병합하여 소를 제기하는 때에는 각 청구의 수수료 중 가장 다액을 수수료로 한다(가수규 5조). 민사소송에서와 다른 점이다(민소 24조 참조). 다만, 이혼을 원인으로 한 손해배상청구와 원상회복의 청구를 병합하는 것과 같이, 수개의 다류 가사소송상의 청구를 병합하여 소를 제기하는 경우에는 각 청구의 수수료를 합산하여야 한다(민소인지법 2조 3항, 민소 24조). 가사소송사건과 가사비송사건의 청구를 관련사건으로 병합하여 소를 제기하는 경우(14조)에도 각 청구에 대한 수수료 주 다액인 수수료에 의하고(가수규 5조) 각 청구에 대한 수수료를 합산할 것이 아니다.

[표-4] 송달료규칙의 시행에 따른 업무처리요령(재일 87-4)

(개정 2017. 1. 31)

<table>
<tr><th colspan="2">송달료 및 수송달자 / 적용대상사건</th><th>당사자 1인당 납부기준</th><th>수송달자</th></tr>
<tr><td rowspan="5">가사</td><td>가사제1심소송사건 (드합, 드단)</td><td>15회</td><td>원고, 피고 등</td></tr>
<tr><td>가사항소사건(르)</td><td>12회</td><td>항소인, 피항소인 등</td></tr>
<tr><td colspan="3">재판예규 제1640호, 시행 2017. 3. 1</td></tr>
<tr><td rowspan="2">가사비송사건 (느합, 느단)</td><td>라류 6회
(단, 실종선고, 자의 종전의 성과 본의 계속사용허가, 자의 성과 본의 변경허가, 친양자 입양허가, 미성년자 입양허가 및 피성년후견인의 입양허가 청구사건, 친권자 지정 청구사건, 미성년후견에 관한 사건, 성년후견·한정후견·특정후견·임의후견에 관한 사건은 각 10회)</td><td rowspan="2">청구인 등</td></tr>
<tr><td>마류 12회</td></tr>
<tr><td rowspan="3">가족관계등록</td><td>개명사건(호명)</td><td>6회</td><td>신청인</td></tr>
<tr><td>가족관계등록(제적) 비송사건(호기)</td><td>6회</td><td>신청인</td></tr>
<tr><td>협의이혼의사확인 신청사건(호협)</td><td>2회(단, 부부 중 일방이 재외국민이거나 수감자인 경우에 한함)</td><td>신청인, 재외공관 또는 교도소(구치소)의 장</td></tr>
</table>

[표-5] 가사사건 유형별 인지액

사건유형	가사소송사건			가사비송사건	
특 징	가류 (준가류)	나 류 (이혼)	다류 (준다류)	라류 (준라류)	마 류 (친권자, 양육비)
당사자 표시	원고 피고	원고 피고	원고 피고	청구인 사건본인 이해관계인	청구인 피청구인 사건본인 이해관계인
인지액	1건당 20,000원	1건당 20,000원	1건당 민사소송인지법 2조 소정인지 1/2	1건당 5,000원	1건당 10,000원
사물관할	단독	단독	소송물가액 2억원까지 단독,2억원 초과 합의	단독	마류 중 ①친권,법률행위,대리권, 재산관리권의상실 · 회복 ②기여분결정 ③상속재산분할은 합의, 나머지는 단독

(2) 상소제기의 수수료

항소제기의 수수료는 소제기의 수수료의 1.5배액이고, 상고제기의 수수료는 그 2배액이다(가수규 2조 3항). 예컨대, 재판상 이혼소송을 제기한 경우 수수료는 20,000원이고, 항소제기의 수수료는 30,000원, 상고제기의 수수료는 40,000원이다.

(3) 반소제기의 수수료

제1심에서 반소를 제기할 때의 수수료는 그 청구를 본소로 제기하는 경우의 수수료액과 같고, 항소심에서 반소를 제기할 때에는 제1심에서의 반소제기의 수수료의 1.5배액이다(동조 4항).

본소와 그 목적이 동일한 반소를 제기하는 경우에 민사소송등인지법 4조 2항을 유추 적용할 것인지와 관련하여 ①유추적용을 긍정하여 본소제기의 수수료를 공제해야 한다는 견해와 ②유추적용을 부정하여 본소제기의 수수료를 공제해서는 안 된다는 견해가 있다.

가사비송사건의 반대청구의 경우에는 민사소송등인지법 4조 2항에 대응하는 규정이 있지만(가수규칙 3조 3항) 가사소송사건의 반소청구의 경우에는 그와 같은 규정이 없다는 점에서 후자가 타당하다. 따라서 원고의 이혼청구에 대하여 피고가 항소심에서 반소로써 이혼을 청구하는 경우, 수수료는 30,000원(20,000원×1.5배액)이다.

(4) 재심청구의 수수료

재심청구의 수수료는 사건의 종류 및 심급에 따라 소, 반소, 상소제기의 수수료와 같다(동조 5항). 예컨대, 이혼소송을 제기하여 1심, 항소심, 상고심에서 모두 패소한 원고가 대법원에 재심을 제기한 경우, 수수료는 40,000원(20,000원×2배)이다.

나. 가사비송절차의 수수료

(1) 라류 가사비송사건의 심판청구의 수수료는 1건당 5,000원, 마류 가사비송사건의 심판청구의 수수료는 1건당 10,000원으로 한다(가수규칙 3조 1항). 정액제를 채택하고 있으므로 소송목적의 값 산정은 불필요하고, 신청인이 심판에 의해 받게 될 경제적 이익도 고려할 필요가 없다. 예컨대, 부부공유재산의 분할(민법 829조 3항), 이혼 등의 경우의 배우자의 재산분할(민법 839조의2 2항, 843조), 상속재산의 분할(민법 1013조 2항) 등은 마류 가사비송사건이므로 분할의 목적인 재산의 가액의 다과에 상관없이 그 심판청구의 수수료는 10,000원이다. 또한, 미성년의 자녀가 성년에 달하기까지 매월 또는 매년 일정액의 양육비 지급을 청구하는 것 역시 양육에 관한 처분으로서 마류 가사비송사건이므로 수수료는 10,000원이다. 항고제기의 수수료는 사건의 종류에 따른 위 수수료액의 1.5배액이고, 재항고제기의 수수료는 그 2배이며(동조 2항), 반대청구의 수수료는 1건당 10,000원이고, 다만 본래의 청구와 그 목적이 동일한 반대 청구에는 수수료를 요하지 아니한다(동조 3

항).

준재심청구의 수수료는 사건의 종류 및 심급에 따라 심판청구, 항고, 재항고, 반대청구의 수수료액과 같다(동조 4항). "1건당" 이라는 것은 "각 사건별로" 라는 의미이다. 예컨대, 친족회원의 선임(라류 20호의 사건)과 친족회의 소집(라류 21호의 사건)을 함께 청구하는 경우에는 2건이므로 10,000원의 수수료를 납부하여야 하고, 이혼을 원인으로 하여 수인의 미성년자인 자에 대한 친권을 행사할 자의 지정(마류 5호의 사건)을 구하는 경우에는 사건본인인 미성년자마다 별개의 사건이므로 사건번호를 따로 부여하는 사건본인인 미성년자마다 별개의 사건이므로 사건번호를 따로 부여하고 수수료도 합산하여 납부하여야 하며, 1인의 미성년자에 대한 친권을 행사할 자의 지정과 양육에 관한 처분(마류 3호의 사건)을 함께 청구하는 경우에도 2개의 사건이므로 20,000원의 수수료를 납부하여야 한다.

그러나 청구취지가 여러 개라고 하여 수 개의 사건인 것은 아니다. 예컨대, 유언집행자의 선임과 그 임무에 관한 처분(민1096조, 라류 39호)을 함께 청구하더라도 이는 1개의 사건이다.

(2) 반대청구의 수수료를 10,000원으로 정한 것은, 반대 청구가 마류 가사비송사건에서만 허용되는 것이기 때문이다(규칙 92조). 반대청구의 목적이 본래의 청구와 동일한 경우에는 수수료의 납부를 요하지 아니하므로 예컨대, 심판청구인이 미성년자인 자를 자신이 양육하도록 하여줄 것을 청구함에 대하여 상대방 역시 동일한 미성년자를 자신이 양육하겠다는 취지에서 양육에 관한 처분을 반대청구로 구하는 경우에는 수수료를 요하지 아니한다.

(3) 부부공유재산의 분할(민829조 3항), 이혼 등의 경우의 배우자의 재산분할(민839조의2 2항, 843조 등), 상속재산의 분할(민1013조 2항) 등은 어느 것이나 마류 가사비송사건이므로 그 심판청구

의 수수료는 10,000원이고, 분할의 목적인 재산의 가액의 다과에 의하여 좌우되는 것이 아님을 유의하여야 하고, 미성년 자녀가 성년에 달하기까지 매월 또는 매년 일정액의 양육비 지급을 청구하는 것 역시 양육에 관한 처분으로서 마류 가사비송사건이므로 수수료는 10,000원이고, 민사소송의 예에 따라 1년분의 정기금을 소가로 보아 수수료액을 산정할 것이 아님을 유의하여야 한다.

다. 가사조정절차의 수수료

(1) 가사조정신청의 수수료는 5,000원이다(가수규 6조 1항).

1개의 가사사건의 청구를 조정 신청하는 경우이든, 수개의 가사사건의 청구를 병합하여 조정 신청하는 경우이든 동일하다. 예컨대, 이혼을 구하는 조정신청을 하는 경우와 이혼 및 5,000만 원의 위자료 지급을 구하는 조정신청을 하는 경우에 모두 5,000원의 수수료를 납부하면 된다. 민사사건의 청구를 병합하여 조정신청을 하는 경우에는 그 민사상의 청구에 대하여 민사소송등인지법 2조의 규정에 따라 산출한 액의 5분의1과 5,000원 중 다액을 수수료로 한다(가수규칙 6조 2항).

가사소송수수료규칙 6조 1항, 2항에 규정된 것을 제외하고, 조정절차에 있어서의 기타 신청의 수수료에 관하여는 가사소송수수료규칙 4조의 규정을 준용하므로(가수규칙 6조 3항), 기타 신청의 수수료는 500원이고, 답변서 등 법원의 직권 발동을 촉구하는 의미의 신청에는 수수료를 요하지 않는다.

(2) 이의신청 등에 의하여 사건이 조정절차에서 소송 또는 심판 절차로 이행된 경우에는 조정신청인은 소의 제기 또는 심판청구를 하는 경우에 납부하여야 할 수수료액과 조정신청시에 납부하여야 한다(동조 4항).

라. 전자소송의 특례

가사소송을 전자로 진행할 경우 소장, 항소장, 상고장, 반소장 및 재심소장에는 위 수수료의 10분의 9에 해당하는 수수료를 납부한다.

[표-6] 가사소송 및 비송사건 수수료 표

<table>
<tr><th colspan="2">종 별</th><th>금 액</th></tr>
<tr><td rowspan="6">가사소송사건</td><td>가 류 사 건
1. 혼인의 무효 2. 이혼의 무효
3. 인지의 무효 4. 친생자관계존부확인
5. 입양의 무효 6. 파양의 무효</td><td>20,000원</td></tr>
<tr><td>나 류 사 건
1. 사실상 혼인관계존부 확인 2. 혼인의 취소
3. 이혼의 취소 4. 재판상 이혼
5. 부의 결정 6. 친생부인
7. 인지의 취소 8. 인지에 대한 이의
9. 인지청구 10. 입양의 취소
11. 파양의 취소 12. 재판상 파양
13. 친양자입양의 취소 14. 친양자의 파양</td><td>20,000원</td></tr>
<tr><td>다 류 사 건
1. 약혼해제, 사실혼관계 부당파기로 인한 손해배상청구(제3자에 대한 청구 포함) 및 원상회복의 청구(혼인예약불이행으로 인한 손해배상청구 포함)
2. 혼인의 무효.취소, 이혼의 무효.취소 또는 이혼을 원인으로 하는 손해배상청구 (제3자에 대한 손해배상청구 포함) 및 원상회복의 청구
3. 입양의 무효.취소, 파양의 무효.취소 또는 파양을 원인으로 하는 손해배상청구(제3자에 대한 손해배상청구 포함) 및 원상회복의 청구
4. 재산분할청구권 보전을위한 사해행위취소 및 원상회복 청구</td><td>민사소송등 인지액법 제2조 소정액의 1/2</td></tr>
<tr><td>항 소 심</td><td>1심의 1.5배</td></tr>
<tr><td>상 고 심</td><td>1심의 2배</td></tr>
<tr><td>재 심</td><td>위 수수료에 준함</td></tr>
</table>

<table>
<tr><th colspan="2">종 별</th><th>금 액</th></tr>
<tr><td rowspan="1">가
사
비
송
사
건</td><td>라 류 사 건

1) 성년후견 개시의 심판과 그 종료의 심판
1)의2 「피성년후견인의 법률행위의 범위 결정 및 그 변경
1)의3 한정후견 개시의 심판과 그 종료의 심판
1)의4 피한정후견인이 한정후견인의 동의를 받아야 하는 행위의 범위 결정과 그 변경 및 한정후견인의 동의를 갈음하는 허가
1)의5 특정후견의 심판과 그 종료의 심판
2) 부재자 재산의 관리에 관한 처분
2)의2 친권자 또는 미성년후견인의 임무를 대행할 사람(이하 "임무대행자"라 한다)및 권한을 넘는 행위의 허가
3) 실종의 선고와 그 취소
4) 성(姓)과 본(本)의 창설 허가
5) 자녀의 종전 성과 본의 계속사용허가
6) 자녀의 성과 본의 변경허가
7) 부부재산약정의 변경에 대한 허가
8) 미성년자의 입양에 대한 허가
8)의2 피성년후견인이 입양을 하거나 양자가 되는 것에 대한 허가
9) 부모의 동의를 갈음하는 심판
10) 삭제 <2013.7.30.>
11) 양자의 친족 또는 이해관계인의 파양청구에 대한 허가
12) 친양자 입양의 허가
13) 친권 행사 방법의 결정
13)의2 친권자의 지정, 미성년후견인의 선임 및 임무대행자의 선임
13)의3 후견의 종료 및 친권자의 지정
14) 감화(感化) 또는 교정기관에 위탁하는 것에 대한 허가
15) 재산관리인의 선임(選任) 또는 개임(改任)과 재산관리에 관한 처분
16) 특별대리인의 선임</td><td>5,000원</td></tr>
</table>

종	별	금 액
기 사 비 송 사 건	**라 류 사 건** 17) 친권자의 법률행위 대리권 및 재산관리권의 사퇴(辭退) 또는 회복에 대한 허가 17)의2 친권자의 지정 17)의3 후견의 종료 및 친권자의 지정 18) 미성년후견인·성년후견인·한정후견인·특정후견인의 선임 또는 변경 18)의2 성년후견인의 법정대리권의 범위 결정과 그 변경 및 성년후견인이 피성년후견인의 신상에 관하여 결정할 수 있는 권한의 범위 결정과 그 변경 18)의3 미성년후견감독인·성년후견감독인·한정후견감독인·특정후견감독인의 선임 또는 변경 19) 미성년후견인·성년후견인·한정후견인·특정후견인·미성년후견감독인·성년후견감독인·한정후견감독인·특정후견감독인·임의후견감독인의 사임에 대한 허가 20) 후견인의 재산 목록 작성을 위한 기간의 연장허가 21) 피성년후견인 또는 피한정후견인의 격리에 대한 허가 및 피미성년후견인, 피성년후견인 또는 피한정후견인에 대한 의료행위의 동의에 대한 허가 21)의2 피미성년후견인, 피성년후견인 또는 피한정후견인이 거주하는 건물 또는 그 대지에 대한 매도 등에 대한 허가 21)의3 여러 명의 성년후견인·한정후견인·특정후견인·성년후견감독인·한정후견감독인·특정후견감독인·임의후견감독인의 권한 행사에 관한 결정과 그 변경 또는 취소 및 성년후견인·한정후견인·특정후견인·성년후견감독인·한정후견감독인·특정후견감독인·임의후견감독인의 의사표시를 갈음하는 재판 21)의4 미성년후견감독인·성년후견감독인·한정후견감독인의 동의를 갈음하는 허가	5,000원

<table>
<tr><th colspan="2">종 별</th><th>금 액</th></tr>
<tr><td rowspan="1">가
사
비
송
사
건</td><td>라 류 사 건
22) 피미성년후견인, 피성년후견인, 피한정후견인 또는 피특정후견인의 재산상황에 대한 조사 및 그 재산관리 등 후견임무 수행에 관하여 필요한 처분명령
22)의2 미성년자의 재산상황에 대한 조사 및 그 재산관리 등 임무대행자의 임무 수행에 관하여 필요한 처분명령
23) 미성년후견인·성년후견인·한정후견인·특정후견인·미성년후견감독인·성년후견감독인·한정후견감독인·특정후견감독인·임의후견감독인에 대한 보수(報酬)의 수여
24) 후견 종료 시 관리계산기간의 연장허가
24)의2 한정후견인에게 대리권을 수여하는 심판과 그 범위 변경 및 한정후견인이 피한정후견인의 신상에 관하여 결정할 수 있는 권한의 범위 결정과 그 변경
24)의3 피특정후견인의 후원을 위하여 필요한 처분명령
24)의4 특정후견인에게 대리권을 수여하는 심판
24)의5 임의후견감독인의 선임 또는 변경
24)의6 임의후견감독인에 대한 감독사무에 관한 보고 요구, 임의후견인의 사무 또는 본인의 재산상황에 대한 조사명령 또는 임의후견감독인의 직무에 관하여 필요한 처분명령
24)의7 임의후견인의 해임
24)의8 후견계약 종료의 허가
25) 삭제 <2013.4.5.>
26) 삭제 <2013.4.5.>
27) 삭제 <2013.4.5.>
28) 삭제 <2013.4.5.>
29) 삭제 <2013.4.5.>
30) 상속의 승인 또는 포기를 위한 기간의 연장허가
31) 상속재산 보존을 위한 처분
32) 상속의 한정승인신고 또는 포기신고의 수리(受理)와 한정승인 취소신고 또는 포기 취소신고의 수리
33) 감정인(鑑定人)의 선임
34) 공동상속재산을 위한 관리인의 선임
35) 상속재산의 분리</td><td>5,000원</td></tr>
</table>

종별		금액
가사비송사건	**라 류 사 건** 36) 상속재산 분리 후의 상속재산 관리에 관한 처분 37) 관리인의 선임 및 그 공고와 재산관리에 관한 처분 38) 상속인 수색(搜索)의 공고 39) 상속재산의 분여(分與) 40) 유언의 검인(檢認) 41) 유언의 증서 또는 녹음(錄音)의 검인 42) 유언증서의 개봉 43) 유언집행자의 선임 및 그 임무에 관한 처분 44) 유언집행자의 승낙 또는 사퇴를 위한 통지의 수리 45) 유언집행자에 대한 보수의 결정 46) 유언집행자의 사퇴에 대한 허가 47) 유언집행자의 해임 48) 부담(負擔) 있는 유언의 취소	5,000원
	마 류 사 건 1. 부부의 동거.부양.협조 또는 생활비용의 부담에 관한 처분 2. 재산관리자의 변경 또는 공유물의 분할을 위한 처분 3. 자의 양육에 관한 처분과 그 변경, 면접교섭권의 제한, 배제 4. 재산분할에 관한 처분 5. 친권을 행사할 자의 지정, 변경 6. 친권자의 동의를 갈음하는 재판 7. 친권, 법률행위대리권, 재산관리권의 상실선고 및 실권회복의 선고 8. 부양에 관한 처분 9. 기여분의 결정 10. 상속재산의 분할에 관한 처분	10,000원
	항 고	신청수수료의 2배
	재 항 고	신청수수료의 3배
	준 재 심	위 수수료에 준함

종 별	금 액
반 대 청 구	10,000원
기 타 청 구	500원
조 정 신 청	5,000원
수수료를 납부하지 아니하는 경우	. 답변서 . 증거신청서 . 기타 법원의 직권발동을 촉구하는 신청

마. 병합청구의 수수료

(1) 수개의 가사소송사건 병합 또는 가사소송사건과 가사비송사건 병합 (원시적 병합)

수개의 가사소송사건 또는 가사소송사건과 가사비송사건의 청구의 원인이 동일한 사실관계에 기초하거나 1개의 청구의 당부가 다른 청구의 당부의 전제가 되는 때에는 이를 1개의 소로 제기할 수 있다(가소 14조 1항). 청구의 원인이 동일한 사실관계에 기초한다는 것은, 각 청구가 하나의 사회현상인 사실로부터 발생하는 것을 말한다. 예컨대, 하나의 혼인관계를 둘러싼 혼인의 무효청구와 혼인의 취소청구, 하나의 인지를 둘러싼 무효청구와 취소청구, 하나의 이혼을 둘러싼 무효청구와 취소청구, 하나의 입양을 둘러싼 무효청구와 취소청구, 상대방의 귀책사유로 인하여 혼인관계가 파탄되었음을 이유로 하는 재판상이혼청구와 손해배상청구 등을 들 수 있다. 1개의 청구의 당부가 다른 청구의 당부의 전제가 된다는 것은, 병합되는 수개의 청구가 서로 논리적인 의존관계에 있어 기초가 되는 청구가 인용되거나 기각되면 나머지 청구 역시 그에 따라 인용되거나 기각되면 나머지 청구 역시 그에 따라 인용되거나 기각되어야 하는 것을 가리킨다. 예컨대, 혼인의 무효 · 취소, 이혼의 무효 · 취소, 재판상 이혼, 입양의 무효 · 취소, 파양의 무효 · 취소, 재판상 파양의 각 청구와 이를 원인으로 하는 손해배상 또는 원상회복의 청구, 재판상이혼청구와 이혼을 원인으로 하는 재산분할의 청구자의 양육에 관한 처분청구 등을 들 수 있다.

가사소송법 14조 1항의 규정에 의하여 수개의 가사소송청구 또는 가사소송청구와 가사비송청구를 병합청구하는 경우에는 수개의 청구중 다액인 수수료에 의한다(가수규칙 5조 1항). 병합청구의 수수료 산정방식에 대해 흡수법칙을 채택하고 있는데, 민사소송등인지법 2조 5항과 동일한 취지로서 재판유상주의에 근거한 것이다.

즉, 수개의 청구원인이 동일한 사실관계에 기초하거나 1개의 청구의 당부가 다른 청구의 당부의 전제가 되는 관계에 있는 경우에는 서로 무관한 청구가 병합된 경우에 비해 법원이 제공하는 역무의 양이 적다고 말할 수 있기 때문에 병합청구의 수수료를 합산시키지 않고 흡수시킨 것이다.

상대방의 귀책사유로 인하여 혼인관계가 파탄되었음을 이유로 재판상이혼청구(나류 4호)와 5,000만 원의 위자료청구(다류 2호)를 병합제기한 경우, 이는 수개의 청구원인이 동일한 사실관계에 기초하고 있다고 할 수 있으므로 이혼청구의 수수료 20,000원과 위자료 청구의 수수료 230,000원 중 다액인 230,000원의 수수료를 납부하면 된다. 그리고 재판상이혼청구(나류 4호)와 이혼을 원인으로 하는 재산분할청구(마류 4호)가 병합된 경우, 이는 1개의 청구의 당부가 다른 청구의 당부의 전제가 되는 관계에 있다고 할 수 있으므로 이혼청구의 수수료액 20,000원과 재산분할청구의 수수료액 10,000원 중 다액인 20,000원의 수수료를 납부하면 된다.

가사소송청구와 '수개의 가사비송청구'가 병합된 경우 예컨대, 이혼청구, 재산분할청구, 양육에 관한 처분 청구(사건본인 3명)를 병합제기한 경우, 가사소송사건에 수개의 가사비송사건을 병합한 근거규정은 가사소송법 14조 1항이라는 점에서 가사소송수수료규칙 5조 1항에 의해 흡수법칙을 적용하여야 하므로, 수수료는 다액인(이혼청구 20,000원, 재산분할청구 10,000원, 양육에 관한 처분청구 30,000원) 30,000원이다.

(2) 수개의 가사비송사건의 병합(원시적 병합)

수개의 가사비송사건의 청구가 가사소송법 14조 1항의 요건을 갖춘 때에는 1개의 심판청구로 제기할 수 있는데(가사소송규칙 20조의2), 이 경우에는 수개의 청구의 수수료를 합산한다(가수규칙 5조 2항).

병합요건이 가사소송수수료규칙 5조 1항의 경우와 동일함에도 흡수법칙이 아닌 합산법칙을 적용하므로 유의하여야 한다. 예컨대, 상속재산분할청구(피상속인 1인)와 기여분결정청구(청구인 1인)를 병합한 경우 수수료는 20,000원, 양육자지정청구(사건본인 1인)와 재산분할청구를 병합한 경우 수수료는 20,000원이다.

또한, 위 규정은 가사소송청구의 존재를 전제로 하지 않고 수개의 가사비송청구만을 병합한 경우에 적용된다. 예컨대, 재판상이혼청구(나류 4호, 수수료 20,000원), 이혼을 원인으로 하는 재산분할청구(마류 3호, 수수료 10,000원), 자의 양육에 관한 처분청구(마류 4호, 10,000원)가 병합된 경우 가사소송수수료규칙 5조 1항을 적용하여, 수수료는 다액인 20,000원이다.

(3) 후발적 병합

후발적 병합의 경우 수수료 산정방식에 관하여 가사소송수수료규칙에 특별규정이 있으면 그에 의하고 그러한 규정이 없으면 일반규정인 민사소송등인지법 5조, 6조 등에 의한다(인지법 1조). 예컨대, 재판상이혼청구(나류 4호) 소송계속중 5,000만 원의 위자료청구를 병합하는 경우, 청구변경신청서에는 심급에 따라 변경 후 청구에 관한 인지액에서 변경 전 청구에 관한 인지액을 공제한 액의 인지를 붙여야 하므로(인지법 5조) 수수료는 210,000원[230,000원{변경 후 청구는 재판상이혼청구(나류 4호 사건이므로 수수료는 20,000원)와 위자료청구(다류 2호 사건이므로 민사소송등인지규칙 12조 3호, 민사소송등인지법 2조 1항에 의해 수수료는 230,000원)인데 다액인 쪽에 의하므로 이에 2분의 1인 금115,000원임(가수규칙 5조 1항)} - 20,000원]/2이다.

바. 기타 신청의 수수료

(1) 가사소송절차, 가사비송절차 및 가사조정절차에서 위에서 든 것 이외의 기타 신청의 수수료는 500원이다(가수규 4조 본문). 다만, 답변서, 증거신청서, 기타 법원의 직권발동을 촉구하는 의미의 신청에는 수수료를 요하지 아니한다(동조단서). 이는 민사소송등인지법 10조와 같은 취지이다.

(2) 그러나 여기의 "기타 신청"에는 민사소송등인지법 9조의 적용을 받는 신청은 포함되지 아니한다. 따라서 가사사건에서의 가압류 · 가처분신청에는 2,000원의 인지를 붙여야 하고(민소인지법 9조 3항 3호)(다만, 가압류 · 가처분에서의 담보제공을 지급보증위탁계약체결문서를 제출함으로써 하는 것을 허가하여 달라는 신청을 함께 하는 경우에는, 그 허가신청의 수수료 500원을 덧붙인 2,500원의 인지를 붙여야 한다.) 사전처분의 신청(62조), 이행명령의 신청(64조) 등에는 각 1,000원의 인지를 붙여야 한다(민소인지법 9조 4항 4호).

그 밖에 신청의 종류에 따른 수수료의 구체적인 기준에 관하여는 별도의 기준이 마련되어 있지 않다. 소송절차에 공통적으로 사용되는 접수서류는 "민사접수서류에 첩부할 인지액 및 그 편철 방법에 관한 예규"(재민 91-1)에 따라 처리하면 된다.

(3) 혼인의 취소, 재판상 이혼, 인지청구의 소와 함께 친권자지정청구를 하는 경우에는 민법 909조 5항에 의해, 이는 가정법원의 직권발동을 촉구하는 신청에 불과하므로 수수료의 납부를 요하지 아니

한다(가수규칙 4조 단서). 예컨대, 재판상이혼청구와 사건본인 3인에 대한 친권자지정청구 및 양육에 관한 처분청구를 병합한 경우, 재판상이혼청구의 수수료는 20,000원(가수규칙 2조 1항), 사건본인 3인에 대한 양육에 관한 처분청구의 수수료는 30,000원(가수규칙 3조 1항, 5조 3항 3호)이고, 병합청구의 수수료는 다액인 30,000원이다(가수규칙 5조 1항).

혼인외의 자가 인지된 경우와 부모가 이혼한 경우에 부모가 협의할 수 없거나 협의가 이루어지지 아니하여 가정법원에 친권자지정청구를 하는 경우에는 민법 909조 4항 및 가사소송법 마류 5호에 의해, 이는 별도의 청구이므로 수수료를 납부하여야 한다(가수규칙 3조 1항). 예컨대, 이혼청구에 부대하지 않은 사건본인 1인에 대한 양육에 관한 처분청구, 친권자지정청구를 병합한 경우 사건본인 1인에 대한 양육에 관한 처분청구 및 친권자지정청구의 수수료는 각 10,000원(가수규칙 3조 1항)이므로 합산법칙을 적용하여 수수료는 20,000원이다(가수규칙 5조 2항). 또한 개정민법 시행 전에 재판상이혼청구사건이 종결되었으나 친권자에 관하여 아무런 정함이 없어 독립의 청구로 친권자지정을 구하는 경우에도 사건본인 1인당 10,000원의 수수료를 납부하여야 한다.

(4) 이들 수수료의 산정기준과 관련하여 실무상 단독판사의 사물관할에 속하는 나류 가사소송사건인 재판상이혼사건의 심리 중에 재판상화해를 하면서 위자료의 지급 또는 재산분할에 관한 사항이 화해조항에 추가되는 경우의 처리가 문제 될 수 있으나, 굳이 수수료를 추가 납부받지 않아도 좋다고 할 것이고, 또 가사조정은 단독판사의 직분관할에 속한다고 할 것이어서 위자료액이 3,000만원을 초과하더라도 사물관할위반은 생기지 않는다.

3. 수수료의 납부

가. 납부의 방법

수수료는 수입인지로 납부함을 원칙으로 하므로(가수규 7조 1항) 소장, 심판청구서, 가사조정신청서, 기타의 신청서에는 인지를 붙여야 한다. 다만, 가정법원은 대법원규칙으로 정하는 바에 따라 수수료를 현금으로 납부하게 할 수 있다(동조 2항). 수수료의 현금납부에 관하여는 민사소송등인지규칙(1991. 11. 23. 대법원규칙 1179호)에 규정되어 있는바, 동규칙 27조 1항은 수수료의 액이 10만원을 초과하는 경우에는 인지첩부에 갈음하려 현금으로 납부할 것을 의무화하고 있다. 가류 및 나류 가사소송과 가사비송사건의 청구의 수수료, 가사조정신청의 수수료는 각각 정액으로 되어 있으므로 현금납부의무규정이 적용되는 것은 이를 제외한 나머지 사건, 즉 다류 가사소송사건의 청구, 가사조정신청에 민사사건의 청구를 병합한 경우로 한정된다.

나. 수수료를 납부하지 아니한 효과

수수료를 납부하여야 하는 경우, 즉 답변서, 증거신청서 및 법원의 직권발동 촉구하는 의미의 신청을 제외한 나머지 신청에 소정의 인지를 붙이지 아니하면 그 신청은 부적법하다. “부적법하다” 는 것은 신청의 취지에 따른 효과가 생기지 아니하며, 그 흠결이 보정되지 아니하면 그 신청을 각하할 수 있다는 뜻이다(민소 231조 2항 참조).

다만, 가정법원은 신청인에게 보정을 명할 수 있고, 그 보정명령에 따라 신청인이 보정한 경우에는 그러하지 아니하다(동조항 후분). 이 보정명령은 임의적인 것으로서 가정법원이 반드시 보정을 명하여야 하는 것은 아니다. 그러나 가사소송사건의 절차에는 민사소송법 231조, 378조, 395조, 425조 등이 적용되는 결과(12조), 소장, 상소장, 재심소장 등에 수수료를 납부하지 아니한 경우에는 가정법원이 필요적으로 보정명령을 하여야 하고, 가사비송절차 또는 가사조정절차에는 명문의 규정은 없으나 이에 준하여 처리하여야 할 것이다.

납부한 인지규칙의 규정이 그대로 적용된다(민소인지법 1조, 민소인지규칙 1조). 따라서 이의 처리는 민사소송에서와 같다. 다만, 수수료의 납부의 당부에 대한 심사, 즉 인지의 검열은 재판장이 하는 것이 원칙이나 정액의 인지를 붙여야 하는 경우의 인지검열은 법원사무관등이 하도록 되어 있으므로(민소인지규칙 2조 1항), 법원사무관등은 신청서의 접수단계에서 사건의 종별, 인지첩부의 요부 및 액수 등에 세심한 주의를 기울여야 한다.

제3편 가사소송

제 1 장 가사소송의 의의 · 범위 · 종류 · 적용법규

1. 가사소송의 의의

가사소송은 혼인 · 친자 · 입양 · 이혼 등의 기본적인 신분 관계에 관한 분쟁 및 그와 관련된 재산 관계에 관한 분쟁 중 가사소송법이나 동규칙 또는 다른 법률의 규정에 의하여 가정법원의 권한에 속하는 사건을 대심적 구조의 소송절차에 의하려 처리하는 재판절차라고 할 수 있다. 가사소송은 사인 간의 신분 관계에 관한 분쟁을 대상으로 하고, 그 절차는 기본적으로 민사소송법에 의하므로(12조 본문) 특별민사소송절차에 해당하고, 이 점에서 가정법원의 권한에 속하는 사건 중 비송사건절차법이 준용되는 가사비송과 구별된다.

2. 가사소송사건의 범위 · 종류

가사사건은 가정법원의 전속관할에 속하므로(2조 1항, 2항) 가사소송사건은 가사사건은 가사소송법 및 기타의 법령에서 가사소송절차에 의하여 처리할 것으로 규정된 사건을 가리킨다. 이들 가사소송사건은 그 절차에 직권주의가 적용되는지의 여부, 조정의 대상이 되는지의 여부에 따라, 직권주의가 적용되고 조정의 대상으로 되지 아니하는 가류 가사소송사건, 직권주의가 적용되나 조정의 대상으로 되는 나류 가사소송사건, 직권주의가 적용되지 아니하며 조정의 대상으로 되는 다류 가사소송사건으로 구분된다. 가사소송법 외의 다른 법령에 의한 가사소송사건으로는 후견인의 순위확인사건과 민법 1014조에 의한 피인지자의 상속분에 상당한 가액의 지급청구사건(규칙 2조 2항)을 들 수 있다.

3. 절차의 개시

가. 가사소송의 절차는 민사소송에서와 마찬가지로, 소의 제기 또는 가사조정사건의 소송에의 이행에 의하여 개시된다.

소의 제기의 방식과 절차 및 접수사무는 기본적으로 민사소송에서의 그것과 같다. 다만, 소액사건심판법 4조와 같은 특례규정은 없으므로 구술제소는 허용되지 아니한다. 또, 가류 및 나류 가사소송사건(사실혼관계존부확인사건은 제외)의 청구를 인용한 판결이 확정되면 등록사무관장자에게 그 사유를 통지하여야 하는 관계상(규칙 7조), 명문의 규정은 없으나 적어도 가류 및 나류 가사소송사건의 소장에는 가사비송사건의 심판청구서의 기재 방식(36조 3항)에 준하여, 당사자의 등록기준지 · 주소 · 성명 · 생년월일을 표시하고, 판결에도 그에 따른 당사자표시를 하는 것이 실무 례이다.

이 경우 가사조정신청서가 곧 소장은 아니므로 조정절차에서 그 부본이 상대방에게 송달되었더라도 수소법원이 다시 조정신청서 부본을 송달하여야 한다는 견해도 있으나, 재송달할 필요는 없다고 할 것이다.

나. 수수료의 납부(인지의 첩부)

소장의 인지검열은 종국적으로는 재판장이 하는 것이나, 일차적으로는 접수담당 법원사무관등이 그 상당성 여부를 조사하여야 하는바(민소인지규칙 2조 1항, 4항), 가사사건을 병합하여 청구하는 경우에는 다액인 수수료에 의하므로(가수규5조) 가사소송사건에 부부재산이나 상속재산의 분할 등의 재산상의 청구가 포함된 마류 가사비송사건이 병합된 경우에도 수수료는 언제나 가사소송사건의 그것에 의하여야 함을 유의하여야 한다.

제 2 장 가류 가사소송사건

제 1 절 혼인의 무효

1. 의의 및 성질

혼인의 무효는 혼인성립 이전의 단계에서 그 성립요건의 하자로 인하여 유효한 혼인이 성립하지 않은 것을 말한다. 무엇이 혼인을 무효로 하는 성립요건의 하자인가에 관하여는 다툼이 있다. 민법 815조는 혼인무효의 사유로 ① 당사자 간에 혼인의 합의가 없는 때 ② 당사자 간에 8촌 이내의 혈족 ③ 당사자 간에 인척관계가 있거나 있었던 때 ④ 당사자 사이에 양부모계의 직계혈족관계가 있었던 때를 규정하고 있고, 이는 어느 것이나 혼인의 성립에 관한 실체상의 하자라고 할 수 있다.

2. 정당한 당사자

가. 원고적격

당사자, 법정대리인 또는 4촌 이내의 친족은 언제든지 혼인무효의 소를 제기할 수 있다(23조). 법정대리인은 당사자의 법정대리인을 말한다.

나. 피고적격

부부의 일방이 소를 제기할 때에는 배우자가 상대방으로 되고(24조 1항), 제3자가 제기할 때에는 부부를 상대방(필수적 공동소송)으로 하고, 부부 중 일방이 사망한 때에는 생존자를 상대방으로 한다(동조 2항).

또한 상대방으로 될 사람이 사망한 경우에는 검사를 상대방으로 한다.

3. 관 할

가. 토지관할

혼인무효의 소는 부부생활의 실태와 사건의 유형에 따라 토지관할을 달리한다. 즉,

(1)부부가 같은 가정법원의 관할구역 내에 보통재판적이 있을 때에는 그 가정법원이, (2)부부가 최후의 공통의 주소지를 가졌던 가정법원의 관할구역 내에 부부 중 일방의 보통재판적이 있을 때에는 그 가정법원이, (3)위의 각 경우에 해당하지 아니하는 경우 부부의 일방이 타방을 상대방으로 하는 때에는 상대방의 보통재판적 소재지의 가정법원이, (4)부부의 일방이 사망한 경우에는 생존한 타방의 보통재판적소재지의 가정법원이, (5)부부 쌍방이 사망한 경우에는 부부 중 일방의 최후의 주소지의 가정법원이 각각 관할법원으로 되고, 그 관할은 전속관할이다.

[청구취지 사례] 혼인 무효확인

1. 원고와 피고 사이에 20○○. 0. 0. 서울 00구청장에게 신고하여 한 혼인은 무효임을 확인한다.
2. 소송비용은 피고의 부담으로 한다.

라는 판결을 구합니다.

[청구취지 사례] 혼인 취소청구

1. 원고와 피고의 혼인신고(20○○. 0. 0. 00구청장 접수)는 이를 취소한다.
2. 소송비용은 피고의 부담으로 한다.

라는 판결을 구합니다.

[사례-41] 혼인무효확인의 소

소 장

원 고 홍 0 0
0000년 월 일생(주민등록번호 :)
등록기준지 서울 서초구 00동 00번지
주소 서울 서초구 00동 00번지 00아파트 00동 00호(우편번호)

피 고 신 0 0
0000년 월 일생(주민등록번호 :)
주소 서울 00구 00동 00번지 (우편번호 :)

혼인무효 확인청구의 소

청 구 취 지

1. 원고와 피고 사이에 20○○년 0월 0일 서울 서초구 구청장에게 신고하여 한 혼인은 무효임을 확인한다.
2. 소송비용은 피고의 부담으로 한다.

라는 판결을 구합니다.

청 구 원 인

1. 원고와 피고는 동일한 직장 선후배로서 회사에서 회식을 하거나 업무관계로 계속 만나게 되었습니다.
2. 자주 피고와 만나게 되면서 피고는 원고에게 결혼을 하자고 결혼을 신청하였으나 원고는 피고와 혼인을 결정하지 못하여 이를 계속 미루던 차에 원고는 다른 이성을 만나게 되었습니다. 원고가 피고를 만나지 아니하고 다른 남성을 사귄다는 말을 듣게 된 피고는 원고와 피고가 마치 결혼을 한 사이처럼 보이기 위하여 원고 모르게 원고와 피고간의 혼인신고를 하여 두

면 어쩔 수 없이 서로 혼인할 것으로 생각하여 일방적으로 20○○년 0월 0일 원고의 등록기준지인 서울 서초구 구청장에게 마치 원고와 피고가 혼인한 것처럼 혼인신고를 한 것입니다.

3. 이러한 사실을 전혀 모르던 원고는 회사 내부에 원고가 피고와 혼인을 하였다는 소문이 돌고 호적(현재 가족관계등록부)정리까지 끝났다는 소문이 있기에 이를 확인하기 위하여 원고의 가족관계등록부를 발급하여 확인한 결과 뜻밖에도 피고와 혼인한 것처럼 혼인신고가 되어 있는 것을 알게 되었습니다.
4. 위와 같이 20○○년 0월 0일 서울 서초구 구청장에게 신고 된 피고의 혼인신고는 원고의 의사에 의하지 않고 이루어진 것이므로 이를 시정하기 위하여 이 건 소를 제기합니다.

입 증 방 법

갑제 1호증 혼인관계증명서
갑제 2호증 주민등록등본

첨 부 서 류

1. 위 입증방법 각 1통
1. 소장부본 1통
1. 소송위임장 1통
1. 납부서 1통

20○○. 4. .

원고 소송대리인

변호사 한 ○○ (인)

서울가정법원 귀중

☞ 유의사항

1. 소장에는 수입인지 20,000원을 붙여야 합니다.
2. 송달료는 당사자수 × 우편료 × 15회분을 송달료 취급은행에 납부하고 영수증을 첨부하여야 한다.
3. 혼인의 무효사유로는 민법 제815조에 다음과 같이 규정하고 있습니다.
   - 당사자 간에 혼인의 합의가 없을 때
   - 당사자 간에 8촌 이내의 혈족
   - 당사자 간에 직계 인척관계가 있거나 또는 있었던 때
4. 혼인관계소송의 관할(가사소송법 제22조)

   혼인의 무효나 취소, 이혼의 무효나 취소 및 재판상 이혼의 소는 다음 각호의 가정법원의 전속관할에 속한다.
   - 부부가 같은 가정법원의 관할구역 내에 보통재판적이 있을 때에는 그 가정법원
   - 부부가 최후의 보통의 주소지를 가졌던 가정법원의 관할구역 내에 부부 중 일방의 보통재판적이 있을 때에는 그 가정법원
   - 위에 해당되지 아니하는 경우로서 부부의 일방이 타방을 상대로 하는 때에는 상대방의 보통재판적소재지, 부부의 쌍방을 상대로 하는 때에는 부부중 일방의 최후의 주소지의 가정법원
   - 부부 중 일방이 사망한 경우에는 생존한 타방의 보통재판적소재지 가정법원
   - 부부 쌍방이 사망한 경우에는 부부 중 일방의 최후의 주소지의 가정법원
5. 혼인무효 및 이혼무효의 소의 제기권자(가사소송법 제23조)

   당사자, 법정대리인 또는 4촌 이내의 친족은 언제든지 혼인무효나 이혼무효의 소를 제기할 수 있다.

제 2 절 이혼의 무효

이혼의 무효는 혼인이 이혼에 의하여 해소된 것으로 가족관계등록 기입이 이루어져 있으나 그 이혼의 성립요건의 하자로 인하여 혼인해소의 효력이 발생하지 않는 것을 말한다.

혼인의 무효와는 달리, 이혼의 무효에 관하여는 민법에 아무런 규정도 없으므로 무엇이 이혼무효의 사유로 되는지 문제 된다. 이혼에는 협의상이혼(민 834조)과 재판상이혼(민 840조)의 두 가지가 있고, 그중 재판상이혼은 청구인용의 판결이 확정되면 호적(현재 가족관계등록부)기재와는 관계없이 그 자체로써 이혼의 효력이 발생하는 것이고, 그에 기한 당사자의 이혼신고는 단순히 보고적인 것에 불과하여 **사망한 자를 상대로 한 확정판결이나 확정되지 아니한 판결에 기하여 호적(현재 가족관계등록부) 기재가 이루어진 경우와 같이, 극히 예외적으로만 그 이혼의 무효**가 문제 될 수 있을 뿐이다.

[청구취지 사례] 혼인 무효청구

1. 원고와 피고 사이에 20○○. ○○. ○○. 서울 ○○구청장에게 신고한 이혼은 무효임을 확인한다.
2. 소송비용은 피고의 부담으로 한다.

라는 판결을 구합니다.

제 3 절 인지의 무효

1. 의의 및 성질

인지에는 '생부 또는 생모' 가 혼인 외의 자를 자기의 자로 인정하고 가족관계등록법에 정한 바에 의하여 신고함으로써 법률상의 부모자관계를 형성시키는 임의인지와 **자가 인지청구의 소를 통하여 법률상의 부모자관계를 형성시키는 강제인지 또는 재판상인지**의 두 가지가 있다. 그중 강제인지의 경우에는 재심에 의하여 확정판결을 취소하지 않는 한 인지의 효력을 복멸시킬 수 없지만[67], 임의인지의 경우에는 그 요건의 불비로 인하여 인지의 효력이 생기지 않는 경우가 있을 수 있다. 따라서 인지의 무효는 혼인 외의 자에 대하여 법률상의 부모자 관계가 형성된 것으로 호적(현재 가족관계등록부) 기재가 이루어져 있으나 그 성립과정의 하자로 인하여 법률상의 부모자 관계 형성의 효력이 발생하지 않는 것을 말한다고 할 수 있나.

2. 정당한 당사자

가. 원고적격

당사자, 법정대리인 또는 4촌 이내의 친족은 언제든지 인지무효의 소를 제기할 수 있다(28조, 23조). 그 밖의 자의 원고적격은, 인지무효의 소를 형성소송으로 보는 경우에는 이를 부정할 여지가 있으나, 확인소송으로 파악하는 이상 이를 긍정하여야 할 것이다. 다만, 당사자, 법정대리인 또는 4촌 이내의 친족에게는 그러한 신분 관계에 의하여 당연히 확인의 이익이 인정됨에 비하여, 그 밖의 자는 확인의 이익이 있음을 스스로 입증하여야 한다.

67) 대법원 1981.6.23. 선고 80므109 판결

원고적격을 가지는 수인이 처음부터 공동으로 소를 제기하거나 타인이 제기한 소에 원고로 참가하면 유사필요적공동소송이 됨은 혼인무효와 같다.

나. 피고적격

인지자 또는 피인지자의 일방이 소를 제기할 때에는 타방이 상대방으로 하되, 제3자가 소를 제기할 때에는 인지자와 피인지자 쌍방을 상대방으로 하되, 그중 일방이 사망한 때에는 생존자를 상대방으로 하며, 상대방으로 될 자가 모두 사망한 때에는 검사를 상대방으로 한다(28조, 24조). 따라서 제3자가 소를 제기하는 때에는 인지자 또는 피인지자가 피고로서 필요적공동소송인으로 되며, 인지자 또는 피인지자의 일방이 소를 제기하는 경우에 타방이 사망한 때 및 인지자와 피인지자가 모두 사망한 이후에 제3자가 소를 제기하는 경우에는 검사가 피고가 된다.

3. 관 할

가. 토지관할

인지무효의 소는 자의 보통재판적 소재지의 가정법원, 자가 사망한 때에는 그 최후주소지의 가정법원의 관할에 전속한다(26조).

나. 사물관할

인지무효의 소는 단독판사의 사물관할에 속한다(민사 및 가사소송의 사물관할에 관한 규칙 3조 2항).

4. 심 리

인지무효의 소를 확인의 소로 보는 이상 그 소송요건으로서 확인의 이익이 있어야 한다. 다만, 당사자, 법정대리인 또는 4촌 이내의 친족은 그 신분관계에 의하여 당연히 인지무효의 소를 제기할 이익이 있다.[68] 그 밖의 자는 소의 이익이 있음을 주장 · 입증하여야 한다.

[청구취지 사례] 인지의 무효

1. 원고가 피고에 대하여 한 인지(20○○. ○○. ○○. ○○구청장 접수)는 무효임을 확인한다.
2. 소송비용은 피고의 부담으로 한다.

라는 판결을 구합니다.

68) 대법원 1981.10.13. 선고 80므60 전원합의체판결

[사례-42] 인지무효확인

인 지 무 효 확 인

원 고 홍 ○ 일 (주민등록번호)
생년 월일 19 ○○년 ○월 ○일생
등록기준지 00시 00구 00동00번지
주 소 (우편번호)
연 락 처 02-525-1007)

피 고 홍 ○ 이 (주민등록번호)
생년 월일 ○○○○년 ○월 ○일생
등록기준지
주 소 (우편번호)

청 구 취 지

1. 원고가 피고에 대하여 한 인지(○○년 ○월 ○일 ○○구청장 접수)는 무효임을 확인한다.

라는 판결을 구합니다.

청 구 원 인

1. 원고와 피고의 생모 소외 신00는 0000년 0월 0일 결혼을 하고 약 2개월 후 원고의 직업상 일본에서 약 6개월을 지내면서 피고의 생모와 6개월간 헤어져서 지내게 되었는데 6개월 후 원고가 피고의 생모를 찾았을 때에는 피고의 생모는 집을 비우고 없었습니다.

2. 사방으로 피고의 생모를 찾아 헤매던 중 피고의 생모로부터 이혼을 하자는 전화통보를 받았고, 이에 원고는 협의이혼을 하였습니다. 후일에 알게 되었지만 피고의 생모는 원고가 일본에 간 이후 성명불상의 남자와 살림을 차리고 동거를 하고 있었고, 원고와 협의 이혼 이후에도 계속 다른 남자와 동거를 하였던 것입니다.

3. 협의이혼을 하고 약 2년이 지난 0000년 0월 경 피고의 생모는 피고를 출산하자 성명불상의 동거인과 헤어지게 되었고, 원고를 찾아와서 피고가 원고의 자식이라는 주장을 하였던 것입니다. 피고를 출산한지 2개월이 되었고, 원고와 피고의 생모는 2년 이상을 단 1회도 만나지 못했는데 피고가 원고의 자식이라는 말은 현실적으로 어불성설에 불과합니다.

4. 피고의 생모는 원고가 피고를 양육하기를 기대하면서 원고의 자식이라고 말한 것으로 추정되지만 원고는 그러한 의사가 전혀 없었습니다. 그러한 일이 발생한 후 약 2년이 지난 0000년 0월 경 우연한 기회에 원고의 가족관계등록부를 발급하여 확인한 결과 깜짝 놀라지 않을 수 없었습니다. 피고가 0000년 0월 0일 인지신고에 의하여 원고의 가족관계등록부에 입적되어 있었던 것입니다.

5. 이와 같이 원고도 모르는 사이에 원고 의사에 반하여 원고의 이름으로 인지신고가 된 것은 무효이므로 원고는 그 무효를 구하기 위하여 이건 청구에 이르렀습니다.

첨 부 서 류

1. 가족관계증명서 1통
2. 주민등록등본 1통

20○○. ○. ○.

위 원고 홍 ○ ○ (인)

서울가정법원 귀중

☞ 유의사항

1. 소장에는 수입인지 20,000원을 붙여야 한다.
2. 송달료는 당사자수 × 송달료 × 15회분을 송달료취급은행에 납부하고 영수증을 첨부하여야 하며 관할법원은 자의 주소지를 관할하는 가정법원의 전속관할 이다.

제 4 절 친생자관계존부확인

1. 의의 및 성질

가. 친생자관계존부확인의 소는 민법 제865조의 규정에 의하여 제기하는 소를 말한다. 즉, 법원에 의한 부의 결정(민 845조), 자의 친생부인(민 846조, 848조, 850조, 851조), 인지에 대한 이의(민 862조), 인지청구(민 863조) 및 인지의 무효에 해당하지 아니하는 다른 사유를 원인으로 하여 친생자 관계의 존재 또는 부존재의 확인을 구하는 소이다.

나. 인지의 무효나 인지에 대한 이의는 인지신고에 의하여 발생된 신분관계를 부정하기 위한 것이므로 인지신고에 의하지 아니하고 출생신고에 의하여 호적(현재 가족관계등록부)상 등재된 친자관계를 다투기 위하여는 그 출생신고에 인지로서의 효력이 인정되더라도 인지에 대한 이의나 인지무효의 소를 제기할 것이 아니라 친생자관계존부확인의 소를 제기하여야 한다.[69] 반대로, 인지신고에 의하여 호적(현재 가족관계등록부)상 등재된 친생자관계를 부정하기 위하여는 인지무효의 소 또는 인지에 대한 이의의 소를 제기할 것이지 친생자관계부존재확인의 소를 제기할 것이 아니다.

또, 혼인 성립의 날로부터 200일 후 또는 혼인 관계 종료의 날로부터 300일 이내에 출생하여 부의 친생자로 추정되는 자(민 844조)와의 친생자관계를 부정하기 위하여는 친생부인의 소를 제기하여야 하고 친생자관계부존재확인의 소를 제기하는 것은 부적법하다. 다만, 친생자추정을 받는 기간 중에 출생한 자라도 동서(同棲)의 결여로 처(妻)가 부(夫)의 자(子)를 포태할 수 없음이 외관상 명백한 경우에는 자(子)가 부(夫)의 친생자로 추정되지 아니하므로 부(夫)는 친생부인의 소에 의하지 아니하고 자(子)와의 친생자관계부존재확인의 소를 제기할 수 있다.[70]

---

69) 대법원 1993. 7. 27. 선고
70) 대법원 1983. 7. 12. 선고 82므59 전원합의체 판결

2. 정당한 당사자

가. 원고적격

법원에 의한 부의 결정(민 845조), 자의 친생부인(민 846조, 848조, 850조, 851조), 인지에 대한 이의(민 862조), 인지청구(민 863조)의 소를 제기할 수 있는 자는 친생자관계존부확인의 소를 제기할 수 있다(민 865조 1항).

나. 피고적격

가족관계등록부 기재상 친생자 관계가 있는 일방의 당사자가 소를 제기할 때에는 타방의 당사자를 상대방으로 하고(28조, 14조 1항), 제3자가 소를 제기할 때에는 가족관계등록부 기재상 친생자 관계가 있는 당사자의 일방 또는 쌍방을 상대방으로 한다(24조 2항). 여기에서 친생자 관계가 있는 당사자의 일방 또는 쌍방이라는 것은, 부자간에 있어서는 그 부와 자, 모자간에 있어서는 그 모와 자를 가리키고, 부모와 자를 가리키는 것은 아니다. 따라서 지기 부와의 사이의 친생자관계부존재확인의 소를 제기하는 경우에는 그 부자만이 상대방으로 될 뿐 모는 상대방으로 될 수 없고, **자가 모와의 사이의 친생자관계부존재확인의 소를 제기하는 경우에는 그 모만이 상대방으로 될 뿐** 부는 상대방으로 될 수 없으며, 그 반대의 경우에도 마찬가지이고, 제3자가 모자간의 친생자 관계의 부존재확인을 소구하는 경우에는 그 모자만이 상대방으로 될 뿐 부는 상대방으로 될 수 없다.

3. 관 할

가. 토지관할

친생자관계존부확인의 소는 **상대방의 보통재판적 소재지의 가정법원**, 상대방이 모두 사망한 때에는 그중 1인의 최후 주소지의 가정법원의 전속관할에 속한다(26조 2항).

나. 사물관할

친생자관계존부확인의 소는 **단독판사의 사물관할**에 속한다(민사 및 가사소송의 사물관할에 관한 규칙 2조 2항).

4. 심 리

가. 확인의 이익

친생자관계존부확인의 소는 확인의 소이므로 확인의 이익이 있어야 한다. 그런데 판례는, 민법 제777조 소정의 친족은 특별한 사정이 없는 한 그와 같은 신분 관계를 가졌다는 사실만으로써 당연히 친생자관계존부확인의 소를 제기할 이익이 있다고 하므로(대법원 1981. 10. 13. 선고 80므60 전원합의체판결) 결국 친족 이외의 자가 소를 제기할 때에는 그 확인의 이익이 있음을 따로 주장, 입증하여야 한다. 이때의 확인의 이익은 타인 사이의 친생자 관계가 그릇됨으로써 자기의 법률상의 신분 관계 등에 직접적인 영향을 받게 되는 것을 의미한다.

나. 제척기간

피고 적격자 전원이 사망하여 검사를 상대방으로 하여 소를 제기할 때에는 그 **사망사실을 안 날로부터 2년 내**에 소를 제기하여야 한다(민 865조 2항). 이는 제척기간이다.

핵심 ☞ **부(父)를 정하는 소의 당사자**

0. 자가 소를 제기하는 경우 모, 모의 배우자 및 전배우자를 상대방으로 하고, 모가 소를 제기하는 경우에는 그 배우자 및 전배우자를 상대방으로 한다.
0. 모의 배우자가 소를 제기하는 경우에는 모 및 그 전배우자를 상대방으로 하고, 전배우자가 제기하는 경우에는 모 및 그 배우자를 상대방으로 한다. 상대방이 될 자 중에 사망한자가 있을 때에는 생존자를 상대방으로 하고 생존자가 없을 때에는 검사를 상대방으로 소를 제기할 수 있다.

[청구취지 사례] 친생자 존부 확인

1. 원고는 피고 유가해와 청구 외 망 OOO 사이에 출생한 자가 아님을 확인한다.
2. 소송비용은 피고의 부담으로 한다.

라는 판결을 구합니다.

[사례 43-1] 친생자관계부존재 확인청구의 소

소 장

원 고 홍 길 동 (600126-1234567)
주 소 : 서울 ○○구 ○○동 123 서울아파트 204동 1503호
등록기준지 : 강원도 철원군 ○○리 123

원고의 소송대리인 법무법인 ○○
담당변호사 한 ○○
서울 서초구 서초동 1551-9 2층 (우: -)
(전화: 02- - , 팩스: 02- -)

피 고 1. 홍 서 울 (1945. 3. 01.생)
주 소: 서울 영등포구 영등포동 107-11
등록기준지 : 강원도 철원군 00리 123

2. 홍 수 원 (601204-1234567)
주 소: 서울 영등포구 여의도동 107-11
등록기준지 : 강원도 철원군 00리 123

친생자관계 부존재 확인의 소

청 구 취 지

1. 피고들과 망 홍용인(181204-1234567, 등록기준지 : 강원도 철원군 ○○리 123), 망 한의왕(211204-2123456, 등록기준지 : 강원도 철원군 ○○리 123) 사이에는 각 친생자관계가 존재하지 아니함을 확인한다.
2. 소송비용은 피고들이 부담한다.

라는 판결을 구합니다.

청 구 원 인

1. 허위의 친생자 출생신고

원고는 소외 망 부(父) 홍용인, 모(母) 한의왕 사이의 1남 3녀의 친자녀 중 첫째(장남)인바, 부모님들이 살아계시던 당시 사회생활을 하던 중 필요에 의하여 호적(현재 가족관계등록부)등본을 발급하여 보았다가, 어렸을 때 한 동네에서 부모님을 일찍 여의고 고아로 살고 있었던 친남매 사이의 피고들이 각 원고의 누이 및 남동생으로 부모님과 같은 호적 안에 등재되어 있던 것을 발견하게 되었습니다(갑 제1호증의 1, 2 망 부모(父母)의 말소자주민등록초본, 갑 제2호증 제적등본 각 참조).

이에 원고는 당시 원고의 부모님들에게 위와 같은 경위를 여쭈어본바, 피고 홍서울은 1965. 8.경 당시 외국사람 혼인을 하게 되었는데 부모가 없는 고아이기 때문에 외국으로 이민 가는데 여러모로 불편하므로 원고의 부모님들을 찾아와 임시로 호적에 등재시켜 달라고 부탁하면서, 결혼 이후 호적(현재 가족관계등록부)을 정리하겠다고 간절히 부탁하므로, 원고의 부친이 어려서 부모님을 일찍 여의고 힘들게 살아왔던 피고들을 불쌍히 여겨 낭시 스무살이 넘은 피고 홍서울을 자신의 호적(현재 가족관계등록부)에 허위로 친생자로써 출생신고하여 주었다는 것이었습니다.

한편, 피고 홍서울은 결혼하여 외국으로 건너가 사는 동안 한번도 연락이 없다가 1976년경 원고의 부모님들을 갑자기 찾아왔는데, 자신의 동생인 피고 홍수원도 앞으로 커서 결혼을 해야 될 것인데 계속 고아로 두게 되면 어려움을 겪을 것이니, 자신에게 해 준 것처럼 자신의 동생인 피고 홍수원도 허위로 출생신고하는 방법으로 호적(현재 가족관계등록부)에 등재하여 주면 피고 홍수원이 결혼한 이후 호적(현재 가족관계등록부)을 같이 정리하겠다고 간절히 부탁하여, 피고들의 처지를 딱하게 여긴 원고의 부친이 당시 16세이던 피고 홍수원 또한 피고 홍서울과 같이 허위로 친생자 출생신고하는 방법으로 호적(현재 가족관계등록부)에 등재시켜 주었다는 것이었습니다.

결국 돌아가신 원고의 부모님들은 피고들의 고아로 지내던 처지를 불쌍히 여겨 피고들이 장래 사회생활에 불편함이 없도록 도움을 주기 위하여 원고의 부친이 당시 자신의 호적(현재 가족관계등록부)에 피고들을 친생자로 허위 출생신고해주는 호의를 베풀었던 것이었으나, 원고를 포함한 친형제자매들로서는 아무런 혈연관계도 없는 피고들과 호적(현재 가족관계등록부)상 친형제자매간이 되는 그릇된 신분관계가 발생되었습니다.

2. 결 론

이에 원고는 피고들과의 사이에 가족관계등록부상의 그릇된 신분관계를 바로 잡기 위하여 청구취지와 같은 판결을 구하고자 이 건 청구에 이르게 되었습니다.

입 증 방 법

1. 갑 제1호증의 1	말소자주민등록초본(망 부 홍용인)
1. 〃 2	말소자주민등록초본(망 모 한의왕)
1. 갑 제2호증	제적등본(망 부 홍용인)
1. 갑 제3호증의 1, 2	각 가족관계증명서(원고 관련)
1. 갑 제4호증	확인서(친인척)

첨 부 서 류

1. 위 입증방법	각1통
1. 소송위임장	1부
1. 소장 부본	2부

20○○. 11. .

원고의 소송대리인 법무법인 ○○

담당변호사 한○○ (인)

서울가정법원 귀중

주) 소장에는 수입인지 20,000원을 첨부한다.

송달료는 당사자수 × 송달료 × 15회분을 은행에 납부하고 영수증을 첨부한다.

관할법원은 상대방(상대방이 수인일 때에는 그 중 1인) 주소지 관할법원의 전속관할이다.

[사례 43-2] 사실조회신청서

사 실 조 회 신 청

사 건 20○○ 드단 1234 친생자관계부존재확인

원 고 홍 길 동
피 고 홍 서 울 외 1

위 사건에 관하여 원고 소송대리인은 다음과 같이 사실조회를 신청합니다.

다 음

1. **사실조회 할 곳**

가. 피고 **홍서울**에 관하여

① **서울출입국관리사무소**
서울 양천구 신정6동 319-2 (우 : 158-076)

② **행정안전부**
서울 종로구 세종대로 209 (우 : 110-760)

③ **수미한국대사관**
주 소: 2450 Massachusetts Avenue N.W. Washington, D.C. 20008

나. 피고 **홍수원**에 관하여

① **인천 가좌초등학교**
인구 남구 중앙시장길 9 (우: 712-234)

② **대구전자고등학교**
대구 동구 다정로 123 (우: 412-034)

2. **사실조회사항** : 별지 기재와 같음
3. **신청이유** : 이 사건 피고들의 친족관계 등을 확인하기 위함
4. **첨부서류 : 제적등본**

20○○. 3. .
원고의 소송대리인 법무법인○○
담당변호사 한 ○○ (인)

서울가정법원 가사 제2단독 귀중

[서식-22] 친생자관계존부 확인의 소

친생자관계존부확인의 소

원 고 홍 길 동 (전화)
19 ○○년 ○월 ○일생
등록기준지
주소
(우편번호)

피 고 김 갑 순
19 ○○년 ○월 ○일생
등록기준지
주소
(우편번호)

청 구 취 지

원고는 피고 ○○○와 청구외 망 ○○○ 사이에서 출생한 자가 아님을 확인한다.

라는 판결을 구함.

청 구 원 인

친생자관계가 없다는 확인소송을 하게 된 원인을 구체적으로 기재한다.

첨 부 서 류

1. 가족관계증명서 1통
2. 주민등록등본 1통

20○○ . ○. ○.

위 원고 ○ ○ ○ (인)

서울가정법원 귀중 [○○지방법원(지원) 귀중]

☞ **유의사항**

1. 소장에는 수입인지 20,000원을 붙여야 한다.
2. 송달료는 당사자수 × 송달료 × 15회분을 송달료취급은행에 납부하고 영수증을 첨부하여야 한다.
3. 관할법원은 상대방(상대방이 수인일 때에는 그 중 1인)의 주소지 관할법원의 전속관할이다.

[사례-44] 친생부인청구

친 생 부 인 청 구

원 고　　홍 길 동(부) (전화)
　　　　○○○○년 ○월 ○일생
　　　　등록기준지
　　　　주소
　　　　(우편번호)

피 고　　홍 갑 돌(자)
　　　　○○○○년 ○월 ○일생
　　　　등록기준지
　　　　주소
　　　　(우편번호)
　　　　위 피고는 미성년자이므로 그 법정대리인
　　　　친권자(모) ○ ○ ○
　　　　19 ○○년 ○월 ○일생

청 구 취 지

피고는 원고의 친생자가 아님을 확인한다.
라는 판결을 구합니다.

청 구 원 인

1. 원고와 피고의 생모인 ○○○는 ○○○○년 ○월 ○일 결혼하여 동거하다가 성격차이로 다음해인 ○○○○년 ○월 ○일 경부터 별거 중에 있었습니다.
2. 원고와 별거 중인 피고의 생모는 피고를 잉태할 당시에는 이미 소외 ○○○와 동거 중 이었으므로 청구취지와 같은 판결을 받고자 이건 청구에 이르렀

습니다.

첨 부 서 류

1. 가족관계증명서　　　　　　1통
2. 주민등록등본　　　　　　　1통

20○○ . ○. ○.

위 원고 ○ ○ ○ (인)

서울가정법원 귀중 [○○지방법원(지원) 귀중]

☞ 유의사항

1. 소장에는 수입인지 20,000원을 붙여야 한다.
2. 송달료는 당사자수 × 송달료 × 15회분을 송달료취급은행에 납부하고 영수증을 첨부하여야 한다.
3. 관할법원은 자의 주소지를 관할하는 가정법원의 전속관할이다.

제 5 절 입양의 무효

1. 의의 및 성질

입양의 무효는 당사자의 신고로 이루어진 입양이 실체상 또는 절차상의 하자로 인하여 입양으로서의 완전한 효력이 발생하지 않는 것을 말한다. 민법 제883조는 입양무효의 사유로 ①당사자 간에 입양의 합의가 없는 때 ② 양자로 될 자가 15세 미만인 경우에 법정대리인의 승낙이 없는 때(민 869조) ③존속 또는 연장자를 양자로 한때의 세 가지를 규정하고 있고, 민법 제884조는 입양의 합의 내지 의사표시 과정에서의 하자를 입양취소의 사유로 규정하고 있다.

그런데 입양은 당사자 쌍방과 성년자인 증인 2인의 연서한 서면으로 가족관계등록법에 정한 바에 의하여 신고함으로써 그 효력이 생기는 것(민 878조)이므로 민법이 규정한 입양무효 또는 입양취소의 사유 외에, 입양신고가 당사자의 의사에 기하지 않는 것이라거나 방식에 위배된 부적법한 것이라는 등의 절차상의 하자가 있을 수 있다. 이와 같은 사유는 입양무효의 사유가 되지 아니하고 경우에 따라 입양부존재확인의 소를 제기하여야 한다는 견해도 있으나, 통설 및 실무는 입양의 성립요건에 관한 하자를 널리 입양무효의 사유로 취급하고 있다.

입양무효의원인은 다음과 같은바, 민법 시행일 전의 관습법에 의한 입양에 관하여서도 그 입양무효의 소를 제기할 수 있다.[71]

① 동일성의 착오에 의한 입양(갑을 을로 착각)
② 당사자의 일방 또는 양쪽이 모르는 사이에 다른 한쪽이나 제3자가 임의로 입양신고를 한 경우

71) 대법원 1994. 5. 24. 선고 93므119 판결

③ 입양당사자가 의사능력이 없는 경우
④ 입양합의 후 입양신고 전에 입양의사를 철회한 경우
⑤ 가장입양[72]
⑥ 자기의 혼인중의 친생자를 양자로 삼는 것[73]
⑦ 양손입양[74]
⑧ 부부공동입양의 경우 부부의 한쪽에 입양의사가 없는 경우

2. 정당한 당사자

가. 원고적격

당사자, 법정대리인 또는 4촌 이내의 친족은 언제든지 입양무효의 소를 제기할 수 있다(31조, 23조). 입양무효의 소를 확인의 소로 보는 이상, 그 밖의 자라도 입양무효의 소를 제기할 수 있다고 보아야 할 것이다. 다만, 당사자, 법정대리인 또는 4촌 이내의 친족이 소를 제기하는 경우에는 그 신분관계에 의하여 당연히 소의 이익이 있는 것으로 취급된다.

나. 피고적격

양친자 중 일방이 소를 제기할 때에는 타방을 상대방으로 하고, 제3자가 소를 제기할 때에는 양친자 상방을 상대방으로 하되, 그중 일방이 사망한 때에는 생존자를 상대방으로 한다(31조, 24조 1항 . 2항). 상대방으로 될 자가 모두 사망한 때에는 검사를 상대방으로 한다(24조 3항).

3. 관 할

가. 토지관할

입양무효의 소는 양부모 중 1인의 보통재판적소재지의 가정법원, 양부

72) 대법원 1995. 9. 29.선고 94므1553, 1560(반소) 판결
73) 호적선례 3-228
74) 대법원 1988. 3. 22. 선고 87므105 판결

모가 모두 사망한 때에는 그중 1인의 최후주소지의 가정법원의 전속관할에 속한다(30조). 따라서 양부모의 주소 또는 최후주소지가 각기 다른 경우에는 전속관할이 경합하게 된다.

나. 사물관할

입양무효의 소는 단독판사의 사물관할에 속한다(민사 및 가사소송의 사물관할에 관한규칙 2조 2항).

4. 심 리

당연히 원고적격이 있는 당사자, 법정대리인 또는 4촌 이내의 친족 이외의 자가 소를 제기하는 경우에는 확인의 이익이 있음을 주장, 입증하여야 함은 혼인무효의 소 등에서와 같다.

[청구취지 사례] 입양 무효확인

1. 원고와 피고들 사이에 0000. 0. 0. 00시 00구청장에 신고하여서 한 입양은 무효임을 확인한다.
2. 소송비용은 피고의 부담으로 한다.

라는 판결을 구합니다.

[사례-45] 입양무효 확인청구

입양무효 확인청구

원 고 ○ ○ ○(양모) (전화)
○○○○년 ○월 ○일생
등록기준지
주소
(우편번호)

피 고 김 갑 돌(양자)
○○○○년 ○월 ○일생
등록기준지
주소
(우편번호)

청 구 취 지

1. 원고와 피고사이의 입양(20 ○○년 ○월 ○일 ○○시 ○○구청장 접수)은 무효임을 확인한다.

라는 판결을 구합니다.

청 구 원 인

1. 원고와 피고는 먼 친족간으로 원고의 남편은 후손없이 ○○○○년 ○월 ○일 사망하였으므로 피고를 데려다 기르고 있었습니다.

2. 그런데 얼마 전 가족관계증명서를 교부받아 본 즉, 뜻밖에도 피고가 입양이 되어 있어 피고에게 그 사유를 물어본 바, 3대 독자의 입영특례를 받기 위하여 일방적으로 입양신고를 하였다는 것입니다.

3. 따라서 원고가 모르는 사이에 이루어진 입양신고는 당연 무효이므로 이건 청

구에 이르렀습니다.

첨 부 서 류

1. 가족관계증명서 1통
2. 주민등록등본 1통
3. 피고의 진술서 1통

20○○ . ○. ○.

위 원고 ○ ○ ○ (인)

서울가정법원 귀중 [○○지방법원(지원) 귀중]

☞ 유의사항

1. 소장에는 수입인지 20,000원을 붙여야 한다.
2. 송달료는 당사자수 × 송달료 × 15회분을 송달료취급은행에 납부하고 영수증을 첨부하여야 한다.
3. 관할법원은 양부모 중 1인의 주소지, 양부모가 모두 사망한 때에는 그 중 1인의 최후 주소지의 가정법원이다.

제 6 절 파양의 무효

1. 의의 및 성질

파양의 무효는 그 성립요건의 하자로 인하여 효력을 발생하지 못하는 것을 말한다. 민법에는 파양의 취소에 관하여 혼인취소에 관한 규정을 준용할 뿐 파양의 무효에 관하여는 아무런 규정도 두고 있지 않다. 파양에는 협의상파양과 재판상파양이 있고, 재판상파양은 성질상 재심에 의하지 아니하고는 그 효력을 다툴 수 없다. 이에 비하여, 협의상파양은 양친자가 파양, 즉 양친자관계를 해소한다는 합의를 하여 양친자 쌍방과 성년자인 증인 2인의 연서한 서면으로 가족관계등록법에 정한 바에 의하여 신고하고, 등록사무공무원이 그 신고를 심사하여 수리함으로써 효력이 생기고(민 904조, 878조, 903조), 그 합의에는 양자가 미성년자이거나 피성년후견인일 때에는 적법한 권한 있는 자가 대락(代諾)하거나 동의하여야 하는데(민 899조 내지 902조), 이와 같은 요건을 구비하지 못한 것 중 파양의 합의가 사기 · 강박으로 인한 것인 때에는 파양취소의 사유로 되므로 결국 파양합의 · 신고의 결여, 대락 · 동의 요건의 불구비 등이 파양무효의 사유로 된다고 할 수 있다.

2. 정당한 당사자

가. 원고적격

당사자, 법정대리인 또는 4촌 이내의 친족은 언제든지 파양무효의 소를 제기할 수 있다(31조, 23조). 파양무효의 소를 확인의 소로 보는 이상, 그 밖의 자라도 확인의 이익이 있음을 주장하여 소를 제기할 수 있다고 보아야 할 것이다.

나. 피고적격

양친자 중 일방이 소를 제기할 때에는 타방을 상대방으로 하고, 제3자가 소를 제기할 때에는 양친자 쌍방을 상대방으로 한다(31조, 24조 1항, 2항). 상대방으로 될 자가 모두 사망한 때에는 검사를 상대방으로 한다(24조 3항).

3. 관 할

파양무효의 소는 양부모 중 1인의 보통재판적소재지, 양부모가 모두 사망한 때에는 그중 1인의 최후주소지의 가정법원의 토지관할에 전속하고(30조), 가정법원 단독판사의 사물관할에 속한다(민사 및 가사소송의 사물관할에 관한규칙 2조 2항).

[청구취지 사례] 파양무효

1. 원고와 피고들 사이에 파양(0000. 0. 0. 00구청장 접수)은 무효임을 확인한다.
2. 소송비용은 피고의 부담으로 한다.

라는 판결을 구합니다.

[사례-46] 파양무효확인청구

파양무효확인청구

원 고 ○ ○ ○(양자) (전화)
○○○○년 ○월 ○일생
등록기준지
주소
피 고 ○ ○ ○(양부)
○○○○년 ○월 ○일생
등록기준지
주소
피 고 ○ ○ ○(양모)
○○○○년 ○월 ○일생
등록기준지
주소

청 구 취 지

1. 원고와 피고들 사이의 파양(○○○○년 ○월 ○일 ○○시 ○○구청장 접수)은 무효임을 확인한다.

라는 판결을 구합니다.

청 구 원 인

1. 원고는 원래 ○○시 ○○구 ○○동 ○○번지 ○○○(부)와 ○○○(모) 사이에서 출생한 자입니다.
2. 생가의 형편으로 ○○○○년 ○월경 양부모에게 인계되어 부양을 받아오다가 ○○○○년 ○월 ○일 입양신고를 마치고 현재까지도 같이 살고 있습니다.
3. 그런데 원고 자신도 모르는 사이에 ○○○○년 ○월 ○일 협의파양된 것으

로 가족관계등록부에 기재된 것을 알게 되었습니다.

4. 탐문한 바, 피고 등이 이민을 가려면 양자가 있으면 장남을 데려갈 수 없다는 말을 듣고 편의상 그렇게 한 것이라고 합니다.

5. 따라서 원고는 피고 등과 하등의 협의 파양한 사실이 없으므로 이건 청구에 이른 것입니다.

첨 부 서 류

1. 가족관계증명서 1통
2. 주민등록등본 1통
3. 진술서(피고 등) 1통

20○○ . ○. ○.

위 원고 ○ ○ ○ (인)

서울가정법원 귀중 [○○지방법원(지원) 귀중]

☞ **유의사항**

1. 관할법원은 양부모 중 1인의 주소지, 양부모가 모두 사망한 때에는 그 중 1인의 최후 주소지의 가정법원이다.

제 3 장 나류 가사소송사건

제 1 절 사실상 혼인관계 존부확인

1. 의의 및 성질

사실상혼인관계 또는 사실혼은 주관적으로는 혼인 의사를 가지고 객관적으로는 부부공동생활의 실체를 갖추고 있으면서도 혼인신고를 하지 아니하여 법률혼으로 인정받지 못하는 상태에 있는 남녀의 결합관계를 의미한다. 사실혼은 혼인신고가 없다는 점에서 법률혼과 차이가 있을 뿐 실체는 동일하므로 사실혼을 어느 범위에서 보호할 것인지는 입법정책에 달린 문제이지만, 우리 법제하에서도 일방 당사자가 이를 부당히 파기한 때에는 타방 당사자에 대하여 손해배상의 책임을 지고[75], 보험이나 연금관계법령에서는 사실혼관계에 있는 배우자를 법률상의 배우자와 동등하게 취급하는 등 일정한 범위 내에서는 법률혼에 준하여 보호를 받는다.

2. 정당한 당사자

가. 사실상혼인관계존부확인의 소의 당사자적격에 관하여는 특별한 규정이 없으므로 확인 소송의 일반원칙에 따라 사실상혼인관계의 존부에 관하여 확인의 이익을 가지는 자에게 원고적격이 있고, 반대의 이익을 가지는 자에게 피고적격이 있다.

75) 대법원 1970. 4. 28. 선고 69므37 판결

나. 사실상혼인관계에 있던 부부 중 일방이 사망한 경우에 생존한 타방이 검사를 상대방으로 하여 소를 제기할 수 있는지에 관하여는, 이를 부정하는 견해와 인지청구나 친생자관계존부확인청구에 관한 규정을 유추하여 사망사실을 안 날로부터 2년 이내에 검사를 상대로 소를 제기할 수 있다는 견해가 대립되어 있다.

3. 사실혼 성립요건

(1) 혼인의사의 합치

(2) 객관적으로 사회관념상 가족질서적인 면에서 부부공동생활을 인정할 만한 혼인생활의 실체가 있을 것[76)]

(3) 사회적 정당성의 요건을 갖출 것

4. 사실혼의 효력

가. 신분적 효력

(1) 사실혼 부부는 동거, 부양, 협조의 의무가 있고, 손해배상책임이 있다. 또한 사실혼 배우자의 상해 피해 등에 대하여 정신적 고통에 따른 위자료 청구권이 있다.[77)]

(2) 다른 배우자의 부당한 사실혼 파기에 따른 손해배상 청구 가능[78)]

(3) 사실혼의 당사자가 미성년자인 경우 성년의제 효과가 없음

나. 재산적 효력

(1) 사실혼 부부는 일상가사 대리권이 있고[79)], 그 대리권의 행사로 인한 채무에 대하여 연대책임이 있다.

---

76) 대법원 1998. 12. 8. 선고 98므961 판결
77) 대법원 1969. 7. 22. 선고 69다684 판결(다만 이는 민사사건임)
78) 대법원 1965. 5. 30. 선고 69므37 판결
79) 대법원 1980. 12. 23. 선고 80다2077 판결

(2) 재산분할 청구권이 인정된다.[80]

다. 연금이나 보험관계 등에 의한 효력

(1) 근로기준법 시행령 48조는 유족보상의 순위를 정하면서 근로자의 배우자에 '사실혼 관계에 있었던 자'를 포함한다.

(2) 공무원연금법, 군인연금법, 사립학교교직원 연금법, 선원법 시행령, 산업재해보상보호법 등도 유족인 배우자에 '사실상 혼인관계에 있던 자'를 포함한다.

(3) 주택임대차보호법 제9조는 임차권의 승계권자에 일정한 경우 '사실상의 혼인관계에 있는 자'를 포함한다.

5. 관 할

사실상혼인관계존부확인의 소는 피고의 보통재판적소재지 가정법원의 관할에 속한다(13조 1항). 이는 임의관할이다. 따라서 합의관할이나 응소관할에 관한 민소법의 규정이 적용된다.

---

80) 대법원 1993. 11. 23. 선고 93므560 판결 등

제 2 절 혼인의 취소

1. 의의 및 성질

가. 혼인의 취소는 혼인의 성립과정에 일정한 하자가 있는 경우에 그 혼인의 효력을 장래에 향하여 소멸시키는 것을 말한다. 민법이 규정하는 혼인취소의 사유는, ① 혼인이 연령위반 · 동의없는 혼인 · 근친혼 등의 금지위반 · 중혼금지위반 등에 해당하는 것인 때 ② 혼인 당시 당사자 일방에 부부생활을 계속할 수 없는 악질 기타 중대한 사유가 있음을 알지 못한 때 ③ 사기 또는 강박으로 인하여 혼인의 의사표시를 한 때(민 816조) 등이다.

나. 혼인의 취소는 법원에 청구하여서만, 즉 소에 의해서만 주장할 수 있는 것으로서 형성의 소이다. 또, 그 취소의 효력은 일반 법률행위의 취소와는 달리 기왕에 소급하지 않고 장래에 향하여서만 효력이 있다(민 824조).

2. 정당한 당사자

가. 원고적격

혼인취소의 소의 원고적격은 그 취소사유에 따라 다르다. 그중 원고적격이 법정되어 있는 것은 다음과 같다.

① 혼인적령위반의 경우 : 당사자 또는 그 법정대리인
② 동의없는 혼인의 경우 : 당사자 또는 그 법정대리인
③ 근친혼의 경우 : 당사자, 그 직계혈족
④ 중혼의 경우 : 당사자, 그 배우자, 직계혈족, 검사
⑤ 당사자 일방에 혼인을 계속할 수 없는 악질 기타 중대한 사유가 있음을 알지 못한 때와

⑥ 사기 또는 강박으로 인하여 혼인의 의사표시를 한 때의 혼인취소 청구권자에 관하여는 아무런 규정이 없으나, 성질상 그 혼인의 의사표시를 한 자에 한하여 원고적격이 있다고 할 것이다.

나. 피고적격

부부의 일방이 소를 제기할 때에는 배우자를 상대방으로 하고 제3자, 즉 위 ③ 내지 ⑥의 경우에 당사자 이외의 자가 소를 제기할 때에는 부부를 상대방으로 하되, 부부의 일방이 사망한 때에는 검사를 상대방으로 한다(24조 1항, 2항, 3항).

부부를 상대방으로 한다는 것은 부부 쌍방이 필요적공동소송인으로서 공동피고로 된다는 의미이다.

3. 관 할

혼인취소의 소의 토지관할은 혼인무효의 소의 그것과 같다. 즉, ①부부가 같은 가정법원의 관할구역 내에 보통재판적이 있을 때에는 그 가정법원이, ②부부가 최후의 공통의 주소지를 가졌던 가정법원의 관할구역 내에 부부 중 일방의 보통재판적이 있을 때에는 그 가정법원이, ③위의 각 경우에 해당하지 아니하는 경우로서 부부의 일방이 타방을 상대방으로 하는 때에는 상대방의 보통재판적소재지의 가정법원이, ④부부의 일방이 사망한 경우에는 생존한 타방의 보통재판적소재지의 가정법원이, ⑤부부 쌍방이 사망한 경우에는 부부 중 일방의 최후의 주소지의 가정법원이, 각각 관할법원으로 되고, 그 관할은 전속관할이다(22조).

4. 심 리

가. 조정전치

혼인취소의 소는 조정전치주의의 적용을 받는다(50조). 그러나 혼인 취소의 소의 소송물에 관하여는 사실상 당사자의 임의처분이 허용되지 아니하므로 조정은 소송물 자체에 관한 것이 아니라 예컨대, 부부의 일방이 타방을 상대방으로 하는 경우에 그들 사이의 인간관계를 조정하여 혼인 관계를 유지시키기로 합의하여 소 또는 조정신청을 취하하게 하거나 혼인을 취소하는 대신 일방이 타방에게 위자료를 지급하고 협의이혼 하도록 하는 것과 같이, 간접적이고 우회적인 조정이어야 한다.

나. 제척기간

(1) 혼인취소의 사유에 따라서는 제척기간의 제한을 받는다. 즉, ①동의 없는 혼인의 경우에는 그 당사자가 성년에 달한 후 또는 금치산선고의 취소가 있은 후 3개월이 경과하거나 혼인 중에 포태한 때, ②근친혼의 경우에는 당사자가 혼인중의 자를 출산한 때, ③혼인을 계속할 수 없는 악질 기타 중대한 사유 있는 경우에는 그 사유 있음을 안 날부터 6월을 경과한 때, ④ 사기, 강박으로 인한 혼인의사표시의 경우에는 사기를 안 날 또는 강박을 면한 날로부터 3월을 경과한 때에는 각각 그 혼인의 취소를 청구하지 못한다.

(2) 혼인적령미달의 경우와 중혼의 경우에는 각각 제척기간의 정함이 없다. 그러나 혼인적령미달의 경우에는 동의 없는 혼인의 경우를 유추 적용하여, 당사자가 혼인적령에 도달한 후 3월이 경과하거나 혼인 중에 포태한 때에는 그 혼인의 취소를 청구하지 못한다고 해석하여야 할 것이다.

(3) 소의 이익

당사자가 이미 이혼에 의하여 혼인관계를 해소한 때에는 혼인취소의 소를 제기할 이익은 없다고 하여야 할 것이다. 또 전술한 바와 같이, 당사자의 일방 또는 상방이 사망한 때에는 일정한 범위 내에서 소의 이익이 인정되지 않는 경우가 있다.

[사례-47] 혼인의 취소청구

혼 인 의 취 소 청 구

원 고 홍 0 0 (전화)
19 ○○년 ○월 ○일생 (주민등록번호:)
등록기준지
주소
(우편번호)

피 고 신 0 0
19 ○○년 ○월 ○일생)주민등록번호:)
등록기준지
주소
(우편번호)

청 구 취 지

1. 원고와 피고의 혼인신고(20 ○○년 ○월 ○일 ○○시 ○○구청장 접수)는 이를 취소한다.

라는 판결을 구합니다.

청 구 원 인

1. 원고와 피고는 소외 ○○○의 중매로 약 2개월 전(20 ○○년 ○월 ○일) 결혼식을 올리고 20 ○○년 ○월 ○일 혼인신고를 마친 법률상의 부부입니다.
2. 피고는 20 ○○년 ○월 ○일 무단가출하여 며칠씩 그 행방을 감추는가 하면 술을 마신 다음날에는 칼을 들고 가족들을 모두 죽이겠다는 협박을 일삼아서 정신병원에 문의한 결과 정신병을 가지고 있으며,

후일에 알게 되었지만 결혼 전에는 정신분열증으로 ○○정신병원에 입원한 사실도 있으며, 갈수록 증세가 심하여 앞으로 결혼생활을 같이 할 수 없는 실정입니다.

3. 위와 같이 피고는 결혼 전부터 악질이 있음에도 불구하고 이를 숨기고 원고와 결혼하였으므로 청구취지와 같이 이건 청구에 이르렀습니다.

첨 부 서 류

1. 혼인관계증명서	1통
2. 주민등록등본	1통
3. 입원사실증명서	1통
4. 진단서	1통

20○○. ○. ○.

위 원고 홍 길 동 (인)

서울가정법원 귀중

☞ 유의사항

소장에는 수입인지 20,000원을 붙여야 하며, 송달료는 당사자수 × 송달료 × 15회분을 송달료취급은행에 납부하고 영수증을 첨부하여야 한다.

혼인의 취소사유로는 민법 제816조에 다음과 같이 규정하고 있다.

- 혼인이 민법 제807조(혼인적령), 제808조(동의를 요하는 혼인), 제809조 (근친혼 등의 금지), 제810조(중혼의 금지)의 규정에 위반한 때
- 혼인당시 당사자일방에 부부생활을 계속할 수 없는 악질 기타 중대한 사유 있음을 알지 못한 때
- 사기 또는 강박으로 인하여 혼인의 의사표시를 한 때

제 3 절 이혼의 취소

1. 의의 및 성질

가. 이혼의 취소는 협의상이혼의 성립과정에 하자가 있는 경우에 그 이혼의 효력을 소급하여 소멸시키는 것을 말한다. 이혼취소의 사유는 사기 또는 강박으로 인하여 이혼의 의사표시를 한 때 뿐이다(민 838조).

나. 이혼의 취소는 가정법원에 청구하여서만, 즉 소에 의하여서만 주장할 수 있는 것으로서 형성의 소이다. 이혼의 취소는 혼인의 취소와는 달리, 그 소급효를 제한하는 규정은 없으므로 이혼취소의 판결이 확정되면 이혼은 당초부터 그 효력이 없었던 것으로 된다.

2. 정당한 당사자

가. 원고적격

사기 또는 강박으로 인하여 이혼의 의사표시를 한 당사자가 원고적격자이고, 그 밖의 제3자는 이혼취소의 소를 제기할 수 없다.

나. 피고적격

이혼의 타방 당사자가 피고적격을 가진다(24조 4항, 1항). 다만, 상대방으로 될 자가 사망한 때에는 검사가 상대방으로 된다(동조 4항, 3항).

3. 관 할

이혼취소의 소의 당사자적격이 이혼당사자 및 검사에 한정되므로 22조의 규정은 제한적으로만 적용된다.

즉, ①부부가 같은 가정법원의 관할구역 내에 보통재판적이 있을 때에는 상대방의 보통재판적소재지의 가정법원이, ②부부가 최후의 공통의 주소지를 가졌던 가정법원의 관할구역 내에 부부 중 일방의 보통재판적이 있을 때에는 그 가정법원이, ③위의 각 경우에 해당하지 아니하는 때에는 상대방의 보통재판적소재지의 가정법원이, ④부부의 일방이 사망한 경우에는 생존한 타방의 보통재판적소재지의 가정법원이, 각각 관할법원으로 되고, 그 관할은 전속관할이다(22조).

4. 제척기간

당사자가 사기를 안 날 또는 강박을 면한 날로부터 3월을 경과한 때에는 이혼취소청구권은 소멸한다(민법 839조, 823조). 이는 제척기간이다.

[청구취지 사례] 이혼의 취소

1. 원고와 피고 사이에 0000. 0. 0. 서울 서초구청장에게 신고하여 한 이혼은 취소한다.

라는 판결을 구합니다.

제 4 절 재판상 이혼

1. 의의 및 성질

재판상이혼은 법이 정한 이혼원인이 있는데도 당사자 사이에 이혼의 합의가 이루어지지 않는 경우에 판결에 의하여 이혼의 효과를 발생시키는 것을 말한다.

민법 제840조는 재판상 이혼원인으로 ①배우자에 부정한 행위가 있었을 때 ②배우자가 악의로 다른 일방을 유기한 때 ③배우자가 또는 그 직계존속으로부터 심히 부당한 대우를 받았을 때 ④자기의 직계존속이 배우자로부터 심히 부당한 대우를 받았을 때 ⑤배우자의 생사가 3년 이상 분명하지 아니한 때 ⑥기타 혼인을 계속하기 어려운 중대한 사유가 있을 때 등 6가지를 들고 있다.

재판상이혼은 소로써만 청구할 수 있고 그 청구인용판결의 확정에 의하여 당사자 간의 혼인이 해소되는 효과가 발생되는 것으로서 형성의 소이다.

2. 정당한 당사자

재판상이혼은 부부만이 당사자적격을 가진다. 즉, 부부 중 일방이 원고로 되어 타방을 상대방으로 하여 청구하는 것이고, 제3자는 당사자로 될 수 없다. 혼인은 당사자 일방의 사망으로 인하여 해소되는 것이므로 검사를 상대방으로 할 여지는 없다. 다만, 재심에 있어서는 확정판결을 받은 당사자의 일방이 사망한 때에는 검사에게 재심피고적격이 인정됨은 전술한 바와 같다.

3. 관 할

가. 토지관할

재판상이혼청구의 소의 토지관할은 부부생활의 실태에 따라 달라진다. 즉, ①부부가 같은 가정법원의 관할구역 내에 보통재판적이 있을 때에는 그 가정법원이, ②부부가 최후의 공통의 주소지를 가졌던 가정법원의 관할구역 내에 부부 중 일방의 보통재판적이 있을 때에는 그 가정법원이, ③위의 각 경우에 해당하지 아니하는 때에는 상대방의 보통재판적소재지의 가정법원이, 각각 관할법원으로 되고, 그 관할은 전속관할이다(22조).

나. 제척기간

재판상이혼원인 중 일부에는 제척기간의 정함이 있다. 즉 (1)배우자의 부정행위가 있었을 때(민법 840조 1호)의 경우에는 다른 일방이 사전 동의나 사후 용서를 한 때 또는 이를 안 날로부터 6월, 그 사유 있음을 안 날로부터 2년을 경과한 때에는 이혼을 청구하지 못하고(민법 841조),

(2)기타 혼인을 계속하기 어려운 중대한 있을 때(민법 840조 6호)의 경우에는 다른 일방이 그 사유 있음을 안 날로부터 6월, 그 사유 있는 날로부터 2년을 경과하면 이혼을 청구하지 못한다(민법 842조).

4. 청구취지 사례

가. 이 혼

(1) 원고와 피고는 이혼한다.
(2) 소송비용은 피고의 부담으로 한다.
라는 판결을 구합니다.

나. 이 혼 등

(1) 원고와 피고는 이혼한다.

(2) 피고는 원고에게
㉮ 위자료로서 금 00,000,000원을 지급하고,
㉯ 별지목록 기재 각 물건을 인도하라.
(3) 사건본인의 양육자로 원고를 지정한다.
(4) 소송비용은 피고의 부담으로 한다.
(5) 위 제2항은 가집행 할 수 있다.
라는 판결을 구합니다.

다. 이 혼 및 재산분할 등

(1) 원고와 피고는 이혼한다.
(2) 피고는 원고에게
㉮ 위자료로서 금 50,000,000원 및 이에 대한 이건 소장부본 송달 다음날부터 판결선고일 까지는 연5푼 그 다음날부터 완제일까지는 연12%의 각 비율에 의한 금원을 지급하고,
㉯ 재산분할로서 금 100,000,000원 및 이에 대한 이 판결확정일 다음날부터 완제일까지 연 12%의 비율에 의한 금원을 지급하라.
(3) 사건본인의 친권행사자 및 양육자로 원고를 지정한다.
(4) 소송비용은 피고의 부담으로 한다.
(5) 위 제2항은 가집행 할 수 있다.
라는 판결을 구합니다.

5. 북한이탈주민 이혼사건의 처리

(1) 개정된 북한이탈주민보호법 제19조의 2(이혼의 특례)에 의하면 같은법 19조에 따라 가족관계등록을 창설한 사람 중 북한에 배우자를 둔 사람은 그 배우자가 남한지역에 거주하는지 여부가 불명확한 경우 그 배우자를 상대로 서울가정법원에 이혼을 청구할 수 있다.

☞ 법원은 그 배우자에 대해 민사소송법 제195조에 따른 공시송달이 가능하다.

(2) 이혼을 청구하려는 사람은 그 배우자가 보호대상자(같은 법 2조2항)에 해당하지 아니함을 증명하는 통일부장관의 서면을 첨부하여야 하고, 그 배우자에 대한 첫 공시송달은 실시한 날로부터 2개월이 지나야 효력이 발생한다.

(3) 북한이탈주민이 북한에 배우자를 두고서 탈북한 경우 북한에서의 혼인생활경위와 탈북한 경위, 북한으로 돌아가지 못한 경위, 부부가 함께 탈북하였다가 제3국에서 헤어지게 된 경우는 헤어지게 된 경위 등 혼인관계가 파탄에 이르게 된 경우에 관하여 심리한다.

[서식-23] 이혼소송청구

이 혼 소 송 청 구

원 고 홍 길 동 (전화)
19 ○○년 ○월 ○일생
등록기준지
주민등록지
실제사는 곳
(우편번호)

피 고 김 갑 순
19 ○○년 ○월 ○일생
등록기준지
주민등록지
실제사는 곳
(우편번호)

사건본인: 홍 ○○

청 구 취 지

1. 원고와 피고는 이혼한다.
2. 원고와 피고의 자녀 홍 ○○(또는 사건본인)의 친권자로 원고(피고)를 지정한다.
3. 소송비용은 피고의 부담으로 한다.

라는 판결을 구합니다.

청 구 원 인

원고와 피고가 이혼을 해야 하는 사유를 구체적으로 기재

첨 부 서 류

1. 가족관계증명서　　　　　1통
2. 주민등록등본　　　　　　1통

20○○. ○. ○.

위 원고 홍 길 동 (인)

서울가정법원 귀중 [○○지방법원(지원) 귀중]

☞ 유의사항

소장에는 수입인지 20,000원을 붙여야 한다.

송달료는 당사자수 × 송달료 × 15회분을 송달료취급은행에 납부하고 영수증을 첨부하여야 한다.

재판상이혼을 하려면 민법 제840조에 규정된 다음과 같은 이혼사유가 있을 때에 소를 제기할 수 있다.

- 배우자에게 부정한 행위가 있었을 때
- 배우자가 악의로 다른 일방을 유기한 때
- 배우자 또는 그 직계존속으로부터 심히 부당한 대우를 받았을 때
- 자기의 직계존속이 배우자로부터 심히 부당한 대우를 받았을 때
- 배우자의 생사가 3년 이상 분명하지 아니한 때
- 기타 혼인을 계속하기 어려운 중대한 사유가 있을 때

제 5 절 부의 결정

1. 의의 및 성질

부의 결정은 재혼한 여자가 전혼종료 후 300일 이내이면서 동시에 재혼성립의 날부터 200일을 경과한 기간 중에 자를 출산하여 그 자가 전혼부의 친생자로 추정되는 동시에 후혼부의 친생자로도 추정 받는 경우에 가정법원이 그 자의 부를 정하여 주는 것을 말한다(민법 845조).

혼인관계 성립의 날로부터 200일 후 또는 혼인관계 종료의 날로부터 300일 이내에 출생한 자는 혼인 중에 포태한 자로 추정되므로(민법 844조 2항), 재혼성립 후 200일이 지난 뒤이고 전혼종료 후 300일이 지난 뒤 출생한 자는 재혼 중에 포태한 후혼부의 친생자로 추정되고, 재혼성립 후 200일 이내이고 전혼종료 후 300일 이내에 출생한 자는 전혼 중에 포태한 전혼부의 친생자로 추정된다.

그러나 전혼종료 후 300일 이내이고 재혼성립 후 200일이 지난 뒤에 출생한 자는 전혼부의 친생자로도 추정되고 후혼부의 친생자로도 추정되어 친생추정이 경합하게 된다. 다만, 처가 부의 자를 포태할 수 없음이 외관상 명백한 경우에는 친생자의 추정이 미치지 아니하므로(대법원 1983. 7. 12. 선고 82므59 전원합의체판결) 친생추정이 실질적으로 경합하는 경우가 그리 흔한 것은 아니다.

2. 정당한 당사자

가. 원고적격

부를 정하는 소는 자, 모, 모의 배우자 또는 모의 전배우자가 이를 제기할 수 있다(27조 1항). "전배우자" 는 친생추정을 받는 전혼의 배우자를 가리킨다.

나. 피고적격

누가 원고인가에 따라 피고적격자가 달라진다. 즉,

① 자가 소를 제기하는 경우에는 모, 모의 배우자 및 모의 전배우자,
② 모가 소를 제기하는 경우에는 배우자 및 전배우자,
③ 모의 배우자가 소를 제기하는 경우에는 모 및 그 전배우자,
④ 모의 배우자가 소를 제기하는 경우에는 모 및 그 배우자가, 각각 피고적격자이다(27조 2항, 3항). 어느 경우에나 피고가 복수로 규정되어 있으므로 그들 사이의 관계는 고유필요적공동이다.
⑤ 상대방으로 될 자 중에 사망한 자가 있을 때에는 생존자를 상대방으로 하고, 생존자가 없을 때에는 검사를 상대방으로 한다(동조 4항).

3. 관　할

부를 정하는 소는 자의 보통재판적소재지 가정법원의, 자가 사망한 때에는 그 최후주소지의 가정법원의 전속관할에 속한다(26조 1항).

4. 부의 결정방법

가. 혈액형 등의 수검명령

가정법원은 부를 정하는 소의 심리를 함에 있어 당사자 또는 관계인 사이의 혈족관계의 존부에 관하여 다른 증거조사에 의하여 심증을 얻지 못한 때에는 검사를 받을 자의 건강과 인격의 존엄을 해하지 아니하는 범위 내에서 당사자 또는 관계인에게 혈액채취에 의한 혈액형의 검사 등 유전인자의 검사, 기타 상당하다고 인정되는 방법에 의한 검사를 받을 것을 명할 수 있다(29조).

나. 종국적 판단

혈액형 등의 수검명령을 통한 과학적인 검사에 의하여서도 모의 배우자

와 전배우자 중 누가 자의 친생부인지를 판단할 수 없고 그렇다고 둘 다 친생부가 아니라고 판단할 수도 없는 경우에는 가정법원이 모든 사정을 고려하여 재량에 의하여 가장 합당하다고 인정되는 자를 부로 결정하여야 한다.

[청구취지 사례] 부의결정

1. 피고 홍길동을 원고의 아버지로 정한다.
2. 소송비용은 피고의 부담으로 한다.

라는 판결을 구합니다.

제 6 절 친생부인

1. 개 설

친생부인은 자가 혼인성립의 날로부터 200일 후 또는 혼인관계 종료의 날로부터 300일 이내에 출생하여 부의 친생자로 추정받으나 실제로는 친생자가 아닌 경우에 부가 소송에 의하여 그 친생추정을 번복하여 법률상의 부자 관계를 부정하는 것을 말한다.

2. 정당한 당사자

가. 원고적격

친생추정의 효과를 받는 부부의 일방이 원고적격을 가진다(민법 846소).

나. 피고적격

친생부인의 소의 상대방은 자 또는 그 친권자인 부 또는 모이고(민법 847조 1항), 친권자인 부 또는 모가 없는 때에는 법원이 특별대리인을 선임하여야 한다(동조 2항). 이때의 특별대리인의 선임은 라류 11호의 가사비송사건에 해당한다.

3. 관 할

친생부인의 소는 자의 보통재판적소재지 가정법원의, 자가 사망한 때에는 그 최후주소지의 가정법원의 전속관할에 속한다(26조 1항).

4. 심 리

가. 조정전치

친생부인의 소는 조정전치의 적용을 받는다(50조). 그러나 친생부인의 소의 소송물은 당사자의 임의처분이 허용되지 아니하므로 조정은 인간관계의 조정을 중심으로 한 간접적이고 우회적인 것이어야 한다.[81)]

나. 제척기간

부 또는 모가 소를 제기하는 경우에는 그 사유있음을 안 날로부터 2년 내에 제기하여야 한다(민 847조 1항). 이는 제척기간이다.

5. 기 타

친생부인의 소에 있어서는 흔히 소장의 청구취지를 "원고와 피고 사이에는 친생자관계가 존재하지 아니함을 확인하다." 또는 "피고는 원고의 친생자가 아님을 확인한다." 라고 쓰고 사건명도 "친자관계부존재확인" 이나 "친생부인확인" 이라고 기재하는 등, 친생자관계부존재확인의 소와 구별하기 어려운 경우가 많다. 그 구별은 청구원인의 기재내용과 친생추정을 받는 경우인지의 여부 등을 종합하여 판단할 수밖에 없다.

[청구취지 사례] 친생부인

1. 피고는 원고의 친생자가 아님을 확인한다.
2. 소송비용은 피고의 부담으로 한다.

라는 판결을 구합니다.

---

81) 대법원 1968. 2. 27. 선고 67므34 판결

제 7 절 인지의 취소

1. 의의 및 성질

인지의 취소는 임의인지가 사기, 강박 또는 중대한 착오로 인한 것임을 이유로 이를 취소하는 것을 말한다(민법 861조).

2. 정당한 당사자

가. 원고적격

인지의 의사표시를 한 인지자만이 원고적격을 가진다.

나. 피고적격

피고적격자는 피인지자이다(28조, 24조 1항). 피인지자가 사망한 때에는 검사를 상대방으로 한다(24조 3항).

3. 관 할

인지취소의 소는 자, 즉 피인지자의 보통재판적소재지 가정법원의, 자가 사망한 때에는 그 최후주소지의 가정법원의 토지관할에 전속하고(26조 1항), 가정법원 합의부의 사물관할에 속한다.

제 8 절 인지에 대한 이의

1. 의의 및 성질

인지에 대한 이의는 인지자 이외의 자 기타의 이해관계인이 인지자와 피인지자 사이에 친생자관계가 존재하지 아니하는 등의 실체상의 하자를 이유로 인지자가 한 인지의 효력을 다투는 것을 말한다.

2. 정당한 당사자

가. 원고적격

인지에 대한 이의의 소를 제기할 수 있는 자는 자 기타 이해관계인이다(민법 862조). 이해관계는 실체상의 하자 있는 인지가 이루어져 있다는 점에 대한 법률상의 이해관계를 말한다.

나. 피고적격

피인지자인 자가 소를 제기할 때에는 인지자인 부 또는 모를 상대방으로 하고, 제3자가 소를 제기할 때에는 인지자와 피인지자를 상대방으로 하되 그중 일방이 사망한 때에는 생존자를 상대방으로 한다(28조, 24조 1항, 2항).

제 9 절 인지청구

1. 의의 및 성질

인지청구는 가정법원의 확정판결에 의하여 혼인 외의 자와 법률상의 부모자 관계를 형성하거나 확인할 것을 구하는 것을 말한다.

인지청구의 소는 누구를 상대로 한 것인가에 따라 성질을 달리한다. 부에 대한 인지청구는 사실상의 친자관계의 존재를 확정하여 법률상의 부자관계를 형성할 것을 구하는 이행의 소가 아니다.

2. 정당한 당사자

가. 원고적격

(1) 인지청구의 소는 자와 그 직계비속 또는 그 법정대리인이 제기할 수 있다(민법 863조).

(2) 혼인 외의 자가 인지를 청구하는 것이 일반적이지만, 혼인중의 자라도 인지를 청구할 수 있는 경우도 있으므로 자가 어떤 지위에 있는지에 따라 인지청구를 할 수 있는지의 여부가 정하여진다.

나. 피고적격

인지청구의 소의 상대방은 부 또는 모이다(민법 863조). 모는 아이가 성장하여 그 생모를 찾은 부 또는 모이다(민법 863조).

3. 제척기간

생존중인 부 또는 모를 상대로 한 인지청구에는 특별한 제한이 없다. 그러나 부 또는 모가 사망하여 검사를 상대로 소를 제기할 때에는 그 사망사실을 안 날로부터 2년 이내에 하여야 한다(민법 863조).

[청구취지 사례] 인지청구

1. 원고는 피고의 자(子)임을 확인한다.
2. 소송비용은 피고의 부담으로 한다.

라는 판결을 구합니다.

또는

1. 원고는 소외 망 홍길동(생년월일생, 등록기준지)의 친생자임을 인지한다.
2. 소송비용은 국고의 부담으로 한다.

라는 판결을 구합니다.

[사례-48-1] 인지청구의 소

소 장

원 고 홍○○(洪○○)
생년월일 : 19 년 월 일생(000000-0000000)
등록기준지 ○○시 ○○구 ○○ 로
주 소 서울시 서초구 ○○동 ○○번지
소송대리인 변호사 한○○
서울시 서초구 서초동 1543-8 서일빌딩 2층 (우편번호 :)
(전화 :02-525-1007 팩스 : 02-525-2433)

피 고 신○○(申○○)
생년월일 : 19 년 월 일생(000000-0000000)
등록기준지 ○○시 ○○구 ○○동 ○○번지
주 소 ○○시○○구 ○○동 ○○번지 (우편번호 :)

사건본인(미성년자) 성○○(城○○)
생년월일 : 20○○년 ○○월 ○○일생
등록기준지 00시 00구 00동 00번지
주 소 경기도 00시 00구 00동 00번지 201호

인지청구의 소

청 구 취 지

1. 사건본인 성 0 0 은 피고의 친생자임을 인지한다.
2. 소송비용은 피고의 부담으로 한다.

라는 판결을 구합니다.

청 구 원 인

1. 원고는 사건본인의 생모이며, 피고는 원고가 운영하는 커피숍의 손님으로서 방문하여 약3년 동안 피고와 동거생활을 한 자입니다.
2. 원고는20○○년 2월경부터 20○○년 4월까지 서울시 강남구 소재 00커피숍을 운영하면서 피고를 만나게 되었고, 피고는 이혼 경력이 있지만 원고가 운영하는 커피숍 근처에서 직장생활을 하던 자로서 위 기간 동안 동거를 시작하였습니다.

3. 동거를 하였던 기간에 아이를 잉태하여 낙태한 경험이 한 차례 있었고, 원, 피고 모두 직업에 바쁘다는 이유로 아이를 출산하지 아니하였지만 20○○년 말에는 정식으로 혼인신고를 하고 결혼생활을 하기로 약속하였습니다.

4. 그런데 피고는 2002년 말 원고가 결혼식을 하자고 말하자 20○○년 초에 다시 결정하기로 하는 등 결혼을 차일피일 미루더니 20○○년 4월 원고가 임신을 하게 되었고, 아이를 출산하기 전에 커피숍을 정리하고 결혼 날짜를 지정하자고 말하자 피고는 원고와 헤어지자는 말을 하였습니다.

5. 원고는 피고와 동거를 하는 동안 비록 결혼식은 하지 아니하였지만 부부로서 책임과 의무를 다 하였고, 아이까지 잉태한 시점에서 서로 헤어진다는 생각을 하지 못하여 피고와 헤어진 이후 혼자서 아이를 출산하기에 이르렀고 현재까지 미혼모로서 아이를 양육하고 있습니다.

6. 위와 같이 사건본인에 대한 양육은 원고가 부담하고 있으나 사건본인의 친부가 일정한 부분에 대하여 양육비를 부담하여야 하기에 원고는 청구취지 기재와 같은 판결을 구하기 위하여 이 건 청구에 이르렀습니다.

증 거 방 법

갑 제1호증 가족관계증명서
갑 제2호증 주민등록등본
갑 제3호증 확인서

첨 부 서 류

1. 증거방법 각 1통
1. 위임장 1통
1. 납부서 1통
1. 소장부본 1통

20○○. 6. .

원고 소송대리인
변호사 한○○ (인)

0 0 가정법원 귀중

주) 소장에는 수입인지 20,000원을 첨부한다.
송달료는 당사자수 × 송달료 × 15회분을 송달료취급은행에 납부하고 영수증을 첨부한다. 관할법원은 자의 주소지를 관할하는 가정법원의 전속관할.

[사례-48-2] 인지청구의 소(2. 피고검사)

인지청구의 소

원 고　　홍 길 동 (전화)
　　　　○○○○년 ○월 ○일생
　　　　등록기준지
　　　　주소
　　위 원고는 미성년자이므로 그 법정대리인
　　　　친권자(모) ○ ○ ○
　　　　19 ○○년 ○월 ○일생
　　　　등록기준지 및 주소 위와 같은 곳

피 고　　○○지방검찰청 검사

청 구 취 지

1. 원고는 소외 망 ○○○(등록기준지 시 구 동 번지, 19 년 월 일생)의 자임을 인지한다.

라는 판결을 구합니다.

청 구 원 인

1. 소외 망 ○○○(19 ○○년 ○월 ○일 사망)는 19 ○○년 ○월 ○일경부터 19 ○○년 ○월 ○일까지 소외 ○○○와 동거하는 동안 19 ○○년 ○월 ○일 원고를 출산하였으나 인지를 하지 아니하고 사망하였으므로 검사를 상대로 하여 본건 청구를 하기에 이르렀습니다.

첨 부 서 류

1. 가족관계증명서 1통
2. 주민등록등본 1통
3. 제적등본 1통
4. 출산증명서 1통

20○○ . ○. ○.

위 원고 홍 길 동
위 원고는 미성년자이므로 법정대리인
친권자(모) ○ ○ ○ (인)

서울가정법원 귀중

☞ 유의사항

1. 소장에는 수입인지 20,000원을 붙여야 한다.
2. 송달료는 당사자수 × 송달료 × 15회분을 송달료 취급은행에 납부하고 영수증을 첨부하여야 한다.
3. 관할법원은 상대방(상대방이 수인일 때에는 그 중 1인)의 주소지 관할법원의 전속관할이다.

제 10 절 입양의 취소

1. 의의 및 성질

입양의 취소는 이미 이루어진 입양에 일정한 하자가 있음을 이유로 이를 취소하여 양친자관계를 장래에 향하여 소멸시키는 것을 말한다. 민법이 규정하는 입양취소의 사유는 ①성년에 달하지 않은 자가 입양한 때, ②입양이 적법한 동의 또는 가정법원의 허가 없이 이루어진 때, ③배우자가 있는 자가 배우자와 공동으로 양자하지 아니하거나 배우자의 동의 없이 양자가 된 때, ④입양 당시 양친자의 일방에게 악질 기타 중대한 사유가 있음을 알지 못한 때, ⑤사기 또는 강박으로 인하여 입양의 의사표시를 한 때 등이다(민 884조).

입양취소는 단순한 의사표시만으로 할 수 있는 것이 아니고 반드시 법원에 청구하여서만, 즉 소로써만 수장할 수 있는 섯이어서 입양취소의 소는 형성의 소이다.

2. 심 리

가. 조정전치

입양취소의 소는 조정전치주의의 적용을 받는다(50조). 그러나 입양취소의 소의 소송물 그 자체는 당사자의 임의처분이 허용되지 않으므로 조정에서는 인간관계의 조정을 중심으로 하여 당사자의 일방이 입양취소청구를 포기하고 상대방을 부양하기로 한다든지 입양을 유효한 것으로 하되 협의상 파양을 하기로 한다는 식의 간접적이고 우회적인 조정이 이루어지도록 하여야 한다.

나. 제척기간

입양취소의 사유에 따라 제척기간을 달리한다(민법 889조 내지897조). 즉,

① 미성년자가 입양한 경우 : 그 미성년자가 성년에 달한 때
② 미성년자가 적법한 동의 없이 양자가 된 경우 : 미성년자가 성년에 달한 후 3월을 경과하거나 사망한 때
③ 후견인이 가정법원의 허가 없이 피후견인을 양자로 한 경우 : 후견의 종료로 인한 관리계산의 종료 후 6월을 경과한 때
④ 금치산자가 후견인의 동의 없이 양자를 하거나 양자가 된 경우: 금치산선고의 취소 있은 후 3월을 경과한 때
⑤ 부모나 직계존속의 동의 없이 양자가 된 경우 및 부부공동입양에 위반한 경우 : 그 사유 있음을 안 날로부터 6월, 그 사유 있은 날로부터 1년을 경과한 때
⑥ 양친자의 일방에 악질 기타 중대한 사유가 있음을 알지 못한 경우 : 그 사유 있음을 안 날로부터 6월을 경과한 때
⑦ 사기 또는 강박으로 인하여 입양의 의사표시를 한 경우 : 사기를 안 날 또는 강박을 안 날 또는 강박을 면한 날로부터 3월을 경과한 때에는 각각 입양의 취소를 청구하지 못한다.

[서식-24] 입양취소청구

입 양 취 소 청 구

원 고 ○ ○ ○ (전화)
19 ○○년 ○월 ○일생
등록기준지
주소
(우편번호)

피 고 ○ ○ ○(양부)
19 ○○년 ○월 ○일생
등록기준지
주소
(우편번호)

피 고 ○ ○ ○(양모)
19 ○○년 ○월 ○일생
등록기준지
주소
(우편번호)

청 구 취 지

1. 원고와 피고들 사이의 입양은 이를 취소한다.

라는 판결을 구합니다.

청 구 원 인

1. 원고는 부 ○○○, 모 ○○○ 사이에서 출생한 자인 바, 원고의 종손이 되는 ○○○와 ○○○의 양자로 가족관계등록부에 등재된 자입니다.
2. 원고는 취업관계로 가족관계증명서를 발급받아 본 즉, 원고가 피고 등의 양자로 등재되어 있는 것을 알게 되었습니다.
3. 알고본 즉, 피고 등은 종손으로 대를 잇기 위하여 19 ○○년 ○월 ○일 입양신고를 한 것입니다.
4. 그러나 당시 원고의 후견인이었던 피고 ○○○는 입양신고를 하려면 당연히 법원의 허가를 얻어야 하는데도 이를 얻지 않고 한 입양이므로 이는 취소사유에 해당하므로 청구취지와 같은 판결을 얻고자 이건 청구에 이른 것입니다.

첨 부 서 류

1. 가족관계증명서 2통
2. 주민등록등본 1통

20○○ . ○. ○.

위 원고 ○ ○ ○ (인)

서울가정법원 귀중 [○○지방법원(지원) 귀중]

제 11 절 파양의 취소

1. 의의 및 성질

파양의 취소는 협의상 파양이 사기 또는 강박으로 인한 것임을 이유로 이를 취소하는 것을 말한다. 파양취소의 사유는 사기 또는 강박으로 인하여 파양의 의사표시를 한 때에 한정된다.

파양의 취소는 법원에 청구하여서만, 즉 소에 의하여서만 주장할 수 있는 것으로서 형성의 소이다. 파양의 취소의 소급효를 제한하는 규정은 없으므로 파양취소의 판결이 확정되면 파양은 당초부터 성립되지 않았던 것으로 된다.

2. 심 리

가. 조정전치

파양취소의 소는 조정전치주의의 적용을 받는다(50조). 그러나 파양취소의 소의 소송물 역시 당사자가 임의 처분할 수 있는 사항은 아니라고 해석되므로 당사자가 파양을 취소하기로 하는 내용의 조정은 허용되지 않는다. 파양취소를 주장하지 아니하는 대신 상대방이 위자료를 지급하기로 한다거나 다시 입양 절차를 밟기로 하는 것과 같이, 인간관계의 조정을 중심으로 한 간접적이고 우회적인 조정이어야 한다.

나. 제척기간

파양취소권은 사기를 안 날 또는 강박을 면한 날로부터 3월을 경과함으로써 소멸한다(민법 904조, 823조).

제 12 절 재판상 파양

1. 의의 및 성질

재판상 파양은 양친자관계를 유지하게 하는 것이 부당하다고 인정되는 사유가 있는 경우에 그 양친자관계를 재판에 의하여 소멸시키는 것을 말한다.

재판상 파양은 가정법원에 청구하여서만 할 수 있고, 그 판결의 확정에 의하여 양친자관계가 소멸하는 효과가 발생하는 것으로서 형성의 소이다.

2. 정당한 당사자

가. 당사자 적격

재판상 파양은 양친자만이 당사자적격을 가짐이 원칙이고 제3자에게는 당사자적격이 없다.[82]

나. 제척기간

재판상 파양의 사유 중 양자의 생사가 3년 이상 분명하지 아니한 때(민법 905조 4호)를 제외한 나머지 사유 있음을 안 날로부터 6월, 그 사유 있은 날로부터 3년을 경과하면 파양을 청구하지 못한다(민법 907조).

---

82) 대법원 1970. 5. 26. 선고 68므31 판결

제 4 장 다류 가사소송사건

제 1 절 개 설

1. 종류와 성질

다류 가사소송사건은 일정한 신분 관계에 관한 분쟁에서 비롯된 재산상의 분쟁을 그 대상으로 한다. 그러나 신분 관계에서 비롯된 모든 재산상의 분쟁이 다류 가사소송사건에 해당하는 것은 아니고, 혼인관계와 입양관계 즉,

① 약혼해제 또는 사실혼관계부당파기

② 혼인의 무효·취소, 이혼의 무효·취소, 이혼

③ 입양의 무효·취소, 파양의 무효·취소, 파양을 원인으로 하는 것에 한정되며, 재산상의 분쟁 중 손해배상청구와 원상회복청구만이 이에 해당한다. 그밖에, 다른 법령에 의한 다류 가사소송사건으로서

④ 민법 1014조의 규정에 의한 피인지자 등의 상속분에 상당한 가액의 지급청구가 있다(규칙 2조). ① 내지 ③을 원인으로 하는 손해배상청구는 제3자에 대한 것으로서 본질상 민사사건이고 이행의 소이다. 따라서 그 청구인용의 판결에는 원칙적으로 가집행선고를 붙여야 한다(민소 199조).

2. 관 할

다류 가사소송사건은 상대방의 보통재판적소재지 가정법원의 관할에 속한다(13조 1항). 상대방의 주소 거소 또는 최후주소가 국내에 없거나 이를 알 수 없을 때에는 대법원 소재지의 가정법원, 즉 서울가정법원의 관할로 한다(동조 2항). 이는 임의관할이다. 따라서 합의관할(민소 26조)이나 응소관할(민소 27조)이 생길 수 있다.

3. 심 리

다류 가사소송사건은 조정전치주의의 적용을 받는다(50조). 다류 가사소송사건의 소송물은 어느 것이나 당사자가 임의로 처분할 수 있는 사항이므로 청구를 포기하거나 인낙하는 내용으로 조정이 이루어질 수도 있고, 소송절차에서 그와 같은 내용으로 소송상 화해를 할 수도 있다.

제 2 절 약혼해제 또는 사실혼관계부당파기로 인한 손해배상청구 및 원상회복청구

1. 의 의

약혼이 당사자의 일방 또는 제3자의 과실로 인하여 해제되거나 사실혼이 당사자의 일방 또는 제3자의 책임 있는 사유로 인하여 파기된 경우에 상대방이 그로 인한 손해배상을 청구하거나 혼인을 전제로 하여 교부하였던 물건의 반환을 구하는 것을 말한다. 손해배상청구는 제3자에 대한 것을 포함하지만, 원상회복은 당사자 사이의 것에 한정된다.

약혼은 상자 혼인하여 부부가 되기로 하는 남녀간의 합의로써, 혼인적령에 달하지 못한 자나 금치산자가 적법한 동의 없이 약혼하더라도 그 약혼이 당연히 무효로 되거나 취소할 수 있는 것은 아니며 그 약혼의 강제이행을 청구할 수도 없는 것(민법 802조)이어서 당사자의 일방은 약혼해제사유(민법 804조)의 유무에 관계없이 언제든지 상대방에 대한 의사표시로써 이를 해제할 수 있으나(민법 805조), 그 해제에 과실 있는 때에는 상대방에 대한 손해배상의 책임을 지게 된다(민법 806조).

2. 손해배상청구

약혼해제로 인한 손해배상은 상대방에게 과실 있음을 요건으로 한다(민법 806조 1항). 과실이 있다는 것은 약혼해제에 정당한 사유가 없다는 것을 뜻하는바, 민법 804조 소정의 약혼해제사유가 있는 때에는 일응 정당한 사유가 있고 따라서 과실이 없는 경우에 해당한다고 할 수 있다.

손해배상의 범위에는 어느 경우에나 재산상의 손해 외에 정신적 고통에 대한 위자료가 포함된다(민법 806조 2항).

3. 원상회복청구

약혼해제 또는 사실혼관계부당파기의 경우에는 문자 그대로 약혼 또는 사실혼관계의 성립 이전의 상태로의 회복은 있을 수 없으므로 여기에서의 원상회복은 약혼 또는 사실혼관계 성립의 증표 내지 수단으로서 상대방에게 교부한 금품 또는 상대방의 점유하에 있는 자기 소유물건의 반환을 의미한다.

약혼시에 교환하는 금전을 포함한 약혼예물의 성질에 관하여는 여러 가지 견해가 있으나 통설 및 판례(등)은 혼인의 불성립을 해제조건으로 하는 증여의 일종으로 본다.[83] 따라서 약혼이 해제되면 해제조건의 성취에 의하여 증여의 효력이 소멸하므로 그 원상회복으로서 상대방에게 예물의 반환을 청구할 수 있게 되는 반면에, 일단 혼인이 성립되어 상당기간 계속된 경우에는 그 후 혼인이 해소되더라도 그 후 혼인이 해소되더라도 그 예물의 반환을 청구할 수 없다.[84]

4. 정당한 당사자

약혼해제 또는 사실혼관계부당파기로 인한 손해배상청구나 원상회복청구는 그 본질이 민사소송으로서 이행의 소이므로 일반원칙에 따라 그 청구권이 있다고 주장하는 자가 원고적격자이고, 그 의무자라고 지정된 자가 피고적격자이다.

약혼해제로 인한 정신적 고통에 대한 손해배상청구권은 이를 양도하거나 승계하지 못함이 원칙이지만, 당사자 간에 그 배상에 관한 계약이 성립하거나 소를 제기한 후에는 이를 양도 또는 승계할 수 있으므로(민법 806조 3항) 약혼당사자의 일방이 사망한 경우에 그 상속인이 사망자의 위자료를 청구할 수는 없다.

83) 대법원 1976. 12. 28. 선고 76므41,42 판결
84) 대법원 1994. 12. 27. 선고 94므895 판결

제 3 절 혼인의 무효.취소, 이혼의 무효.취소, 이혼을 원인으로 하는 손해배상청구 또는 원상회복청구

1. 의 의

약혼해제로 인한 손해배상청구에 관한 규정(민법 806조)은 혼인의 무효 또는 취소의 경우(민법 825조)와 재판이혼의 경우(민법 843조)에 각각 준용된다. 협의상이혼이나 이혼의 무효 또는 취소의 경우에는 명문의 규정이 없으나 마찬가지로 보아야 할 것이고, 원상회복의 청구도 같다.

2. 손해배상청구

재판상이혼에 있어서도 재산상의 손해배상청구가 가능하지만, 실무상 그 예를 찾아보기 힘들다. 혼인의 무효 . 취소, 이혼이 무효 . 취소, 이혼의 원인을 제공한 제3자에 대한 손해배상청구는 순수한 불법행위책임이다.

재판상이혼에 있어서의 손해배상을 불법행위책임으로 본다면 협의상이혼에 있어서도 당사자의 일방에게 귀책사유가 있는 이상 마찬가지로 불법행위로 인한 손해배상책임이 있음은 당연하다.

재판상이혼을 원인으로 하는 손해배상청구권의 소멸시효의 기산점은 혼인이 해소된 때라고 볼 것이다.

제 4 절 입양의 무효·취소, 파양의 무효·취소, 파양을 원인으로 하는 손해배상청구 또는 원상회복청구

1. 의 의

약혼해제로 인한 손해배상청구에 관한 규정(민법 806조)은 입양의 무효 또는 취소의 경우(민법 897조)와 재판상파양의 경우(민법 908조)에 각각 준용된다.

2. 손해배상청구

파양의 경우에도 손해배상청구가 가능하지만, 실무상 그 예를 찾아보기 힘들고, 주로 정신상의 고통에 대한 손해배상, 즉 위자료가 문제 된다. 위자료의 성질은 재판상이혼에서의 위자료와 다를 바 없다. 따라서 양친자관계가 상대방의 귀책 사유로 인하여 해소되기에 이른 데 대한 불법행위 책임이다.

제4편 사례 및 서식

[사례-49] 유아인도신청서

유 아 인 도 신 청

신 청 인 1. 이○○(李○○)
생년월일 19 년 월 일생(주민등록번호:)
등록기준지 00시 0구 00동 00번지
주소 위 같은 동 00번지
2. 모○○(牟○○)
생년월일 19 년 월 일생(주민등록번호:)
등록기준지 및 주소 신청인 1.과 같은 곳

사건본인(유아) 이 유아(李 ○○)
등록기준지 및 주소 신청인 1.과 같은 곳
신청인들의 소송대리인 변호사 임○○
00시 00구 00동 00번지(우편번호 :)
(전화번호 : 팩스 :)

피신청인 1. 안○○(安○○)
생년월일 19 년 월 일생
등록기준지 00시 0구 00동 00번지
주소 00시 0구 00동 00번지
송달장소 00시 0구 00동 00번지
2. 마○○(馬○○)
생년월일 19 년 월 일생
등록기준지, 주소, 송달주소 피신청인 1.과 같은 곳

신 청 취 지

피신청인들은 신청인들에게 사건본인 이유아를 인도한다.
라는 재판을 구합니다.

신 청 원 인

1. 신청인 이○○와 신청인 모○○는 20○○. 2. 16. 혼인신고를 필한 부부로서

슬하에 자녀로 이유식과 사건본인 이유아를 낳았는데, 위 이유아가 생후 16개월 될 무렵인 20○○. 4. 경 신청인들의 가정불화로 신청인 모○○가 친정으로 돌아가 버리자 신청인 이○○가 2명의 자녀를 양육하기가 어려워 위 이유아를 이웃 사람의 소개로 신청인 모○○의 승낙도 없이 피신청인들에게 양녀로 주었던 것입니다.

2. 그 후 신청인 모난이가 6개월만에 친정에서 돌아와 보니 위와 같은 사실을 뒤늦게 알게 되었고, 이에 신청인들이 피신청인들에게 수 차례 찾아가 유아(사건본인)를 인도해 줄 것을 요청하니 피신청인들은 9개월 동안의 양육비로 상당한 금액을 요구하고 있고, 더욱이 피신청인 안○○는 막노동판에서 잡역인부로 일하는 형편이라 이곳저곳으로 이주를 자주하고 사건본인을 잘 양육시킬 형편도 되지 않는 실정입니다.

3. 그렇다면 피신청인들은 신청인들에게 사건본인 이유아를 마땅히 인도해 주어야 할 것입니다.

첨 부 서 류

1. 가족관계증명서 2통
1. 주민등록표등본 2통
1. 출생증명서 1통
1. 위임장 1통

20○○. 2. .

신청인들의 소송대리인

변호사 임 ○○(인)

00가정법원 귀중

[사례-50] 가족관계등록기록의 정정허가신청서(사망신고말소 가족관계등록부 부활)

가족관계등록사항 정정허가신청

신청인 겸 사건본인 신○○ (申○○)
생년월일 19 . . .생
등록기준지 전남 00군 00면 00리 00번지
주소 전남 00구 00동 00번지
위 대리인 변호사 한 변 호
서울시 서초구 서초동 1543-8 서일빌딩 2층(우 : -)
(전화번호 :02-525-1007 팩스 :)

신 청 취 지

1. 전남 00군 00면사무소에 비치된 위 가족관계등록부 신00의 제적 중 신청인 겸 사건본인의 신분사항란 "사망사유 0000년 0월 0일 오후 0시 서울시 강남구 역삼동 100번지에서 사망, 0000년 0월 0일생 신00"의 기재를 말소한 후 동인의 가족관계등록기록을 부활하는 것을 허가한다.

라는 결정을 구합니다.

신 청 원 인

1. 신청인은 20○○년 0월 0일 친가 등록기준지인 전남 00군 00면 00리 00번지에서 출생하여 성장한 후 20○○년 0월 0일 만00세에 청구외 남편인 (망) 홍길동과 혼인하여 혼가 등록기준지인 전남 00군 00면 00리 00번지에 등록기록되었습니다.

2. 사건본인 신00은 건강이 좋지 아니하여 병원에서 입원 치료 중이기에 청구외 홍00는 후처를 두고 자녀를 출산하였고, 사건본인의 병원 생활이 장기화 되자 신청인의 가족관계등록부를 말소하기로 결정하고 사망하지도 않은 신청인의 가족관계등록부를 사망신고를 함으로 말소한 이후 20○○년 0월 0일 후처인 신청외 이00를 혼인신고하게 되었던 것입니다.

3. 그러나 신청인은 호적(현재 가족관계등록부)상 사망신고가 되어 있는 사실도 모른 채 살아오면서 가족관계등록의 필요성을 잃은 채 주민등록도 없이 20여년을 살아오게 되었습니다.
치료를 마치고 건강을 되찾은 사건본인은 환인관계의 청산을 위하여 가족관계등록부를 발급받으려고 신청하였으나 발급하기 어려웠고, 재적등본을 발급받은 이후에야 신청인이 사망처리 되었음을 확인하게 되었던 것입니다.

4. 살아있는 사람을 개인의 이익을 위하여 사망신고한 신청외 홍길동의 형사적 책임은 별도로 하고, 사건본인은 가족관계등록부를 갖고 주민등록도 갱신하여 떳떳한 국민으로 생활을 하고자 신청인의 가족관계등록의 부활을 위해 이 건 신청에 이르렀습니다.

입증 방법 및 첨부서류

1. 신분표 1통
1. 제적등본 2통
1. 가족관계증명서 1통
1. 인우보증서 2통
1. 인감증명 2통
1. 건강진단서 1통
1. 확인서 1통

20○○. 5. .

신청인 겸 사건본인

대리인 변호사 한 변 호

00가정법원 귀중

[사례-51] 가족관계등록기록의 정정허가신청서 (일가창립으로 인한 가족관계등록기록의 말소)

가족관계등록기록의 정정허가신청서

신경인 겸 사건본인 홍 ○○(한문)
○○○○년 0월 0일생(000000-0000000)
등록기준지 서울 00구 00동 산 00번지
주소 전남 00시 00동 00번지
송달장소 서울 00구 00동 1551-9번지 4층

신 청 취 지

1. 서울 00구청에 비치된 같은 구 00동 00번지 홍00로 하여 편제한 가족관계등록부를 말소할 것을 허가한다.

라는 재판을 구합니다.

신 청 원 인

1. 사건본인은 0000년 0월 0일 전남 00군 00면 00리 00번지에서 부, 백00, 모 신00 간에 출생한 자인 바, 사건본인이 5살 무렵 사건본인의 부친이 사업을 하던 중 사업에 실패하자 청구 외 백00는 서울로 상경하여 연락이 두절되었고, 이에 모 신00와 할머니가 소작농을 지으시면서 사건본인을 양육하던 중 사건 본인이 6살이 되었을 때 경제적인 이유로 사건본인의 모친마저 가출을 하기에 이르렀습니다.

2. 사건본인은 할머니와 함께 생활보호 대상자로서 생활을 하고 있는데 사건본인이 초등학교 입학 무렵 사건본인을 양육하시던 할머니가 돌아가시게 되자 혼자 생활하기는 어렵게 되어 사건본인은 고아원에 위탁되었습니다. 그런데 초등학교 입학 무렵까지 사건본인은 부모의 가족관계등록부에 기재

되니 아니한 상태에서 아버지를 찾겠다는 일념으로 무작정 서울에 상경한 사건본인은 경찰관의 인도 아래 고아원에 위탁하게 된 것이며, 그 이후 계속 고아원에서 생활하다가 만20세가 되던 해 직장 생활을 하면서 독립하게 되었습니다.

3. 직장생활을 하면서 현재의 처를 만나 결혼도 하고 아이도 출산하여 건강한 가정을 유지하고 있던 가운데 최근에 우연한 기회에 사건본인의 친부모 소식을 알게 되었고, 상호부자지간임을 확인하여 호적(현재 가족관계등록부)을 알게 되었습니다.

4. 따라서 사건본인의 가족관계등록 창설로 인하여 현재 가족관계등록부는 사건본인의 친부와 중복된 것이므로 이를 말소하기 위하여 이건 신청에 이르렀사오니 허가결정을 하여 주시기 바랍니다.

첨 부 서 류

1. 가족관계등록부 2통
2. 주민등록등본 1통
3. 인우(동일인증명)보증서 1통

20○○. 5. .

신청인 겸 사건본인 홍○○ (인)

○○가정법원 귀중

[서식-25] 이혼숙려기간 면제(단축) 사유서

이혼숙려기간 면제(단축) 사유서

20 호 협의이혼의사확인신청
당사자 한○○(주민등록번호 -)
주 소

위 사건에 관하여 20 . . . : 로 이혼의사 확인기일이 지정되었으나 다음과 같은 사유로 이혼의사 확인까지 필요한 기간을 면제(단축)하여 주시기 바랍니다.

다 음

사유 : 1. 가정 폭력으로 인하여 당사자 일방에게 참을 수 없는 고통이 예상됨 ( )
2. 일방이 해외장기체류를 목적으로 즉시 출국하여야 하는 사정이 있음 ( )
3. 쌍방 또는 일방이 재외국민이므로 이혼의사확인에 장기간 소요되는 경우()
4. 신청 당시 1년 이내에 이혼의사확인신청을 하여 「민법」 제836조의2제2항의 기간 경과 후 이혼의사 불확인을 받은 사정이 있는 경우 ( )
5. 기타 (상세히 적을 것)

첨 부 서 류

1.

20 . . .

위 당사자 한 ○○ (날인 또는 서명)

(연락처 :)
(상대 배우자 연락처 :)

○○가정법원 귀중

[서식-26] 후견인 경질신고서

후 견 인 경 질 신 고 서 (년 월 일)	※아래의 작성방법을 읽고 기재하시되 선택항목은 해당번호에 "○" 으로 표시하여 주시기 바랍니다.

①피후견인	성 명	한글		한자		주민등록번호	-
	등록기준지				출생연월일	
	주 소					
	성 명	한글		한자	주민등록번호	-
	등록기준지				출생연월일	
	주 소					
	성 명	한글		한자	주민등록번호	-
	등록기준지				출생연월일	
	주 소					
②전임후견인 성명						
③후임후견인(신고인)	성 명	한 글	서명		주민등록번호	-
		한 자				
	등록기준지				출생연월일	
	주 소				전 화	
					이메일	
④경질일자 및 원인	년 월 일					
⑤취임일자 및 원인	년 월 일 ①법정 ②선정 ③후견인변경재판					
⑥재 판 확 정 일 자	년 월 일				법원명	
⑦기 타 사 항						
⑧제출인	성 명				주민등록번호	-

작 성 방 법

※ 등록기준지 : 각 란의 해당자가 외국인인 경우에는 그 국적을 기재합니다.
※ 주민등록번호 : 각 란의 해당자가 외국인인 경우에는 외국인등록번호(국내거소신고번호 또는 출생연월일)를 기재합니다.
①란 : 2명 이상의 피후견인에 대해 후견개시가 있는 경우에는 순서대로 적으시면 됩니다.
①란 및 ③란 : 법 제25조제2항에 따라 주민등록번호란에 주민등록번호를 기재한 때에는 출생연월일의 기재를 생략할 수 있습니다.
④란 : 경질일자 및 원인란에는 2008. 1. 17. 후견인 사망, 2008. 1. 17. 후견인 사퇴, 2009. 4. 1. 후견인변경재판확정 등으로 기재합니다.
⑤란 : 취임일자 및 원인란에는 후임후견인의 취임일자 및 원인을 기재합니다.
: 후임후견인이 법정후견인인 경우에는 후견인경질사유 발생일이 취임일이고, 선정후견인인 경우에는 그 후견인선임심판일이 취임일입니다. 다만, 후견인변경재판에 의한 후견인인 경우에는 그 후견인변경의 재판확정일이 취임일입니다.
⑦란 : 가족관계등록부에 기록을 분명하게 하는데 특히 필요한 사항을 기재합니다.
⑧란 : 제출자(신고인 여부 불문)의 성명 및 주민등록번호 기재[접수담당공무원은 신분증과 대조]

첨 부 서 류

1. 재판서 등본 1부(가정법원이 재판에 의하여 후견인을 선정한 경우).

※ 아래 2항은 가족관계등록관서에서 전산으로 그 내용을 확인할 수 있는 경우 첨부를 생략합니다.

2. 당사자의 가족관계등록부의 기본증명서, 가족관계증명서 각 1통.
3. 후견인 사퇴에 대한 가정법원의 허가의 경우에는 그 재판서 등본, 후견인변경의 재판이 있는 경우에는 그 재판서등본 및 확정증명서 각 1부.
4. 신분확인[가족관계등록예규 제23호에 의함]
   - 신고인이 출석한 경우 : 신분증명서
   - 제출인이 출석한 경우 : 제출인의 신분증명서
   - 우편제출의 경우 : 신고인의 신분증명서 사본

[서식-27] 실종, 부재 선고신고서

(실종, 부재) 선고신고서 (년 월 일)	※ 아래의 작성방법을 읽고 기재하시되 선택항목은 해당번호에 "○"으로 표시하여 주시기 바랍니다.

<table>
<tr><td rowspan="3">①실종자
(잔류자)</td><td>성 명</td><td>한글</td><td></td><td>한자</td><td></td><td>주민등록
번 호</td><td>-</td></tr>
<tr><td>등록기준지</td><td colspan="6"></td></tr>
<tr><td>최후주소</td><td colspan="4"></td><td>성별</td><td>남 여</td></tr>
<tr><td colspan="3">②실종기간만료일</td><td colspan="5">년 월 일</td></tr>
<tr><td colspan="3">③사건번호</td><td colspan="5"></td></tr>
<tr><td colspan="2">④재판확정일자</td><td colspan="3">년 월 일</td><td>법원명</td><td colspan="2"></td></tr>
<tr><td colspan="2">⑤기타사항</td><td colspan="6"></td></tr>
<tr><td rowspan="2">⑥신고인</td><td>성 명</td><td>서명</td><td>주민등록번호</td><td>-</td><td>자격</td><td colspan="2"></td></tr>
<tr><td>주 소</td><td colspan="2"></td><td>전화</td><td></td><td>이메일</td><td></td></tr>
<tr><td>⑦제출인</td><td>성 명</td><td></td><td>주민등록번호</td><td colspan="4">-</td></tr>
</table>

작 성 방 법

※ 이 신고는 실종(부재)선고의 재판을 청구한 자가 재판(심판)의 확정일로부터 1개월 이내에 하여야 합니다.

※ 등록기준지 : 각 란의 해당자가 외국인인 경우에는 그 국적을 기재합니다.

※ 주민등록번호 : 각 란의 해당자가 외국인인 경우에는 외국인등록번호(국내거소신고번호 또는 출생연월일)를 기재합니다.

①란 : 최후주소와 주민등록번호, ②란 실종기간만료일, ③란 사건번호는 각 해당사항이 있는 경우에 기재합니다.

⑤란 : 가족관계등록부에 기록을 분명하게 하는데 특히 필요한 사항을 기재합니다.

⑥란 : 법정대리인 등 해당되는 자격을 기재합니다.

⑦란 : 제출자(신고인 여부 불문)의 성명 및 주민등록번호 기재[접수담당공무원은 신분증과 대조]

첨 부 서 류

1. 실종(부재)선고의 재판등본 및 확정증명서 각 1부

※ 아래 2항은 가족관계등록관서에서 전산으로 그 내용을 확인할 수 있는 경우 첨부를 생략합니다.

2. 실종자의 가족관계등록부의 기본증명서, 가족관계증명서 각 1통.
3. 신분확인[가족관계등록예규 제23호에 의함]
   - 신고인이 출석한 경우 : 신분증명서
   - 제출인이 출석한 경우 : 제출인의 신분증명서
   - 우편제출의 경우 : 신고인의 신분증명서 사본

※ 타인의 서명 또는 인장을 도용하여 허위의 신고서를 제출하거나, 허위신고를 하여 가족관계등록부에 부실의 사실을 기록하게 하는 경우에는 형법에 의하여 5년 이하의 징역 또는 1천만원 이하의 벌금에 처해집니다.

[서식-28] 가족관계등록 창설허가 신청서

가족관계등록창설허가 신청서

주소:
신청인 겸
사건본인의 성명: (한자:)
주민등록번호 -
전화번호:(휴대폰) (자택)

신 청 취 지

등록기준지를 도(시) 시(군, 구) 동(읍, 면) 리
○○ 번지로 정하고 신청인 겸 사건본인에 대하여 별지 신분표와 같이 가족관계 등록창설을 허가하여 주시기를 바랍니다.

신 청 이 유

- 생 략 -

첨 부 서 류

1. 가족관계등록신분표
2. 가족관계등록부 부존재증명서(시(구).읍.면장 발행) 1통
3. 주민등록신고확인서(읍.면장 발행) 1통
4. 성・본창설허가 심판서 등본(부모를 알 수 없는 무적자인 경우) 1통
5. 성장환경진술서 1통
6. 성장과정을 뒷받침하는 소명자료(작성자의 주소, 전화번호 기재) 1통
7. 재적확인서(군사분계선이북지역에 본적을 가졌던 자의 가족관계등록부창설의 경우에 한함 : 이북5도지사가 발행) 1통
8. 멸실 당시 재적증명(멸실호적취적의 경우에 한함 : 시(구).읍.면장이 발행) 1통

년 월 일

위 신청인 (인)

법원 지원 귀중

가족관계등록신분표 (1)

1. 기본사항

등록기준지	시 구 동 번지

가족관계등록부사항

구분	상 세 내 용

특정등록사항

구분	성명	출생연월일	주민등록번호	성별	본
본인	김본인(金本人)	년 월 일	-	남	金海

일반등록사항

구분	상 세 내 용
출생	【출생장소】 시 구 동 번지

구분	성명	출생연월일	주민등록번호	성별	본
부	김일남(金一男)	년 월 일	-	남	金海
모	이일녀(李一女)	년 월 일	-	여	全州

2. 가족관계사항

작성시 유의사항

1. 가족관계등록창설을 하고자 하는 사람이 고아인 경우에는 2. 가족관계사항은 생략할 수 있다.
2. 혼인중의 자(또는 혼인외 자)로서 출생신고의무자가 없어 가족관계등록부를 작성할 수 없는 경우의 가족관계등록창설은 기본사항과 가족관계사항에 위와 같은 형태로 기재하여 신분표를 작성한다. 다만 혼인외의 자는 모에 관한 특정등록사항(성명, 출생연월일, 주민등록번호, 성별, 본)만을 기재한다.
3. 위의 형태는 예시에 불과하므로 신분에 관한 사항은 사실에 따라 그 내용을 기재해야 한다.

가족관계등록신분표 (2)

1. 기본사항

등록기준지	시 구 동 번지

가족관계등록부사항

구분	상 세 내 용
작성	【원적】 도 군 면 리 번지

특정등록사항

구분	성명	출생연월일	주민등록번호	성별	본
본인	김본인(金本人)	년 월 일	-	남	金海

일반등록사항

구분	상 세 내 용
가족관계 등록창설	【출생장소】 도 군 면 리 번지

2. 가족관계사항

구분	성명	출생연월일	주민등록번호	성별	본
부	김일남(金一男)	년 월 일	-	남	金海
모	이일녀(李一女)	년 월 일	-	여	全州

3. 혼인관계사항

배우자	박여인(朴女人)	년 월 일	-	여	密陽

구분	상 세 내 용
혼인	【신고일】 년 월 일 【배우자】 박여인 (군사분계선이북지역거주, 도 군 면 리 번지 【배우자의출생연월일】 년 월 일

신청서 작성 안내

1. 성장환경진술서(첨부서류 6)의 작성요령

가. 성장환경 진술서에는 출생지, 성장지, 성장과정 및 기타 성장환경을 설명하는데 필요한 사항이 기재되어야 합니다.

나. 출생지는 지번을 알 수 없는 경우에는 행정구역명칭은 기재하되 지번의 기재는 생략할 수 있습니다.

다. 성장지는 가능한 시기별, 연령대별(1~7세, 8~13세까지 등)로 특정하여 기재합니다.

라. 성장과정에는 위 3항과 같이 각 시기마다 주거, 생계수단, 교육관계, 동거인, 후견인 등 생활환경을 종합적으로 기재합니다.

마. 이 진술서는 출생자본인이 작성할 수 없는 경우에는 신고인이 작성하여야 하며 작성자가 기명 또는 서명날인을 합니다.

2. 성장과정을 뒷받침하는 소명자료(첨부서류 7)의 예시 (이 소명자료에는 작성자의 주소, 전화번호를 기재하여야 함)

가. 취학한 사실이 있는 경우 그 학적부

나. 유치원, 병원이나 종교단체가 운영 또는 후원하는 시설, 기타 보호 및 위탁시설 등에 입소했던 경우 그 확인서 및 실종아동이 아니라는 소명자료

다. 근로자인 경우 대표자나 감독자의 확인서

3. 신청인의 표시방법

가족관계등록창설허가 신청은 가족관계등록부 부존재자 본인이 하는 것이므로 미성년자라 하더라도 의사능력이 있는 경우(약 만 15세이상)에는 스스로 가족관계등록창설허가 신청을 할 수 있으나, 의사능력이 없는 경우(약 만 15세 미만)에는 법정대리인이 신청하여야 하므로 신청서에 법정대리인(친권자 또는 후견인)임을 표시하고 그 성명과 주소, 연락처를 기재하여야 합니다.

[서식-29] 가족관계등록부등의 증명서 교부신청서

<table>
<tr><th colspan="6">가족관계등록부 등의 증명서 교부 등 신청서</th></tr>
<tr><td rowspan="3">신청
대상</td><td rowspan="3">□
대
상
자</td><td>성 명</td><td colspan="3">(한자 :)</td></tr>
<tr><td>등록
기준지</td><td colspan="3"></td></tr>
<tr><td>주민등록번호</td><td colspan="3">-
※ 뒷면 작성방법 5.에 해당하는 경우 등록기준지의 기재 없이 주민등록번호로도 신청할 수 있습니다.</td></tr>
<tr><td>신청내용</td><td colspan="5">1. 등록사항별 증명서 ①가족관계증명서…( )통 ②기본증명서…( )통
③혼인관계증명서…( )통 ④입양관계증명서…( )통
⑤친양자입양관계증명서…( )통
2. 신고서류기재사항증명…( )건
3. 수리 · 불수리 증명........( )건
4. 열람(신고서류) ____년__월__일 접수 ____________신고
5. 종전「호적법」에 따른 제적 : 본적____________
호주:________ 대상자 : 의
제적등본…( )통, 제적초본…( )통, 제적부열람…( )건</td></tr>
<tr><td>주민등록번호(뒷부분6자리숫자의) 공개신청 여부</td><td>□
공개
신청</td><td>공개
신청
사유</td><td colspan="3">□ 1. 신청대상자의 주민등록번호를 정확하게 기재한 경우
□ 2. 신청인이 신청대상자 본인 또는 본인의 부모, 양부모, 배우자, 자녀 및 그 대리인인 경우
□ 3. 가족관계등록관서 출석 신청인이 재판상 필요를 소명
□ 4. 공무원 등이 공용목적임을 소명한 경우</td></tr>
<tr><td>※ 수수료</td><td colspan="5">① 등록사항별 증명서 또는 제적 등본 1통당 1,000원, 제적초본 1통당 500원
② 신고서류 열람 · 증명(신고서류기재사항증명, 수리 · 불수리 증명 등),제적부열람 1건당 200원</td></tr>
<tr><td>청구사유</td><td colspan="5"></td></tr>
<tr><td>소명자료</td><td colspan="5"></td></tr>
<tr><td rowspan="3">신 청 인</td><td>성
명</td><td>㊞(서명)</td><td>주민등록번호 -</td><td>신청인자격</td><td>의</td></tr>
<tr><td rowspan="2">주
소</td><td colspan="2" rowspan="2"></td><td>휴대전화번호</td><td></td></tr>
<tr><td>전화번호</td><td></td></tr>
<tr><td>접수번호</td><td colspan="5">20 년 월 일
○○시(구) · 읍 · 면장 귀하</td></tr>
</table>

.... 절 취 선 ....

접 수 증

접수일자: 20 . . . 신청인 성명:

접수번호: 납부수수료액:

열람.교부예정시간: ○○시(구) · 읍 · 면장 (인)

※ 법 제117조 3호 : 제14조 제1항 · 제2항 및 제42조를 위반하여 거짓이나, 그밖의 부정한 방법으로 다른 사람의 신고서류를 열람하거나 신고서류에 기재되어 있는 사항 또는 등록부 등의 기록사항에 관한 증명서를 교부받은 사람은 3년 이하의 징역 또는 1천만원 이하의 벌금에 처하게 됩니다. 법 제11조제6항을 위반하여 발급대상이 아닌 사람에게 고의로 발급한 사람도 같은 처벌을 받습니다.

※ 발급관서가 "시"인 경우에는 "구"가 설치되지 않은 시를 말합니다.

[별 지]

<table>
<tr><td rowspan="4">신청 대상</td><td rowspan="4">□
대상자</td><td>성 명</td><td>(한자 :)</td></tr>
<tr><td>등록기준지</td><td></td></tr>
<tr><td rowspan="2">주민등록
번 호</td><td>-</td></tr>
<tr><td>※ 뒷면 작성방법 5.에 해당하는 경우 등록기준지의 기재 없이 주민등록번호만으로도 신청할 수 있습니다.</td></tr>
<tr><td>신청내용</td><td colspan="3">1. 등록사항별 증명서 ①가족관계증명서…( )통 ②기본증명서…( )통
③혼인관계증명서…( )통 ④입양관계증명서…( )통
⑤친양자입양관계증명서…( )통
2. 신고서류기재사항증명…( )건
3. 수리 · 불수리 증명........( )건
4. 열람(신고서류) ____년__월__일 접수 ____________신고
5. 종전「호적법」에 따른 제적 : 본적________________
호주:________ 대상자 : 의
제적등본…( )통, 제적초본…( )통, 제적부열람…( )건</td></tr>
<tr><td rowspan="4">신청 대상</td><td rowspan="4">□
대상자</td><td>성 명</td><td>(한자 :)</td></tr>
<tr><td>등록기준지</td><td></td></tr>
<tr><td rowspan="2">주민등록
번 호</td><td>-</td></tr>
<tr><td>※ 뒷면 작성방법 5.에 해당하는 경우 등록기준지의 기재 없이 주민등록번호만으로도 신청할 수 있습니다.</td></tr>
<tr><td>신청내용</td><td colspan="3">1. 등록사항별 증명서 ①가족관계증명서…( )통 ②기본증명서…( )통
③혼인관계증명서…( )통 ④입양관계증명서…( )통
⑤친양자입양관계증명서…( )통
2. 신고서류기재사항증명…( )건
3. 수리 · 불수리 증명........( )건
4. 열람(신고서류) ____년__월__일 접수 ____________신고
5. 종전「호적법」에 따른 제적 : 본적________________
호주:________ 대상자 : 의
제적등본…( )통, 제적초본…( )통, 제적부열람…( )건</td></tr>
<tr><td rowspan="4">신청 대상</td><td rowspan="4">□
대상자</td><td>성 명</td><td>(한자 :)</td></tr>
<tr><td>등록기준지</td><td></td></tr>
<tr><td rowspan="2">주민등록
번 호</td><td>-</td></tr>
<tr><td>※ 뒷면 작성방법 5.에 해당하는 경우 등록기준지의 기재 없이 주민등록번호만으로도 신청할 수 있습니다.</td></tr>
<tr><td>신청내용</td><td colspan="3">1. 등록사항별 증명서 ①가족관계증명서…( )통 ②기본증명서…( )통
③혼인관계증명서…( )통 ④입양관계증명서…( )통
⑤친양자입양관계증명서…( )통
2. 신고서류기재사항증명…( )건
3. 수리 · 불수리 증명........( )건
4. 열람(신고서류) ____년__월__일 접수 ____________신고
5. 종전「호적법」에 따른 제적 : 본적________________
호주:________ 대상자 : 의
제적등본…( )통, 제적초본…( )통, 제적부열람…( )건</td></tr>
</table>

작 성 방 법

(뒤 쪽)

※ 공동상속처럼 신청대상이 수인일 때 신청대상자란에 "별지와 같음"이라고 기재한 후 별지서식을 이용하여 기재할 수 있으며, 이 경우 신청서와 별지를 간인(서명)을 하여야 합니다.

※ 신청서를 작성하는 경우에는 대상자의 성명과 등록기준지를 정확히 기재하여야 합니다. 다만, 본인, 배우자, 직계혈족과 그 대리인의 경우와 아래 5.의 경우에는 대상자의 성명과 주민등록번호로도 청구할 수 있으나, 우편으로 청구할 때에는 등록기준지를 반드시 기재하여야 합니다.

1. 본인이 청구하는 경우에 신청서를 작성하지 아니할 수 있으나, 본인 등의 대리인이 위임을 받아 청구하는 경우에는 신청서에 본인 등의 위임장과 인감증명서 또는 주민등록증. 운전면허증. 여권. 공무원증 등의 신분증명서의 사본 및 신청인의 신분증명서 사본을 제출하여야 합니다. 다만, 다음 각 항에 해당하여 소명자료를 제출하는 경우에는 본인 등이 아닌 경우에도 본인 등의 위임 없이 증명서의 교부를 신청할 수 있습니다.

① 국가, 지방자치단체 또는 공공기관이 직무상 필요 및 법령상 근거에 따라 문서로 신청하는 경우
② 소송, 비송, 민사집행, 보전 등의 각 절차에서 필요한 경우
③ 다른 법령에서 본인 등에 관한 증명서를 제출하도록 요구하는 경우
④ 민법상의 법정대리인(후견인, 유언집행자, 상속재산관리인, 부재자재산관리인)
⑤ 채권.채무 등 재산권의 상속과 관련하여 상속인의 범위를 확인하기 위한 경우
⑥ 보험금 또는 연금의 수급권자를 결정하기 위하여 필요한 때
⑦ 「공익사업을 위한 토지 등의 취득 및 보상에 관한 법률」에 따라 토지 등의 소유자의 상속인을 확인할 필요가 있는 경우

※청구사유란 및 신청인의 자격란은 구체적으로 **아래 예**와 같이 기재하며, 신청인란의 기재를 하지 않거나, 청구사유를 기재하여야 할 사람이 청구사유를 기재하지 않은 경우 또는 신청인이나 청구사유를 허위로 기재한 경우에는 등록사항별 증명서 또는 제적부의 열람 및 등.초본을 발급받을 수 없습니다.

예) **청구사유** : 가사소송관련(○○○의 ○○사건)법원제출용
신청인의 자격 : 본인의 부, ○○○의 대리인.

2. 친양자입양관계증명서(신고서류의 열람을 포함한다)는 다음 각 호의 어느 하나에 해당하는 경우에 한하여 발급을 청구 할 수 있습니다.

① 성년자가 본인의 친양자입양관계증명서를 신청하는 경우
② 친양자의 친생부모·양부모가 본인의 친양자입양관계증명서를 신청하는 경우에는 친양자가 성년자임을 소명한 때
③ 혼인당사자가 「민법」 제809조의 친족관계를 파악하고자 하는 경우
④ 법원의 사실조회촉탁이 있거나 수사기관이 규칙 제23조제5항에 따라 문서로 신청하는 경우
⑤ 「민법」 제908조의4 및 제908조의5에 따라 입양취소 또는 파양을 할 경우
⑥ 친양자의 복리를 위하여 필요함을 친양자의 양부모가 구체적으로 소명할 때
⑦ 친양자입양관계증명서가 소송, 비송, 민사집행·보전의 각 절차에서 필요한 경우
⑧ 채권.채무 등 재산권의 상속과 관련하여 상속인의 범위를 확인하기 위한 경우
⑨ 가족관계등록부가 작성되지 않은 채로 사망한 사람의 상속인의 친양자입양관계증명서가 필요한 경우
⑩ 법률상의 이해관계를 소명하기 위하여 친양자의 친생부모·양부모의 친양자입양관계증명서를 신청하는 경우 그 해당법령과 구체적인 소명자료 및 필요 이유를 제시하는 경우

3. **주민등록번호 공개신청여부란**은 다음 각 호의 어느 하나에 해당하는 경우에 한하여 공개 신청여부와 그 사유를 선택하며, 그 밖의 경우에는 기재하지 않습니다.

① 시(구)·읍·면·동의 사무소에 출석한 신청인이 신청대상자의 주민등록번호를 정확하게 기재하여 해당 증명서의 교부를 청구하는 경우
② 신청서의 신청인란에 기재된 신청인이 본인 또는 그 부모, 양부모, 배우자, 자녀인 경우
③ 시(구)·읍·면 및 동의 사무소에 출석한 신청인이 소송, 비송, 민사집행, 보전 등의 각 절차에서 필요함을 소명하는 자료(예 : 법원의 재판서, 보정명령서 등)를 첨부하여 증명서의 교부를 청구하는 경우
④ 국가·지방자치단체의 공무원(「공익사업을 위한 토지 등의 취득 및 보상에 관한 법률」 제8조에 따른 사업시행자의 직원을 포함한다)이, 공용 목적임을 소명하는 자료(예: 공문서, 재결서 등)를 첨부하여 증명서의 교부를 청구하는 경우

4. 위 3.의 규정에도 불구하고 다음 각 호의 어느 하나에 해당하는 경우에는 주민등록번호 뒷부분 6자리 숫자의 공개를 제한하지 아니합니다.

① 종전「호적법 시행규칙」부칙(2004. 10. 18) 제3조에 규정된 이미지 전산 제적부 등
② 종전「호적법」에 따른 호적용지로 작성된 제적부

5. 아래의 경우 시(구)읍면동의 사무소에 직접 출석하여 신청대상자의 성명과 주민등록번호를 기재하고 신청인의 신분증사본을 첨부하면 **제적 등의 열람 및 등·초본, 등록사항별 증명서의 발급을** 청구할 수 있습니다.

- 위 제1.의 ①,②,③,④,⑥,⑦ 및 제2의 ⑦,⑧에 따라 청구하는 경우 법원의 보정명령 등 법령으로 정한 소명자료를 제출한 때 및 상속인이 상속관계의 확인을 위하여 청구하는 때

[서식-30] 사망신고서

사 망 신 고 서 (년 월 일)	※ 뒷면의 작성방법을 읽고 기재하시되 선택항목은 해당번호에 "◯"으로 표시하여 주시기 바랍니다.

①사망자	성명	한글		성 별	주민등록번호	−
		한자		□남 □여		
	등록기준지					
	주소			세대주.관계	의	
	사망일시	년 월 일 시 분(사망지 시각: 24시각제로 기재)				
	사망장소	장소	시(도) 구(군) 동(읍,면) 리 번지			
		구분	□주택 □의료기관 □ 사회복지시설(양로원, 고아원 등) □공공시설(학교, 운동장 등) □도로 □상업·서비스시설(상점, 호텔 등) □산업장 □농장(논밭, 축사, 양식장 등) □병원 이송 중 사망 ⑩기타()			
②기타사항						
③신고인	성명	서명	주민등록번호	−		
	자격	□동거친족 □ 비동거친족 □ 동거자	관계			
		□ 기타(보호시설장/사망장소관리장 등)	자격			
	주소		전화		이메일	
④제출인	성 명		주민등록번호	−		

※ 다음은 국가의 인구정책 수립에 필요한 자료로 「통계법」 제32조 및 제33조에 의하여 성실응답 의무가 있으며 개인의 비밀사항이 철저히 보호되므로 사실대로 기입하여 주시기 바랍니다.

⑤사망원인	가	직접 사인		발병부터 사망까지 기간	
	나	가의 원인			
	다	나의 원인			
	라	다의 원인			
	기타의신체상황		진단자	□의사 □한의사 □기타	
⑥사망종류	□병사 □ 외 인사(사고사 등) □기타 및 불상( )				
⑦외인사사항	사고종류	□운수(교통) □중독 □추락 □익사 □화재 □기타( )	의도성 여부	□비의도적 사고 □자살 □타살 □미상	
	사고일시	년 월 일 시 분(24시각제로 기재)			
	사고지역	□ 현주소지와 같은 시군구 ② 다른 시군구(시도, 시군구) □ 기타( )			
	사고장소	□주택 □의료기관 □사회복지시설(양로원, 고아원 등) □공공시설(학교, 운동장 등) □도로 □상업·서비스시설(상점, 호텔 등) □산업장 □농장(논밭, 축사, 양식장 등 □기타( )			
⑧사망자	국 적	□한국인□귀화한 한국인(이전국적:)			
	최종 졸업학교	□무학□초등학교□중학교 □고등학교 □대학(교) □ 대학원이상			
	발병(사고)당시직업		혼인상태	□미혼□배우자 있음 □이혼 □사별	

※ 아래사항은 신고인이 기재하지 않습니다.

읍면동접수	가족관계등록관서 송부	가족관계등록관서 접수 및 처리
	년 월 일(인)	

※ 타인의 서명 또는 인장을 도용하여 허위의 신고서를 제출하거나, 허위신고를 하여 가족관계등록부에 부실의 사실을 기록하게 하는 경우에는 형법에 의하여 5년 이하의 징역 또는 1천만원 이하의 벌금에 처해집니다.

작 성 방 법 ※ 사망신고서는 1부를 작성 제출하여야 합니다.

① 사 망 자	· 등록기준지: 해당자가 외국인인 경우에는 그 국적을 기재합니다. · 주민등록번호 : 해당자가 외국인인 경우에는 외국인등록번호(국내거소신고번호 또는 출생연월일)를 기재합니다. · 사망일시 : <예시> 오후 2시 30분(×) → 14시 30분(◯), 밤 12시 30분(×) → 다음날 0시 30분(◯) – 우리나라 국민이 외국에서 사망한 경우, 현지 사망시각을 서기 및 태양력으로 기재하되, 서머타임 실시기간 중 사망하였다면 사망지 시각 옆에 "(서머타임 적용)"이라고 표시합니다. · 사망장소 구분: ①주택은 사망장소가 사망자의 집이거나 부모.친척 등의 집에서 사망한 경우를 포함 ⑩ 기타는 예시 외에 비행기, 선박, 기차 등 기타 장소에 해당되는 경우
② 기타사항	· 사망진단서(시체검안서) 미첨부시 그 사유 등 가족관계등록부에 기록을 분명히 하는데 특히 필요한 사항을 기재합니다.
③ 신 고 인	· 자격란에는 해당항목에 "◯" 표시하되 ④ 기타는 사망장소를 관리하는 자 등이 포함됩니다.
④ 제 출 인	· 제출인(신고인 여부 불문)의 성명 및 주민등록번호를 기재합니다[접수담당공무원은 신분증과 대조]
⑤ 사망원인	· 사망진단서(시체검안서)에 기재된 모든 사망원인 및 그 밖의 신체상황 내용을 동일하게 기재합니다.
⑥ 사망종류	· 사망진단서(시체검안서)에 기재된 "사망의 종류"를 참고로 기재하되, ② 외인사는 질병 이외의원인 즉, 사고사 등으로 사망한 경우에 해당하며, ③ 기타 및 불상인 경우에는 그 내용을 구체적으로 기재합니다.
⑦ 외 인 사 사 항	· 사고사 등으로 사망한 경우에는 사망진단서의 기재 사항을 동일하게 기재하되 기재된 사항이 없는 경우 사고의 종류, 사고 발생 지역 및 장소를 구체적으로 기재합니다.
⑧ 사 망 자	· 사망자의 최종 졸업학교는 교육과학기술부장관이 인정하는 모든 정규기관을 기준으로 기재하되, 각급 학교의 재학(중퇴)자는 졸업한 최종학교의 해당 번호에 "◯" 표시를 합니다. <예시> 대학교 3학년 중퇴 → ④ 고등학교에 "◯" 표시 · 사망자의 발병(사고)당시 직업은 사망의 원인이 되는 질병 또는 사고가 발생 한 때의 직업을 구체적으로 기재합니다. <예시> 회사원(×) → ◯◯회사 영업부 판촉사원(◯)

첨 부 서 류
1. 사망자에 대한 진단서나 검안서 1부. 2. 사망의 사실을 증명할 만한 서면(진단서나 검안서를 첨부할 수 없을 때): 아래 중 1부. －사망증명서(동.리.통장 또는 인우 2명 이상이 작성한 사망증명서): 증명인이 인우인(2명 이상)인 경우에는 증명인의 인감증명서, 주민등록증사본, 운전면허증사본, 여권사본, 공무원증사본 중 1부 첨부하여야 하며, 증명인이 동.리.통장일 때에는 1명의 증명으로 족하고 원칙적으로 동.리.통장임을 증명하는 서면 첨부요. －관공서의 사망증명서 또는 매장인허증. －사망신고수리증명서(외국관공서에 사망신고한 경우). **※ 아래 3항은 가족관계등록관서에서 전산으로 그 내용을 확인할 수 있는 경우 첨부를 생략합니다.** 3. 사망자의 가족관계등록부의 기본증명서 1통. 4. 신분확인[가족관계등록예규 제23호에 의함] －신고인이 출석한 경우 : 신분증명서 －제출인이 출석한 경우:신고인의 신분증명서 사본 및 제출인의 신분증명서 －우편제출의 경우 : 신고인의 신분증명서 사본 5. 사망자가 외국인인경우 : 국적을 증명하는 서면(여권또는외국인등록증)사본

※재산상속의 한정승인, 포기의 안내	＊이 안내는 사망신고와는 관계가 없는 내용 입니다. 자세한 내용은 가정법원 또는 지방법원 민원실로 문의하시기 바랍니다.

1. 의 의: 한정승인 － 상속인이 상속으로 얻은 재산의 한도에서 상속을 승인하는 것. : 포기 － 상속재산에 속한 모든 권리의무의 승계를 포기하는 것. 2. 방 식: 한정승인 － 상속재산의 목록을 첨부하여 가정법원에 신고합니다. : 포기 － 가정법원에 포기의 신고를 합니다. 3. 신고기간: 상속개시 있음을 안 날로부터 3개월 이내(민법 제1019조제1항) : 상속인은 상속채무가 상속재산을 초과하는 사실을 중대한 과실 없이 상속개시 있음을 안 날로부터 3개월 이내에 알지 못하고 단순승인(민법 제1026조제1호 및 제2호에 따라 단순 승인한 것으로 보는 경우를 포함한다)을 한 경우에는 그 사실을 안 날로부터 3개월 이내에 한정승인을 할 수 있다. 4. 관 할: 상속개시지[피상속인의 (최후)주소지]관할 법원

[서식-31] 입양 신고서

(년 월 일)

※ 뒷면의 작성방법을 읽고 기재하시되, 선택항목은 해당번호에 "○"으로 표시하여 주시기 바랍니다.

구분			양 부				양 모		
① 양친	성명	한글		본(한자)		한글		본(한자)	
		한자		출생연월일		한자		출생연월일	
		주민등록번호		-		주민등록번호		-	
	등록기준지								
	주소								
② 양자	성명	한글		본(한자)		주민등록번호		-	
		한자		성 별	남 여	출생연월일			
	등록기준지								
	주 소								
③양자의 친생부모	부	성명		등록기준지					
				주민등록번호	-				
	모	성명		등록기준지					
				주민등록번호	-				
④ 기타사항									
⑤ 증인	성 명		서명	주민등록번호	-				
	주 소								
	성 명		서명	주민등록번호	-				
	주 소								
⑥ 동의자	부	성명	서명						
	모	성명	서명						
	직계존속		서명	주민등록번호	-	관계	양자의		
	양자의 배우자		서명	주민등록번호	-				
	후견인	서명	주민등록 번 호	-	허가 법원		허가 일자	년 월 일	
⑦ 신고인	양 부		서명	전 화					
				이메일					
	양 모		서명	전 화					
				이메일					
	양 자		서명	전 화					
				이메일					
	법 정 대리인	□ 부모	부	서명	전 화				
					이메일				
			모	서명	전 화				
					이메일				
		□ 후견인		서명	전 화				
					이메일				
			15세미만자의 입양승낙	허가 법원		허가일자	년 월 일		
⑧제출인	성 명		주민등록번호	-					

작 성 방 법

※ 등록기준지 : 각 란의 해당자가 외국인인 경우에는 그 국적을 기재합니다.

※ 주민등록번호 : 각 란의 해당자가 외국인인 경우에는 외국인등록번호(국내거소 신고번호 또는 출생연월일)를 기재합니다.

①란 및 ②란 : 법 제25조제2항에 따라 주민등록번호란에 주민등록번호를 기재한 때에는 출생연월일의 기재를 생략할 수 있습니다.

④란 : 아래의 사항 및 가족관계등록부에 기록을 분명하게 하는데 특히 필요한 사항을 기재 합니다

- 양자가 될 자(만 15세 미만)의 법정대리인 또는 가정법원의 허가를 받은 후견인이 그를 갈음하여 입양을 승낙하고 이를 신고하는 때에는 그 사유
- 「입양촉진 및 절차에 관한 특례법」 제8조제1항에 따라 양자의 성과 본을 양친의 원에 의하여 양친의 성과 본을 따르는 경우에는 그에 관한 사항

⑥란 : 동의자란의 기재요령은 다음과 같습니다.

- 양자가 될 자는 부.모의 동의를 받아야 하며(다만, 가족관계등록부에 판결에 의하여 친권이 상실된 자로 기록된 부 또는 모는 동의할 수 없습니다), 부.모가 사망 그 밖의 사유로 인하여 동의를 할 수 없는 경우에는 직계존속[최근친, 연장자(동순위인 경우)순위로]의 동의를 받아야 합니다.
- 양자가 될 자가 미성년자이고, 그 미성년자에 대하여 위에서 언급한 부.모나 직계존속이 없는 경우에는 가정법원의 허가를 받은 후견인의 동의가 있어야 합니다.
- 입양대락자는 입양동의자란에 기재하지 않아도 됩니다.
- 배우자 있는 자가 양자가 될 때에는 다른 한쪽의 동의를 받아야 합니다.
- 금치산자가 양자를 입양시키거나 양자가 되고자 할 때에는 후견인의 동의를 받아야 합니다.

⑦란 : 양자란에는 양자가 될 자가 기명날인(또는 서명)하며, 다만 양자가 될 자가 15세 미만인 때에는 양자란에는 기재하지 않고 법정대리인(가정법원의 허가를 받은 후견인은 허가법원과 허가일자를 기재)이 법정대리인란의 해당 항목번호에 "○" 으로 표시한 후 기명날인(또는 서명)합니다.

: 입양촉진 및 절차에 관한 특례법에 의한 입양신고의 경우에는 양친될 자와 양자될 자의 후견인이 함께 신고인란에 기재합니다.

⑧란 : 제출자(신고인 여부 불문)의 성명 및 주민등록번호 기재[접수담당공무원은 신분증과 대조]

첨 부 서 류

※ 아래 1항은 가족관계등록관서에서 전산으로 그 내용을 확인할 수 있는 경우에는 등록사항별 증명서의 첨부를 생략합니다.

1. 입양당사자의 가족관계등록부의 기본증명서, 가족관계증명서 및 입양관계증명서 각 1통.
2. 입양동의서1부(입양에 대한 동의가 필요한 경우, 다만 동의한 사람이 입양신고서의 "동의자" 란에 성명과 주민등록번호를 기재하고 기명날인 한 때에는 제외).
3. 입양동의 또는 입양승낙에 대한 가정법원의 허가서 등본 1부(양자가 될 자가 미성년자로서 부모 또는 다른 직계존속이 없어 후견인의 동의를 받아야 하는 경우, 후견인이 피후견인을 양자로 하는 경우 및 후견인이 입양승낙을 하는 경우).
4. 사건본인이 외국인인 경우
   - 한국 방식에 의한 입양: 국적을 증명하는 서면(여권 또는 외국인등록증) 원본
   - 외국 방식에 의한 입양: 입양증서 등본 및 국적을 증명하는 서면(여권 또는 외국인등록증) 사본 각 1부
5. 양자가 외국인인 경우, 그 자녀의 본국법이 해당 신분행위의 성립에 자녀 또는 제3자의 승낙이나 동의 등을 요건으로 하는 경우에는 그 요건을 갖추었음을 증명하는 서면.
6. 신분확인[가족관계등록예규 제23호에 의함]
   ① 일반적인 입양신고
   - 신고인이 출석한 경우 : 신고인 모두의 신분증명서
   - 신고인 불출석, 제출인 출석의 경우 : 제출인의 신분증명서 및 신고인 모두의 신분증명서 또는 서명공증 또는 인감증명서(신고인의 신분증명서 없이 신고서에 신고인이 서명한 경우 서명공증, 신고서에 인감 날인한 경우는 인감증명)
   - 우편제출의 경우 : 신고인 모두의 서명공증 또는 인감증명서(신고서에 서명한 경우 서명공증, 인감을 날인한 경우는 인감증명서)

   ② 보고적인 입양신고(증서등본에 의한 입양 포함)
   - 신고인이 출석한 경우 : 신분증명서
   - 제출인이 출석한 경우 : 제출인의 신분증명서
   - 우편제출의 경우 : 신고인의 신분증명서 사본

※ 양자가 15세 미만인 입양에 있어서 법정대리인의 출석 또는 신분증명서의 제시가 있거나 인감증명서의 첨부가 있으면 신고인의 신분증명서 제시 또는 인감증명서의 첨부가 있는 것으로 볼 수 있습니다.

[서식-32] 창성신고서

<table>
<tr><td colspan="3">창 성 신 고 서
(년 월 일)</td><td colspan="6">※아래의 작성방법을 읽고 기재하시되 선택항목은 해당번호에 "○" 으로 표시하여 주시기 바랍니다.</td></tr>
<tr><td rowspan="4">①
창
성
자</td><td rowspan="2">성 명</td><td>한글</td><td colspan="2"></td><td rowspan="2">주민등록
번 호</td><td colspan="3" rowspan="2">-</td></tr>
<tr><td>한자</td><td colspan="2"></td></tr>
<tr><td>등록기준지</td><td colspan="7"></td></tr>
<tr><td>주 소</td><td colspan="7"></td></tr>
<tr><td rowspan="2">②
성.본</td><td>종전의
성(姓)</td><td>한글</td><td></td><td>한자</td><td>종전의
본(本)</td><td>한글</td><td></td><td>한자</td></tr>
<tr><td>창설한
성(姓)</td><td>한글</td><td></td><td>한자</td><td>창설한
본(本)</td><td>한글</td><td></td><td>한자</td></tr>
<tr><td colspan="2">③허가일자</td><td colspan="3">년 월 일</td><td>법원명</td><td colspan="3"></td></tr>
<tr><td colspan="2">④기타사항</td><td colspan="7"></td></tr>
<tr><td rowspan="3">⑤
신
고
인</td><td>성 명</td><td colspan="3">서명</td><td>주민등록번호</td><td colspan="3">-</td></tr>
<tr><td>자 격</td><td colspan="7">□본인 □법정대리인 □기타(자격:)</td></tr>
<tr><td>주 소</td><td colspan="3"></td><td>전화</td><td></td><td>이메일</td><td></td></tr>
<tr><td>⑥제출인</td><td>성 명</td><td colspan="3"></td><td>주민등록번호</td><td colspan="3">-</td></tr>
</table>

작 성 방 법

※ 본 신고는 외국의 성을 쓰는 국적취득자가 그 성을 쓰지 않고 새로이 성과 본을 정하고자 하는 경우, 관할 가정법원에서 창성허가심판을 받아 그 허가심판서등본을 첨부하여 창성허가심판의 고지를 받은 날로부터 1개월 이내에 하는 신고입니다.

④란 : 가족관계등록부에 기록을 분명하게 하는데 특히 필요한 사항을 기재합니다.
: 창성 전의 성과 본이 한자나 한글이 아닌 경우에 원래의 문자 표기

⑤란 : 신고인이 외국인인 경우에는 외국인등록번호(국내거소신고번호 또는 출생연월일)를 기재합니다.

⑥란 : 제출자(신고인 여부 불문)의 성명 및 주민등록번호 기재[접수담당공무원은 신분증과 대조]

첨 부 서 류

1. 창성허가심판등본 1부.
2. 신분확인[가족관계등록예규 제23호에 의함]
- 신고인이 출석한 경우 : 신분증명서
- 제출인이 출석한 경우 : 제출인의 신분증명서
- 우편제출의 경우 : 신고인의 신분증명서 사본

[서식-33] 출 생 신 고 서
(년 월 일)

※뒷면의 작성방법을 읽고 기재하시되, 선택항목은 해당번호에 "○"으로 표시하여 주시기 바랍니다.

① 출 생 자	성 명	한글		본 (한자)		성별	□남 □여	□혼인중의 출생자 □혼인외의 출생자
		한자						
	출생일시	년 월 일 시 분(출생지 시각: 24시각제)						
	출생장소	□자택 □병원 □기타	시(도) 구(군) 동(읍,면) 리 번지의					
	부모가 정한 등록기준지							
	주소			세대주 및 관계	의			
	자녀가 이중국적자인 경우 그 사실 및 취득한 외국 국적							
② 부 모	부 성명	(한자:)	본(한자)		주민등록번호	-		
	모 성명	(한자:)	본(한자)		주민등록번호	-		
	부의 등록기준지							
	모의 등록기준지							
혼인신고시 자녀의 성·본을 모의 성·본으로 하는 협의서를 제출하였습니까? 예□아니오□								
③친생자관계 부존재확인판결 등에 따른 가족관계등록부 폐쇄후 다시 출생신고하는 경우								
폐쇄등록부상 특정사항	성 명		주민등록번호	-				
	등록기준지							
④기타사항								
⑤ 신 고 인	성명	서명	주민등록번호	-				
	자격	□부 □모 □동거친족 □기타(자격:)						
	주소							
	전화		이메일					
⑥ 제출인	성 명		주민등록번호	-				

※ 다음은 국가의 인구정책 수립에 필요한 자료로 「통계법」 제32조 및 제33조에 따라 성실응답 의무가 있으며 개인의 비밀사항이 철저히 보호되므로 사실대로 기입하여 주시기 바랍니다.

	출생자에 관한 사항		
⑦임신주(週)수	임신 □□ 주 □ 일	⑧신생아체중	□.□□□ kg
⑨다태아 여부 및 출생순위	①단태아 ②쌍태아(쌍둥이) → 쌍둥이 중 ①첫번째 ②두번째 ③삼태아(세쌍둥이) 이상 → □ 쌍둥이 중 □ 번째		

	출생자의 부(父)에 관한 사항	출생자의 모(母)에 관한 사항
⑩국적	□한국인 □귀화한 한국인(이전국적:) □외국인(국적:)	□한국인 □귀화한 한국인(이전국적:) □외국인(국적:)
⑪실제생년월일	양력 / 음력 년 월 일	양력 / 음력 년 월 일
⑫최종졸업학교	□무학 □초등학교□ 중학교 □고등학교□대학(교) □대학원이상	□무학 □초등학교 □ 중학교 □고등학교 □대학(교) □대학원 이상
⑬직 업	*	* 주된 일의 종류와 내용을 기입 합니다.
⑭실제결혼생활시작일	년 월 일 부터	
⑮모의 총출산아 수	이 아이까지 총 □□ 명 출산 (□□ 명 생존, □ 명 사망)	

작 성 방 법

※ 등록기준지 : 각 란의 해당자가 외국인인 경우에는 그 국적을 기재합니다.
※ 주민등록번호 : 각 란의 해당자가 외국인인 경우에는 외국인등록번호(국내거소 신고번호 또는 출생연월일)를 기재합니다.

①란 : 출생자의 이름에 사용하는 한자는 대법원규칙이 정하는 범위내의 것(인명용 한자)으로, 이름자는 5자(성은 포함하지 않는다)를 초과하지 않아야 합니다. 사용가능한 인명용한자는 대법원 전자민원센터(www.scourt.go.kr/minwon)에서 확인할 수 있습니다.
: 출생일시는 24시각제로 기재합니다. (예: 오후 2시 30분 → 14시 30분)
: 우리나라 국민이 외국에서 출생한 경우에는 그 현지 출생시각을 서기 및 태양력으로 기재하되, 서머타임 실시기간 중 출생하였다면 그 출생지 시각 옆에 "(서머타임 적용)"이라고 표시합니다.
: 자녀가 이중국적자인 경우 그 사실 및 취득한 외국 국적을 기재합니다.

②란 : 부(父)에 관한 사항 - 혼인외 출생자를 모(母)가 신고하는 경우에는 기재하지 않으며, 전혼 해소 후 100일 이내에 재혼한 여자가 재혼성립 후 200일 이후, 직전 혼인의 종료 후 300일 이내에 출산하여 모가 출생신고를 하는 경우에는 부의 성명란에 "부미정"으로 기재합니다.

③란 : 친생자관계 부존재확인판결, 친생부인판결 등으로 가족관계등록부 폐쇄후 다시 출생신고하는 경우에만 기재합니다.

④란 : 아래의 사항 및 가족관계등록부에 기록을 분명하게 하는 데 특히 필요한 사항을 기재합니다.
- 후순위 신고의무자가 출생신고를 하는 경우 : 선순위자(부모)가 신고를 못하는 이유
- 출생전에 태아인지 한 사실 및 태아인지신고한 관서
- 외국에서 출생한 경우: 현지 출생시각을 한국시각으로 환산하여 정하여지는 출생일시를 기재합니다. 그 현지 출생시각이 서머타임이 적용된 시각인 경우에는 그에 관한 사실을 기재합니다.
- 외국인인 부(父)의 성을 따라 외국식 이름으로 외국의 등록관서에 등재되어 있으나 한국식 이름으로 출생신고 하는 경우: 외국에서 신고된 성명
- 「민법」 제781조제1항 단서에 따라 혼인신고시 모의 성.본을 따르기로 협의한 경우 그 취지

⑥란 : 제출자(신고인 여부 불문)의 성명 및 주민등록번호 기재[접수담당공무원은 신분증과 대조]

⑦~⑨ 출생자란 : 출생자에 관한 사항입니다.

⑨란 : 다태아(쌍둥이 이상)여부는 실제로 출생한 아이의 수와 관계없이 임신하고 있던 당시의 태아수에 "○" 표시하며, 다태아 중 출생신고 대상 아이마다 출생순위가 몇 번째인지를 표시합니다.

⑩~⑮ 부모란 : 출생당시 출생자 부모에 관한 사항입니다.

⑫란 : 교육과학기술부장관이 인정하는 모든 정규교육기관을 기준으로 기재하되, 각급 학교의 재학 또는 중퇴자는 최종 졸업한 학교의 해당번호에 "○"으로 표시합니다.
<예시> 대학교 3학년 중퇴 : 고등학교에 "○" 표시

⑬란 : 아이가 출생할 당시의 부모의 주된 직업을 말하며 주된 일의 종류와 내용을 사업장명과 함께 기재합니다.
<예시> ○○회사 영업부 판촉사원, ○○상가에서 의류판매, 우리 논에서 논농사

⑮란 : 모의 총 출산아수 - 신고서상 아이를 포함하여 모두 몇 명의 아이를 출산했고 그 중 생존아와 사망아 수를 기재하며, 모가 재혼인 경우에는 이전의 혼인에서 낳은 자녀까지 포함합니다.

첨 부 서 류

1. 출생증명서 1통(다음 중 하나).
   - 의사나 조산사가 작성한 것.
   - 출생자가 병원 등 의료기관에서 출생하지 않은 경우에는 출생사실을 알고 있는 자가 작성한 것(이 출생증명서 양식은 가족관계등록예규 제283호에 따로 정함).
   - 외국의 관공서가 작성한 출생신고수리증명서(또는 출생증명서)와 번역문.

※ 아래 2항 및 3항은 가족관계등록관서에서 전산으로 그 내용을 확인할 수 있는 경우에는 등록사항별 증명서의 첨부를 생략합니다.

2. 출생자의 부(父) 또는 모(母)의 혼인관계증명서 1통.
   - 부(父)가 혼인외의 자를 출생신고하는 경우에는 반드시 모(母)의 혼인관계증명서 첨부.
   - 출생자의 모의 가족관계등록부가 없거나 등록이 되어 있는지가 분명하지 아니한 사람인 경우에는 그 모가 유부녀(有夫女)가 아님을 공증하는 서면 또는 2명 이상의 인우인 보증서.
3. 자녀의 출생당시 모(母)가 한국인임을 증명하는 서면(예: 모의 기본증명서) 1통(1998. 6. 14. 이후에 외국인 부와 한국인 모 사이에 출생한 자녀의 출생신고를 하는 경우).
4. 자녀의 출생당시에 대한민국 국민인 부(父) 또는 모(母)의 가족관계등록부가 없거나 분명하지 아니한 사람인 경우 : 부(父) 또는 모(母)에 대한 성명, 출생연월일 등 인적사항을 밝힌 우리 나라의 관공서가 발행한 공문서 사본 1부(예: 여권, 주민등록등본, 그 밖의 증명서).
5. 자녀가 이중국적자인 경우 취득한 국적을 소명하는 자료 1부.
6. 신분확인[가족관계등록예규 제23호에 의함]
   - 신고인이 출석한 경우 : 신분증명서
   - 제출인이 출석한 경우 : 신고인의 신분증명서 사본 및 제출인의 신분증명서
   - 우편제출의 경우 : 신고인의 신분증명서 사본

[서식-34] 친권상실, 대리권(상실, 사퇴)신고서

친권상실 법률행위대리권 재산관리권(상실 사퇴)신고서

※ 아래의 작성방법을 읽고 기재하시되 선택항목은 해당번호에 "○"으로 표시하여 주시기 바랍니다.

①미성년자	성명	한글		한자		주민등록번호	-
	등록기준지					출생연월일	
	주소						
	성명	한글		한자		주민등록번호	-
	등록기준지					출생연월일	
	주소						
	성명	한글		한자		주민등록번호	
	등록기준지					출생연월일	
	주소						
	성명	한글		한자		주민등록번호	-
	등록기준지					출생연월일	
	주소						
②권리상실자(사퇴자)	성명	한글		한자		주민등록번호	-
	등록기준지						
	주소						
③재판확정일자		년 월 일		법원명			
④기 타 사 항							
⑤신고인	성 명	서명				주민등록번호	-
	자 격	☐소 제기자 ☐법정대리인 ☐기타(자격 :)					
	주 소		전화		이메일		
⑥제출인	성 명		주민등록번호	-			

작 성 방 법

※ 등록기준지 : 각 란의 해당자가 외국인인 경우에는 그 국적을 기재합니다.

※ 주민등록번호 : 각 란의 해당자가 외국인인 경우에는 외국인등록번호(국내거소신고번호 또는 출생연월일)를 기재합니다.

①란 : 2명 이상의 미성년자인 자녀에 대해 신고가 있는 경우에는 순서대로 적으시면 됩니다.

: 법 제25조제2항에 따라 주민등록번호란에 주민등록번호를 기재한 때에는 출생연월일의 기재를 생략할 수 있습니다.

④란 : 가족관계등록부에 기록을 분명하게 하는데 특히 필요한 사항을 기재합니다.

⑥란 : 제출자(신고인 여부 불문)의 성명 및 주민등록번호 기재[접수담당공무원은 신분증과 대조]

첨 부 서 류

1. 상실을 원인으로 할 경우에는 재판서등본 및 확정증명서 각 1부.
2. 사퇴를 원인으로 할 경우에는 허가심판서등본 1부.

※ 아래 3항은 가족관계등록관서에서 전산으로 그 내용을 확인할 수 있는 경우 첨부를 생략합니다.

3. 당사자의 가족관계등록부의 기본증명서, 가족관계증명서 각 1통.
4. 신분확인[가족관계등록예규 제23호에 의함]
   - 신고인이 출석한 경우 : 신분증명서
   - 제출인이 출석한 경우 : 제출인의 신분증명서
   - 우편제출의 경우 : 신고인의 신분증명서 사본

[서식-35] 혼인 신고서 ※등록기준지란에는 본적을 기재합니다.

혼 인 신 고 서
(2014 년 08 월 14 일)

※ 뒷면의 작성방법을 읽고 기재하시되, 선택항목은 해당번호에 "○" 으로 표시하여 주시기 바랍니다.

구분			남 편(부)			아 내(처)		
①혼인당사자(신고인)	성명	한글	*(성(명))/ 홍 길 동	⑩ 또는 서명		*(성) / (명) 김 영 희	⑩ 또는 서명	
		한자	(洪 / 吉 洞			(성) / (명) 金 英 嬉		
	본(한자)		全 州	전화	010-111-1111	본(한자) 金 海	전화	010-222-2222
	출생연월일		1977년 01월 01일			1980년 02월 02일		
	*주민등록번호		770101-1111111			800202-2222222		
	*등록기준지		(본적)서울시 금천구 독산로93길7			(본적) 충남 보령시 웅천읍 장터8길11		
	*주소		서울시 금천구 시흥대로73길 70			전북 정읍시 신태인읍 연정2길 3		
②부모(양부모)	부 성명		홍 철 수			김 광 수		
	주민등록번호		450303-1111111			520812-1111111		
	등록기준지		(본적)서울시 금천구 독산로93길7			(본적) 충남 보령시 웅천읍 장터8길11		
	모 성명		이 순 자			박 미 숙		
	주민등록번호		471111-2222222			500405-2222222		
	등록기준지		(본적)서울시 금천구 독산로93길7			(본적) 충남 보령시 웅천읍 장터8길11		
*③직전혼인해소일자			년 월 일			년 월 일		

외국방식에 의한 혼인성립일자	년 월 일
⑤성·본의 협의	자녀의 성·본을 모의 성·본으로 하는 협의를 하였습니까? 예□아니요□
근친혼 여부	혼인당사자들이 8촌이내의 혈족사이에 해당됩니까? 예□아니요□
기타사항	

증인				
성 명	유 민 수 ⑩또는 서명	주민등록번호	770303-1111111
주 소	경기도 안양시 동안구 동안로 252, 107동 505호		
성 명	정 미 희 ⑩또는 서명	주민등록번호	780505-2222222
주 소	서울시 강북구 덕릉로23길 7		

⑨동의자				후견인		
남편	부 성명	⑩ 또는 서명		성명	⑩ 또는 서명
	모 성명	미성년자만 기재		주민등록번호	
아내	부 성명			성명	⑩ 또는 서명
	모 성명	⑩ 또는 서명		주민등록번호	

⑩제출인	성명	홍 길 동	주민등록번호	770101-1111111

★ 증인의 서명/도장 반드시 필요 ★

인구동향조사

<table>
<tr><td>⑪실제결혼
생활시작일</td><td colspan="4">20○○ 년 07 월 07 일부터 동거</td></tr>
<tr><td>⑫
국적</td><td>남편</td><td>1 대한민국(출생 시 국적취득)
2 대한민국[귀화(수반포함).인지 국적취득, 이전국적 :]
3 외국(국적)</td><td>처</td><td>1 대한민국(출생 시 국적취득)
2 대한민국[귀화(수반포함).인지 국적취득, 이전국적 :]
3 외국(국적)</td></tr>
<tr><td>⑬
혼인
종류</td><td>남편</td><td>1 초혼 2 사별 후 재혼 3 이혼 후 재혼</td><td>처</td><td>1 초혼 2 사별 후 재혼
3 이혼 후 재혼</td></tr>
<tr><td>⑭
최종
졸업
학교</td><td>남편</td><td>1 무학 2 초등학교
3 중학교 4 고등학교
5 대학(교) 6 대학원 이상</td><td>처</td><td>1 무학 2 초등학교
3 중학교
4 고등학교 5 대학(교)
6 대학원 이상</td></tr>
<tr><td>⑮
직 업</td><td>남편</td><td>1 관리자
2 전문가 및 관련종사자
3 사무종사자
4 서비스종사자
5 판매종사자
6 농림어업 숙련 종사자
7 기능원 및 관련 기능 종사자
8 장치·기계 조작 및 조립 종사자
9 단순노무 종사자
10 학생 11 가사 12 군인
13 무직</td><td>처</td><td>1 관리자
2 전문가 및 관련종사자
3 사무종사자
4 서비스종사자
5 판매종사자
6 농림어업 숙련 종사자
7 기능원 및 관련 기능 종사자
8 장치·기계 조작 및 조립 종사자
9 단순노무 종사자
10 학생 11 가사 12 군인 13 무직</td></tr>
</table>

※ 타인의 서명 또는 인장을 도용하여 허위의 신고서를 제출하거나, 허위신고를 하여 가족관계등록부에 실제와 다른 사실을 기록하게 하는 경우에는 **형법에 의하여 처벌**받을 수 있으며, ***표시 자료는** 인구동향조사 목적으로 통계청에서도 수집하고 있는 자료임을 알려드립니다.

※ 아래 사항은 통계청의 인구동향조사를 위한 것으로, 「통계법」 제32조 및 제33조에 의하여 성실응답의무가 있으며 개인의 비밀사항이 철저히 보호되므로 사실대로 기입하여 주시기 바랍니다.

[서식-36] 혼인 취소신고서

<table>
<tr><td colspan="3">혼인취소신고서
(년 월 일)</td><td colspan="6">※ 아래의 작성방법을 읽고 기재하시되, 선택항목은 해당번호에 "○" 으로 표시하여 주시기 바랍니다.</td></tr>
<tr><td colspan="3">구 분</td><td colspan="3">남 편(부)</td><td colspan="3">아 내(처)</td></tr>
<tr><td rowspan="7">① 당사자</td><td rowspan="2">성 명</td><td>한글</td><td></td><td rowspan="2">본
(한자)</td><td rowspan="2"></td><td></td><td rowspan="2">본
(한자)</td><td rowspan="2"></td></tr>
<tr><td>한자</td><td></td><td></td></tr>
<tr><td colspan="2">주민등록번호</td><td colspan="3">–</td><td colspan="3">–</td></tr>
<tr><td colspan="2">출생연월일</td><td colspan="3"></td><td colspan="3"></td></tr>
<tr><td colspan="2">등록기준지</td><td colspan="3"></td><td colspan="3"></td></tr>
<tr><td colspan="2">주 소</td><td colspan="3"></td><td colspan="3"></td></tr>
<tr><td rowspan="4">② 부모</td><td colspan="2">부(양부)성명</td><td colspan="3"></td><td colspan="3"></td></tr>
<tr><td colspan="2">주민등록번호</td><td colspan="3"></td><td colspan="3"></td></tr>
<tr><td colspan="2">모(양모)성명</td><td colspan="3"></td><td colspan="3"></td></tr>
<tr><td colspan="2">주민등록번호</td><td colspan="3"></td><td colspan="3"></td></tr>
<tr><td colspan="3">③ 기타사항</td><td colspan="6"></td></tr>
<tr><td colspan="3">④ 재판확정일자</td><td colspan="3">년 월 일</td><td>법원명</td><td colspan="2">법원</td></tr>
<tr><td rowspan="4">⑤ 친권자 지정</td><td colspan="2">미성년자성명</td><td colspan="3"></td><td colspan="3"></td></tr>
<tr><td colspan="2">주민등록번호</td><td colspan="3">–</td><td colspan="3">–</td></tr>
<tr><td colspan="2" rowspan="2">친권자</td><td rowspan="2">□부 □모
□부모</td><td>지정일자</td><td>년 월 일</td><td rowspan="2">□부 □모
□부모</td><td>지정일자</td><td>년 월 일</td></tr>
<tr><td>원인</td><td>( )법원의 결정</td><td>원인</td><td>( )법원의 결정</td></tr>
<tr><td rowspan="3">⑥ 신고인</td><td colspan="2">성 명</td><td colspan="3">서명</td><td>주민등록번호</td><td colspan="2">–</td></tr>
<tr><td colspan="2">자 격</td><td colspan="6">□소 제기자 □소의상대방 □기타(자격:)</td></tr>
<tr><td colspan="2">주 소</td><td colspan="2"></td><td>전화</td><td></td><td>이메일</td><td></td></tr>
<tr><td colspan="2">⑦제출인</td><td>성 명</td><td colspan="3"></td><td>주민등록번호</td><td colspan="2">–</td></tr>
</table>

작 성 방 법

※ 등록기준지 : 각 란의 해당자가 외국인인 경우에는 그 국적을 기재합니다.
※ 주민등록번호 : 각 란의 해당자가 외국인인 경우에는 외국인등록번호 (국내거소신고번호 또는 출생연월일)를 기재합니다.
①란 : 법 제25조제2항에 따라 주민등록번호란에 주민등록번호를 기재한 때에는 출생연월일의 기재를 생략할 수 있습니다.
②란 : 당사자의 부모가 주민등록번호가 없는 경우에는 등록기준지(본적)를 기재합니다.
당사자가 양자인 경우 양부모의 성명.주민등록번호를 기재하며, 당사자의 부모가 외국인인 경우에는 주민등록번호란에 외국인등록번호(또는 출생년월일) 및 국적을 기재합니다.
③란 : 아래의 사항 및 가족관계등록부에 기록을 분명하게 하는데 특히 필요한 사항을 기재합니다.
- 신고사건으로 신분의 변경이 있게 되는 자가 있을 경우에는 그 자의 성명, 생년월일, 등록기준지 및 신분변경의 사유
⑤란 : 혼인취소재판에서 지정된 친권자를 기재합니다.
⑦란 : 제출자(신고인 여부 불문)의 성명 및 주민등록번호 기재[접수담당공무원은 신분증과 대조]

첨 부 서 류

1. 혼인취소재판의 등본 및 확정증명서 각 1부.

※ 아래 2항은 가족관계등록관서에서 전산으로 그 내용을 확인할 수 있는 경우 첨부를 생략합니다.

2. 혼인취소 당사자의 가족관계등록부의 기본증명서, 혼인관계증명서 각 1통.
3. 신분확인[가족관계등록예규 제23호에 ,의함]
 - 신고인이 출석한 경우 : 신분증명서
 - 제출인이 출석한 경우 : 제출인의 신분증명서
 - 우편제출의 경우 : 신고인의 신분증명서 사본
4. 사건본인이 외국인인 경우 : 국적을 증명하는 서면(여권 또는 외국인등록증) 사본

부 록

1. 상속포기 한정승인

2. 이혼재산분할

3. 성년후견실무

[부록 1]

[상속포기 한정승인]

1. 사망신고-가족관계의 등록 등에 관한 법률 (약칭:가족관계등록법)

제84조(사망신고와 그 기재사항)
① 사망의 신고는 제85조에 규정한 사람이 사망의 사실을 안 날부터 1개월 이내에 진단서 또는 검안서를 첨부하여 하여야 한다.
② 신고서에는 다음 사항을 기재하여야 한다.
1. 사망자의 성명, 성별, 등록기준지 및 주민등록번호
2. 사망의 연월일시 및 장소
③ 부득이한 사유로 제2항의 신고서에 제1항의 진단서나 검안서를 첨부할 수 없는 때에는 사망의 사실을 증명할 만한 서면으로서 대법원규칙으로 정하는 서면을 첨부하여야 한다. 이 경우 제2항의 신고서에 진단서 또는 검안서를 첨부할 수 없는 사유를 기재하여야 한다.

제85조(사망신고의무자)
① 사망의 신고는 동거하는 친족이 하여야 한다.
② 친족·동거자 또는 사망장소를 관리하는 사람, 사망장소의 동장 또는 통·이장도 사망의 신고를 할 수 있다.
제86조(사망신고의 장소)
사망의 신고는 사망지·매장지 또는 화장지에서 할 수 있다. 다만, 사망지가 분명하지 아니한 때에는 사체가 처음 발견된 곳에서, 기차나 그 밖의 교통기관 안에서 사망이 있었을 때에는 그 사체를 교통기관에서 내린 곳에서, 항해일지를 비치하지 아니한 선박 안에서 사망한 때에는 그 선박이 최초로 입항한 곳에서 할 수 있다.

사망신고는 사람이 사망한 경우에 하는 보고적 신고이다. 사람은 생존하는 동안 권리와 의무의 주체가 되므로 출생신고에 의하여 가족관계등록부가 작성되고 사망신고에 의하여 최종적으로 가족관계등록부가 폐쇄된다.
사망신고의 장소에 관한 일반적 규정에 따르면 사망신고는 사건본인의 등록

기준지 또는 신고인의 주소지나 현재지에서 신고하여야 하나, 특별 규정(법 제86조)으로 별도의 사망신고 장소를 규정하였다.

2. 사망자에 대한 재산조회(방문신청 또는 온라인신청)

가. 신청시기 : 사망신고 동시에 또는 사망일이 속한 달의 말일부터 6개월 이내

나. 신청자격 : 상속인(신분증과 상속관계 증빙서류)

지적전산자료조회결과

행정구역 : 전국
성명(명칭) :
등록번호 : 591009-[illegible]22

PAGE : 1/1
추출일시 : 2018년 01월 24일 13시 21분
열람일시 : 2018년 01월 24일 13시 21분

토지소재	지번	지목	면적(㎡) 공유연수	변동일자 변동원인	소유자주소	개별지가 (원)	용도지역 용도지구	구분
조회결과가 없습니다.								

조회 의뢰 인원 : 1명 조회인원 : 0명 조회필지수 : 0필

민원발급용

국토정보시스템
National Spatial Data Information System
무단 복제 위변시 정보통신법에 의해 처벌됨을 유념하시기 바랍니다.

출력자: 권영훈

허위기타 부정한 방법으로 개인정보를 열람 또는 제공받은 자는 개인정보보호법 제71조 및 제72조 규정에 의거 처벌을 받습니다.

제공된 자료는 지적전산자료상의 소유자를 조회한 것으로 주민등록번호, 성명, 한글표기방법, 누락 등의 오류로 인하여 검색되지 않을 수 있으며 등기부의 소유자와 다를 수 있음을 알려드리며, 아울러 본 자료는 개인 토지 소유 증명서가 아님을 알려 드립니다.

박원순 前 시장 빛 유족, 법원에 '상속포기' , 부인 강난희씨는 '한정승인' 신청

고(故) 박원순 전 서울시장의 유족이 법원에 고인이 남긴 채무에 대한 상속포기와 한정승인을 신청한 것으로 확인됐다.
13일 서울가정법원에 따르면 지난 6일 박 전 시장의 자녀들은 법원에 상속포기 신청서를 제출했다(2020느단54097). 7억원 가량에 달하는 박 전 시장의 빚에 대해 상속 자체를 포기함으로써 재산과 빚을 모두 물려받지 않겠다는 의미로 해석된다.
다음날 7일에는 박 전 시장의 부인인 강난희씨가 한정승인을 신청했다(2020느단54113). 한정승인은 '물려받은 재산의 범위 안에서 빚을 갚겠다'는 의사표시로써 상속포기와는 달리 상속인 범위 안에 있는 다른 친족들에게 빚이 넘어가는 것을 막을 수 있다.
[법률신문 2020-10-13기사]

금융감독원 상속인금융거래조회서비스

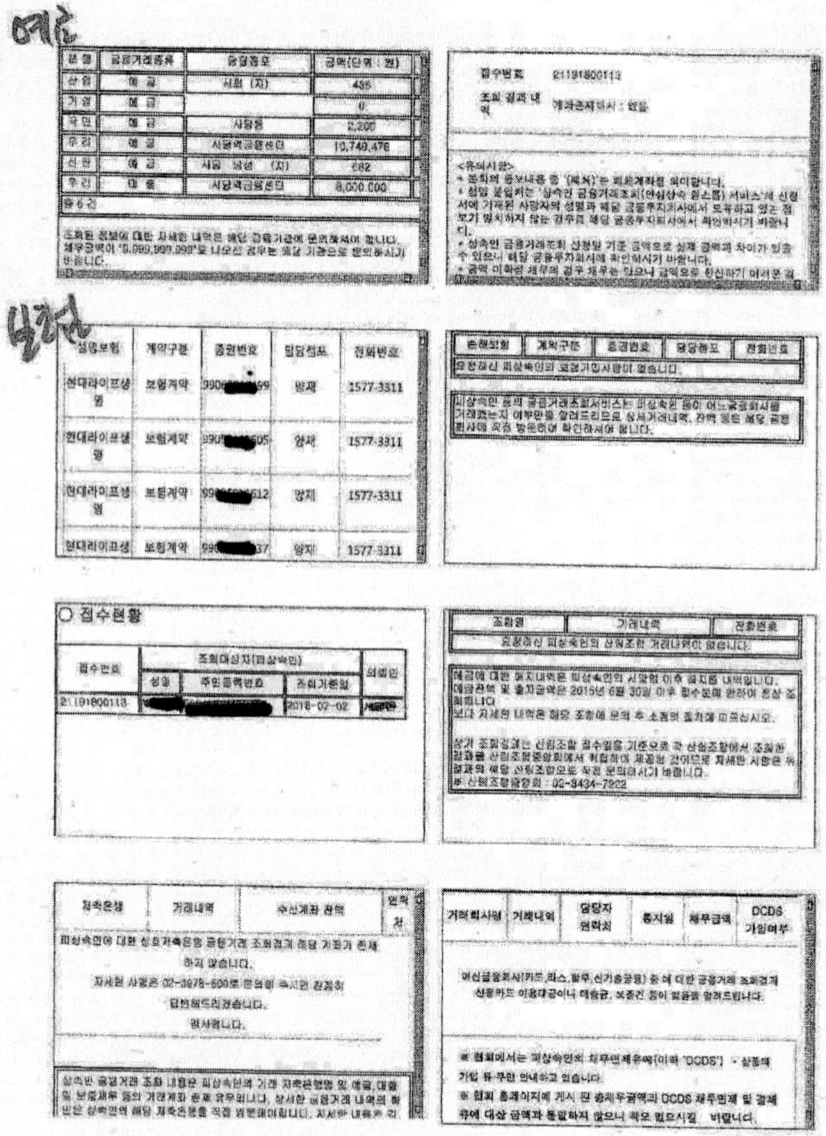

http://cmpl.fss.or.kr/kr/mw/inh/main.jsp

자녀들은 상속포기하고 피상속인의 배우자가 한정승인?
대법원 2015. 5. 14. 선고 2013다48852 판결[피상속인의 배우자가 한정승인하고 자녀 전부가 상속을 포기한 경우에는 배우자와 피상속인의 손자녀 또는 직계존속이 공동으로 상속인이 된다.] 는 판결은 아래 판결로 변경됨.

【대법원 2023. 3. 23. 자 2020그42 전원합의체 결정】
- 피상속인의 배우자와 자녀 중 자녀 전부가 상속을 포기한 경우 배우자가 단독상속인이 된다고 보아야 함.

팁 : 망자의 배우자는 상속포기가 바람직.

상속인이 상속을 포기한다는 신고를 한 후 가정법원이 이를 수리하는 심판을 하기 전에 **상속재산을 처분했다면 상속포기의 효력이 없다**는 대법원 판결이 나왔다.

대법원 민사3부(주심 박병대 대법관)는 길모씨(소송 대리인 법무법인 법승 이승우 변호사, 김낙의 변호사)가 최모씨를 상대로 "사망한 남편이 빌려간 5000만원을 돌려달라"며 낸 대여금소송(2013다73520)에서 원고패소 판결한 원심을 깨고 최근 원고승소 취지로 사건을 서울남부지법으로 돌려보냈다.

2011년 12월 최00씨는 남편이 사망하자 이듬해 1월 26일 가정법원에 상속포기 신고를 했다. 그런데 남편의 지인인 길00씨가 최씨의 남편이 빌려간 5000만원을 갚으라고 소송을 내면서 분쟁이 벌어졌다. 최씨는 자신이 상속을 포기했기 때문에 돈을 갚지 않아도 주장했지만, 길씨는 최씨가 상속포기 신고를 낸 나흘뒤인 2012년 1월 30일 남편 소유였던 차량을 판 사실을 문제삼았다. 길씨는 "상속포기 수리 심판일인 3월 14일 이전에 최씨가 상속재산을 처분하거나 부정소비했기 때문에 단순승인한 것으로 봐야 한다"고 주장했다.

대법원은 채권자 길00씨의 손을 들어줬다.

"상속인이 가정법원에 상속포기의 신고를 했다고 하더라도 이를 수리하는 가정법원의 심판이 고지되기 이전에 상속재산을 처분했다면 이는 상속포기의 효력 발생 전에 처분행위를 한 것에 해당한다"며 "이는 민법 제1026조 1호에 따라 상속의 단순승인을 한 것으로 봐야 한다"고 밝혔다. 민법 제1026조 1호는 '상속인이 상속재산에 대한 처분행위를 한 때에는 단순승인을 한 것으로 본다'고 규정하고 있다.

앞서 1,2심은 상속재산을 처분한 시점이 상속포기 신고를 낸 이후라는 이유로 최씨의 손을 들어줬다. (법률신문 2017-01-19)

상속세 및 증여세법 제10조(상속재산으로 보는 퇴직금 등)

피상속인에게 지급될 퇴직금, 퇴직수당, 공로금, 연금 또는 이와 유사한 것이 피상속인의 사망으로 인하여 지급되는 경우 그 금액은 상속재산으로 본다.
다만, 다음 각 호의 어느 하나에 해당하는 것은 상속재산으로 보지 아니한다. <개정 2010.5.20>

1. 「국민연금법」에 따라 지급되는 유족연금 또는 사망으로 인하여 지급되는 반환일시금
2. 「공무원연금법」 또는 「사립학교교직원 연금법」에 따라 지급되는 유족연금, 유족연금부가금, 유족연금일시금, 유족일시금 또는 유족보상금
3. 「군인연금법」에 따라 지급되는 유족연금, 유족연금부가금, 유족연금일시금, 유족일시금 또는 재해보상금
4. 「산업재해보상보험법」에 따라 지급되는 유족보상연금·유족보상일시금·유족특별급여 또는 진폐유족연금
5. 근로자의 업무상 사망으로 인하여 「근로기준법」 등을 준용하여 사업자가 그 근로자의 유족에게 지급하는 유족보상금 또는 재해보상금과 그 밖에 이와 유사한 것
6. 제1호부터 제5호까지와 유사한 것으로서 대통령령으로 정하는 것

*1순위 유족은 배우자임
[본 교재 신문공고문, 통지문 참조]

■ 사망자 등 재산조회 통합처리에 관한 기준 [별지 제4호 서식] (개정 2016. 12. 1.)

사망자 등 재산조회 통합처리 신청 접수증

신청서 내용이 다를 경우 정보 제공에 어려움이 있으니 신청서와 접수증 내용의 일치 여부를 확인하시기 바랍니다.

접수번호	21211700326	접수일	20[illegible]	접수처	신원동	접수담당자 전화번호	02-879-4717

신청인	성명	김정일	휴대전화	010-1234-5678	신청구분(관계)
사망자 (또는 피후견인)	성명	김일성	휴대전화		☑상속인 ☐성년후견인 ☐한정후견인
대리인	성명		휴대전화		

안 내 문

1. 처리기간은 금융거래·국세·국민연금·공무원연금·사립학교교직원연금 조회의 경우 20일 이내(토요일·공휴일 제외), 지방세·토지관련 조회의 경우 7일 이내(토요일·공휴일제외), 자동차 조회의 경우 접수당일 입니다.
2. 상속인(후견인)의 위임을 받아 대리인이 신청을 하는 경우 조회결과는 대리인에게 통지됩니다.
   (단, 연금정보는 상속인(후견인)에게만 통지)
3. 국세정보는 홈택스 홈페이지(www.hometax.go.kr)에서 조회할 수 있습니다. (신청인의 공인인증서 필요)
4. 국민연금가입유무는 국민연금공단 홈페이지(www.nps.or.kr)에서 상속인(후견인) 본인인증 후 조회할 수 있습니다.
5. 금융거래정보 조회는 신청일로부터 3개월 이내에 금융감독원 홈페이지(www.fss.or.kr) 또는 금융민원센터(www.fcsc.kr)에서 조회할 수 있으며 본인 인증을 위해 휴대폰 또는 이메일 주소가 필요 합니다.
   또한 각 금융협회 홈페이지에서 조회결과를 확인할 때에는 접수증에 기재된 접수번호가 필요 합니다.
   ※ 각 금융협회 홈페이지 및 전화번호

협회명	홈페이지주소	협회명	홈페이지주소
예금보험공사	www.kdic.or.kr	저축은행중앙회	www.fsb.or.kr
전국은행연합회	www.kfb.or.kr	신협중앙회	www.cu.co.kr
한국신용정보원	www.kcredit.or.kr	새마을금고중앙회	www.kfcc.co.kr
생명보험협회	www.klia.or.kr	산림조합중앙회	banking.nfcf.or.kr
손해보험협회	www.knia.or.kr	한국예탁결제원	www.ksd.or.kr
금융투자협회	www.kofia.or.kr	우체국	www.epostbank.go.kr
여신금융협회	www.crefia.or.kr	대부업협회	www.clfa.or.kr

6. 금융회사는 조회신청사실을 통보받으면 해당계좌에 대하여 거래정지 조치를 취하여 해당 계좌의 입·출금(자동이체포함) 등이 제한될 수 있으며, 이 후의 예금지급은 상속인 전원의 청구(또는 권한 있는 후견인의 청구)에 의하여 해당 금융기관에서만 지급이 가능합니다. 접수증에 기재된 상속인(후견인) 에 한해 접수증, 신분증만으로 신청일로부터 3개월 이내에 해당 금융회사에서 거래정보 등을 제공받을 수 있습니다. 또한 금융회사의 전산오류 등으로 조회결과가 일부 다를 수도 있음을 유념하시기 바랍니다.
7. 상조회사는 선수금을 은행에 예치(또는 지급보증)하여 보전하고 있는 업체만 조회대상이며, 상조회사 가입사실은 신청서상의 사망자(피후견인)의 성명, 생년월일, 휴대전화 3개 정보가 상조회사 가입 시 제출한 정보와 모두 일치하는 경우에만 확인할 수 있습니다.
8. 사망자 등 재산조회 통합처리는 금융거래, 국세, 지방세, 토지, 자동차, 국민·공무원·사립학교교직원연금에 대한 조회만 가능합니다. 그 밖의 재산에 대해서는 신청인(본인)이 별도로 확인해야 합니다.

※ 상속절차 안내

상속인은 상속인 금융거래 조회서비스를 통해 확인한 금융재산 그밖에 재산조회 결과에 따라 단순승인, 한정승인, 상속포기를 결정할 수 있고, 상속인은상속개시 있음을 안 날로부터 3월내에 단순승인이나 한정승인또는상속포기를 할 수 있습니다. 각 가정법원에서 상속 처리절차에 대한 안내를 받으실 수 있으며, 구체적인 상속 법률문제에 대해서는 대한법률구조공단(☎132), 서울시 무료법률상담실(☎02-120) 등을 통해 상담 받으실 수 있습니다

* 단순승인 : 피상속인의 채무(빚)와 재산을 모두 승계하는 것
  한정승인 : 상속으로 인해 취득할 재산의 한도에서 채무(빚)를 승계하는 것
  상속포기 : 피상속인의 채무(빚)와 재산을 모두 승계하지 않는 것

단, 채무승계를 받지 않기 위해 상속포기를 하는 경우 차순위 상속인에게 순차적으로 상속되므로 주의할 필요가 있음

서 울 특 별 시 관 악 구 청 장

한정승인은 결정문을 받은 이후 ① 신문 공고, ② 채권자 통지, ③ 청산절차 등의 절차를 거쳐야 합니다. 만약에 한정승인자가 공고나 최고를 해태하여 어느 특정채권자에게 변제함으로써 다른 상속채권자가 변제를 받지 못한 경우에는 한정승인자가 그 손해를 배상하여야 합니다(민법 제1038조).

질의 : 상속인이 상속한정승인을 받았습니다.
적극재산이 1억, 소극재산이 2억이었습니다.
문제는 상속인이 한정승인 결정후, 신문공고를 아니하였습니다.
소극재산에 대해 아는 채권자에게만 변제와 합의로 종결 하였습니다.
그걸로 끝났으면 그나마 다행인데 약 3년의 시간이 경과후 다른 채권자가 상속인에 대해 5천만원 청구소송을 제기하였습니다.

답 : 해당 채권자가 입은 손해는
당초 재산분배에 참여를 했으면 1억x(5천/2억5천) 해서 2000만원을 배당받을 수 있었으므로 2천만원의 손해를 입었다고 해석하여 공고절차 해태로 인해 입은 손해는 참석하여 안분비례하게 배당할 경우 받을 금원으로 보임

● 한정승인 이후의 청산절차[상속재산 파산제도]
(한정승인 심판문 말미에 서울가정법원과 서울회생법원 연명으로 상속재산 파산신청의 안내문을 동봉하고 있음)

상속재산이 부채보다 많은 경우에는 민법에 의하여 배당변제를 하지만 상속부채가 상속재산보다 많은 경우에는 채무자 회생 및 파산에 관한 법률에 따라 상속재산의 파산을 해야 한다.**(법과 실제와의 괴리)**.

한정승인을 한 상속인은 상속재산으로 상속채권자 및 유증을 받은 자에 대한 채무를 완제할 수 없는 것을 발견한 때에는 지체 없이 파산신청을 해야 한다(채무자 회생 및 파산에 관한 법률 제299조 제2항).

민법에 한정승인 이후의 배당변제 절차가 정해져 있지만, 특별법 우선의 원칙에 의하여 채무자 회생 및 파산에 관한 법률이 우선 적용되어야 하므로 민법상의 절차는 상속재산이 부채보다 많은 경우에나 적용될 수 있다.

상속재산파산신청을 하면 **법원이 정한 파산관재인**이 상속재산을 적정하게 현금화해서 상속채권자에게 공평하게 나누어 준다.

집 행 문

사 건 : 서울중앙지방법원 2013차전36356 양수금

이 정본은 사법보좌관의 명령에 의하여 채무자 망 김●●의 상속재산 한도내에서 채무자 망 김●●의 승계인 ●●●(820●25-●●●●●)에 대한 강제집행을 실시하기 위하여 채권자 ●이슨에프앤아이대부 주식회사(110111-●39●2)에게 내어 준다.

2018. ●. 12.

등본입니다

서울중앙지방법원

법원주사보 ● 지 원

◇ 유 의 사 항 ◇

1. 이 집행문은 판결(결정)정본과 분리하여서는 사용할 수 없습니다.
2. 집행문을 분실하여 다시 집행문을 신청한 때에는 재판장(사법보좌관)의 명령이 있어야만 이를 내어줍니다(민사집행법 제35조 제1항, 법원조직법 제54조 제2항). 이 경우 분실사유의 소명이 필요하고 비용이 소요되니 유의하시기 바랍니다.
3. 집행문을 사용한 후 다시 집행문을 신청한 때에는 재판장(사법보좌관)의 명령이 있어야만 이를 내어줍니다(민사집행법 제35조 제1항, 법원조직법 제54조 제2항). 이 경우 집행권원에 대한 사용증명원이 필요하고 비용이 소요되니 유의하시기 바랍니다.

의 정 부 지 방 법 원

정본입니다.
2018. 10. 5.
법원주사 홍지향

결 정

사 건	2018하단2●●5 상속재산파산신청
신 청 인	●●캐피탈(주)
	서울 강남구 테헤란로 142 ARC PLACE 4층
선 고 일 시	2018. 10. 5. 10:45

주 문

1. 채무자 피상속인 망 ●●●의 상속재산에 대하여 파산을 선고한다.
2. 김●●(1979. 3. 19. 생, 의정부시 녹양로18번길 53-9 (가능동))을 파산관재인으로 선임한다.
3. 채권신고기간 및 채권조사기일은 추후 지정한다.
4. 위 면책사건에 관하여 면책신청에 대한 이의신청기간을 2018. 11. 16.까지로 정한다.
5. 제1회 채권자집회ㆍ파산폐지에 관한 의견청취ㆍ파산관재인의 임무종료에 따른 계산보고ㆍ채무자에 대한 의견청취의 각 기일 및 장소를 2018. 11. 30. 10:45 제17호법정(3신관1층)으로 한다.
6. 이 사건 파산을 간이 파산으로 한다.
7. 파산관재인은 위 면책신청사건에 대하여 채무자에 대한 면책불허가사유 유무를 조사하여 2018. 11. 23.까지 조사보고서를 제출하고, 제5항의 의견청취기일에 출석하여 그 결과를 보고하여야 한다.
8. 송달하여야 하는 장소를 알기 어려운 파산채권자에 대한 송달은 공고로써 갈음한다.

[사례]

1. 안성나 씨는 2004년 남편과 이혼한 이후 아들을 양육하며 생활하고 있었는데, 느닷없이 민사법원으로부터 소장부본을 받았다.

2. 소장부본을 통해 조회해본 사건 내용은 아래와 같다.

의뢰인 안성나는 전남편 황광철과 2004년에 합의이혼을 했고, 전남편 황광철은 무자력(無資力)으로서 재산은 없고 2003.05.20.대출받은 카드부채(원금기준400만원)가 있었다.

안성나는 이혼 이후, 황광철의 부채에 대하여는 아는 바가 없이, 그 사이의 미성년자녀 황고등을 안성나가 단독친권자 겸 양육자로서 양육하고 있다.

전남편 황광철은 이혼이후 행방불명되었는데, 황광철의 모친 우군자에 의하여 실종신고 처리되어 사망간주되었다.

카드회사는 채무자 황광철에게 변제독촉을 하던 중 사망간주사실을 알게 되어 그 외아들 황고등을 상대로 대금청구 소송을 제기한 것이고, 황고등은 미성년자이므로, 친권자인 황고등의 모친 안성나씨가 소장부본을 받은 것이다

인지 : 5,000원(가사비송 라류)
송달료 : 6회분

상속한정승인 심판청구

청 구 인(상속인)

성 명 : 황고등 주민등록번호 : ______________

주 소 : ____

청구인 황고등 은(는) 미성년자이므로

법정대리인 안성나

사건본인(사망자)

성 멍 : 황광철 주민등록번호 : ____________________

사 망 일 자 : 2010. 10. 20.

등록기준지 : ____

최 후 주 소 : ____________________________________

청 구 취 지

청구인이 피상속인 망 황광철_의 재산상속을 함에 있어 별지 재산목록을 첨부하여 한 한정승인신고는 이를 수리한다.

라는 심판을 구합니다.

청 구 원 인

청구인---------------------------------이하생략

기 본 증 명 서 (상 세)

[폐 쇄]

등록기준지	서울특별시 중구 청파로 703의7

구 분	상 세 내 용
작성	[가족관계등록부작성일] 2008년 01월 01일 [작성사유] 가족관계의 등록 등에 관한 법률 부칙 제3조제1항
정정	[도로명주소기록일] 2011년 12월 12일 [경정전] 서울특별시 중구 중림동 438번지 [경정후] 서울특별시 중구 청파로 703-7 [경정사유] 도로명주소법 제20조
폐쇄	[폐쇄일] 2014년 05월 20일 [폐쇄사유] 실종선고심판확정

구분	성 명		출생연월일	주민등록번호	성별	본
본인	황광철(黃光鐵)	실종선고	1967년 03월 02일	670302- 1234567	남	富寧

일반등록사항

구 분	상 세 내 용
출생	[출생장소] 대전시 선화동 339번지 [신고일] 1967년 06월 09일 [신고인] 부
실종선고	[실종선고심판확정일] 2014년 05월 13일 [심판법원] 서울가정법원 [사건번호] 2013느단 27 [실종기간만료일] 2010년 10월 20일 [신고일] 2014년 05월 20일 [신고인] 우군자 [처리관서] 서울특별시 송파구

위 기본증명서는 가족관계등록부의 기록사항과 틀림없음을 증명합니다.

2019년 월 일

서울특별시 은평구청장

(수입증지가 인영이 되지 아니한 증명은 그 효력을 보증할 수 없습니다)

0031
은평구
1,000원
DJN002

발급확인번호: 1741-3283-0582-7870

이 초본은 말소된 개인별 주민등록표의 원본 내용과 틀림없음을 증명합니다.
담당자: 박은미 전화: 02-351-5188
신청인:
용도 및 목적: 법원제출용

주 민 등 록 표
(말소자 초본)

201●년●월●일
서울특별시 은평구 대조동장

이 용지는 위조식별 표시가 되어있음.

성 명(한자)	황광철 (黃光鐵)	주민등록번호	670302-**1234567**

번호 인 적 사 항 변 경 내 용

== 공 란 ==

"주민등록번호 정정내역 없음"

번호	주 소	전 입 일 / 변 동 일 변 동 사 유	세대주및관계 등록상태
전주소:	서울 관악구 관천로 555(신림동)	2014-05-22 11호동브의거사망말소	**황상현**의 지

== 이 하 여 백 ==

서울시 은평구 대조동장
(수입증지가 인영이 되지 아니한 증명은 그 효력을 보증할 수 없습니다)

※ 1. 인터넷 민원24(www.minwon.go.kr)에서 무료로 주민등록표(등·초본)를 열람하거나 ... 할 수 있습니다.
2. 민원24(www.minwon.go.kr)의 홈페이지에서 ... 발급확인번호로 내용의 진위여부를 ...
3. 주민등록표(등·초본)에서 발급하는 ... 「... 효율적 운영에 관한 규정」에 따른 ... 인쇄하는 것 ... 이 경우 ... 적색 또는 흑색으로 할 수 있습니다.

■ 상속재산이 있는지 여부를 확인하는 방법

① 금융감독원 상속인금융거래조회서비스

가까운 은행, 농·수협, 우체국 등을 방문하여 신청한 후, 금융감독원 홈페이지(http://www.fss.or.kr 참조)를 통해 금융채권(예금, 보험, 예탁증권, 공제 등) 및 채무, 각종 주식, 일정액 이상의 조세·과태료 등 체납여부, 상조회사 가입여부 등을 확인할 수 있다.

② 정부 3.0 안심상속 원스톱 서비스

가까운 시·구·읍·면·동사무소를 방문하여 피상속인의 금융거래조회, 국민연금 가입여부, 국세·지방세 정보, 토지·자동차 소유 여부 등을 한꺼번에 확인할 수 있다(www.gov30.go.kr 참조).

※ 접수 후 조회하는 사안에 따라 약 7~20일이 소요됨.

▣ 상속의 단순승인을 원하지 않는 경우

단순승인은 상속인이 아무런 제한 없이 피상속인의 권리·의무를 모두 승계하는 것을 말한다.

상속인이 상속의 **단순승인**을 원하지 않는 경우에는, **상속개시 있음을 안 날로부터 3개월** 이내에 가정법원에 상속의 **한정승인** 또는 **상속포기**의 심판을 청구할 수 있다.

상속개시 있음을 안 날로부터 3개월: 상속인이 상속개시의 사실과 자기가 상속인이 된 사실을 인식한 날(69다232)을 의미한다. 따라서 자기가 상속인이 된 사실을 인식하지 못하였을 경우에는 3개월의 기간은 진행하지 아니한다. [예컨대 부자가 교통사고를 당하여 아버지는 사망하고 아들은 의식불명 상태에 있다가 3개월 후에 깨어난 경우]

1. 한정승인

한정승인이란 피상속인으로부터 **상속받은 재산의 한도에서 피상속인의 채무와 유증을 변제할 것을 조건으로 상속을 승인하는 것**을 말합니다(예 :

상속받은 재산이 2억 원 상당 토지이고 채무가 5억 원이면, 상속받은 토지를 매각(주로 강제집행에 의함)하여 그 매각대금으로만 채무를 변제하면 됨).

민법 제1019조(승인, 포기의 기간)
③제1항의 규정에 불구하고 상속인은 상속채무가 상속재산을 초과하는 사실을 중대한 과실없이 제1항의 기간내에 알지 못하고 단순승인(제1026조제1호 및 제2호의 규정에 의하여 단순승인한 것으로 보는 경우를 포함한다)을 한 경우에는 그 사실을 안 날부터 3월내에 한정승인을 할 수 있다.

특별한정승인[1019조 제3항] 처음에는 **상속받은 채무가 상속받은 재산을 초과하는 사실을 중대한 과실 없이 알지 못하다가 뒤늦게 알게 되는 경우**가 있는데, 이러한 경우에는 **그 사실을 안 날로부터 3개월 내**에 한정승인을 할 수 있다.

2. 상속포기

상속포기란 상속개시로 상속인의 지위에 있게 된 사람이 상속에 따른 승계를 거부하여 **처음부터 상속인이 아니었던 효과**를 생기게 하는 것.

선순위 상속인이 상속을 포기한다고 하여 상속관계가 종결되는 것은 아니다.

선순위 상속인 중 일부만 상속을 포기하면 그 상속분은 다른 상속인에게 상속비율에 따라 귀속되지만, 선순위 상속인 **전원**이 상속을 **포기**하면 **다음 순위** 상속인에게 상속되고, 다음 순위 상속인도 다시 상속을 포기하면, **그 다음 순위** 상속인에게 상속된다. 따라서 가족이 많을 때에는 **수십 명의 상속인이 순차적으로 상속을 포기하는 사례도 자주 발생함.**

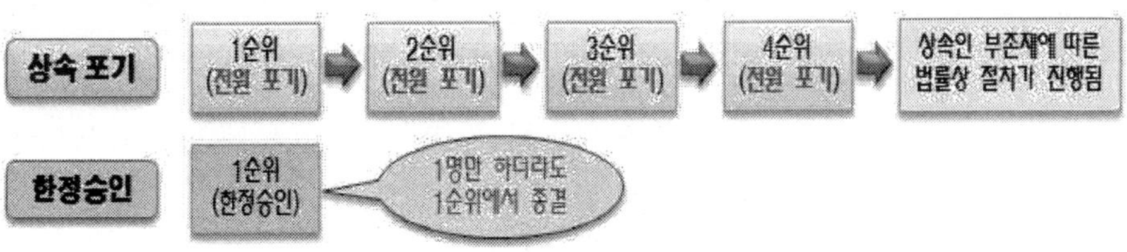

※ 상속인 없는 경우 절차는 민법 제1053조~제1059조 참조

▣ 그 밖에 참고할 사항

① 관할법원

상속의 한정승인·포기는 피상속인의 마지막 주소지(사망 당시 주민등록지)를 관할하는 가정법원(또는 지방법원 등)에 하여야 함. 예) 서울특별시인 경우 서울가정법원

② 한정승인과 포기를 같이 할 수 있는지

상속인이 여러 명인 경우 **일부는 한정승인**을 하고 **일부는 상속포기**를 할 수도 있습니다. 이 경우 1장의 신청서에 1건으로 할 수도 있고, 한정승인과 상속포기를 따로 할 수도 있다.

실무에서는 한정승인과 포기를 같이하는 경우는 거의 없다.

③ 미성년자가 있는 경우 등

승인 포기를 하려면 행위능력이 있어야 합니다,

미성년자와 친권자(부·모)가 공동상속인인 경우에는 미성년자와 친권자의 법률상 이해관계가 다른 지위에 있습니다**(이해상반행위).**

따라서 미성년자와 친권자가 상속의 한정승인 또는 포기를 하는 경우에는 민법 제921조에 따라 **미성년자의 특별대리인을 선임**하여야 하는 경우도 있다.

배우자와 미성년 자녀가 동시에 한정승인을 하는 경우	➡	제한 없음
배우자와 미성년 자녀가 동시에 상속포기를 하는 경우	➡	제한 없음
친권자는 한정승인을 하고 미성년 자녀는 상속을 포기하는 경우 (자녀의 포기로 친권자는 피상속인의 직계존속과 공동상속인이 됨)	➡	특별대리인 선임 필요 (이해상반행위)
친권자는 상속을 포기하고 미성년 자녀는 한정승인을 하는 경우	➡	제한 없음

상속인이 성년인 경우에도 **성년후견**제도에 따라 후견인이 선임되어 있다면 미성년자의 경우와 같은 문제가 발생함.

□ 신청서 작성 관련

1. **관할법원은** **피상속인(사망한 사람)의 마지막 주소지**(사망당시 주민등록지)를 관할하는 가정(지방, 지원)법원이다.
2. 인지 : 5,000원 × 청구인 수
3. 송달료 **6회분**
4. 청구인 표시 중 송달장소는 주소와 다른 경우에만 기재함.
5. 인감 날인.

※ 청구인이 **미성년자인 경우**에는 **법정대리인 전원의 인감**을 날인함

※ 인감증명서 대신 본인서명사실확인서를 제출할 경우에는 서명으로 하되, 같은 필체로 서명

■ 본인서명사실 확인 등에 관한 법률 시행령[별지 제 2호서식]

문서확인번호 : 1471-5134-0701-5570 ※이 용지는 위조식별표시가 되어있음

본인서명사실확인서

성 명 (한 자)	홍●희 (洪●希)	서명	
주민등록 번 호	7●11-2●14		
주소	서울특별시 강동구 진황도로●길 7, 10●동 ●0●호 (●촌동, 현대4차아파트)		

용 도	부동산 관련용도 및 자동차 매도용도	[√]소유권 이전 (매매, 증여 등) [ ]제한물권 설정 (근저당권 설정, 전세권 설정 등) [ ]그 밖의 용도 (가등기 설정 , 가등기 말소 등)		
		거래상대방 (매수자)	성명(법인명) 이●인	주민등록번호(법인등록번호) 8●006-205●14
			주소 충청남도 당진시 밤절로 103, 10●동 9●호 (원●동, 원당마을)	
	그 외의 용도	빈 란		
위임받은 사람	성명	법무사 유태규		
	주소(자격증 소지자 이외의 사람에게 위임하는 경우만 작성) 서울특별시 관악구 관천로11길 1, 202호(신림동, 대성빌딩)			

위의 기재사항에 이상이 없음을 확인합니다.

발급 신청자 홍●희 (서명)

비고			
발급번호	No. 00000202	수수료	600 원

위 본인의 서명사실을 확인합니다. 202●년 ●월 ●일

0027

서울특별시 구로구 개봉제2동장

1.서명란은 신청자 고유의 필체로 자신의 성명을 한글 또는 한자(외국인등록자는 외국인등록표, 국내거소신고자는 국내거소신고원부 상의 문자)로 다른 사람이 알아볼 수 있도록 적어야 합니다.

2.주민등록번호란은 미주민등록 재외국민인 경우에는 여권번호를, 국내거소신고를 한 외국국적동포인 경우에는 국내거소신고번호를,외국인인 경우에는 외국인등록번호를 적습니다.

3. 용도란[부동산 관련 용도 및 자동차 매도용도의 경우 거래상대방의 성명(법인명),주민등록번호(법인등록번호),주소를 포함합니다] 과 위임받은 사람란은 신청인으로부터 구술이나 서면으로 정보를 받아 관계 공무원이 입력하고, 신청인은 전산 입력 내용에 이상이 없음을 확인한 후 출력된 용지에 직접 서명하여야 하며, 그 사실 여부 등에 대해서는 발급기관이 책임을 지지 않습니다.

4.부동산 관련 용도 및 자동차 매도용도의 거래상대방란은 거래상대방이 "국가"나 "지방자치단체","국제기구와"와"외국정부", 「공공기관의 운영에 관한 법률」 제4조에 따른 법인 · 단체 또는 기관(공사 · 공단 등), 「지방공기업법」 에 따른 "지방공사" 및 "지방공단", 「금융위원회의 설치 등에 관한 법률」 제38조제1호부터 제8호까지 및 「새마을금고법」 에 따른 새마을금고(중앙회 포함) 등 은행, 보험회사등의 기관인 경우에는 거래상대방란에 법인명만 기재하고 법인등록번호와 주소는 기재하지 않아도 됩니다.

5.그 외의 용도란은 본인서명사실확인서를 제출 하는 기관에서 요청하는 내용을 적습니다[예시:대출보증용, 선박등기용(매수인의 성명등), 법인등기용, 공탁금 수령용,보관금 수령용 등].

6.위임받은 사람란은 다른 사람에게 위임하여 본인서명사실확인서를 법원 등에 제출하는 경우 제출기관의 요청에 따른 위임받는 사람의성명과 주소를 적습니다. 다만, 변호사, 법무사 등 자격증 소지자에게 위임하는 경우에는 성명란에 자격증 소지자의 성명과 자격증명을 기재하면 주소를 기재하지 않을 수 있습니다.(예시: ○○○ 법무사)

7.발급 이후에 용도,위임받은 사람 등의 기재사항을 임의로 고치거나, 이 확인서를 위조 · 변조하는 경우에는 「형법」 등 관련 법령에 따라 처벌을 받을 수 있습니다.

8.비고란은 미성년자 또는 피한정후견인의 표시와 법정대리인 또는 한정후견인의 성명 및 주민등록번호를 적습니다.

9.2017년 12월 31일까지 수수료는 300원을 받습니다.

210mm ×297mm(특수용지 80g/㎡)

□ 재산목록

○ 적극재산

소명자료로서 부동산 등기사항증명서, 자동차등록원부, 통장잔액증명서, **상속인 금융거래**조회 결과 등 을 첨부함.

- 부동산 및 유체동산의 경우 그 가액(통상 거래되는 가격)을 기재함.

이미 처분한 재산이 있는 경우에는 그 목록과 가액을 별도로 기재하여 제출하여야 함

- 금전채권은 채무자, 채권종류, 금액 등을 기재하되, 같은 채무자에게 여러 채권이 있는 경우 등 채권 구분상 필요한 때에는 발생일 등 구분 가능한 사항을 비고란에 기재함
- '유체동산 등'란에는 교환가치가 있는 물건(회원권, 특허권, 유가증권, 보석, 악기 등)을 빠짐없이 기재함

○ 소극재산(채무)

소명자료로서 부채증명서, 소장 사본, **상속인 금융거래**조회 결과 등을 첨부함

- 채무는 채권자, 채무의 종류, 금액을 기재함
- 같은 채권자에게 여러 채무가 있는 경우 원칙적으로 구분하여 기재하되, 유사한 채무가 여러 차례 발생한 경우와 같이 구분할 실익이 거의 없는 경우에는 이를 합산하여 기재할 수 있음(조세, 카드대금 등)

※ 고의로 재산목록에 기입하지 아니한 때에는 단순승인을 한 것으로 볼 수 있다(민법 제1026조 제3호)

□ 첨부서면 관련

1. 선순위 상속인들이 상속을 포기함에 따라 다음 순위 상속인이 청구하는 경우에는 위 첨부할 서면 중 직접 발급받기 어려운 서면도 있다.

이 경우 발급받을 자격이 있는 선순위 상속인의 협조를 받아 제출할 수도 있고, 법원에 그 서류 발급에 관한 보정명령을 구하여 그 명령에 따라 발급받을 수도 있다.

2. 피상속인 사망일로부터 3개월이 지난 후에 청구할 때에는 상속개시사실을 언제 어떻게 알았는지를 밝히고, 특별한정승인을 청구하는 것이라면 청구인이 채무초과상태를 안 때를 소명할 수 있는 자료(예 : 소장 사본, 채권자의 독촉장 등과 이를 수령한 날짜를 확인할 수 있는 송달증명서 등)를 첨부함.
3. 피상속인이 2007. 12. 31. 이전에 사망한 경우에는 가족관계등록부가 작성되어 있지 아니하므로 제적등본을 제출함.
4. 상속의 한정승인 심판을 청구할 때에는 상속재산 목록을 작성하여 제출하여야 함.
5. 외국 시민권자 등으로부터 상속한정승인 심판청구에 대하여 위임을 받은 경우, 외국 시민권자로부터 받은

①**처분위임장**(상속한정승인 또는 상속포기 심판청구 관련 처분권한 일체를 수여),

②내국인의 인감증명서에 갈음하는 **서명공증서**(처분위임장에 한 서명을 본인이 직접 하였다는 취지의 본국 관공서의 증명이나 공증),

③내국인의 주민등록등본에 갈음하는 **주소를 증명하는 서면**(본국 관공서의 주소증명서 또는 주소를 공증한 서면)를 제출

*아포스티유 발급 절차

① 양식 작성

② 관할 주 공증인으로부터 공증(Notary Public)

③ 관할 주 정부 담당 사무소에서, 아포스티유 발급

State of California
Secretary of State

This Certificate is not valid for use anywhere within the United States of America, its territories or possessions.

APOSTILLE
(Convention de La Haye du 5 octobre 1961)

1. Country: Pays / País:	United States of America
This public document Le présent acte public / El presente documento público	
2. has been signed by a été signé par ha sido firmado por	*Swati Ramesh Patel*
3. acting in the capacity of agissant en qualité de quien actúa en calidad de	*Notary Public, State of California*
4. bears the seal / stamp of est revêtu du sceau / timbre de y está revestido del sello / timbre de	*Swati Ramesh Patel , Notary Public, State of California*

Certified
Attesté / Certificado

5. at à / en	Los Angeles, California	**6. the** le / el día	*5th day of January 2018*
7. by par / por	Secretary of State, State of California		
8. N° sous n° bajo el número	*78221*		
9. Seal / stamp: Sceau / timbre: Sello / timbre:		**10. Signature:** Signature: Firma:	

This Apostille only certifies the authenticity of the signature and the capacity of the person who has signed the public document, and, where appropriate, the identity of the seal or stamp which the public document bears.
This Apostille does not certify the content of the document for which it was issued.
To verify the issuance of this Apostille, see: www.sos.ca.gov/business/notary/apostille-search/.
This certificate does not constitute an Apostille under the Hague Convention of 5 October 1961, when it is presented in a country which is not a party to the Convention. In such cases, the certificate should be presented to the consular section of the mission representing that country.

Cette Apostille atteste uniquement la véracité de la signature, la qualité en laquelle le signataire de l'acte a agi et, le cas échéant, l'identité du sceau ou timbre dont cet acte public est revêtu.
Cette Apostille ne certifie pas le contenu de l'acte pour lequel elle a été émise.
Cette Apostille peut être vérifiée à l'adresse suivante: www.sos.ca.gov/business/notary/apostille-search/.
Ce certificat ne constitue pas une Apostille en vertu de la Convention de La Haye du 5 Octobre 1961, lorsque présenté dans un pays qui n'est pas partie à cette Convention. Dans ce cas, le certificat doit être présenté à la section consulaire de la mission qui représente ce pays.

Esta Apostilla certifica únicamente la autenticidad de la firma, la calidad en que el signatario del documento haya actuado y, en su caso, la identidad del sello o timbre del que el documento público esté revestido.
Esta Apostilla no certifica el contenido del documento para el cual se expidió.
Esta Apostilla se puede verificar en la dirección siguiente: www.sos.ca.gov/business/notary/apostille-search/.
Este certificado no constituye una Apostilla en virtud del Convenio de La Haya de 5 de octubre de 1961 cuando se presenta en un país que no es parte del Convenio. En estos casos, el certificado debe ser presentado a la sección consular de la misión que representa a ese país.

Sec/State Form NP-40 LA (rev. 07/2017)

CALIFORNIA JURAT WITH AFFIANT STATEMENT **GOVERNMENT CODE § 8202**

☒ See Attached Document (Notary to cross out lines 1–6 below)
☐ See Statement Below (Lines 1–6 to be completed only by document signer[s], *not* Notary)

1______________________________

2______________________________

3______________________________

4______________________________

5______________________________

6________________ ________________

Signature of Document Signer No. 1 *Signature of Document Signer No. 2 (if any)*

A notary public or other officer completing this certificate verifies only the identity of the individual who signed the document to which this certificate is attached, and not the truthfulness, accuracy, or validity of that document.

State of California
County of Orange

Subscribed and sworn to (or affirmed) before me on this 4th (*Date*) day of January (*Month*), 2018 (*Year*) by
(1) Myung Hee Yeom
(and (2) ________________),
Name(s) of Signer(s)

proved to me on the basis of satisfactory evidence to be the person(s) who appeared before me.

SWATI RAMESH PATEL
Notary Public - California
Orange County
Commission # 2178759
My Comm. Expires Jan 31, 2021

Signature ________________
Signature of Notary Public

Seal
Place Notary Seal Above

OPTIONAL

Though this section is optional, completing this information can deter alteration of the document or fraudulent reattachment of this form to an unintended document.

Description of Attached Document
Title or Type of Document: ____________ Document Date: ________
Number of Pages: ____ Signer(s) Other Than Named Above: ________

©2014 National Notary Association • www.NationalNotary.org • 1-800-US NOTARY (1-800-876-6827) Item #5910

미 시민권자의 위임장
POWER OF ATTORNEY (FOR U.S. CITIZENS)

조 심

위 임 자(본인)

한국이름(Name of Korean)	양■(Myung■Yahng)	미국이름(Name of English)	Myung■Yahng
생년월일(Date of Birth)	Jan.13/19■	성별(Sex)	F
여권번호(Passport No)	52030■	시민권번호(Citizenship No)	A4106■
현주소(Present Address)	7671 Stage ■ #105 Buena Park Ca. 90621		
미국내전화(Home Telephone)	714-■-0064		

피 위 임 자 (대 리 인)

성명(Name)	유태규(TaeGyuRyu)	생년월일(Date of Birth)	January 2■
주소(Address)	경기도 성남시 ■ (4■ ■,Seongnam-si, Gyeongki-do, KOREA)		

위임내용(Power Delegated)

망 양원민 (deceased WonMinYahng)의 서울특별시 서초구 방배동 Bangbaedung, Seochog-gu,,
작성권한(Authority to write agreement)

Applicant's Signature(본인서명): (Myung Hee Yeon)
Date: 01/04/2018

Myung Hee Yeon 는(은) 위에 기재된 사항이 진실하며 위 사서증서에 본인이 서명날인한 것임을 본 공증인의 면전에서 자인하였다. 본 공증인은 위 인증한다.

I, Swati Ramesh Patel A NOTARY PUBLIC. DO HEREBY CERTIFY THAT ON THE 4th DAY OF Jan, 2018 PERSONALLY APPEARED BEFORT ME Myung Hee Yeon WHO, BEING BY ME FIRST DULY SWORN, DECLARED THAT HE(SHE) IS THE PERSON WHO SIGNED THE FOREGOING STATEMENT AND THAT THE STATEMENTS ARE TRUE AND CORRECT.

NOTARY PUBLIC

PRINTED NAME	Swati Ramesh Patel	SEAL
COMMISSION NO	217■59	
MY COMMISSION EXPIRES	01/■2021	
TELEPHONE NO	714-■-4100	SWATI RAMESH PATEL Notary Public - California Orange County Commission # 2178759 My Comm. Expires Jan 31, 2021
ADDRESS	2271 W. ■ Ave. Fullerton, CA 92833	
SIGNATURE OF NOTARY		

★ 동 예문은 신청자의 편의를 도모하기 위한 안내 자료인바, 동 예문을 참고하여 신청자가 적의 작성하시기 바랍니다.

(See attached Jurat)

□ 심판문을 받은 이후 재산목록에서 적극재산을 누락한 경우

사안) 피상속인 명의의 자동차를 발견한 경우

상속의 한정승인 신청시에 재산목록의 적극재산에서 자동차를 누락하였다면?

가정법원에 한정승인심판에 대한 경정(更正)신청을 하여 재산목록을 경정해야 함

심판경정 신청

인지액1,000원

대상사건 : ____법원 20 느단 상속한정승인

신 청 인 : 성명.주소.주번.연락처 기재

사건본인 : 성명.최후주소.주번.등록기준지 기재

신 청 취 지

위 사건에 대하여 서울가정법원에서 20 . . . 결정한 망 의 상속한정승인심판의 재산목록을 별지목록으로 경정한다.

라는 결정을 구합니다.

신 청 이 유

1. 위 사건에 관하여 상속한정승인심판을 받은 후 새로이 피상속인의 재산이(별지목록에 추가) 발견되어 경정신청에 이르게 된 것입니다.

소명방법 및 첨부서류

1. 심판결정문 사본 1통
   1. 청구인들의 가족관계증명서, 주민등록등본, 인감증명서 각1통
   1. 사건본인(망인)의 주민등록(말소자) 초본 1통

1. 상속재산 별지목록(청구인 수 + 1통)

20 . . .

위 신청인 ________ (인감날인)

________법원 귀중

● **법정단순승인**

민법 제1026조(법정단순승인)

다음 각호의 사유가 있는 경우에는 상속인이 단순승인을 한 것으로 본다.

1. 상속인이 상속재산에 대한 처분행위를 한 때
2. 상속인이 제1019조 제1항의 기간내에 한정승인 또는 포기를 하지 아니한 때
3. 상속인이 한정승인 또는 포기를 한 후에 상속재산을 은닉하거나 부정소비하거나 고의로 재산목록에 기입하지 아니한 때

처분 : 관리에 대립되는 개념으로서 재산의 현상 또는 그 성질을 변하게 하는 사실적처분행위(가옥의 파괴) 와 법률적 처분행위(부동산매각, 채권추심하여 수령영득).

● 민법제998조의2 (상속비용)상속에 관한 비용은 상속재산 중에서 지급한다.

***장례비용과 부의금**

[서울가법 2010. 11. 2., 자, 2008느합86,87, 심판 : 확정]

【판결요지】

[1] 특별한 사정이 없는 한 장례비용은 민법 제1000조 및 제1003조에 규정된 상속의 순위에 의하여 가장 선순위에 놓인 자들이 각 법정상속분의 비율에 따라 부담함이 원칙이라 할 것이고, 이러한 원칙은 특정 상속인이 상속을 포기하였다고 하더라도 동일하게 적용됨이 마땅하다(예를 들어, 1순위

상속인들이 **상속을 포기**하였다고 하더라도 그들의 **장례비용 부담의무**는 면해지지 않는다. 비록 장례비용은 상속비용의 일부로 취급되어 상속재산분할절차에서 고려되나, 장례비용의 부담은 상속에서 근거를 두는 것이 아니라, 망인과의 친족관계에서 비롯된 것으로 파악함이 옳을 것이므로, 위 법리는 장례비용을 부담하는 자와 상속인이 일치하는 경우 상속재산분할절차에서 장례비용을 고려할 수 있다는 의미로 이해함이 상당하다).

[2] 부의금이란 장례비에 먼저 충당될 것을 조건으로 한 금전의 증여로 이해함이 상당할 것이므로, 접수된 부의금 금액이 상속인 또는 상속인이 아닌 가족(편의상 이들을 '부의금 피교부자'라고 한다)별로 다르더라도 동 금원은 모두 장례비로 먼저 충당되어야 하며, 이 점은 부의금 피교부자가 후순위상속인이거나 상속자격이 없는 경우라 하더라도 마찬가지이다. 이러한 점은 생존해 있는 자들과는 별도로 오로지 망인과 관련하여 접수된 부의금도 역시 마찬가지인데, 이러한 부의금은 위에서 본 원칙에 따라 장례비용을 부담할 자들에게 그들이 상속받을 경우 적용될 법정상속분의 비율에 따라 증여된 것으로 봄이 상당하다. 그런데 만일 부의금의 총 합계액이 장례비를 상회한다면 부의금 피교부자별로 접수된 금액의 비율대로 각 금액에서 충당하고, 나머지 금액은 각 부의금 피교부자별로 귀속되게 함이 옳다. 이 경우 각 부의금 피교부자별 금액이 확정되지 않는다면, 각 부의금 피교부자의 지위에 상관없이 나머지 금액을 평등하게 분배함이 옳다. 한편 부의금의 총 합계액이 장례비에 미치지 못한다면 접수된 부의금은 모두 장례비에 충당되고, 나머지 장례비용은 위에서 본 원칙에 따라 장례비용을 부담하여야 할 자들이, 그들이 상속을 받을 경우 적용되었을 법정상속분에 따라 분담함이 옳다.

[대법원 1997. 4. 25., 선고, 97다3996, 판결]

【판결요지】

상속에 관한 비용은 상속재산 중에서 지급하는 것이고, 상속에 관한 비용이라 함은 상속재산의 관리 및 청산에 필요한 비용을 의미한다고 할 것인바, 장례비용은 피상속인이나 상속인의 사회적 지위와 그 지역의 풍속 등에 비추어 합리적인 금액 범위 내라면 이를 상속비용으로 보는 것이 옳고, 묘

지구입비는 장례비용의 일부라고 볼 것이며, 상속재산의 관리·보존을 위한 소송비용도 상속에 관한 비용에 포함된다.(순수 장례비용으로 금 5,000,000원, 묘지구입비로 금 4,120,000원,
합계 9,120,000원을 장례비로 인정함)

질문 : 채권자 乙은 채무자의 상속인 甲을 상대로 구상금(26,467,295원) 청구소송을 제기하여 무변론 원고 승소판결을 받았습니다. 그런데 채권자 乙이 소송을 제기하기 전에 채무자의 상속인 甲은 이미 한정승인 심판청구를 하여 그 수리심판을 받은 상태였으나 甲은 위 구상금청구소송에서 불출석하여 한정승인을 주장하지 않았습니다.
(실무상 공시송달 패소판결 사례가 종종 있음)

①패소판결을 받은 甲은 "청구에 관한 이의의 소"를 제기할 수 있는지요?
②패소판결을 받은 甲이 제소되기 전에 상속포기신청을 하여 심판문을 받았음에서 항변하지 않은 경우에도 "청구에 관한 이의의 소"를 제기할 수 있는지요?

①질문에 대한 답변
민사소송 진행 중에 피고가 한정승인 심판문을 받아 민사법원에 한정승인의 항변을 제출하면 아래와 같은 판결주문이 나온다,

피고 **甲**은 원고**乙**에게 소외 망 이아범로부터 **상속받은 재산의 범위 내에서**, 각 금26,467,295원에 대하여는 2017.5.29.부터 이사건 소장부본송달일까지는 연12%의, 그 다음날부터 다 갚는 날까지는 연15%의 각 비율에 의한 금원을 지급하라.

패소판결이 확정 된 이후에는 청구이의의 소를 제기하여 자신의 고유재산에 대한 압류를 막을 수 있다

[판례]

청구에 관한 이의의 소는 채무자가 집행권원의 내용인 사법상의 청구권이 현재의 실체상태와 일치하지 않는 것을 주장하여 그 집행권원이 가지는 집행력의 배제를 구하는 소입니다(민사집행법 제44조, 제57조, 제58조 3항, 제59조3항). 청구에 관한 이의의 원인이 되는 사항은 집행권원에 표시된 청구권의 전부 또는 일부를 소멸케 하거나, 영구적 또는 일시적으로 그 효력을 잃게 하는 사유로서, 대부분 이행소송에서의 항변사유에 해당합니다. 이의는 그 이유가 변론이 종결된 뒤(변론 없이 한 판결의 경우에는 판결이 선고된 뒤)에 생긴 때에 한하여 할 수 있습니다(민사집행법 제44조 2항). 변론종결 전에 생긴 이의원인은 그것이 비록 채무자가 그 발생사실을 과실 없이 알지 못하여 판결절차에서 주장하지 못하였다 하더라도 판결의 기판력에 의하여 배제되어 청구이의로써 주장할 수 없습니다. **한정승인**이란 상속인이 상속으로 인하여 얻은 재산의 한도에서 피상속인의 채무와 유증을 변제하는 상속 또는 그와 같은 조건으로 상속을 승인하는 것을 말하는데(민법 제1028조), 결국 상속채무는 전액을 승계하고 책임의 범위만 상속재산에 한정된다는 것입니다. 한정승인이 청구이의의 원인이 되며 특히 변론종결전까지 한정승인 사실을 주장하지 않을 경우 기판력에 저촉되는 지가 문제됩니다. 판례는 "채권자가 피상속인의 금전채무를 상속한 상속인을 상대로 그 상속채무의 이행을 구하여 제기한 소송에서 채무자가 한정승인 사실을 주장하지 않으면 책임의 범위는 현실적인 심판대상으로 등장하지 아니하여 주문에서는 물론 이유에서도 판단되지 않으므로 그에 관하여 기판력이 미치지 않는다. 그러므로 채무자가 한정승인을 하고도 채권자가 제기한 소송의 사실심 변론 종결 시까지 그 사실을 주장하지 아니하여 책임이 범위에 관한 유보가 없는 판결이 선고되어 확정되었다고 하더라도, 채무자는 그 후 위 한정승인 사실을 내세워 청구에 관한 이의의 소를 제기할 수 있다." 라고 하였습니다(대법원 2006. 10. 13. 선고 2006다23138 판결). 따라서 이 사안에서 갑은 청구에 관한 이의의 소를 제기할 수 있을 것으로 보입니다. 다만, 판례는 "채무자가 한정승인을 하였으나 채권자가 제기한 소송의 사실심 변론 종결 시까지 이를 주장하지 아니하는 바람에 책임의 범위에 관하여 아무런 유보 없는 판결이 선고·확정된 경우라 하더라도 채무자가 그 후 위 한정승인 사실을 내세워 청구에 관한 이의의 소를 제기하는 것이 허용되는 것은, 한정승인에 의한 책임의 제한은 상속채무의 존재 및 범위의 확정과는 관계없이 다만 판결의 집행 대상을 상속재산의 한도로 한정함으로써 판결의 집행력을 제한할 뿐으로, 채권자가 피상속인의 금전채무를 상속한 상속인을 상대로 그 상속채무의 이행을 구하여 제기한 소송에서 채무자가 한정승인 사실을 주장하지 않으면 책임의 범위는 현실적인 심판대상으로 등장하지 아니하여 주문에서는 물론 이유에서도 판단되지 않는 관계로 그에 관하여는 기판력이 미치지 않기 때문이다.

②질문에 대한 답변

채무자가 상속포기를 하였으나 채권자가 제기한 소송에서 사실심변론종결시까지 이를 주장하지 않은 경우에는 한정승인의 경우와는 달리 채권자의 승소판결 확정 후 청구이의의 소를 제기할 수 없다고 판단하였습니다(대법원 2009. 5. 28. 선고 2008다79876 판결).

[부록 2]

이혼재산분할 등

1.가사사건의 인지와 송달료

이혼소송의 청구취지에서 ①이혼청구 ②위자료 1천만원 ③재산분할 1천만원 ④친권자 겸 양육자 청구(상기 4가지의 청구를 병합)할 경우의 인지와 송달료는 ?

해 설

가사사건	
소송	비송
가류	라류
나류 : 재판상이혼	마류 재산분할 ,친권자, 양육자, 면접교섭
다류 : 위자료	

가사소송수수료규칙[85] 참조

①이혼:20,000원, ②위자료1천만원:25,000원, ③재산분할1천만원:25,000원, ④친권자 겸 양육자 청구:10,000원(단순합계금 80,000원)

그러나 병합청구이므로[86]

---

85) **가사소송수수료규칙**

제2조(가사소송절차의 수수료)

①가류 및 **나류 가사소송사건**의 소의 제기의 수수료는 1건당 20,000원으로 한다.

② **다류 가사소송사건의 소**의 제기의 수수료는 「민사소송 등 인지법」 제2조에 따라 계산한 금액의 2분의 1로 한다.

제3조(가사비송절차의 수수료)

① 라류 가사비송사건의 심판 청구의 수수료는 1건당 5,000원으로 하고, 마류 가사비송사건의 심판 청구의 수수료는 1건당 다음 각 호의 금액으로 한다.

1. 법 제2조제1항 제2호 나목 4) 사건[**재산 분할**]: 「민사소송 등 인지법」 제2조를 준용하여 계산한 금액의 2분의 1

3. 제1호, 제2호 외의 사건: 10,000원

20,000,000원(위자료1천만원+재산분할1천만원)x 45/10,000 +5,000 = 95,000
민인지법에 의한 95,000원의 2분의 1이므로 47,500원이 인지금액이다.

86) **제5조(병합청구의 수수료)** ① 법 제14조제1항의 규정에 의하여 수개의 가사소송청구 또는 가사소송청구와 가사비송청구를 병합 청구하는 경우에는 수개의 청구 중 다액인 수수료에 의한다. 다만, 다류 가사소송청구와 법 제2조제1항 제2호 나목 4)의 가사비송청구를 병합 청구하는 경우에는 그 소송목적의 값과 청구목적의 값을 더한 금액에 관하여 1개의 다류 가사소송청구를 한 것으로 보아 제2조제2항에 따라 수수료를 계산한다.

민사소송 등 인지법제2조(소장) ① 소장[반소장(反訴狀) 및 대법원에 제출하는 소장은 제외한다]에는 소송목적의 값에 따라 다음 각 호의 금액에 해당하는 인지를 붙여야 한다.

1. 소송목적의 값이 1천만원 미만인 경우에는 그 값에 1만분의 50을 곱한 금액
2. 소송목적의 값이 **1천만 원 이상 1억 원 미만인 경우에는 그 값에 1만분의 45를 곱한 금액에 5천원을 더한 금액**

송달료규칙의 시행에 따른 업무처리요령(재일 87-4)

개정 2024. 7. 12. [재판예규 제1878호, 시행 2024. 7. 12.]

<table>
<tr><th colspan="2">송달료 및 수송달자
적용대상사건</th><th>당사자 1인당
납부기준</th><th>수송달자</th></tr>
<tr><td rowspan="6">가사</td><td>가사제1심소송사건(드합, 드단)</td><td>15회</td><td>원고, 피고 등</td></tr>
<tr><td>가사항소사건(르)</td><td>12회</td><td>항소인, 피항소인 등</td></tr>
<tr><td colspan="3"></td></tr>
<tr><td rowspan="2">가사비송사건(느합, 느단)</td><td>라류 6회(단, 실종선고, 자의 종전의 성과 본의 계속사용허가, 자의 성과 본의 변경허가, 친양자 입양허가, 미성년자 입양허가 및 피성년후견인의 입양허가 청구사건, 친권자 지정 청구사건, 미성년후견에 관한 사건, 성년후견·한정후견·특정후견·임의후견에 관한 사건은 각 10회)</td><td rowspan="2">청구인 등</td></tr>
<tr><td>마류 12회</td></tr>
<tr><td></td><td></td><td></td></tr>
<tr><td rowspan="3">가족관계등록</td><td>개명사건(호명)</td><td>6회</td><td>신청인</td></tr>
<tr><td>가족관계등록(제적)비송사건(호기)</td><td>6회</td><td>신청인</td></tr>
<tr><td></td><td></td><td></td></tr>
</table>

◉ 상소포기는 대습상속의 사유인가?

민법 제1001조(대습상속) 상속인이 될 직계비속 또는 형제자매가 상속개시 전에 사망하거나 결격자가 된 경우에 그 직계비속이 있는 때에는 그 직계비속이 사망하거나 결격된 자의 순위에 갈음하여 상속인이 된다.

사례

1995년 3월 14일 금룡학원 이사장 K씨(72세)는 자택 안방에서 괴한의 습격을 받아 숨졌다. 부인은 거실에서 TV를 보던 중 신음 소리를 듣고 안방에 들어갔다가 목에 피를 흘리는 남편을 발견했다고 한다.
경찰 조사 결과 범인은 장남 A씨(45)였다. 서울의 한 대학 경제학과 교수였던 그는 경찰 조사에서 "재산을 빨리 상속받아 사업 빚을 청산하기 위해 범행을 저질렀다" 고 진술했다. 법원은 사형 대신 무기징역을 선고했다.

가. 추정상속인의 직계비속과 형세사매

상속인이 고의로 피상속인을 살해하여 결격자가 된 경우에도 그 결격 상속인의 직계비속의 대습상속권에는 영향이 없다.

나. 동시사망과 대습상속

[대법원 2001. 3. 9., 선고, 99다13157, 판결]소유권이전등기말소

【판결요지】
민법 제1001조의 '상속인이 될 직계비속이 상속개시 전에 사망한 경우'에는 '상속인이 될 직계비속이 상속개시와 동시에 사망한 것으로 추정되는 경우'도 포함하는 것으로 합목적적으로 해석함이 상당하다.
피상속인의 자녀가 상속개시 전에 전부 사망한 경우 피상속인의 손자녀는 본위상속이 아니라 대습상속을 한다.

다. 상속포기와 대습상속

1. 상속포기도 대습상속의 원인으로 보는 견해(곽윤직 교수 등 학자들)

2. 상속포기는 대습상속의 원인이 아니라는 견해(김주수 교수,법원행정처[87])
근거 :민법1001조 의 **상속인이 될** 직계비속 또는 형제자매가 **상속개시전에 사망하거나 결격이라고 규정하고 있으나 상속포기는 상속개시 전에 불가함**

◉ 부부재산

1. 고유재산(특유재산)
부부의 한쪽에 혼인 전부터 가지고 있던 고유재산과 혼인 중 자기 명의로 취득한 재산은 특유재산으로 한다(민법 제830조 제1항). 이러한 재산은 부부 중 한 사람의 개인 소유의 재산으로 보는 것이다.

2. 부부별산세
혼인의 해소에 따라 재산분할의 단계에 이르렀을 때에 재산분할의 대상으로 할 수 있을 뿐이고, 혼인 중에 대외적인 관계에서 공유적 권리가 인정되거나 인정받을 수 있는 방법은 없다.[현실에서 부부간 증여하여야 함]

[참조]
배우자일 경우 6억 원(10년간 6억 원 비과세)
성년 자녀일 경우 5,000만 원
미성년 자녀일 경우 2,000만 원
직계존속일 경우 5,000만 원
6촌 이내의 혈족 및 4촌 이내의 친인척일 경우 1,000만 원까지 증여세 면제 한도다.

87) 법원행정처 2012년 [상속등기실무] p,67.상속포기는 상속개시 전에는 할 수 없으므로 대습상속의 사유가 되지 않는다. 따라서 상속인이 상속을 포기하면 상속인의 상속인은 대습상속권을 주장할 수 없다

현재 증여세 과세표준은
1억 원 이하(세율 10%),
5억 원 이하(20%),
10억 원 이하(30%),
30억 원 이하(40%),
30억 원 초과(50%)로 나뉘어 누진세율이 적용된다.
증여세 신고기한은 증여받은 날이 속한 달 말부터 3개월 이내다.

배우자 한 명이 혼인 중에 자기 명의로 예금 채권을 취득하였다면 그 재산은 명의자의 특유재산으로 보는 것이 원칙이다.

배우자 중 한명이 다른 일방의 자금을 받아 자신의 명의로 예금하였다면, 그 예금은 대·내외적으로 모두 명의자의 특유 재산으로 추정된다. 따라서 명의자가 증여사실이 없음을 입증하지 못하는 한 과세관청은 명의자가 상대방 배우자로부터 자금을 증여받았다고 보고, 배우자공제액을 넘는 부분에 대해서 증여세를 과세할 수 있다.

3.재산분할제도는 민법 제839조의2에 규정되어 있다.
① 협의상 이혼한 자의 일방은 다른 일방에 대하여 재산분할을 청구할 수 있다.
② 재산분할에 관하여 협의가 되지 아니하거나 협의할 수 없는 때에는 가정법원은 당사자의 청구에 의하여 당사자 쌍방의 협력으로 이룩한 재산의 액수 기타 사정을 참작하여 분할의 액수와 방법을 정한다.
③ 재산분할청구권은 이혼한 날부터 2년을 경과한 때에는 소멸한다.

재산분할청구사건 : 가사 비송사건 마류(가사소송법 제2조 제1항 제2호)당사자가 소송 중에 일부 재산에 관한 분할방법에 합의를 하였다고 하더라도, 법원으로서는 당사자가 합의한 대로 분할을 하여야 하는 것은 아니다.

● 대법원 2015스451

이혼 한 달 전 '재산분할청구권을 **포기하겠다.**'는 각서를 작성했다면 '재산분할 포기약정'이 아니라 '재산분할청구권의 사전포기'에 해당하므로 무효라는 대법원 판결이 나왔다.

배우자 일방에게만 불리한 약정이라 진정한 합의로 볼 수 없고, 아직 발생하지도 않은 권리를 미리 포기하는 것이어서 허용될 수 없다는 것이다. 대법원은 다만 이혼이 임박한 시점에 재산분할을 어떻게 할 것인지 진지하게 논의하는 과정에서 작성된 각서라면 예외적으로 유효할 수 있다고 했다.

대법원 특별1부(주심 김소영 대법관)는 중국동포 출신 A씨가 한국인 남편 B씨를 상대로 낸 재산분할 신청 재항고 사건(2015스451)에서 원고패소 결정한 원심을 깨고 최근 사건을 청주지법으로 돌려보냈다.

재판부는 결정문에서 "두 사람이 협력해 형성한 재산액이나 쌍방의 기여도, 분할방법 등에 관해 진지한 논의가 있었다고 볼 아무런 자료가 없고, A씨에게 재산분할청구권을 포기할 합리적인 이유를 찾아볼 수 없다"며 "A씨가 비록 협의이혼에 합의하는 과정에서 재산분할청구권을 포기하는 서면을 작성했다고 하더라도 이는 성질상 허용되지 않는 재산분할청구권의 사전포기에 불과하다"고 밝혔다.

이어 "민법 제839조의2에 규정된 재산분할제도는 혼인 중 부부 쌍방의 협력으로 이룩한 실질적인 공동재산을 청산·분배하는 것을 주된 목적으로 하는 것이고, 이혼으로 인한 재산분할청구권은 이혼이 성립한 때에 그 법적 효과로서 비로소 발생하는 것일 뿐만 아니라 협의 또는 심판에 의해 구체적 내용이 형성되기까지는 범위 및 내용이 불명확·불확정하기 때문에 이혼 전에는 구체적으로 권리가 발생했다고 할 수도 없다"며 "아직 이혼하지 않은 당사자가 장차 협의상 이혼할 것을 합의하는 과정에서 이를 전제로 재산분할청구권을 포기하는 서면을 작성한 경우, 부부가 협의한 결과 일방이 재산분할청구권을 포기하기에 이르렀다는 등의 사정이 없는 한 성질상 허용되지 않는 '재산분할청구권의 사전포기'에 불과할 뿐이므로 쉽사리 '재산분할에 관한 협의'로서의 '포기약정'이라고 봐서는 안 된다"고 설명했다.

. 1,2심은 "재산분할을 청구하지 않겠다고 협의한 것 역시 재산분할에 관한 협의에 해당해 유효하다"며 원고패소 판결했었다.
(법률신문 2016-02-11)

◉ 재산분할에 관한 합의의 효력 [본 교재 협의이혼 합의서 참조]

재산분할에 관한 협의는 혼인중 당사자 쌍방의 협력으로 이룩한 재산의 분할에 관하여 이미 이혼을 마친 당사자 또는 아직 이혼하지 않은 당사자 사이에 행하여지는 협의를 가리킨다. 당사자가 장차 협의상 이혼할 것을 약정하면서 이를 전제로 하여 재산분할에 관한 협의를 하는 경우에 있어서는, 장차 협의상 이혼이 이루어질 것을 조건으로 하여 조건부 의사표시가 행하여지는 것이다.

그 협의 후 당사자가 약정한대로 협의상 이혼이 이루어진 경우에 한하여 그 협의의 효력이 발생한다. 어떠한 원인으로든지 협의상 이혼이 이루어지지 아니하고 혼인관계가 존속하게 되거나 당사자 일방이 제기한 이혼청구의 소에 의하여 재판상 이혼이 이루어진 경우에는 위 협의는 조건의 불성취로 인하여 효력이 발생하지 않는다.

* 서울고법2019르23756 이혼 및 재산분할 청구소송 [법률신문 2020-07-09]

A씨와 B씨는 2011년 결혼했다. 두 사람은 가정불화를 겪다 이혼하기로 하고 재산분할 등을 포함해 협의이혼과 관련한 공정증서를 작성했다. 이에 따라 B씨는 A씨에게 2억여 원을 지급했다. 그런데 이후 A씨는 2019년 B씨를 상대로 이혼소송을 내고 위자료와 재산분할을 요구했다. B씨는 "협의이혼 공정증서상 재산분할 협의에 따라 A씨에게 이미 재산분할금 2억여 원을 지급했으므로 A씨의 재산분할청구권은 소멸됐다"고 반박했다. 그러나 A씨는 "위자료 5000만원과 재산분할로 4억 원을 달라"고 요구했다.

재판부는 "아직 이혼하지 않은 당사자가 장차 협의상 이혼할 것을 약정하면서 이를 전제로 재산분할에 관한 협의를 하는 경우에는 특별한 사정이 없는 한 장차 당사자 사이에 협의상 이혼이 이뤄질 것을 조건으로 해 조건부 의사표시가 행해지는 것"이라고 밝혔다.

이어 "따라서 협의 후 당사자가 약정한 대로 협의상 이혼이 이뤄진 경우에 한해 그 협의의 효력이 발생하는 것이지, 어떠한 원인으로든지 협의상 이혼이 이뤄지지 않고 혼인관계가 존속하게 되거나 당사자 일방이 제기한 이혼청구의 소에 의해 재판상 이혼(화해 또는 조정에 의한 이혼을 포함)이 이뤄진 경우에 그와 같은 협의는 조건의 불성취로 인해 효력이 발생하지 않는다."고 설명했다.

재판부는 또 "A씨와 B씨가 협의이혼을 전제로 공정증서상 재산분할 협의를 한 사실을 인정할 수 있다"며 "관련 법리에 비춰 볼 때, A씨와 B씨 사이에 협의이혼이 이뤄지지 않았고 재판상 이혼이 이뤄지므로 협의이혼 공정증서상의 재산분할 협의는 조건의 불성취로 효력이 발생하지 않는다."면서 "이는 B씨가 재산분할 협의에 따른 채무를 이미 이행했다는 사정만으로 달리 볼 것은 아니다"라고 했다. 그러면서 "분할대상 적극재산의 취득경위, 분할대상 적극재산의 형성 및 유지에 대한 두 사람의 기여 정도 등을 고려해 B씨는 A씨에게 재산분할로 3950만원을 지급하라"고 판시했다.

- 질문. 55세 여성입니다. 얼마 전 60세인 남편과 협의 이혼하기로 하였습니다. 그런데 막상 이혼하려니 생활비가 걱정입니다. 남편은 아직 수익활동을 하고 있고, 국민연금에 가입되어 있어 연금으로 생활을 할 수 있습니다. 저는 직장도 없고 따로 수입도 없습니다. 남편이 받을 국민연금의 일부를 받을 수 있습니까?

- 답 : 예, 받을 수 있습니다. 예컨대 혼인기간이 20년이고, 상대 배우자가 30년간 국민연금에 가입하여 매달 120만원의 노령연금을 받을 수 있다면 분

할연금액은 120(만원) × 20/30(년) × 1/2(절반) = 40만 원입니다.

국민연금법 제64조(분할연금 수급권자 등) ① 혼인 기간(배우자의 가입기간 중의 혼인 기간으로서 별거, 가출 등의 사유로 인하여 실질적인 혼인관계가 존재하지 아니하였던 기간을 제외한 기간을 말한다. 이하 같다)이 5년 이상인 자가 다음 각 호의 요건을 모두 갖추면 그때부터 그가 생존하는 동안 배우자였던 자의 노령연금을 분할한 일정한 금액의 연금(이하 "분할연금"이라 한다)을 받을 수 있다. <개정 2011. 12. 31., 2017. 12. 19.>
1. 배우자와 이혼하였을 것
2. 배우자였던 사람이 노령연금 수급권자일 것
3. 60세가 되었을 것

● 질문: 이혼 및 재산분할 등에 관한 조정조서에 '향후 재산분할청구를 하지 않기로 하는 조항'을 두었을 때, 이를 국민연금법 제64조의 이혼배우자의 분할연금수급권도 못 받는지?

● 납변

재산분할 조정조서에 기재된 이른바 청산조항과 연금 분할 비율(**대법원 2019. 6. 13. 선고 2018두65088 판결**)

국민연금법 제64조에 규정된 이혼배우자의 분할연금 수급권은 민법상 재산분할청구권과는 구별되는 것으로 국민연금법에 따라 이혼배우자가 국민연금공단으로부터 직접 수령할 수 있는 이혼배우자의 고유한 권리이다.

따라서 국민연금가입자인 당사자가 배우자와 이혼 및 재산분할 등에 관한 조정이 성립되었고, 그 조정조서에 '향후 서로에 대하여 이혼과 관련한 재산분할 등을 청구하지 않는다.'는 취지의 조항(이른바 청산조항)이 포함되어 있다고 하더라도, 이 청산조항만으로 배우자 일방이 자신의 연금수급권을 포기하고 다른 배우자에게 온전히 귀속시려는 취지, 즉 연금의 분할비율을 달리 정한 것이라고 볼 수 없다. 따라서 이혼배우자는 국민연급법에 따라 국민연금공단으로부터 분할연금을 직접 수령할 수 있다.

수 원 가 정 법 원
조정조서

사 건 2018드단 12345 이혼 등 청구의 소

원 고 박여인(891234-2345678)
주소 경기도 용인시 동일
등록기준지 대구광역시 다름
소송대리인 변호사

피 고 상남자(861234-1234567)
주소 경기도 용인시 동일
송달장소 서울 관악구 관천로11길 1, 202호(신림동, 대성빌딩)
등록기준지 경기도

사 건 본 인 1. 상아들(120000-3000000)
2. 상따님(140000-4000000)
사건본인들 주소 경기도 용인시 동일
사건본인들 등록기준지 경기도 피고 부와 동일

조 정 장 판 사	신법관	기 일	: 2019. 5. 3. 6:00
조 정 위 원	윤박사	장 소	: 본관 05호 조정실
조 정 위 원	주교수	공개 여부	: 공 개
법 원 주 사	양주사		

원고 및 소송대리인 변호사 황변호 각 출석

피고 상남자 출석

다음과 같이 조정성립

조 정 조 항

1. 원고와 피고는 이혼한다.

2. 재산분할

가. 피고는 원고에게 2020. 5. 12.까지 700만 원을 지급한다(다만, 그 이전에라도 피고가 경기 [redacted]를 매도하면 잔금을 지급받음과 동시에 이를 지급하기로 한다). 만약 피고가 위 기일까지 위 돈을 지급하지 아니하면 미지급 금액에 대하여 그 다음날부터 다 갚는 날까지 연 10%의 비율로 계산한 지연손해금을 가산하여 지급한다.

나. 원고는 위 돈을 모두 지급받음과 동시에 수원가정법원 2018즈단[redacted]호 가압류 사건의 신청을 취하하고 그 집행을 해제한다.

다. 위에서 정한 것 외에 나머지 원고와 피고 명의의 적극재산 및 소극재산은 모두 그 명의대로 각자에게 확정적으로 귀속하는 것으로 한다.

3. 사건본인들의 친권자와 양육자로 원고를 지정한다.

4. 피고는 원고에게 사건본인들의 양육비로 2019. 6. 16.부터 사건본인들이 성년에 이르기 전날까지 다음과 같은 기준에 따른 돈을 매월 말일에 지급한다(사건본인 [redacted]의 경우, 초등학교를 졸업할 때까지 40만 원, 중학교 졸업할 때까지 60만 원, 성인이 될 때까지 75만 원이고, 사건본인 [redacted]의 경우, 초등학교를 졸업할 때까지 30만 원, 중학교 졸업할 때까지 60만 원, 성인이 될 때까지 75만 원).

5. 피고는 사건본인들이 성년이 될 때까지 다음과 같이 사건본인들을 면접교섭할 수 있다.

가. 일시는 매월 1회: 셋째주 일요일 11시부터 당일 18시까지

나. 방법은 피고가 면접교섭을 위해 사건본인들 주거지로 와서 사건본인들을 인도받아 피고가 책임질 수 있는 장소에서 사건본인들을 면접교섭한 다음 위 지정된 일시 무렵 사건본인들을 다시 데려다 주는 방법

다. 협조의무

ㅇ 양육자는 면접교섭이 위와 같이 원만하게 실시될 수 있도록 적극 협조하여야 하고, 이를 방해해서는 아니 되며, 비양육자는 면접교섭 과정에서 절대로 상대방이나 그 가족을 험담하지 아니한다.

○ 위 면접교섭의 일시와 방법은 서로 협의하여 조정·변경할 수 있다. 다만 서로 일정을 변경할 사정이 발생하였을 경우에는 상대방에게 그러한 사정을 늦어도 2일 전까지 문자 등으로 알린 후 서로 협의하여 변경하기로 한다.

○ 위 면접교섭은 사건본인들의 정서적 안정과 복지를 최우선으로 고려하고 사건본인들의 의사를 최대한 존중하여 실시한다.

6. 가. 원고와 피고는 각 나머지 청구를 포기한다.

나. 원고와 피고는 앞으로 서로에게 위에서 정한 것 외에는 이 사건 혼인 및 이혼과 관련하여 위자료, 재산분할 등 일체의 재산상 청구를 하지 아니한다.

7. 소송비용과 조정비용은 각자 부담한다.

청 구 의 표 시

청구취지

이혼, 위자료, 재산분할, 친권자 및 양육자 지정, 양육비 청구

청구원인

혼인생활 파탄 등

법 원 주 사 [illegible]

조 정 장 판 사 [illegible]

● 질문 : 비양육친이 수입의 감소로 매월 양육비의 감액을 청구할 수 있나요?

● 답변; 재판 또는 협의로 정해진 자녀의 양육비를 감액하는 경우 고려할 사항과 판단 기준(대법원 2019. 1. 31.자 2018스566 결정)

양육에 관한 사항의 변경에 관한 현행 민법 제837조 제5항 아래에서 재판 또는 당사자의 협의로 정해진 양육비 부담 내용이 제반 사정에 비추어 '부당'한지 여부는 친자법을 지배하는 기본이념인 '자녀의 복리를 위하여 필요한지'를 기준으로 판단하여야 한다.

특히 양육비의 감액은 일반적으로 자녀의 복리를 위하여 필요한 조치라고 보기 어려우므로, 가정법원이 양육비 감액을 구하는 심판청구를 심리할 때에는 양육비 감액이 자녀에게 미치는 영향을 우선적으로 고려하되 종전 양육비가 정해진 경위와 액수, 줄어드는 양육비 액수, 당초 결정된 양육비 부담 외에 혼인관계 해소에 수반하여 정해진 위자료, 재산분할 등 재산상 합의의 유무와 내용, 그러한 재산상 합의와 양육비 부담과의 관계, 쌍방 재산상태가 변경된 경우 그 변경이 당사자의 책임으로 돌릴 사정이 있는지 유무, 자녀의 수, 연령 및 교육 정도, 부모의 직업, 건강, 소득, 자금 능력, 신분관계의 변동, 물가의 동향 등 여러 사정을 종합적으로 참작하여 양육비 감액이 불가피하고 그러한 조치가 궁극적으로 자녀의 복리에 필요한 것인지에 따라 판단하여야 한다.
(사정변경의 법리가 아니라 친자법의 지도이념인 자녀의 복리를 해석기준으로 삼아야 한다고 판시)

서 울 가 정 법 원
조 정 조 서

사 건 2019 이혼 및 위자료, 재산분할

원 고 정 남편
주소 서울 관악구
등록기준지 서울

피 고 주 아내
주소 서울 관악구
송달장소 서울 관악구 관천로11길 1, 202호(신림동,대성빌딩)유태규 법무사
등록기준지 서울

판 사 최 기 일 : 2019.
법 원 주 사 최 장 소 : 202호 조정실
공개 여부 : 공 개

원고 정 남편 출석

피고 주 아내 출석

다음과 같이 조정성립

조 정 조 항

1. 원고와 피고는 이혼한다.
2. 원고와 피고는 재산분할에 관하여 다음과 같이 합의하여 이행한다.
   가. 원고는 피고에게 2020. 3. 31.까지 80,000,000원을 지급한다.
   나. 피고는 원고에게 2020. 3. 31.까지 별지 기재 부동산(서울 관악구

아파트 제 동 제 호)에 대하여 이 사건 조정성립일자 재산분할을 원인으로 한 소유권이전등기절차를 이행한다.

다. 위 가.항의 금전지급의무와 위 나.항의 소유권이전등기절차 이행의무는 동시이행 관계에 있다.

라. 원고는 피고로부터 2020. 3. 31.까지 위 부동산에 관하여 설정된 근저당권 피담보채무(근저당권자 주식회사 은행, 채권최고액 183,700,000원)를 면책적으로 인수한다. 만일 위 채무의 채권자가 승낙하지 않거나 그 밖의 다른 사정으로 위 면책적 채무인수가 이루어지지 않는 경우, 원고는 위 채무를 대위변제한다. 만일 원고가 위 채무를 변제하지 아니하여 피고에게 손해가 발생한 경우, 원고는 지체 없이 피고에게 손해금 전액을 배상한다.

마. 원고는 이 사건 조정 성립일로부터 위 부동산의 근저당권 피담보채무를 인수할 때까지 피고를 대신하여 위 근저당권 피담보채무의 대출기관에 대한 매월 원금 상환액 및 이자를 대위변제한다. 만일 원고가 위 채무를 변제하지 아니하여 피고에게 손해가 발생한 경우, 원고는 지체 없이 피고에게 손해금 전액을 배상한다.

3. 위에서 정한 것 외에, 원고와 피고가 현재 각지 자신의 명의로 보유하고 있는 재산은 각 명의자에게 소유권을 귀속시키고 각 채무도 각 명의자가 책임지고 변제하는 것으로 한다.

4. 위에서 정한 것 외에, 원고와 피고는 향후 상대방에 대하여 이 사건 혼인생활 및 이혼과 관련하여 위자료, 재산분할 등 어떠한 명목으로도 금전적 청구를 하지 아니한다.

5. 원고는 나머지 청구를 포기한다.

6. 소송비용 및 조정비용은 각자 부담한다.

청 구 의 표 시

청구취지

1. 원고와 피고는 이혼한다.

2. 피고는 원고에게 위자료로 금 15,000,000원 및 이에 대하여 이 사건 소장부본 송달일 다음날부터 다 갚는 날까지 연 15%의 비율에 의한 금원을 지급하라.
3. 피고는 원고에게 재산분할로 금 141,000,000원 및 이에 대한 이 판결 확정일 다음날부터 다 갚는 날까지 연 %의 비율에 의한 금원을 지급하라

청구원인

원고와 피고는 1991. . . 혼인신고를 한 법률상 부부인데, 혼인관계가 파탄되어 더는 혼인생활을 계속할 수 없어 이 사건 청구에 이르렀다.

법원주사 최

판 사 최

*재산분할 => ①적극재산(+) ②소극재산(-) ③순재산

● 분할대상재산의 범위 확정

재산분할에 있어서 가장 중요한 것은 부부 각자의 소유 재산을 확인한 후, 그것이 고유재산인지 공동재산인지를 확인하여 분할대상재산의 범위를 확정하는 것이다.
기본적으로 부부 당사자 쌍방의 협력으로 이룩한 재산이 분할대상이 된다.
부부 일방의 특유재산은 원칙적으로 분할대상이 되지 아니한다.

분할대상은 당사자 쌍방의 협력으로 이룩한 재산이다. 누구 명의로 되어 있는지 또는 누가 관리하고 있는지를 묻지 않는다. 제3자 명의로 되어 있는 경우에도 그것이 부부 중 일방에 의하여 명의 신탁된 재산 또는 부부의 일방이 실질적으로 지배하고 있는 재산으로서 부부 쌍방의 협력에 의하여 형성된 것이거나 부부 쌍방의 협력에 의하여 형성된 유형, 무형의 자원에 기한 것이라면 분할대상이 된다.

부부 일방의 특유재산은 원칙적으로 분할의 대상이 되지 아니한다. 그러나 특유재산이라 할지라도 다른 일방이 적극적으로 그 특유재산의 유지에 협력하여 그 감소를 방지하였거나 그 증식에 협력하였다고 인정되는 경우에는 분할대상이 될 수 있다. 예컨대 아내가 적극적이고 헌신적인 가사노동과 가사비용의 조달로 직접, 간접으로 기여하여 특유재산의 감소를 방지한 이상 재산분할의 대상이 된다.

● 분할시점

재판상 이혼 시의 재산분할에 있어 분할의 대상이 되는 재산과 그 액수는 이혼소송의 사실심 변론종결일을 기준으로 하여 정한다. 법원은 변론종결일까지 기록에 나타난 객관적인 자료에 의하여 개개의 공동재산의 가액을 정하여야 한다.

협의이혼에 따른 재산분할에 있어 분할의 대상이 되는 재산과 액수는 협의

이혼이 성립한 날(이혼신고일)을 기준으로 정하여야 한다(대법원 2003. 3. 14. 선고 2002므2230 판결 참조). 따라서 협의이혼 성립일 이후에 부부 일방이 새로운 채무를 부담하거나, 부부 일방의 채무가 변제된 경우에도 이와 같은 재산변동 사항은 재산분할의 대상이 되는 재산과 액수를 정함에 있어 이를 참작할 것은 아니다.

남편 김인석 명의로 부동산 및 가액

① 서울 서초구 서초동 100 대 157㎡ 및 그 지상 주택 : 88,923,190원
② 서울 서초구 서초동 101 전 153㎡ : 76,959,000원
③ 서울 서초구 서초동 102 대 30㎡ : 13,110,000원
④ 서울 서초구 서초동 103 대 30㎡ : 2,670,000원
⑤ 서울 서초구 서초동 104 대 15㎡ :1,104,900원

부동산 가액 합계182,767,090원

아내 서은숙 명의의 예금계좌(부동산은 없음)

① 대구은행 예금(계좌번호 1 생략) 인출후 잔액 없음
② 제일은행 예금(계좌번호 2 생략) 인출후 잔액 없음
③ 제일은행 예금(계좌번호 3 생략) 인출후 잔액 없음
④ 국민은행 예금(계좌번호 4 생략) 인출후 잔액 없음
⑤ 신한은행 예금(계좌번호 5 생략) 인출후 잔액 없음

인출액 합계 : 95,000,000원

*** 서은숙 이라는 여성이 남편에 대하여 아래 1, 2 사항을 원한다.**

1. 이혼 청구

2. 재산 분할 청구(남편 명의로 된 "부동산①②③④⑤"에 대한 2분의1 지분이전의 재산분할청구)

소 장

● **인지 208,100원**

[**91,383,545**(182,767,090원의 절반)소가 ×

(45÷10,000)+5,000]x0.5=208,100

[*민사소송인지대의 절반]

● 송달료(15회분)

원 고 : 서은숙(주민등록번호__________________)

주 소: ____

등록 기준지:____

송달장소 : 법률사무소

피 고 : 김인석(주민등록번호__________________)

주 소: ____

등록 기준지:____

송달장소 : 상대방의 근무지

이혼 등 청구의 소

청 구 취 지

1. 원고와 피고는 이혼한다.
2. 피고는 원고에게 별지목록 기재 부동산에 대한 2분의1 지분에 관하여 이 판결 확정일자 재산분할을 원인으로 한 소유권이전등기 절차를 이행하라.
3. 소송비용은 피고가 부담한다.

라는 판결을 구합니다.

※ 청구취지 작성 예시

○ 소유권 이전등기(현물분할)

「상대방은 청구인에게 별지 목록 기재 부동산에 대하여 이 심판확정 일자 재산분할을 원인으로 한 소유권이전등기절차를 이행하라.」

○ 금전지급에 의한 분할 : 소송촉진등에 관한 특례법 적용 없음

「상대방은 청구인에게 재산분할로 100,000,000원 및 이에 대한 이 심판확정 다음날부터 다 갚는 날까지 연 5%의 비율에 따른 금원을 지급하라.」

○ 경매분할

「별지목록 기재 부동산을 경매에 부쳐 그 대금에서 경매비용을 공제한 나머지 금액을 청구인에게 2/3, 상대방에게 1/3의 비율로 분할한다.」

○ 현물분할을 하면서 기여도에 따른 분할비율과의 차이를 금전으로 정산하게 하는 경우

「1. 상대방은 청구인에게 별지 제1목록 기재 부동산 중 1/2지분에 관하여 이 심판확정일자 재산분할을 원인으로 한 소유권이전등기절차를 이행하고, 청구인은 상대방에게 별지 제2목록 기재 부동산 중 1/2지분에 관하여 이 심판 확정일자 재산분할을 원인으로 한 소유권이전등기절차를 이행하라.
2.청구인은 위 재산분할의 조정으로서 상대방에게 5,000만 원을 지급하라」

청구원인

1. 원고와 피고는 ________년 ___월 ___일 혼인신고를 마쳤습니다.
2. 이혼사유

민법 제840조에 규정된 다음과 같은 이혼사유

1호- 배우자에게 부정한 행위가 있었을 때
2호- 배우자가 악의로 다른 일방을 유기한 때
3호- 배우자 또는 그 직계존속으로부터 심히 부당한 대우를 받았을 때

4호- 자기의 직계존속이 배우자로부터 심히 부당한 대우를 받았을 때

5호- 배우자의 생사가 3 년 이상 분명하지 아니한 때

6호- 기타 혼인을 계속하기 어려운 중대한 사유가 있을 때

이하는 생략

1. 관할법원은 상대방 주소지(?). [최후주소지 파악 후 관할]
2. 이미 이루어진 재산분할에 관한 약정의 이행을 구하는 것은 민사사건입니다.
3. 혼인해소 전에 미리 재산분할청구권을 포기할 수는 없으며, 재산분할청구권은 혼인 해소 후 2년이 경과하면 소멸 (제척기간)

● 이혼 시 부부의 사해행위취소권

민법은, ① 부부의 일방이 다른 일방의 재산분할청구권 행사를 해함을 알면서도 재산권을 목적으로 하는 법률행위를 한 때에는 다른 일방은 *제406조 제1항*을 준용하여 그 취소 및 원상회복을 가정법원에 청구할 수 있다고 규정하고 있다(민법 제839조의3).

재산분할청구권 보전을 위한 사해행위취소권은 부부가 이혼하면서 재산분할의 목적이 되는 재산을 미리 처분하는 경우에 재산분할청구권을 보전하기 위한 목적에서 도입된 것이다. 재산분할청구권의 보전을 위한 채권자취소청구의 소를 가정법원에 제기할 수 있도록 규정한 취지는 가정법원에서 재산분할청구소송과 채권자취소청구소송을 병합하여 심리할 필요성을 감안한 것이다.

사해행위로서 채권자취소권의 대상이 되는 경우에도 취소되는 범위는 그 상당한 부분을 초과하는 부분에 한정된다. 이 때 상당한 정도를 벗어나는 과대한 재산분할이라고 볼 만한 특별한 사정이 있다는 점에 관한 입증책임은 채권자에게 있다.

부동산처분금지가처분신청

채권자: 서은숙 (주민등록번호____________________)
주 소: ____
채무자: 김인석 (주민등록번호_________________)
주 소: _______________________________________

목적물의 표시 별지목록 기재와 같습니다.

피보전권리의 내용 재산분할을 원인으로 한 소유권이전등기청구권
목적물의 가격 _______________________원

신 청 취 지

채무자는 별지 목록 기재 부동산에 대하여 매매, 증여, 저당권설정 그 밖의 일체의 처분행위를 하여서는 아니 된다.
라는 결정을 구합니다.

신 청 이 유

1. 채권자와 채무자의 지위

채권자는 ____년 __ 월__일 채무자와 혼인하여 ____년___월 ___일 신청외 아들 ________를 낳고 살다가 최근 심해진 채무자의 폭행, 구타로 이혼소송을 제기하려고 합니다.

2. 협의이혼여부

채권자는 채무자와 협의이혼을 하고자 하나 “누구마음대로 이혼 소리냐?” 라고 하면서 수시로 술주정 등으로 가족을 괴롭히고 있습니다.

3. 결 론

따라서 채권자는 채무자를 상대로 재산분할의 청구취지가 포함된 이혼소

소를 제기하고자 준비중이나, 소송종료시까지 많은 시일이 걸리고 만약 채무자가 별지목록 기재의 부동산을 처분할 경우 채권자나 자녀들은 생활의 터전을 상실함은 물론 소송의 목적을 달성할 수 없으므로 그 집행을 보전하기 위하여 이 사건 신청에 이르렀습니다.

4. 담보제공

한편, 이 사건 부동산처분금지가처분명령의 손해담보에 대한 담보제공은 민사집행법 제19조 제3항, 민사소송법 제122조에 의하여 보증보험주식회사와 지급보증위탁계약을 맺은 문서를 제출하는 방법으로 담보제공을 할 수 있도록 허가하여 주시기 바랍니다.

소 명 방 법

1. 소갑 제1호증 혼인관계증명서
1. 소갑 제2호증 가족관계증명서
1. 소갑 제3호증 주민등록표등본
1. 기타

첨 부 서 류

1. 위 소명방법 각 1통
1. 부동산등기사항전부증명서 1통
1. 건축물대장등본 1통

2021. . .

위 채권자 __________ (인)

__________________ 법원 귀중

분할재산에 대한 보전의 필요성 : 이혼절차가 진행되는 도중에 상대방이 재산을 은닉하거나 처분을 할 우려가 있음. 이를 방지하기 위하여 재산분할의 대상이 되는 재산에 대하여 보전을 하여야 함.

제출법원	가사소송사건 또는 마류 가사비송사건을 본안사건으로 하는 가압류 또는 가처분 사건은 가정법원의 전속관할입니다(가사소송법63조)
제출부수	신청서 1부(부동산목록 5부정도 첨부)
공탁보증보험료	통상 청구금액의 10분의1정도의 담보제공명령액 x 요율(%)
비 용	.인지액 : 10,000원 .송달료 : (1인당 3회분) .등록면허세 및 지방교육세 : 등록면허세는 채권금액의 1,000분의 2, 지방교육세는 등록면허세액의 100분의 20(지방세법) .등기신청수수료 : 3,000원
목적물가격	.건물의 목적물가격 : (☞건물시가 표준액)

※ 집행절차

가처분 신청 → (2~3일 후) → 담보 제공명령서 수령 (공탁명령) → (5일내) → 보증보험사와 지급보증위탁계약체결

※ 지참서류등
1. 가처분신청서사본
2. 주민등록표등본
3. 담보제공명령서
4. 인감증명 및 도장
※ 온라인계약체결가능

→

보험증권을 법원신청과에 제출

공탁보증보험이란 가처분 등 보전신청을 함에 있어서 피신청인(채무자)의 재산상 손해보전을 위해 법원이 담보제공을 원할 경우에, 신청인(채권자)이 납부해야 할 공탁금에 대신하여 활용되는 보험계약을 일종이다(실무는 법원 근처의 서울보증보험에서 발급).

실무관련 현금공탁

재산형성경위 및 청구인의 기여도 (1) 상대방은 결혼당시부터 특별한 직업 없이 무위도식하고 있었으므로 1992.초 청구인이 보증금 없이 월세 30만원에 조그만 건물을 임차하여 피아노 학원을 운영하여 생계를 꾸려 나갔고 피아노학원 안에 방 1칸 마련하여 살림집으로도 사용하였습니다. (2) 그러다가 1998년 가을 상대방은 마을버스기사 취직되어 1999.년경까지 근무하였습니다. 1999년 가을 친정어머니의 도움으로 피아노 4대를 구입하여 월세 4만원의 방을 얻어 피아노 교습소를 차려 2002년 까지 피아노를 9대까지 늘려가며 피아노 교습소를 운영하였습니다. {소명자료증(경력증명서), 위 기간동안 월 소득은 상대방이 100만원정도, 청구인이 200만원 정도였습니다.

이혼소송에 따른 부동산처분금지가처분을 신청하면 어김없이(?) *부동산 취득경위*등의 보정명령이 나옵니다(개인적 차이는 있음)
-**보정명령사례**: 1994년도에 결혼하고 2002년에 부동산을 남편명의로 구입한 사례에서, 취득경위와 기여내용을 적시하라는 보정명령 건

의뢰인은 결혼이후 계속 일을 했다고 주장을 하지만, 경력증명서 발급이 안되는 상황이었습니다. 4대보험이 적용되는 직장이 아니라서 연금이나 건강보험을 통한 소명이 어려운 상황이었습니다. 그래서 직장을 통한 수입금원이 있음을 소명하기위하여 과거에 거래하였던 통장내역을 모두 출력하여 매달 "급여"명목으로 입금된 금원을 찾았습니다.

이것을 기본으로 해서 98년부터 2003년 까지는 자그마한 공장에서 일을 해서 현금과 통장으로 급여를 받았다. 그후 최근까지는 베이비시터를 해서 현

금과 통장으로 받았다 는 등 의뢰인의 통장에 입금된 금원 명목을 표시해서 보정을 했더니 , **아파트**에 대해 전체 가처분에 대한 담보제공으로 현금공탁 없이 보증보험으로 나왔습니다.

-재산분할의 방법 : 금전분할과 현물분할이 있음(금전분할이 많은 편이며, 일시급, 분할급, 정기급이 있지만 일시급이 많은편)

금융거래정보 제출명령 신청

사 건 20○○ ○○○호(본소), 20○○ ○○○호(반소)
원 고(반소피고) : **서은숙**
피 고(반소원고) : **김인석**

위 사건에 관하여 원고는 다음과 같이 금융거래정보 제출명령을 신청합니다.

다 음

1. 조회의 목적

재산분할을 위하여, 피고 명의의 금융재산을 확인하고자 합니다.

2. 조회할 기관

가. 주식회사 ○○은행
○○시 ○○구 ○○로 ○○(우편번호 ○○○○○)

나. ○○농업협동조합
○○시 ○○읍 ○○로 ○○(우편번호 ○○○○○)

다. ○○새마을금고
○○시 ○○길 ○○ (우편번호 ○○○○○)

3. 조회할 사항

[1] 명의인의 인적사항

가. 성명 : ◆◆◆

나. 주민등록번호 : ○○○○○○-○○○○○○○

[2] 요구대상 거래기간

20○○. ○○. ○○. ~ 현재(20○○. ○○. ○○.)

[3] 요구의 법적 근거

금융실명거래 및 비밀보장에 관한 법률 제4조 제1항 제1호, 가사소송법 제12조, 민사소송법 제294조

[4] 사용목적

○○가정법원 20○○드단○○○○ 이혼등 사건의 심리를 위하여

[5] 요구하는 거래정보 등의 내용

가. 귀 기관과 명의인 사이에 있는 모든 예금거래에 대하여,거래기간 동안의 예금거래내역조회.

나. 귀 기관과 명의인 사이에 있는 모든 대출금거래에 대하여, 거래기간 동안 변제한 시기, 시기 별로 변제한 원금 및 이자 액수, 변제한 사람, 20○○. ○○. ○○. 기준 남은 원금 및 이자의 액수, 현재(20○○. ○○. ○○.) 기준 남은 원금 및 이자의 액수(를 확인할 수 있는 자료-금융거래확인서 등). 끝.

2021년 ○월 ○일

위 피 고(반소원고) : **김인석** (인)

○○가정법원 귀중

재산목록 관련 [①적극재산(+) ②소극재산(-) ③순재산]

1. 재 산

가. 부동산 : 부동산등기부 등본 및 시가 입증 자료(가급적 감정서, 인터넷 KB 부동산 시세, 공시지가 등 객관적 자료를 제출하고, 이러한 자료가 없을 경우 공인중개사의 확인서 등을 제출)를 첨부하시기 바랍니다.

나. 예금 채권 : 예금통장사본, 계좌내역, 잔액조회서 등의 자료를 첨부하시기 바랍니다.

다. 임대차보증금반환 채권: 임대차계약서 사본을 첨부하시기 바랍니다.

라. 주식 : 주식예탁통장 사본 및 시가 입증 자료를 첨부하시기 바랍니다.

마. 특허권 : 특허권사본과 알고 있는 시가를 기재하시기 바랍니다.

바. 동산 : 원고가 알고 있는 시가를 기재하시기 바랍니다.

사. 자동차 : 자동차등록증 사본, 중고차 시세를 알 수 있는 자료를 첨부하시기 바랍니다.

아. 보험 : 현재 예상해약환급금을 기재한 후, 예상해약환급금확인서 등의 자료를 첨부하시기 바랍니다.

2. 채 무

가. 금융기관 채무:대출확인서 등의 자료를 첨부하시기 바랍니다

◉ 상간남(녀)에 대한 손배청구

서울가정법원 가사5부(재판장 송인우 부장판사)는 김씨가 강씨의 내연녀 A씨(43)를 상대로 "1억원을 지급하라"며 낸 위자료소송에서 "A씨는 강씨와 공동해 김씨에게 4000만원을 지급하라"며 최근 원고일부승소 판결했다.

재판부는 판결문에서 "A씨가 강씨와 부정한 행위를 해 김씨와 강씨의 혼인관계가 파탄에 이르게 됐다"며 "김씨가 받은 정신적 고통을 A씨와 강씨가 함께 배상할 의무가 있다"고 밝혔다.(법률신문 안대용 기자 dandy@lawtimes.co.kr 입력 : 2015-12-31)

복권당첨금 재산분할될까?

서울가정법원, 공동협력에 의한 재산으로 볼 수 없다 서울가정법원 제1부(재판장 김선종 부장판사)는 1일 A씨가 협의이혼한 남편 B씨를 상대로 "복권당첨금 중 25억8천5백만원과 추가위자료 5억원을 나눠달라"며 낸 재산분할 등 청구사건(2004느합1)에서 A씨의 청구를 각하했다.재판부는 "부부일방의 특유재산은 다른 일방이 적극적으로 그 재산의 유지에 협력해 그 감소를 방지했거나 증식에 협력한 경우에만 재산분할의 대상이 된다"고 밝혔다.

재판부는 이어 "청구인이 복권을 구입한 돈이 자신이 번 돈이거나 가사노동의 대가가 반영돼 있는 돈이고 복권용지에 번호를 자신이 기재했다고 주장하나 인정할 만한 증거가 없다"며 "설령 청구인의 주장이 사실이라 하더라도 그 사실만으로 복권당첨금을 부부 공동협력에 의해 이룩한 재산으로 보기는 어렵다"고 설명했다.(출처 : 법률신문)

● 대법원 2013. 6. 20. 선고 2010므4071,4088 전원합의체 판결
[이혼·이혼및재산분할등] 〈채무초과 부부 재산분할청구 사건〉
【판시사항】
부부가 이혼할 때 쌍방의 소극재산 총액이 적극재산 총액을 초과하여 재산분할을 한 결과가 결국 **채무의 분담**을 정하는 것이 되는 경우에도 재산분할청구를 받아들일 수 있는지 여부(적극) 및 이 경우 채무를 분담하게 할지 여부와 분담의 방법 등을 정하는 기준

【판결요지】

[다수의견] 이혼 당사자 각자가 보유한 적극재산에서 소극재산을 공제하는 등으로 재산상태를 따져 본 결과 재산분할 청구의 상대방이 그에게 귀속되어야 할 몫보다 더 많은 적극재산을 보유하고 있거나 소극재산의 부담이 더 적은 경우에는 적극재산을 분배하거나 소극재산을 분담하도록 하는 재산분할은 어느 것이나 가능하다고 보아야 하고, 후자의 경우라고 하여 당연히 재산분할 청구가 배척되어야 한다고 할 것은 아니다. 그러므로 소극재산의 총액이 적극재산의 총액을 초과하여 재산분할을 한 결과가 결국 채무의 분담을 정하는 것이 되는 경우에도 법원은 채무의 성질, 채권자와의 관계, 물적 담보의 존부 등 일체의 사정을 참작하여 이를 분담하게 하는 것이 적합하다고 인정되면 구체적인 분담의 방법 등을 정하여 재산분할 청구를 받아들일 수 있다 할 것이다. 그것이 부부가 혼인 중 형성한 재산관계를 이혼에 즈음하여 청산하는 것을 본질로 하는 재산분할 제도의 취지에 맞고, 당사자 사이의 실질적 공평에도 부합한다. 다만 재산분할 청구 사건에 있어서는 혼인 중에 이룩한 재산관계의 청산뿐아니라 이혼 이후 당사자들의 생활보장에 대한 배려 등 부양적 요소 등도 함께 고려할 대상이 되므로, 재산분할에 의하여 채무를 분담하게 되면 그로써 채무초과 상태가 되거나 기존의 채무초과 상태가 더욱 악화되는 것과 같은 경우에는 채무부담의 경위, 용처, 채무의 내용과 금액, 혼인생활의 과정, 당사자의 경제적 활동능력과 장래의 전망 등 제반 사정을 종합적으로 고려하여 채무를 분담하게 할지 여부 및 분담의 방법 등을 정할 것이고, 적극재산을 분할할 때처럼 재산형성에 대한 기여도 등을 중심으로 일률적인 비율을 정하여 당연히 분할 귀속되게 하여야 한다는 취지는 아니라는 점을 덧붙여 밝혀 둔다.

◆ 미성년 자녀의 양육

1.부모의 협의 : 협의이혼이든 재판상이혼이든 협의 우선임(민837조1항)

2.법원의 개입

가. 법원의 보정명령 : 부모의 협의가 자녀의 복리에 반한다고 판단되는 경우(ex,양육비가 부당하게 소액인 경우,-->양육비 표준금액 미달시)

나. 협의이혼은 양육문제가 협의되지 아니하면 이혼의사확인서가 교부(x),재판상이혼은 당사자의 청구 또는 직권에 의하여 양육에 관한 사항을 정함(837조)

1. 표준양육비 결정

가. 딸의 표준양육비 : 1,376,000원
(자녀 나이 15~18세 및 부모합산소득 400만 원~499만 원의 교차구간)

나. 아들의 표준양육비 : 1,136,000원
(자녀 나이 6~11세 및 부모합산소득 400만 원~499만 원의 교차구간)

다. 딸, 아들의 표준양육비 합계 : 2,512,000원(= 1,376,000원 + 1,136,000원)

2. 양육비 총액 확정

가산, 감산 요소가 있다면 결정된 표준양육비에 이를 고려하여 양육비 총액 확정
- 가산, 감산 요소가 없다면 2,512,000원

3. 양육비 분담비율 결정

비양육자의 양육비 분담비율 : 60% (= 270만 원 / 180만 원 + 270만 원)

4. 비양육자가 지급할 양육비 산정

양육비 총액 × 비양육자의 양육비 분담비율의 방식으로 산정
- 비양육자가 지급할 양육비 : 1,507,200원(= 2,512,000원 × 60%)

◉ 양육비 청구취지 작성 예시

▸장래 양육비 청구

상대방은 청구인에게 20 . . .부터 사건본인이 성년이 될 때까지 사건본인의 양육비로 월 ○○만 원씩을 매월 말일에 지급하라.

▸과거 양육비+장래 양육비 청구

상대방은 청구인에게,

1. 사건본인의 과거 양육비로 ○○만 원 및 이에 대한 이 사건 심판확정일 다음날부터 다 갚는 날까지 연 5%의 비율로 계산한 돈을 지급하고,

2. 사건본인의 장래 양육비로 20 . . .(심판청구서 부본 송달 다음날 또는

심판 다음날부터 사건본인이 성년이 될 때까지 월 ○○만 원씩을 매월 말일에 지급하라

-

http://badfathers.or.kr/

최근 양육비를 지급하지 않는 부모 신상을 공개하는 웹사이트 '배드 파더스(Bad fathers)'

서울가정법원 가사3부(재판장 이수영 부장판사)는 15일 차영 전 민주당 대변인이 조희준 전 국민일보 회장을 상대로 "아들이 친생자임을 확인하고, 과거 양육비 6억8000만원과 함께 장래 양육비로 월 500만원씩 지급하라"며 낸 인지청구 및 양육비 청구소송에서 "차씨의 아들 A군이 조씨의 친생자임을 인지하고 친권자 및 양육자로 차씨를 지정한다. 조씨는 차씨에게 과거 양육비로 2억7600만원을 지급하고 장래 양육비로 A군이 성인이 되는 2022년 8월까지 월 200만원씩 지급하라"며 원고일부승소 판결했다.

재판부는 "조씨에게 친자확인을 위한 유전자검사 명령을 거듭해 내리고 과태료도 부과했지만 정당한 이유없이 검사에 응하지 않았다"며 "차씨가 조씨의 적극적 권유와 경제적 지원하에 미국 하와이로 이주해 아들을 출산한 점, 조씨가 소송대리인이 사임한 이후에는 재판과정에 전혀 관여하지 않고 협조도 하지 않은 점 등을 고려하면 차씨의 아들이 조씨의 친생자임을 추정할 수 있다"고 밝혔다.

앞서 차씨는 2013년 8월 "2011년 3월 청와대 만찬에서 조씨를 처음 만나 교제했고 이혼 후 그와 동거하다가 2002년 8월 미국 하와이에서 아들을 낳았다"며 소송을 냈다. 아나운서 출신인 차씨는 1999년~2002년 대통령비서실 문화관광비서관을 지냈으며 민주당 대변인을 맡기도 했다. 2012년 제19대 총선에 출마했으나 낙선했다

(법률신문 2015-07-16)

사례 :

남편 김갑남으로부터 폭행.학대를 받던 아내 이을녀는, 이혼소송을 제기하였고, 이어 별거와 동시에 직장생활을 하면서 박병남을 알게 되었다.

둘은 혼인을 약속하며 동거를 하게 되었다.

그런데 이혼소송이 길어져 전남편과 이혼을 한 지 300일 이내에 아이가 태어났다. 박병남이 아이의 법률상 친부가 되는 방법은?

[답]

민법 제844조(남편의 친생자의 추정) 2018.02.01.시행 개정

① 아내가 혼인 중에 임신한 자녀는 남편의 자녀로 추정한다.

② 혼인이 성립한 날부터 200일 후에 출생한 자녀는 혼인 중에 임신한 것으로 추정한다.

③ 혼인관계가 종료된 날부터 300일 이내에 출생한 자녀는 혼인 중에 임신한 것으로 추정한다.

제855조의2(인지의 허가 청구)

① 생부(生父)는 제844조제3항의 경우에 가정법원에 인지의 허가를 청구할 수 있다. 다만, 혼인 중의 자녀로 출생신고가 된 경우에는 그러하지 아니하다.

② 제1항의 청구가 있는 경우에 가정법원은 혈액채취에 의한 혈액형 검사, 유전인자의 검사 등 과학적 방법에 따른 검사결과 또는 장기간의 별거 등 그 밖의 사정을 고려하여 허가 여부를 정한다.

인지의 허가청구

청 구 인 : 박병남 (☎ :)

주민등록번호 :
주 소 :
송 달 장 소 :
등 록 기준지 :

사건본인 :이을녀아기

생 년 월 일 : 20○년 ○월 ○일 ○시 ○분생 남(여)자 (체중: kg)
출 생 장 소 : ○○시 ○○구 ○○로 ○○○○병원
주 소 :

사건본인의 모 : 이을녀 (☎ :)

주민등록번호 :
주 소 :

청 구 취 지

1. 사건본인을 청구인의 친생자로 인지함을 허가한다.

라는 심판을 구합니다.

청 구 원 인

(청구하는 사유를 구체적으로 기재)

첨 부 서 류

1. 기본증명서(청구인, 사건본인의 모) 각 1통

1. 가족관계증명서(사건본인의 모, 사건본인의 모의 전남편) 각 1통
1. 혼인관계증명서(사건본인의 모, 사건본인의 모의 전남편) 각 1통
1. 주민등록표등(초)본(사건본인의 모, 사건본인의 모의 전 남편) 각 1통
1. 출생증명서(출생병원) 1통
1. 후견등기사항증명서(사건본인의 모의 전 남편) 1통

20 . . .

청구인 : (서명 또는 날인)

서울가정법원 귀중

● 사안

A씨는 부인 B씨와 1985년 결혼했지만 무정자증으로 자녀가 생기지 않았다. 이에 부부는 다른 사람의 정자를 제공받아 시험관시술을 통해 1993년 첫째 아이를 낳은 뒤 두 사람의 친자식으로 출생신고를 했다. 이후 1997년 둘째 아이가 태어나자 이번에도 부부의 친자식으로 출생신고를 마쳤다. 둘째 아이가 초등학교 5학년 무렵 교통사고를 당했을 당시에 병원 검사를 통하여 친자가 아니라는 사실을 안 이후 2013년 가정불화로 아내와 이혼 소송을 하는 과정에서, A씨는 두 자녀를 상대로 친생자관계가 존재하지 아니함을 확인한다.라는 소송을 제기했다.

하지만 1심은 피고들의 친생을 부인하도록 허용하는 것은 지나치게 장기간 자녀들의 지위를 불안정하게 하므로 자녀들의 복리의 관점에서 허용되지 않는다고 할 것이다. 따라서 이 사건 소는 부적법하다. A씨에게 패소 각하판결했다.

2심은 A씨와 두 아이의 유전자가 일치하지 않지만, 첫째 아이에 대해서는 제3자의 정자를 사용한 인공수정에 A씨가 동의했기 때문에 소가 부적법하다

고 판단했다. 둘째 아이에 대해서는 친생자 관계가 인정되지 않으나, 입양의 실질적 요건을 갖추어 양친자관계가 성립해 소의 이익이 없다며 A씨의 항소를 기각했다.

A씨는 이에 불복해 상고했다. 대법원은 이 사건을 전원합의체에 회부해 심리해왔다.

● 친생추정(대법원 2019. 10. 23. 선고 2016므2510 전원합의체 판결)
다수의견(상고기각)
1) 아내가 혼인 중 남편의 동의에 따라 제3자의 정자를 제공받아 인공수정으로 자녀를 출산한 경우에도 친생추정 규정이 적용되어 출생한 자녀가 남편의 자녀로 추정된다. 남편의 동의는 인공수정 자녀에 대해서 친생추정 규정을 적용하는 주요한 근거가 되므로, 남편이 나중에 자신의 동의를 번복하고 친생부인의 소를 제기하는 것은 허용되지 않는다.

2) 혼인 중 아내가 임신하여 출산한 자녀가 유전자 검사 등을 통하여 남편과 혈연관계가 없다고 밝혀졌더라도 친생추정이 미친다. 혈연관계가 없다는 점을 친생추정이 미치지 않는 전제사실로 보는 것은 원고적격과 제소기간의 제한을 두고 있는 친생부인의 소의 존재를 무의미하게 만드는 것으로 민법 해석상 받아들이기 어렵다.

● **가족관계등록제도**

국민의 출생 . 입양 . 혼인 . 사망 등 가족관계의 발생 및 변동에 관한 사항을 「가족관계의 등록 등에 관한 법률」이 정한 절차에 따라 가족관계 등록부 DB에 등록하여 이를 공시 . 공증하는 제도이다.

등록부정정허가 신청

1.신청인 겸 사건본인 : 유석일(柳晳日 700000-1405418)

2.사건본인 : 유연이(柳硏移 020000-4403816)

3.사건본인 : 유현삼(柳炫參 040000-3403810)

사건본인들의 등록기준지 : 대전광역시 중구 선화동111

주소 : 대전광역시 유성구 궁동 1111

신 청 취 지

1.사건본인들의 등록기준지에 비치된 위 등록기준지의 가족관계등록부에 있어서 신청인 겸 사건본인의 성명기재 중 성 부분의 한글기재 '유'를 '류'로 정정함을 허가한다.

라는 재판을 구합니다.

신 청 이 유

1.신청인 겸 사건본인 들은 "류"씨 성을 가진 자로서 주민등록표 상 "류"로기재되어있으나, 가족관계등록부상에는 "유"로 기재되어 있습니다.

2.사건본인들에 대한 가족관계등록부에 있어서, 성의 한글표기가 "유"로 기재된 것을 "류"로 정정하고자 이 사건 신청에 이르게 된 것입니다.

첨 부 서 류

1. 가족관계증명서 및 기본증명서 1통
1. 주민등록표등본 1통
1. 등록부정정에 대한 동의 및 확인서(직계비속) 1통

202 년 월 일

위 **1.신청인 겸 사건본인 : 유석일** (인)

2.사건본인 : 유연이

3.사건본인 : 유현삼

위 2,3.의 법정대리인 친권자 부 **유석일 (인)**

친권자 모 박아내 (인)

대전가정법원 귀중

● 등록사무의 관장과 위임

가. 대법원이 관장

가족관계의 발생 및 변동사항에 관한 등록과 그 증명에 관한 사무는 대법원이 관장한다(법 제2조).

나. 대법원장의 기관위임

대법원장은 등록사무의 처리에 관한 권한을 시(구)·읍·면의 장에게 위임(委任)한다(법 제3조).

다. 보조자

등록사무는 시(구)·읍·면장에게 기관위임 처리하고 있으나 시(구)·읍·면장은 보조기관으로서 가족관계등록담임자를 임명하여 가족관계등록사무를 처리하게 할 수 있다.

● 가족관계등록부정정

법원의 허가에 의한 등록부 정정과 판결에 의한 등록부 정정이 있다.
가사소송법 제2조에 규정되어 있는 가사사건으로서 신분관계의 존부를 직접적으로 다투는 소송이어야 하며, 정정사항이 판결 주문에 나타나 있는 경우를 말합니다.

● 가족관계등록신고

신고는 등록사무처리자인 시(구).읍.면장에게 행정상의 처분(등록부에 신분관계사항의 기록)을 요구하는 공법상의 행정행위이다. 등록부의 등록원인 사유 중에 가장 기본적인 행위로 대부분의 기록은 이 신고에 의하여 처리된다.

● 보고적신고와 창설적 신고

보고적 신고는 이미 발생된 사항(출생·사망 등)과 이미 법률적으로 성립되어 효력이 발생하는 사항(재판이혼 등)에 관하여 하는 신고를 말한다. 창설적 신고는 신고를 함으로써 효력이 발생하는 사항(혼인 등)으로 특히 중요한 의미가 있다.

[보고적신고의 해태 : 과태료 부과]

[부록 3]

성년후견 실무

◇ 고령화

출처 : 2023통계청자료

후견사건이 큰 폭으로 늘고 있다.

사 례

-배우 윤정희(77)씨 : 알츠하이머성 치매 윤정희(77)씨 2021년2뷜

-롯데 신격호 명예회장이 중증 치매 : 2017년 6월 사단법인 선 후견인 선임

-바이올리니스트 유진 박(43)씨의 후견인으로 복지재단법인이 선임됐다 (2019년)

성년후견, 한정후견, 특정후견, 임의후견 비교표

내 용	성년후견	한정후견	특정후견	임의후견
개시사유	정신적 제약으로 사무처리능력의 **지속적 결여**	정신적 제약으로 사무처리능력의 **부족**	정신적 제약으로 일시적 후원 또는 특정사무 후원의 필요	정신적 제약으로 사무처리능력의 **부족**
후견개시 청구권자	본 배 4 후 후 검 지			

사건본인의 주소지 관할 법원에 청구하며

첨부서류는

1.기본증명서 및 가족관계증명서(사건본인) 각 1통

2.주민등록표등(초)본(청구인, 사건본인) 각 1통

3.후견등기사항 부존재증명서(전부)(사건본인) 1통

4.청구인 및 후견인후보자와 사건본인과의 관계 소명자료
(가족관계증명서, 제적등본 등)

5.**진단서 1통 + (의무기록사본)**

6.사전현황설명서 1부

7.사건본인의 가족들의 의견서 또는 동의서(인감증명서 첨부)

- 가사소송 및 비송사건표 [본교재 참조]: 인지5,000원

- 후견사건: **라류** 가사**비송**사건

사건본인은 있지만 상대방이 존재하지 아니하고, 조정전치주의가 적용되지 않으며, 가정법원은 당사자의 청구취지에 구애받음 없이 재량으로 후견적이 처분을 할 수 있다.

그러나, 법원이 청구취지 변경없이 청구취지와 다른 유형의 후견을 개시할 수 있는지 문제되나, 실무를 보면 청구취지변경을 권고하고 그 신청을 기다려 심판함.

- **당사자 1인당 송달료**

성년후견 · 한정후견 · 특정후견 · 임의후견에 관한 사건은 각 10회

- **정신적 제약의 정도**

1.성년후견

피성년후견인은 질병, 장애, 노령, 그 밖의 사유로 인한 정신적 제약으로 사무를 처리할 능력이 지속적으로 결여된 사람

예)

- 교통사고로 인한 뇌출혈로 의식불명상태에 있는 경우
- 중증치매 상태로서 시간적 공간적 지남력이나 장단기 기억력, 수리력 언어능력이 모두 손상된 경우
- 조현병으로 인한 망상과 환각으로 현실의 삶과 행동에 대한 올바른 인식과 판단을 할 수 없는 경우 등

2.한정후견의 경우

피한정후견인은 질병, 장애, 노령, 그 밖의 사유로 인한 정신적 제약으로 사무를 처리할 능력이 부족한 사람

비교)종전의 한정치산선고는 심신이 박약하거나 또는 재산의 낭비로 인하여 자기나 가족의 생활을 궁박하게 할 염려가 있는 자가 그 대상자.

낭비의 원인이 정신적 제약에 기인한 것이라면 한정후견의 대상이 될 수 있다.(법원행정처, 성년후견해설 90면) 그러나 단지 가족이 낭비벽이 있다는 이유로 재산의 처분을 제한하려고 하거나 기왕의 처분행위를 취소하기 위한 목적으로 한정후견을 청구하는 경우가 있으나 인용여부는 불투명함.

[법률신문 2020-12-21 기사]

정신지체 장애인이 100만원 이상 300만원 미만의 거래를 할 때 **한정후견인**과 동행을 하도록 하는 우체국 지침은 **차별행위라는 판결**이 나왔다. 법원은 국가가 피해 장애인 측에게 위자료를 지급하라고 판시했다.

서울고법 민사14부(재판장 박선준 부장판사)는 A씨 등 18명이 국가를 상대로 낸 장애인 차별행위중지 등 청구소송(2019나2041059)에서 "국가는 A씨 등에게 20만원씩을 지급하라"며 최근 원고일부승소 판결했다.

등록번호	000012[illegible]
연 번 호	20012[illegible]

진 단 서

<table>
<tr><td>환자의 성명</td><td>정여사</td><td>주민등록번호</td><td>300101-2020200</td></tr>
<tr><td>환자의 주소</td><td colspan="3">서울특별시 서초구 서[illegible]동 14[illegible]-1 진단 @1[illegible]
(전화번호: 01[illegible])</td></tr>
<tr><td>질 병 명
[✓] 임상적 추정
[ ] 최 종 진 단</td><td colspan="2">(주상병) 피질하 혈관성 치매
상킴곤란
대뇌반구 피질의 뇌내출혈
상세불명의 만성 폐색성 폐질환

(부상병)</td><td>한국질병 분류번호
F012
R13
I611
J449</td></tr>
<tr><td>발병 연월일</td><td></td><td>진단 연월일</td><td></td></tr>
<tr><td>치료 내용 / 향후 치료에 대한 소견</td><td colspan="3">위 환자는 상기 질환으로 인해서 본원에서 보존적 치료를 받고 계시고 있으며,
현재 기관절개술 및 위루술로 호흡과 식사를 하고 있으며,
독립적 보행은 절대 불가능한 상태로 24시간 전적인 간호가 필요한 상태로
병원외 외박, 외출을 할 수가 없는 상황입니다.
의료적인 문제라면 의사 등과 같이 동행하고, 필요한 장비들을 갖추어야 가능하므로
일반적인 외박, 외출을 불가능합니다.
현재 인지결핍상태로 인하여 [사무처리가 불가능하며] 회복될 가능성은 거의 없는
상태입니다.
이 문구 들어갈 것</td></tr>
<tr><td>용 도</td><td colspan="3">법원 제출용</td></tr>
<tr><td>비 고</td><td colspan="3"></td></tr>
</table>

「의료법」 제17조 및 같은 법 시행규칙 제9조에 따라 위와 같이 진단합니다.

2018년10월28일

의료기관 명칭 : 용비원 병원

주소 : 서울특별시 서초구[illegible] 시행[illegible] 117-7

[V] 의사 [ ] 치과의사 [ ] 한의사 면허번호 제 17[illegible] 호

성 명: 나의사

* 환자의 인적사항은 진찰한 의사가 주민등록증, 기간만료 전 여권, 운전면허증, 공무원증, 국공립대학 학생증, 군무원증, 의료보험증, 외국인등록증등 국가공인 신분증(환자가 미성년자인 경우에는 주민등록・초본, 학생증 등으로 대체 가능)과 대조하여 확인하고 서명 또는 날인합니다.

2 "질병명" 란에는 "임상적 추정" 과 "최종진단" 중 택일하여 [ ] 에 체크 (v) 표시를 하고, 질병명은 한글로 적되, 영어로 적을경우에는 한글을 함께 적으며, 한국표준질병 분류번호를 기입합니다.

◉ 추정 선순위 상속인의 동의여부 확인

가정법원이 후견사건에서 추정 선순위 상속인을 포함하여 사건본인의 친족이나 이해관계인의 의견을 듣는 것은, 사건본인의 복리와 보호를 위해 가장 적정한 후견 형태와 후견인을 정하기 위한 자료를 얻기 위해서이다.

후견사건에서 다툼은 표면적으로는 사건본인의 신상보호에 관하여 의견 대립이 있는 것처럼 보여도 배후에는 재산에 대한 다툼이 있는 경우가 상당수 이다.

-가정법원은 추정상속인의 의사확인을 위하여 청구인에게 인감이 날인되고 인감증명서가 첨부된 동의서 또는 의견서의 제출을 요구하고 있다. 동의서를 받을 수 없다고 하면 추정 상속인의 주민등록등본을 제출하거나 송달이 가능한 주소를 밝힐 것을 명한 후 직접 추정 상속인에게 의견조회를 한다.(신청인은 법원의 보정명령문을 지참하여 주민센터에서 추정상속인의 주민초본 등을 발급 받을 수 있음)

◉ 후견인의 권한

성년후견인은 피성년후견인의 재산을 관리하고 그 재산에 관한 법률행위에 대하여 피성년후견인을 대리한다(민법 제949조 제1항).

재산관리권에는 법률행위와 사실행위, 그와 관련된 소송행위가 모두 포함되고 보존행위와 처분행위도 포함된다.

(1)법정대리권

(가)포괄적 대리권

성년후견인은 피성년후견인의 법정대리인인 된다(민법 938조 1항). 따라서 원칙적으로 포괄대리권을 가진다.

대법원 용성서비스

대리권등목록 2018성년2313

Ⅰ. 취소할 수 없는 피성년후견인의 법률행위의 범위

취소권 제한 없음

Ⅱ. 성년후견인의 법정대리권의 범위

법정대리권 제한 있음
아래 사항은 성년후견인의 대리권 행사에 법원의 허가를 필요로 함
1. 금전을 빌리는 행위
2. 의무만을 부담하는 행위
3. 부동산의 처분 또는 담보제공행위
4. 상속의 단순승인, 포기 및 상속재산의 분할에 관한 협의
5. 소송행위 및 이를 위한 변호사 선임행위
6. 기타 사항

피성년후견인 명의의 은행계좌에서 매월 1일부터 말일까지 사이에 합계 5,000,000원을 초과하여 인출하는 경우

Ⅲ. 성년후견인이 피성년후견인의 신상에 관하여 결정할 수 있는 권한의 범위

아래 사항에 관하여 피성년후견인이 스스로 결정을 할 수 없는 경우 성년후견인이 결정권을 가짐
1. 의료행위의 동의
2. 거주・이전에 관한 결정
3. 사회복지서비스 선택 또는 결정

(나)대리권의 제한

1)법원의 범위결정
가정법원은 성년후견인이 가지는 법정대리권의 범위를 따로 정할 수 있다(민법938조2항)

2)피성년후견인의 거주 부동산에 대한 처분[88]

이는 피성년후견인의 거주상황 즉 신상보호와 밀접한 관계가 있다.
성년후견인이 피성년후견인을 대리하여 피성년후견인이 거주하고 있는 건물 또는 그 대지에 대하여 매도, 임대, 전세권설정, 저당권설정 , 임대차의 해지, 전세권의 소멸, 그 밖에 이에 준하는 행위를 하는 경우에는 가정법원의 허가를 받도록 규정하고 있다(민법 947조의2 제5항).

피성년후견인이 요양원 등의 시설에 입소한 경우에는 거주하고 있넌 주덱을 장기간 비우게 될 것이지만 향후 거주용으로 제공될 가능성이 있는 한 "피성년후견인이 거주하고 있는 건물" 로 해석하고 있다[89]

위와 같이 해석하지 않으면 성년후견인이 피성년후견인의 주택을 매각하기 위하여 피성년후견인을 시설에 격리하게 될 것이기 때문이다.

후견인의 법률행위가 이러한 가정법원의 허가를 전제로 하는 경우에, 가정법원의 허가를 받지 아니한 법률행위는 이를 무효라고 보아야 할 것이다.다만 가정법원이 사후에 이를 허가하여 유효로 할 가능성은 있다.[90]

3)제3자가 피성년후견인에게 무상으로 재산을 수여하는 경우
무상으로 피성년후견인에게 재산을 수여한 제3자가 성년후견인의 관리에 반

---

88) (사)한국성년후견지원본부,성년후견심판실무,173면,2015
89) 김성우,성년후견실무,101면,박영사,2018
90) 이현곤,성년후견제도의 이해,180면,법률신문사,2015

대하는 의사를 표시한 때에는 성년후견인은 그 재산을 관리하지 못하고 (민법 제956조,918조1항), 제3자가 그 재산관리인을 지정하지 아니한 때에는 가정법원은 재산의 수여를 받은 피성년후견인 또는 민법777조의 규정에 의한 친족의 청구에 의하여 관리인을 선임한다.(민법956조,918조2항). 그 재산관리인의 선임에 대하여는 부재자재산관리인의 규정이 준용된다.(민법918조4항)

(2)성년후견인의 무권대리행위

성년후견인이 권한 없이 대리행위를 한 때에는 무권대리행위가 된다. 성년후견심판서에 기재되어 있는 권한을 넘는 대리행위를 한 경우에는 민법 126조,129조의 표현대리의 법리가 적용된다.

(3)법률행위의 취소권

피성년후견인이 단독으로 한 법률행위는 원치적으로 취소할 수 있고(민법10조1항) 그 취소권은 피성년후견인과 법정대리인인 성년후견인이 행사할 수 있다(민법140조). 법률행위가 취소되더라도 피성년후견인이 받은 이익이 현존하는 한도에서 상환할 책임이 있다(민법141조 단서)

(4)신상보호에 관한 권한[91)]

신상이라 함은 재산에 대비되는 개념으로서 피성년후견인의 프라이버시와 자기결정권이 중요시 되는 신체적, 정신적 복리에 관한 사항을 말하며, 신상결정대행권한이 있다.

피성년후견인은 자신의 신상에 관하여 그의 상태가 허락하는 범위에서 단독으로 결정한다.(민947조의2 제1항) 신상에 관한 의사결정능력은 재산관리에 관한 의사결정과 달리보아야 하고, 신상에 대한 의사결정과 관련된 법익의 가치를 판단하는 것은 객관적으로 합리적일 필요는 없고, 주관적 가치체계에 입각해도 된다는 견해가 있다(제철웅, 박인환)

일반적으로 의료행위/거주이전/면접교섭/ 우편통신/사회복지서비스 :

91) 김성우,성년후견실무,105면,박영사,2018

피성년후견인이 스스로 결정할 수 있는 상태라면 성년후견인이 결정할 수 없고 피성년후견인의 결정에 따라야 한다. 결정능력유무에 관한 다툼이 있다면 다투는 자가 피성년후견인의 결정능력에 대하여 증명하여야 한다.

중대한 의료적 침습행위에 대하여는 사전허가를 얻어야 하나(민947조의2 제4항), 허가절차로 의료행위가 지체되어 피성년후견인의 생명에 위험을 초래하거나 심신상의 중대한 장애를 초래할 때에는 예외적으로 사후에 허가를 청구할 수 있다.(민법947조의2 제4항 단서).

◉ 후견인이 된 경우

1. 심판문 확인 및 후견사건에 대한 기록복사와 검토
2. 피후견인의 가족면담(분쟁내용 등 파악)
3. 피후견인의 재산조사와 재산녹톡 직생 및 제출
4. 후견계획 수립
5. 후견사무(재산관리 사무 및 신상보호사무) 실시 및 부수사건
6. 후견사무보고서 제출
7. 후견인보수 및 후견사무비용 청구
8. 사무종료에 따른 계산 및 재산의 인도

◉ 재산관리

가.후견계획의 수립

(1)장단기 계획의 수립

수입과 지출의 균형이 맞는지 / 체납세금은 없는 지/ 안정적인 소득확보

(2)일탈재산의 환수[92]

후견개시 전에 일부 친족 등에 의하여 처분된 재산이 발견된 경우, 후견

92) 김성우,성년후견실무,124면,박영사,2018

인은 그에 대한 피후견인의 의사, 그 재산의 처분경위와 대가수령 및 보관상황, 당시 피후견인의 정신상태, 처분에 대한 추정상속인의 의견 등을 종합하여 일탈된 재산을 환수하는 절차를 진행할 것인지 여부를 결정한다.

피후견인명의의 처분행위가 부당한 것으로 판단되면 처분행위에 대한 취소권행사와 반환소송을 제기하는 것이 일반적이지만, 그 재산을 제외하고도 피후견인이 이전과 같은 수준의 생활을 영위하는데 부족하지 않을 정도의 충분한 재산이 확보되어 있는 경우에는, 추정상속인 전부의 동의를 받아 그 재산이 아닌 가액의 전부 또는 일부를 반환받는 방법, 차용증과 함께 피후견인의 치료비와 생활비 명목으로 매달 일정한 이자를 받은 방법 등을 고려해 볼 수 있다.

그러나 친족사이의 다툼이 없다고 하더라도 피후견인을 위한 충분한 재산이 존재하지 않는 다면, 처분시점이나 처분으로 인한 수익의 흐름 등을 면밀히 살펴 친족 등 이해관계인들이 서로 합의하에 피후견인의 재산을 나누어 가진 것이 아닌지 확인하고, 이러한 경우에는 수익자 모두로부터 그 재산을 환수하거나 가액을 반환받아야 한다.

나. 구체적인 재산관리 방법

(1)부동산

부동산은 유지보존과 이용개량을 하는 방법으로 관리한다.

주로 임대차계약을 체결하거나 갱신하여 보증금 또는 월 임차료를 받아 관리하고, 노후한 부동산을 수선하거나 보수하고, 관련 공과금과 세금을 납부하는 등 현상을 유지하는 행위에 한정되는 것이 원칙이고, 새로운 부동산을 건축하거나 기존의 부동산을 철거하는 행위, 부동산을 매각 또는 증여하는 등 처분행위를 사전허가를 받아야 한다.[93]

(2)예금 등 유동성 재산

(가) 관리방법

93) (사)한국성년후견지원본부,성년후견심판실무,184면,2015

예금 등을 관리할 권한을 수여받은 후견인은 피후견인 또는 그 가족으로부터 예금통장과 인장 등을 교부받아 보관하여야 한다. 재산조사를 할 때 파악해둔 연금과 사회보장수급권의 입출금 및 사용상황도 확인하여야 한다. 후견인은 피후견인의 치료와 생활에 소요되는 월 평균비용을 파악하여 유동성 재산과 수입으로 계속 충당이 가능할 지를 예측하면서 관리하여야 한다.

특히 후견인은 피후견인의 금융재산 등 유동성재산에 대하여는 현존상태를 유지하는 데 중점을 두어야 하고, 수익률은 높지만 위험성이 큰 상품에 투자하는 운용은 안 됨.

또한 피후견인의 소액 예금 등이 여러 금융기관에 흩어져있어 관리가 어려운 경우에는 입출금사무가 용이한 금융기관의 계좌 하나로 모아서 관리할 수도 있다.

이러한 용이함을 내세워 피후견인의 예금을 모두 후견인 명의의 계좌로 이체하여 관리하는 것은 안 됨.

실무상 매번 은행거래시마다 아래 서류 제출함을 사전에 준비(신한은행은 엄격하게 요청하나 해당 금융사마다 차이는 있음)

① 법인후견인의 법인인감이 날인된 위임장
② 후견개시 심판문 사본(후견등기부등본으로 갈음)
③ 확정증명원(후견등기부등본으로 갈음)
④ 후견등기부등본
⑤ 3개월 이내에 발급된 법인후견인의 법인등기부등본
⑥ 법인후견인 사업자등록증 사본
⑦ 3개월 이내에 발급된 법인후견인 법인인감증명서
⑧ 사무담당자의 신분증 사본

(나) 가족의 생활비 문제

피후견인의 가족이나 친족후견인은 피후견인에게 소요되는 치료, 요양 및 생활비와 피후견인의 가족이 쓰는 생활비를 엄격히 구별하지 않고 지출하는 경향이 있다.

피후견인의 명시적 또는 추정적 의사나 사회통념에 비추어 합리적인 목적과 일상적인 범위 내에서는 가족이나 피후견인을 돌보고 있는 사람을 위한 지출이 허용되지만, 이 경우에도 객관적이고 공신력 있는 자료로 뒷받침되어야 할 것이다. 가족 중 일원이 급한 수술을 받아야 한다거나 결혼을 하는 등 통상적인 범위를 벗어나는 지출을 하여야 하는 경우에는 사전에 법원의 허가를 받는 것이 좋다.

다. 재산관리에 법원의 허가가 필요한 경우[94)]

(1) 피후견인의 부동산 등 중요한 재산의 처분행위 등

피후견인의 생활비나 입원비, 시설입소비 등을 지속적으로 지출하여야 함에도 불구하고 보유하고 있는 현금성 자산을 모두 소진하게 되면, 피후견인 소유의 부동산이나 중요한 재산을 처분하여야 할 경우가 종종 생긴다. 후견인이 피후견인을 대리하여 피후견인이 거주하고 있는 건물 또는 대지에 대하여 매도, 임대 등의 처분행위를 할 때에는 가정법원의 허가를 받아야 한다(민법947조의2 제5항).

피후견인이 거주하고 있지 않은 부동산이나 중요한 재산에 대해서는 후견개시심판에 법원의 허가를 받도록 정해져 있는 경우가 많다.

(2)소송행위

후견인이 피후견인을 대리하여 소송행위를 하는 경우가 있다. 피후견인을 상대로 한 소송에 응소하여야 하는 경우도 있고, 피후견인의 재산을 증가시키거나 반환받기위하여 적극적으로 소송을 제기하여야 할 경우도 있다. 예컨대 피후견인의 가족에 대한 증여행위가 매매행위가 무효임을 원인으로 하는 소유권이전등기말소청구소송, 피후견인 가족의 명의로 명의신탁한 부동산에 대한 반환소송, 피후견인이 후견개시 전 가족에게 대여한 대여금 및 이자 청구소송, 피후견인 소유 부동산의 임차인을 상대로 한 임도 및 차임청구소송 등이 있다.

94) 가정법원의 허가실무(김효석 편저,한국성년후견지원본부,성년후견실무메뉴얼II,2017)

후견인이 피후견인의 소송행위를 대리하기 위해서는 법원의 사전허가를 받도록 심판에 정해진 경우가 많다. 이러한 경우 후견인이 재산관리 등 후견임무수행에 관하여 필요한 처분명령[가사소송법 제2조 제1항 제2호 가목 22] 등 별개의 심판으로 법원에 허가청구를 하여야 한다.

성년후견인의 임무수행에 관하여 필요한

처 분 명 령 청 구

관련사건 2016느단5*1380 성년후견 개시

청 구 인 성년후견인

사건본인 박여사(3*0906-2000000)

주소 서울 용산구 창원로 0*37(신창동)

등록기준지 서울 용산구 효창원로 *00

청 구 취 지

청구인(성년후견인)이 사건본인(피성년후견인)을 대리하여 별지 목록 기재 행위 하는 것을 허가한다.

라는 심판을 구합니다.

청 구 원 인

1. 성년후견개시 심판 및 후견인의 대리권 제한

가. 생략

나. 또한 이 사건 본안심판에 의하면 성년후견인이 사건본인을 대리하여 " ①금전을 빌리는 행위 ②의무만을 부담하는 행위 ③ 부동산의 처분 또는 담보제공행위 ④상속의 단순승인, 포기 및 상속재산의 분할에 관한 협의 ⑤소송행위 및 이를 위한 변호사 선임행위" 를 할 때에는 법원의 허가를 받도록 정해져 있습니다.

2. 2층 세입자 박00의 보증금 2천만원 반환 청구

(1) 피성년후견인 박여사 소유 부동산 세입자 보증금 현황

(부동산 소유명의는 현재는 차남 정00와 공동소유로 등기되어 있으니, 차남 정**를 상대로 이전등기말소소송 계속중임)

서울특별시 용산구 신*동 56-3*4

철근콘크리트조및 벽돌조 평슬래브지붕 4층

지층 92.12㎡(외견상 1층) : 세입자 한00(아***) 금2천만원

1층 72.12㎡(외견상 2층) : 세입자 박00 금2천만원

(2016.04.30.퇴거)

2층 72.12㎡(외견상 3층) : 세입자 이*0 금8천만원

3층 72.12㎡(외견상 4층) : 세입자 정*0 금8천만원

(차남)

4층 72.12㎡(외견상 5층) : 공실

(2) 2층 세입자 박00이 계약기간 만료이후에 퇴거하여 보증금 2천만원을 반환청구를 하나, 피후견인의 유동자산이 없는 상태로 반환을 못하여 세입자 박00 상기 부동산에 가압류를 한 이후에 본안소송(서울서부지방법원 201*가소 40*** 임대차보증금)이 계속중입니다

3. 결론

서울서부지방법원 201*가소 40*** 임대차보증금사건에 피고로서 응소하고 ,소송 진행에 따라 반소제기 필요성이 있기에 피고로서 소송행위 및 이를 위한 변호사선임행위에 대한 허가를 구하고자 합니다.

첨 부 서 류

1. 서울서부지법 201*가소 40*** 임대차 보증금 변론기일통지서 1통
1. 차남 000가 보내온 내용증명 우편물 1통
1. 사건본인의 후견등기사항전부증명서 1통
1. 법인등기부등본 1통
1. 위임장 1통

2020. * . * .

청구인 성년후견인 **

서울가정법원 가사 20단독 귀중

[별지]

허가하는 행위

1. 서울서부지방법원 2017가소40*778 임대차보증금 사건에 관하여,

   가. 피고로서의 응소행위

   나. 반소제기

   다. 상기 소송행위를 수행하기 위하여 변호사를 선임하는 행위

예컨대
청귀취지에 "청구인(성년후견인)이 사건본인(피성년후견인)을 대리하여 별지목록 기재 행위 하는 것을 허가한다"

● 별지에 아래 사항 등을 기재한(포괄적 허가 로)

-부동산을 매매하는 행위 [실무상 법원의 허가를 받아 피후견인의 부동산을 처분하는 경우 법원에서 부동산의 가격이 적정한지를 확인하기 위해서 공인중개사의 사실 확인서를 요구하기도 함]-실제는 중개사 확인시 곤란

-0 0 아파트 재건축조합과 신탁계약을 체결하고 동 계약에 따른 신탁을 원인으로 하여 소유권이전등기절차를 경료 하는 행위 [실무상 언제까지 왜 허가가 나와야 하는지 명시하여 신청을 했음에도 제때에 허가가 나오지 않는 경우가 있음을 참고]

-00은행과의 사이에 채권최고액 1억원이하, 채무자 사건본인으로 된 근저당설정계약을 행위

-00은행에 대한 2017.10.01.자 대출금지급채무에 대한 대출기한 연장행위

소송이 계속되고 있다면 이미 진행된 절차에서의 소송행위의 추인과 향후 소송 진행을 위해서 법원의 허가를 받아야 한다.

보통 본안소송의 제기 또는 응소, 이를 위한 변호사 선임, 보전소송의 신청 등 소송에 관한 포괄적인 권한이 부여되고 있다.

그러나 **조정이나 화해, 청구의 포기나 인낙, 소송의 취하 등 소송물의 처분에 대하여는 가정법원으로부터 그에 대한 특별한 권한을 별도로 받아야 한다**. 2017.2.4. 시행 민사소송법 제56조에 의하면, 이러한 행위에 대해서 후견감독인이 있는 경우, 후견감독인으로부터 특별한 권한을 부여받아야 하고, 후견감독인이 없으면 가정법원으로부터 특별한 권한을 받아야 한다.[95]

민사소송법 제56조(법정대리인의 소송행위에 관한 특별규정)
① 미성년후견인, 대리권 있는 성년후견인 또는 대리권 있는 한정후견인이 상대방의 소 또는 상소 제기에 관하여 소송행위를 하는 경우에는 그 후견감독인으로부터 특별한 권한을 받을 필요가 없다.
② 제1항의 법정대리인이 소의 취하, 화해, 청구의 포기·인낙(認諾) 또는 제80조에 따른 탈퇴를 하기 위해서는 후견감독인으로부터 특별한 권한을 받아야 한다. 다만, 후견감독인이 없는 경우에는 가정법원으로부터 특별한 권한을 받아야 한다.
[전문개정 2016.2.3] [[시행일 2017.2.4]]

한편 소송의 내용이 간단하다면 비용 등을 감안하여 후견인이 직접 소송을 수행하는 것도 가능하다.(개인이 합의부 사건도 직접소송대리 수행 가능)

(3)이해상반행위
피후견인의 후견인에 대한 증여나 매매 등 재산처분행위, 후견인이 공동상속인인 경우 피후견인의 상속포기나 상속재산분할협의, 피후견인의 후견인에 대한 채무의 변제 등은 이해상반행위로서 특별대리인이 선임되어야 하고, 그 행위에 대한 대리권행사에 법원의 허가를 받도록 정해져 있는 경우에는 특별대리인 선임 외에 별도의 법원의 허가심판을 받아야 한다.

95) 김성우,성년후견실무,127면,박영사/실무상 조정에 대하여 허가 받지 않음.

00가정법원

심판

사건 2021느단 10000 특별대리인 선임

청구인 : 김갑남(700101-1234567)

사건본인 : 이을녀(300101-223356)

주문

1.사건본인이 청구인에게 별지목록기재 부동산을 증여함에 있어 사건본인의 특별대리인으로 박갑남을 선임한다.

2.청구인은 특별대리인 박갑남이 제1항 기재행위를 대리함에 있어,00가정법원 2018느단000 성년후견개시사건의 2018.8.8.자 심판에 따라 가정법원의 허가를 받아야 한다.

이유

이 사건 청구는 이유 있으므로, 주문과 같이 심판한다.

2021.11.15.

판사 최법관

OO가정법원

심판

사건 2021느단 2000 피성년후견인의 소유 부동산의 증여에 대한 허가

청구인(성년후견인) : 김갑남(700101-1234567)

사건본인(피성년후견인) : 이을녀(300101-223356)

주문

1.특별대리인 박갑남이 사건본인을 대리하여 청구인(성년후견인)에게 별지 목록 기재 부동산을 증여하는 행위를 허가한다.

2.청구인(성년후견인)은 제1항의 이행결과와 청구인(성년후견인)이 제1항 기재 수증재산에 상응하는 부양을 하고 있다는 점에 관하여 2021.03.31.까지 이 법원에 보고하여야 한다.

이유

이 사건 청구는 이유 있으므로, 주문과 같이 심판한다.

2021.1.15.

판사 최법관

실무에서는 민법 규정의 문언에도 충실하면서 피후견인의 이익을 두텁게 보호하기 위하여, 성년후견인의 이해상반행위에 대하여는 허가심판과 특별대리인 심판을 모두 요구하고 있다. 특별대리인선임사건을 심리하는 재판부에서는 특별대리인을 선임하되 법률의 규정(예컨대 민법 947조의 2 제5항) 또는 후견개시심판내용에 따라 당해 행위에 대한 가정법원의 허가심판을 별개로 받아야 함을 주문에 표시하고, 허가심판에는 선임된 특별대리인이 당해 대리행위를 하는 것을 허가하는 것으로 주문에 표시하고 있다.[96]

● 후견사무보고서의 작성과 제출

후견인은 심판에 정하여진 후견사무보고서 제출일과 작성기준일을 확인하고, 제출기한에 늦지 않게 후견사무보고서를 작성하여 법원에 제출하여야 한다. 후견사무보고서는 후견인이 일정한 기간 동안 수행한 신상보호, 재산관리사무의 내역을 정리하여 법원에 보고하는 서류이다.
보통 1년에 1회제출하도록 정하여 지지만, 각 사건의 특성에 따라 제출주기가 다르게 정하여지기도 하고, 집중적인 관리나 감독을 위해서는 정기제출일이 아니어도 추가로 사무보고서를 제출할 경우도 있다.

후견사무보고서 제출기한을 넘기거나 부실한 보고서를 제출하는 경우에는 심층적인 감독절차 등을 거쳐 후견인 변경, 고발 등의 후속조치가 이루어기기도 한다.

● 후견인보수[97] 및 후견사무비용 청구

가. 개설

민법955조의2(지출금액의 예정과 사무비용) 후견인이 후견사무를 수행하는 데 필요한 비용은 피후견인의 재산 중에서 지출한다

후견인은 후견사무를 수행하는 데 지출한 비용은 물론 적정한 보수를 피후견인의 재산에서 지급받는다.(민법955조, 955조의2, 959조의6, 959조의12)
보수는 후견인의 청구에 의하여 법원의 수여심판이 있어야 피후견인의 재산 중에서 이를 지급받을 수 있는 반면, 통신비나 교통비, 기록복사비용 등 통상적인 후견사무수행을 위하여 지출한 비용은 법원의 심판 없이도 피후견인의 재산에서 지출할 수도 있고, 후견인이 지출한 후 이를 구상하거나 피후견인의 재산에서 충당할 수 있다.[98] 다만 가정법원에 비용수여청구를 통하여 지급받는 것이 적정성에 대한 논란을 피할 수 있을 것이다.

96) 김성우,성년후견실무,102면,박영사,2018
97) (사)한국성년후견지원본부,성년후견심판실무,208면,2015
98) 이현곤,성년후견제도의 이해,185면,박영사 2015

전문가후견인이 아닌 친족후견인에 대해서는 지출한 비용 외에 보수는 수여되지 않는 것이 일반적이다. 그러나 보수를 수여하지 않는 것이 피후견인을 돌보지 아니하는 다른 친족들과의 형평에 비추어 심히 불공평한 결과가 되는 경우, 친족후견인에게 일정한 보수를 수령하는 것이 동기부여가 되는 등 피후견인의 복리에 도움이 될 것으로 예상되는 경우에는 긍정하는 견해도 있다.[99]

후견사무비용은 통신비, 교통비, 부동산거래에서의 중개수수료, 세금신고를 위한 세무사비용, 소송수행을 위한 변호사 비용 등이 이에 해당하나, 후견인이 법무사 등 자격을 갖춘 자로서 그 전문성을 발휘하여 직접 이와 같은 업무를 처리하였을 경우에는 이를 후견사무비용으로 처리해서는 안되고 후견인보수로서 청구하여야 한다.[100]

(1) 교통비 : 피후견인이나 그 친족들 관계인과의 면담, 피후견인이 있는 병원이나 시설 방문, 서류제출 또는 발급을 위한 공공기관의 방문, 금융거래를 위한 금융사의 방문, 각종 보고서제출이나 발급, 각종 기일에 출석하기 위한 법원방문 등에 소용되는 후견사무비용이다.

(2) 우송료 및 각종 수수료

후견사무를 수행하는 데 필요한 서류나 물품을 보내기 위해 필요한 우편요금,택배비,후견관련 서류의 복사비,이러한 서류를 기록할 문구류 구입비,제증명 발급수수료, 인지대, 송달료 등도 후견사무비용이다.

---

99) 김성우,성년후견실무,135면,박영사 2018
100) 이현곤,성년후견제도의 이해,185면,박영사 2015

나. 후견인의 보수의 기준[101)]

피후견인의 재산가액(단위 원)	후견인의 월별 기본보수(단위 만원)
1억이하	20
1억~2 억 미만	30
2억~5 억미만	40
5억~10 억 미만	50
10억~30 억 미만	60
30~100 억미만	90
100억 이상	130이상

감액하는 경우 : 기본보수를 기준으로 피후견인의 재산이 거주용 부동산 하나만 있는 경우, 단순반복업무만 있는 경우, 후견인의 업무에 대한 성실도가 평균에 미치지 못하는 경우 등에는 기본보수액의 50% 범위 내에서 감액

증액하는 경우 : 소송행위, 상속재산분할협의, 채권회수 등을 통하여 피후견인의 재산을 증가시킨 경우, 피후견인의 재산관계가 복잡하거나 피후견인의 친족 등 이해관계인으로부터 시달림을 받는 등 업무수행의 난이도가 높은 경우 등에 있어서는 증액히어 보수를 정하고 있다.

다. 보수청구의 방법

후견인의 보수수여는 가사소송법상 라류 가사비송사건인 바, 후견인은 보통 1년에 한 번 법원에 후견사무보고서를 제출하면서 보수청구를 하고 있는데, 일부 재판부에서는 개시심판 단계에서 전문가후견인이 받을 최소한의 보수를 정함으로써 후견인이 매월 그 금액을 인출할 수 있도록 주문에 정하기도 한다. (최근 서울가정법원에서는 월단위가 아님 연단위로 하고 있다.) 후견사무보고서를 제출하면 직권으로 보수수여를 해주지 않으므로 보수청구를 반드시 해야한다.

법인후견인 등 전문가 후견인이 이른바 시간제보수(time charge)를 청구하면서 그에 관한 자료를 제출하는 경우에 이를 기준으로 보수를 산정할 것인

101) 법원행정처 142면, 후견사건처리실무,2015

지 문제된다.
시간제보수는 법무법인 등이 일반소송에 적용하는 것으로서 공익적인 특성이 강한 후견업무에 계약과 시장의 원리가 지배하는 법무비용과 같은 일반적인 기준을 적용하는 것은 바람직하지 않다고 하며 법인후견인 등 전문가 후견인이 제출한 시간제 보수에 관한 자료는 후견인의 사무처리 내역과 투입시간 등을 소명하는 자료로서 참고하는 것은 별론으로 하고 이를 그대로 보수산정의 기준으로 삼을 수 없다[102]고 한다.

라. 보수수여심판에 대한 항고

후견인에 대한 보수수여심판에 대해서는 즉시항고가 불허된다(가사소송법43조1항, 가소규칙 36조). 따라서 이에 대한 불복은 고지된 날로부터 1주 이내의 민소법 449조의 요건을 갖춘 경우 특별항고로 취급한다.

후견인의 보수수여청구를 기각한 심판에 대해서는 청구인인 심판을 고지받은 날로부터14일 이내에 즉시항고를 할 수 있다(가소규칙27조,가소법43조5항).

마. 후견사무비용의 지출과 관리

(1) 지출하는 방법으로는 후견인이 관리하고 있는 피후견인의 통장에서 직접 후견인의 계좌로 송금하는 방법과 후견인이 자기의 돈으로 먼저 지출한 이후에 피후견인의 재산에서 상환받는 방법이 모두 허용된다.

(2) 후견사무비용을 지출한 경우에는 장부에 기록하고 영수증 등을 보관하여 두는 것이 바람직하다.

(3) 비용지출에 대한 법원의 허가 불요 원칙

후견사무비용은 법원의 허가를 반드시 받아야 하는 것은 아니다.[103]

102) 김성우,성년후견실무,137면,박영사,2018
103) 김성우,성년후견실무,137면,박영사,2018;이현곤,성년후견제도의 이해,185면,박영사 2015

다만 사후에 후견사무보고서를 작성할 때에 지출내역을 명시하고 증빙자료를 붙여야 할 것이다.[104]

(4) 비용지출에 대한 법원의 허가를 예외적으로 요하는 경우

후견인에게 예금계좌의 인출권한이 없거나 후견인이 관리하는 지출비용을 지급받을 수 없는 경우에는 가정법원에 지출비용을 인출하여 충당할 것에 대한 허가를 청구하여야 한다. 또 후견사무를 수행하는 데 필요한 비용인지, 비용의 적정성에 대하여 문제의 소지가 있어 보이면 지급허가청구를 하는 것이 바람직하다.

104) 이현곤,성년후견제도의 이해,185면,박영사 2015

<성년후견 종료등기>

종료등기신청

<table>
<tr><td rowspan="2">접
수</td><td>20 년 월 일</td><td rowspan="2">처
리
인</td><td>접 수</td><td>기 입</td><td>교 합</td><td>각종통지</td></tr>
<tr><td>제 호</td><td></td><td></td><td></td><td></td></tr>
</table>

<table>
<tr><td rowspan="4">사건본인의 표시</td><td>성 명</td><td>출생연월일</td><td>주민등록번호</td><td>성별</td></tr>
<tr><td>박여사</td><td>1939.0.00.</td><td>3900000-2000000</td><td>여</td></tr>
<tr><td>등록기준지</td><td colspan="3">서울특별시 00구 효0원로 00</td></tr>
<tr><td>주 소</td><td colspan="3">서울특별시 00구 효0원로 00(신0동)</td></tr>
<tr><td>등기의 목적</td><td colspan="4">성년후견 종료등기</td></tr>
<tr><td>등기원인과 그 연월일</td><td colspan="4">2021.02.20. 피성년후견인의 사망</td></tr>
<tr><td colspan="5">등 기 할 사 항</td></tr>
<tr><td>종료할 등기사항과 그 원인연월일</td><td colspan="4">후견등기사건번호:서울가정법원 2016느단 0000
성년후견개시
[등기] 서울가정법원 2017년5월8일 접수 제2000호
후견개시연월일 : 2017년00월00일</td></tr>
<tr><td>기타</td><td colspan="4"></td></tr>
</table>

첨 부 서 면	
1. 기본증명서(폐쇄) 1통 1. 관할을 증명하는 서면 통 1. 신청인의 자격증명서면 통 1. 신청인의 인감증명서 통 1. 위임장(대리인이 신청할 경우) 통	<기 타>

20 년 월 일

신청인 성년후견인 유태규(법무사)

서울 관악구 관천로 11길1 202호(신림동, 대성빌딩)

전화 02-521-4094

서울가정법원 귀중

- 신청서 작성요령 -

1. 하나의 신청서로 2개 이상의 등기를 신청하는 경우에는 각각의 등기신청에 대하여 일련번호를 기재하여야 합니다.
2. 해당란이 부족할 때에는 별지를 이용합니다.
3. 해당 등기신청과 관계없는 사항에 대하여는 "해당없음"으로 기재하거나 삭제하고, 필요한 사항은 추가 기재합니다.

(용지규격 210㎜× 297㎜)

기본증명서(상세)

[폐쇄]

등록기준지	서울특별시 용산구 효창원로 37

구 분	상 세 내 용
작성	[가족관계등록부작성일] 2008년 01월 01일 [작성사유] 가족관계의 등록 등에 관한 법률 부칙 제3조제1항
정정	[도로명주소기록일] 2011년 12월 12일 [경정전] 서울특별시 ●산구 신●동 ●번지의 ● [경정후] 서울특별시 ●산구 효●원로 ● [경정사유] 도로명주소법 제20조
폐쇄	[폐쇄일] 2021년 02월 24일 [폐쇄사유] 사망

구분	성 명	출생연월일	주민등록번호	성별	본
본인	박●●(朴●●) [사망]	1939년 ●월 ●일	39●●●●-2●●●●●●	여	密陽

일반등록사항

구 분	상 세 내 용
출생	[출생장소] 해주시 남●동 ●번지
사망	[사망일시] 2021년 02월 20일 11시 49분 [사망장소] 경기도 동두천시 천보산로 ● [신고일] 2021년 02월 24일 [신고인] 비동거친족 ●●● [처리관서] 서울특별시 중랑구

위 기본증명서(상세)는 가족관계등록부의 기록사항과 틀림없음을 증명합니다.

도서목록 중앙법률사무교육원 (2024.11. 기준)

기초부터 실무까지 **전자소송 · 신청실무 (개정3판)** 2024.07.19.
한병호 편저 714페이지 / 정가 35,000원

소송의 길잡이 **소송119 (개정14판)** 2024.04.19.
한병호 저 506페이지 / 정가 30,000원

법률실무를 위한 **민사소송실무 (개정15판)** 2024.01.19.
한병호 저 550페이지 / 정가 35,000원

법률실무를 위한 **보전소송 . 공탁실무 (개정6판)** 2024.08.23.
차경진 . 김현선 공저 565페이지 / 정가 35,000원

법률실무를 위한 **강제집행실무 (개정10판)** 2024.08.02.
한병호 . 김지인 공저 526페이지 / 정가 35,000원

법률실무를 위한 **가사소송실무 (개정10판)** 2024.11.15.
한병호 . 유태규 . 백성기 공저 630페이지 / 정가 40,000원

법률실무를 위한 **형사소송실무 (개정10판)** 2024.04.26.
이규진 저 596페이지 / 정가 35,000원

법률사무원을 위한 실무지침서 **부동산등기신청실무 (개정1판)** 2023.10.27.
이민주, 이승현 공저 647페이지 / 정가 40,000원

등기실무를 위한 **상업등기신청실무 (개정판)** 2024.05.24.
이승현 저 427페이지 / 정가 35,000원

개인회생파산 실무와 사례 (개정10판) 2023.11.24.
한병호 외 2 저 556페이지 / 정가 40,000원

법률실무를 위한 **민법학개론 (개정8판)** 2024.10.21.
이황 법무사 저 734페이지 / 정가 40,000원

최신 생활법률 100선 2021.01.20.
한병호 저 400페이지 / 정가 20,000원

백 성 기 법학박사

■ 주요약력
* 중앙대학교 대학원 법학과 졸업 (법학박사)
* 중앙대학교 행정대학원 졸업 (행정학석사)
* 동국대학교 언론정보대학원 졸업 (언론학석사)
* 중앙대학교 행정대학원 겸임교수
* 중앙대학교 산업교육원 강사 (민법)
* 세명대학교 강사
  (가족법 · 민사소송법 · 생활과 법률)
* 우송정보대학 강사 (민사소송법)
* 저축은행중앙회연수원 강사
* 법원공무원 경력 (대구지방법원 · 서울중앙지방법원 · 대법원 각 근무)
* 서울가정법원 가사조정위원
* 기상청 5급공무원 특채시험위원
* 서울중앙지방검찰청 형사조정위원
* 법무법인 처음(First) 국장

■ 저서 및 논문
* 이혼에 따른 재산분할제도에 관한 연구
* 채무의 면책을 위한 가장이혼
* 가족법에 의한 양육권, 면접교섭권
* 부부간 갈등과 커뮤니케이션에 관한 연구
* 친권자 변경에 관한 고찰
* 혼인방해와 민사책임
* 현대사회와 법
* 가사소송실무 * 법과생활
* 민법총칙 * 회사법 개설

■ 연락처
E-mail : baiksk2010@hanmail.net

유태규 교수

* 연세대학교 법과대학 법학과 졸업
* 증권회사, 캐피탈회사 근무
* 법무사 시험합격 (2010년 법무사개업)
* 현)유태규법무사 사무소 (대표 법무사)
* 대한법무사협회 법무사연수원 교수
* 사단법인 한국성년후견지원본부 이사
* 중앙법률사무교육원 교수
* 저서 : 가사소송실무

한 병 호 원장

■ 주요약력
* 중앙대학교 법학전문대학원 졸업(법학박사 SJD)
* 고려대학교 법무대학원 졸업(법학석사)
* 중앙대학교 대학원 졸업(MBA)
* 카이스트 최고경영자 과정 수료
* 소액주주를 위한 시민연대 사무총장
* 법률사무관리사 자격검정 위원장
* 중앙법률사무교육원 대표이사/원장
* 서울지방변호사회 사무직원 양성 강사(민사소송)
* 산타들의 모임 상임대표
* 사)착한법 만드는 사람들 자문위원
* 농협중앙회, 저축은행 강사 (민사,집행,회생파산)
* 한국표준협회 전문위원(채권관리 전문역)
* 지식경제부 공무원교육원 외래교수(민사소송)
* 금융기관 승진시험 출제위원
* 법무부 및 각 대학교 소송실무 강사

■ 저서 및 논문
* 민사소송실무 (개정 14판)
* 강제집행실무 (개정 8판)
* 가사소송실무 (개정 9판)
* 전자소송실무
* 전자소송 기초부터 실무까지
* 소송119 (개정 12판)
* 소송누구나 할 수 있다
* 최신 생활법률 100선
* 개인회생파산실무
* 개인회생파산 실무와 사례(개정 8판)
* 채권실무총론(한병호 외5)
* 신 종합법률실무대전(상,중,하)
* 종업원직무모티베이션에대한연구
* 주식의 강제집행에 관한 연구
* 제조물피해자 구제 관점에서 집단소송제와 징벌적손해배상제의 개선방안에 관한 연구등

■ 연락처
E-mail : joongang-edu@hanmail.net
홈페이지: http://www.linklaw.co.kr
TEL : 02) 525-1007

법률실무를 위한

가사소송실무

2006. 12. 30. 발행
2009. 01. 01. 제2판 발행
2010. 09. 01. 제3판 발행
2013. 07. 01. 제4판 발행
2015. 11. 20. 제5판 발행
2017. 06. 15. 제6판 발행
2018. 08. 24. 제7판 발행
2019. 11. 27. 제8판 발행
2021. 05. 14. 제9판 발행
2022. 12. 16. 제9판 2쇄 발행
2024. 11. 15. 제10판 발행

法律教育院 法律教育院 法律教育院 法律教育院

저 자 : 백성기, 유태규, 한병호
발 행 인 : 한병호
등 록 : 제2004-000165호
발 행 처 : (주)중앙법률사무교육원
주 소 : 서울 서초구 반포대로87 대천빌딩2층
전 화 : 02-525-1007 팩 스 : 02-525-2433
홈페이지 : www.linklaw.co.kr

ISBN 979-11-90627-32-0 13360

※ 본서의 무단전재 또는 복제행위는 법으로 금지되어 있으며 잘못 만들어진 책은 중앙법률사무교육원에서 교환하여 드립니다.

정 가 40,000 원